ÉCONOMISTES & PUBLICISTES CONTEMPORAINS

TRAITÉ

DES IMPOTS

CONSIDÉRÉS SOUS LE RAPPORT

HISTORIQUE, ÉCONOMIQUE ET POLITIQUE

EN FRANCE ET A L'ÉTRANGER

PAR

M. ESQUIROU DE PARIEU

Vice-Président du Conseil d'État, Membre de l'Institut impérial de France,
de la Société statistique de Londres, etc.

Longum iter est per præcepta
Breve et efficax per exempla.
SÉNÈQUE.

TOME PREMIER

PARIS

LIBRAIRIE . DE GUILLAUMIN ET Cⁱᵉ

Éditeurs du Journal des Économistes, de la Collection des principaux Économistes
du Dictionnaire de l'Économie politique, du Dictionnaire universel du Commerce et de la Navigation, etc.
RUE RICHELIEU, 14

1862

TRAITÉ

DES IMPOTS

SAINT-DENIS. — TYPOGRAPHIE DE A. MOULIN.

TRAITÉ

DES IMPOTS

CONSIDÉRÉS SOUS LE RAPPORT

HISTORIQUE, ÉCONOMIQUE ET POLITIQUE

EN FRANCE ET A L'ÉTRANGER

PAR

M. ESQUIROU DE PARIEU

Vice-Président du Conseil d'État, Membre de l'Institut impérial de France,
de la Société statistique de Londres, etc.

Longum iter est per præcepta
Breve et efficax per exempla.
SENÈQUE.

TOME PREMIER

PARIS

LIBRAIRIE DE GUILLAUMIN ET Cⁱᴱ

Éditeurs du Journal des Économistes, de la Collection des principaux Économistes
du Dictionnaire de l'Économie politique, du Dictionnaire universel du Commerce et de la Navigation, etc.
RUE RICHELIEU, 14

1862

INTRODUCTION.

Suivant un financier allemand qui écrivait, il y a vingt ans, un livre peu connu parmi nous, il serait difficile de trouver dans le domaine de l'économie politique un objet plus généralement méconnu, plus défiguré par des vues fausses, plus dégradé par une étude partiale que la matière des taxes[1]. Si cette proposition a paru vraie dans un pays où le problème de l'enseignement administratif est depuis longtemps étudié, elle l'est peut-être davantage encore en France où la pratique administrative est plus séparée de la science.

Sans vouloir comparer l'état de nos connaissances et de nos idées sur l'impôt à la situation de l'histoire naturelle chez les anciens, on peut du moins affirmer qu'il y a beaucoup à rectifier dans les idées courantes de notre pays sur cette partie tout à la fois la plus importante, la plus politique et en même temps la plus imparfaite de la science financière.

Un débat d'intérêts entre deux particuliers provoque quelquefois dans les barreaux de nos grandes cités, les efforts les plus énergiques de l'intelligence et de l'éloquence.

[1] Hoffmann, *Die Lehre von den Steuern* (Berlin, 1840), Introduction.

La répartition des charges publiques entre les diverses classes de citoyens touche à peine quelques esprits solitaires et les grandes questions que cette répartition soulève dorment souvent, destituées de sympathies et de défenseurs.

Ce n'est pas qu'aux époques de commotions politiques nous n'ayons abordé aussi en France ces débats, plus souvent mêlés dans quelques autres pays à la marche habituelle des discussions gouvernementales. La révolution de 1789 a touché cet objet de sa main puissante. Si son œuvre a reçu de la suite des temps, dans cette partie comme dans d'autres, des *errata* considérables que la précipitation de ses travaux explique suffisamment, des fragments considérables de l'édifice qu'elle avait élevé sont encore debout et attestent l'influence d'une pensée logique et forte, introduite dans notre législation financière. Cette pensée est celle de la justice ou de l'égalité proportionnelle que j'ai cherché souvent à mettre en relief, en étudiant dans le livre dont je commence aujourd'hui la publication et dont plusieurs parties détachées ont déjà vu le jour, divers mécanismes adoptés en vue de ce résultat difficile et peut-être même impossible à atteindre complétement.

J'ai étendu autant que je le pouvais dans divers pays le cercle de ces investigations, soit à cause de la pensée morale et politique qui domine ces efforts variés vers la justice en matière de taxes, soit à cause du caractère scientifique qui devait résulter d'une étude large et impartiale.

Ce n'est pas à dire qu'en déroulant le tableau des contributions variées, imaginées par divers législateurs, j'entende, en considérant avec un économiste espagnol [1] les

[1] Conte, *Examen de la Hacienda publica de España.*

impôts comme *cosmopolites*, laisser supposer que je désire les faire tous connaître par une épreuve pratique à mes compatriotes. Un homme d'État anglais fut, dit-on, en 1624, mis en accusation pour avoir *nommé* dans le parlement, les *gabelles* italiennes, les *douanes* françaises et les *accises* hollandaises [1]. Quoique j'aie, moi aussi, décrit beaucoup d'impôts étrangers à nos traditions nationales, j'espère de l'adoucissement des mœurs politiques dans notre temps une responsabilité moins sévère.

Ce que j'ai déjà dit du plan de mes recherches, explique les nombreuses citations renfermées dans un livre où la pensée de la science rapproche des faits éloignés et divers.

Encouragé par l'accueil que le public savant a fait à un premier ouvrage consacré à une monographie de l'*income-tax*, impôt essentiellement étranger à l'ensemble de nos contributions, j'ai cherché à élargir l'horizon résultant du système des impôts français par l'étude des institutions d'autres peuples européens. Sans pouvoir apporter dans cette investigation délicate la même exactitude ni partout la même fraîcheur de détails que j'ai recherchée dans d'autres parties de mon livre, il m'a semblé que ces comparaisons étaient utiles et pleines d'enseignements. Elles sont d'ailleurs nouvelles dans la littérature de l'économie politique française et ce n'est pas sans étonnement qu'on voit dans un volume posthume, il est vrai, du savant Rossi, (dont les migrations avaient tant élargi l'érudition et l'horizon scientifique) la question de l'impôt sur le revenu touchée à l'occasion de quelques renseignements sur les essais de ce genre pratiqués en Suisse, sans aucune men-

[1] *Over te Kort*, etc., La Haye, 1849, p. 55.

tion de la grande épreuve de l'*income-tax* anglaise, même pendant les quinze premières années de ce siècle.

Il est vrai que les recherches qui portent sur les institutions étrangères trouvent souvent moins de faveur auprès de quelques lecteurs, qu'elles ne renferment de difficultés pour leurs auteurs. L'amour-propre national s'accroche parfois à tout et jusque dans la forme des instruments de la fiscalité, il peut s'abandonner à la fantaisie de tout vanter comme l'apogée de la perfection.

En respectant ces illusions, je ne les ai pas partagées, et tout en considérant le système des impôts français comme hautement empreint des idées précises et nettes qui caractérisent l'esprit national, j'ai cherché à réunir tous les renseignements qui peuvent éclairer des problèmes dont les Alpes et les Pyrénées ne renferment nécessairement ni l'intérêt ni la solution.

Le lecteur appréciera les sources principales auxquelles j'ai puisé pour mon travail à mesure qu'il en prendra connaissance. Je dois en général reconnaître que les ouvrages allemands m'ont été d'un très-grand secours.

La science financière n'est, il est vrai, dans un certain sens, qu'une subdivision de l'économie politique, et la richesse des gouvernements ne peut être profondément étudiée sans être mise en rapport avec celle des sociétés. Cependant des sociétés d'égale richesse peuvent avoir des finances d'une puissance très-inégale, et d'un autre côté, par ses rapports avec le droit public, avec les règles de l'administration et avec la politique, la science financière constitue un domaine à part, et elle a pu subir dans son développement d'autres influences que l'économie politique générale.

Si celle-ci, considérée dans son ensemble a surtout dû ses progrès aux efforts des penseurs anglais, français et italiens du dernier siècle, la science financière proprement dite a reçu vers la même époque, en Allemagne, une impulsion particulière.

L'ordonnance de Frédéric-Guillaume Ier, roi de Prusse, fit entrer en 1727[1], la science financière alors appelée *camérale (cameral-wissenschaft)*, dans le cadre des études scientifiques suivies dans les deux universités de Francfort-sur-l'Oder et de Halle. Depuis lors, l'Allemagne n'a cessé de cultiver cette branche d'études et il est aisé de trouver dès le dernier siècle des ouvrages allemands sur cette matière qui tracent le cadre et la méthode générale de la science, plus nettement qu'on ne les trouverait indiqués dans des livres beaucoup plus récents de la France et de l'Angleterre. C'est là un heureux résultat de cet enseignement administratif et politique dont l'Allemagne est dotée, que Cuvier désirait avec tant de raison voir transporter en France, et dont la pensée a inspiré tout à la fois des écrits doués d'un véritable intérêt et des réflexions d'une haute portée[2].

Quant à la science de l'impôt, division particulière de la science financière[3], d'abord traitée comme une partie

[1] V. Rau, *Uber die Kameral wissenschaft*, petit écrit publié à Heidelberg en 1823.

[2] Je citerais spécialement quelques essais sur cette question de MM. Hepp, Duveyrier, Laboulaye, de Mohl, Mallein, si je n'étais surtout frappé des paroles de l'écrivain si haut placé qui a dit: « Lorsque dans un pays il y a des écoles pour l'art du jurisconsulte, pour l'art de guérir, pour l'art de la guerre, pour la théologie, etc., n'est-il pas choquant qu'il n'y en ait pas pour l'art de gouverner, qui est certainement le plus difficile de tous, car il embrasse toutes les sciences exactes, politiques et morales. » *OEuvres de Napoléon III, Mélanges*, p. 57.

[3] Les dépenses publiques, le revenu public composé du domaine et de l'impôt, le crédit qui tire son intérêt de l'inégalité entre la dépense et le revenu, le recou-

du droit public, elle a occupé plus tard quelques écrivains
spéciaux, tels que W. Petty au xvɪɪᵉ siècle et le napolitain
Broggia au xvɪɪɪᵉ siècle. A cette dernière époque, où Montesquieu l'a abordée par quelques rfléexions puissan-
tes, les économistes anglais et français d'un côté, les financiers et caméralistes allemands de l'autre, l'ont rattachée au sujet de leurs études. Mais c'est surtout comme
d'une branche de l'économie politique que les écrivains
français s'en sont occupés depuis lors.

Il m'a semblé qu'il était bon de faire de ce vaste sujet
la matière d'une monographie, et de chercher à rapprocher dans cette étude les connaissances, si souvent séparées, de l'économiste abstrait, qui néglige le côté administratif et budgétaire des taxes, et du financier pratique
étranger aux investigations de principe et aux considérations théoriques.

J'espère ne point encourir trop de critiques de la part
des administrateurs financiers pour avoir fait, d'une
branche du gouvernement, l'objet d'une étude scientifique.

On a trop souvent peut-être, en France, séparé dans
cette sphère l'esprit de la théorie et celui de la pratique.

Malgré l'exemple des hommes qui, comme Forbonnais,
Turgot et quelques autres savants plus modernes, ont cherché à rapprocher ces deux esprits, on les a même regardés
comme *inconciliables*, ainsi que le remarquait, en en dou-
tant un peu, dès son temps même, le judicieux et spirituel

---

vrement des fonds ou l'art de la trésorerie qui applique les revenus aux dépenses,
enfin la comptabilité qui assure et justifie tous les résultats de la recette, de la
dépense, du crédit et du mouvement des fonds, telles sont les cinq parties fondamentales de la science financière.

La circulation ou l'ensemble des moyens par lesquels la richesse s'échange et se
communique dans tout le corps social constitue une sorte de science mixte aussi
rapprochée de l'économie politique que de la science financière proprement dite.

Fontenelle[1]. On a semblé considérer l'expédient comme le lot exclusif des hommes de gouvernement, et la doctrine comme l'apanage réservé aux savants, inutile ou nuisible aux hommes politiques. Cette tendance s'est rattachée à ce dédain général des principes, à ce culte exclusif des faits et des intérêts qui est depuis longtemps l'une des plaies de la société française. Toutefois l'expérience d'un pays voisin même très-positif, ne montre pas que W. Petty, Newton et Locke, pour avoir été surtout à divers degrés des penseurs éminents, aient été tout à fait inutiles aux affaires de l'Angleterre, ni qu'Halifax[2], lord Liverpool[3] et Parnell[4] aient été empêchés par leur carrière administrative, d'écrire avec quelque succès sur la science du gouvernement, étudiée sous certains autres aspects dans les écrits dus à l'exil et à la retraite de Bolingbroke[5].

Pour dire toute ma pensée, et en restant quant à moi dans une sphère beaucoup plus modeste, je crois que la pratique est indispensable pour l'intelligence complète des faits sur lesquels portent les sciences politiques, et que la théorie est dans une certaine mesure nécessaire à

---

[1] V. ses *Éloges de Leibnitz et de Newton.*

[2] Georges Saville, marquis d'Halifax, né en 1630, mort en 1695, auteur d'un Traité sur les taxes, garde des sceaux en 1682, président du conseil en 1685, secrétaire du sceau privé sous Guillaume III.

[3] Charles Jenkinson, comte de Liverpool, né en 1727, mort en 1808, auteur du Traité sur les monnaies de l'Angleterre. Il fut ministre en 1762 et 1763, et remplit ensuite divers postes importants, entr'autres celui de clerk *of the pells* (chargé d'une fonction de comptabilité générale du trésor). On appelait *pells* les rôles de cette comptabilité.

[4] Sir Henry Parnell, né en 1775, mort en 1842, ministre de la guerre de 1831 à 1833, auteur de divers ouvrages dont la liste se trouve sous son nom dans le *Dictionnaire d'Économie politique.*

[5] J'omets à dessein les noms de plusieurs hommes politiques actuels de la Grande-Bretagne, qui réunissent des aptitudes littéraires ou scientifiques diverses à leur valeur pratique dans l'État.

l'homme d'État pour affermir ses convictions et imprimer à ses actes une direction suffisamment éclairée et durable.

Je suis d'ailleurs de ceux qui pensent que la philosophie et la politique, la science et les affaires ont un lien commun, et que le gouvernement des peuples repose surtout sur la mise en action de certaines vérités plutôt gênées qu'étouffées par le jeu collatéral des intérêts ou des passions. Sous ce rapport même, je serais parfois tenté de voir dans l'opinion contraire, un sophisme à la disposition de certaine ignorance, amante passionnée du silence sur ce qui lui est étranger.

C'est pour cela que l'homme politique qui écrit peut continuer en remplissant ce rôle une partie de sa tâche, celle qu'il lui est permis de mettre en première ligne, le droit et le devoir de dire la vérité. Il exerce même par occasion dans cette branche de son activité un petit pouvoir, si ce pouvoir n'est pas seulement la faculté de grouper autour de soi des espérances, des intérêts et quelquefois des flatteries, si c'est aussi, à un degré quelconque l'influence sur la destinée de ses semblables, influence d'autant plus flatteuse qu'on l'exerce sans subir l'influence d'aucune passion etrangère.

Les formes politiques se modifient : la liberté et l'autorité ont leurs phases de triomphes successifs, dans la mutation desquelles il importe d'éviter toute exagération, toute réaction trop brusque ou excessive.

Il est une chose qui domine les expédients et les petits ressorts de la politique comme les fluctuations des passions humaines, et qui élève la sphère des idées gouvernementales, en rapprochant l'ambition de diriger les hommes de celle de contribuer à leur bonheur. C'est l'idée sage, la pensée scientifique et modérée, autrefois redoutée des souverains, aujourd'hui respectée par eux, Minerve des empires durables, puissance morale et sociale dans laquelle les actes de foi ne sont jamais insensés; car l'opinion publique ne la déserte jamais sans retour et elle honore tôt ou tard les individus ou les corps politiques qui ont préféré sa grandeur à d'autres succès.

Si je place donc cet ouvrage, malgré son imperfection extrême, sous le jour d'une sorte de philosophie politique, appuyée plutôt toutefois sur les faits que sur des théories, j'obéis à une conviction autant qu'à un goût personnel.

C'est, suivant moi, l'une des principales conquêtes des gouvernements de discussion que le rapprochement de la philosophie et de la politique, rapprochement destiné à restreindre l'influence exagérée des pratiques *de l'art* et la prépondérance du sophisme ou même de l'honnête rhétorique sur ce théâtre des affaires publiques où tant de passions ont un inévitable rendez-vous.

J'ai été cependant aussi éloigné, dans la composition de ce livre, de l'ambition de dogmatiser que de la résignation à une visée exclusivement pratique. Mon but a été plutôt de classer rationnellement les diverses taxes, de montrer leurs relations mutuelles, leurs effets et les lois de leur formation, d'éclairer enfin les grands résultats de justice distributive et de ressources financières réalisés par les principales d'entre elles, que de préconiser des révolutions financières par tout le monde ou de me borner à l'étude des questions contentieuses que soulève l'application stricte de nos lois fiscales.

L'idée de la justice sera souvent indiquée dans mes recherches sans apparaître toutefois comme la seule boussole

que le législateur financier doive en tout temps consulter.
Un économiste espagnol de nos jours a dit sans doute avec
raison qu'il y a un grand équivoque de la part de « ceux
» qui croient que la science financière consiste seulement
» à trouver de l'argent[1]. » Mais lorsqu'un chancelier de
l'Échiquier a dit de son côté que l'art du financier consiste
à lever le *maximum* d'argent avec le *minimum* de mécontentement, il a rendu hommage à cette vérité que l'effet
politique des taxes n'a pas toujours permis de consulter
exclusivement l'idée de la justice dans leur répartition.

Celle-ci devient cependant souveraine lorsqu'elle répond
à des malaises dont les peuples ont conscience, et elle était
l'inspiratrice de Robert Peel lorsqu'il caressait dans des paroles considérées comme son testament politique et financier, l'espoir « que son nom serait peut-être prononcé
» avec bonté par les hommes dont le lot est le travail
» et qui gagnent leur pain à la sueur de leur front, alors
» qu'ils se reposeront de leur fatigue en prenant une nour-
» riture abondante d'autant plus douce qu'elle ne leur rap-
» pellera pas l'iniquité de la législation. »

Dans une sphère beaucoup moins influente et beaucoup
moins élevée, lorsque je repasse l'histoire des modifications du système de nos impôts depuis que j'ai commencé à la fois ma vie politique et mes publications financières, je puis compter plus d'une mesure[2] accomplie dans
le sens de mes vues, quoique sans participation officielle
considérable de ma part, grâce à l'ascendant de ce prin-

---

[1] Conte, *Examen de la Hacienda publica de España.*

[2] Rapprochement des valeurs mobilières et des valeurs immobilières pour les
droits d'enregistrement en 1850 ; impôt des valeurs mobilières en 1857 ; impôt des
voitures de luxe en 1862, etc.

cipe de proportionnalité que la variété du système des taxes permet de satisfaire par des voies très-différentes.

Si l'on voit percer dans les recherches que je publie aujourd'hui ou dans mes travaux antérieurs sur l'impôt, un sentiment assez vif des avantages de cette proportionnalité dans les contributions publiques, je ne demande pas à placer cette tendance sous la protection spéciale et exclusive de la *démocratie*.

A mes yeux ce serait une fausse et injuste aristocratie que celle qui rechercherait l'inégalité des taxes comme conséquence ou comme appui.

Une influence vivace, supérieure à la souveraineté pure du nombre, semble avoir des fondements profonds dans nos sociétés comme dans presque toutes les agrégations humaines. Elle résulte de ce fait que le sentiment et les lumières de la politique ne sauraient être le partage égal de tous et que l'éducation et la fortune procurent incontestablement certains avantages dans la carrière du gouvernement, même chez les peuples où l'éducation est peu politique et où la distribution des fortunes ne l'est pas davantage. C'est là ce qui soutient dans nos mœurs une certaine aristocratie qui n'est pas dans nos lois. Mais la surcharge du peuple est un sentiment odieux qu'aucune classe de citoyens ne saurait avouer sans s'avilir, et je dirais presque sans se suicider, si cette expression appliquée à ce qui pourrait représenter une classe plus ou moins aristocratique dans notre pays n'était jugée inexacte, en considérant que le suicide exige la conscience et le sentiment de l'existence.

Je demande l'indulgence des lecteurs pour la forme et le style de ces études. De nombreuses occupations m'ont

placé dans l'alternative de laisser périr le fruit de recherches étendues ou de les publier dans l'imperfection d'une
rédaction rapide et souvent sans révision suffisante. J'ai
préféré, peut-être par faiblesse paternelle, le second parti
au premier, et j'ai dû sacrifier quelquefois à la masse des
matériaux recueillis l'élégance de leur mise en œuvre. J'ai
cru, au moins, pouvoir m'endurcir aux critiques dirigées
contre la forme de mon ouvrage, par ceux qui me citant
beaucoup et prouvant qu'ils ont daigné profiter de mes
écrits, comme tel écrivain que je pourrais nommer, m'ont
par cela même excusé quelque peu de leur sévérité.

Cette exception aux règles les plus pures du style que
Buffon admettait déjà, de son temps, pour les écrivains qui
traitent simultanément *des sujets différents*, qui ont à parler
de choses grandes, épineuses et disparates, et sont aux prises avec *la nécessité des circonstances*, ne peut-elle être
invoquée et même agrandie pour des recherches de la nature de celles qui sont réunies dans ce livre? J. de Maistre
a dépeint quelque part, avec plus ou moins de justesse,
la pensée de l'Occident moderne, se traînant *souillée d'en-
cre sur la route de la vérité... les bras chargés de livres de
toute espèce... baissant vers la terre son front sillonné d'al-
gèbre.* La science à laquelle l'ouvrage actuel est consacré s'est sentie du moins condamnée à plier souvent sous le
fardeau de la statistique, et à s'appuyer presque constamment de citations sans nombre empruntées aux documents
législatifs ou budgétaires de plusieurs nations étrangères.
J'ose donc espérer qu'on lui pardonnera ce qui peut manquer d'élégance à ses vêtements, de grâce et de légèreté à
sa marche.

TRAITÉ

DES IMPOTS

LIVRE I.

Considérations générales.

CHAPITRE I.

PRINCIPE ET DÉFINITION DE L'IMPOT.

Je me suis proposé de traiter brièvement, sous les principaux aspects qu'elle peut offrir à l'esprit, la matière des taxes. L'économie sociale, la politique, l'histoire ont dû guider des recherches dans lesquelles j'ai poursuivi simultanément, dans la mesure de mes forces, l'étude consciencieuse des faits et de la théorie. Mais quel est le fondement de l'institution sociale qui fait l'objet de ces études, et qui apparaît, jusqu'à un certain point, dans l'histoire, comme la condition de toute civilisation ?

Tous les êtres semblent soumis dans leur existence à une grande loi. Ils ne se soutiennent et se développent que par l'emprunt d'autres existences dont ils s'assimilent certains éléments. Les êtres collectifs, notamment, ne vivent guère que d'emprunts faits aux individualités qui les composent. Comme, dans l'ordre moral, la société réclame le dévouement d'une partie des sentiments personnels de ses membres, de même, dans l'ordre matériel, les besoins des sociétés ne peuvent être satisfaits qu'à l'aide des ressources individuelles de ceux qui les composent.

Ces ressources matérielles se présentent sous deux formes diverses.

Quand elles dérivent de capitaux mobiliers ou immobiliers communs, de terres soustraites au partage primitif, de capitaux donnés au corps social, ou accumulés par l'économie des gouvernements [1], on appelle ces propriétés *domaine*.

Lorsqu'il y a lieu, au contraire, d'opérer sur les membres de la communauté des perceptions successives pour les besoins publics, on appelle cette ressource la *contribution* ou l'*impôt*.

Le domaine comprend, dans certains États, les objets les plus variés : ce sont des forêts, des manufactures, tantôt brillantes, tantôt vulgaires [2], des mines, des chemins de fer [3], quelquefois des colonies productives comme l'est Java pour les Pays-Bas, enfin divers revenus compris sous le nom de droits régaliens et dont les uns se rapportent parfaitement à la matière du droit domanial, comme les droits sur le flottage [4], le monnayage, la chasse, la pêche, mais dont quelques autres, comme le monopole des sels et salpêtres, du tabac, de l'eau-de-vie, du sucre, du bois à brûler, des chif-

---

[1] Rau, *Finanzwissenschaft*, § 464, note B et C. *Ibid*, § 155.

[2] Dans divers États allemands, le domaine comprend des brasseries. Rau, § 153. Hambourg a une pharmacie de l'État (Rossi, Reden).

[3] L'État de Berne était, il y a quelques années, prêteur de capitaux mobiliers. Rau, § 155, note a.

[4] On reconnaît en Allemagne le *Flossregal*, ou le droit d'affermer la faculté de flottage. Reden mentionne, par exemple, ce droit dans le grand-duché de Saxe-Weimar, t. I, p. 1393. Les droits de chaussée (*Chausseengelden*) peuvent être considérés sous le même aspect.

fons, du transport des lettres, des jeux, semblent plutôt des droits retirés à la liberté des citoyens, et dont l'appropriation par l'État sert de prétexte et de manteau à de véritables impositions agissant d'une manière analogue à beaucoup d'impôts de consommation, qu'il nous paraît dès lors très-difficile d'en séparer, malgré la classification contraire de quelques auteurs [1]. Le critérium distinctif entre la vente des produits domaniaux et le monopole *contributif* résulte peut-être seulement de la liberté plus ou moins complète d'exploitation laissée au pouvoir exécutif, et nous regarderions volontiers comme impôt tout monopole dont les produits ne peuvent être vendus que dans les conditions de fixité réglées pour l'établissement des taxes, fixité qui n'existe pas, par exemple, pour la vente des produits d'une forêt ou d'une mine domaniale.

Les ressources du domaine et celles de l'impôt se suppléent du reste réciproquement, et elles ont une importance relative très-variable suivant la constitution et l'histoire des divers États [2].

Leur réunion n'a, quant à la quotité qu'elle peut atteindre, d'autres limites que celles des besoins sociaux, dont le cercle élastique se modifie et s'élargit sans cesse.

L'objet des dépenses publiques n'est point, en effet, limité aux nécessités de l'entretien de la vie sociale, telles que celles qui résultent des hostilités étrangères à repousser ou des désordres intérieurs à comprimer.

[1] M. Rau traite des droits régaliens sous neuf rubriques différentes, qui concernent les mines, le sel et le salpêtre, la chasse et la pêche, la fabrication des monnaies, les monopoles industriels, le transport des lettres, les chemins de fer, les bois et le flottage, les jeux. Il y a eu, dans certains États, des monopoles bizarres, tels que celui des almanachs en Wurtemberg. Reden, I, p. 197.

[2] L'importance des revenus domaniaux dépassait autrefois, dans certains pays, celle des taxes. V. Reden sur le Hanovre, t. I, p. 686. En Suède une partie des domaines, constituée en dotation pour les officiers, sert à leur solde et à l'entretien, pendant quelques jours, d'une partie de l'armée constituée en une sorte de réserve sous le nom d'*Indelta*.

La tutelle que les gouvernements exercent sur les sociétés n'est pas une simple tutelle conservatoire, qui consiste à maintenir intacte et sans dommage l'existence sociale. Elle est encore une tutelle progressive, dont la vigilance embrasse tout ce qui peut améliorer la condition des peuples.

On peut même remarquer combien, dans les budgets modernes, ces dépenses de progrès commun, étrangères aux soins du gouvernement, il y a peu d'années, et qui embrassent le soin de l'éducation publique, les travaux publics, l'administration de l'agriculture, du commerce et de l'industrie, tendent à égaler ou à dépasser même en importance celles qui concernent uniquement le maintien de la sécurité publique.

Il est permis de considérer comme susceptible d'être mise à la charge des finances publiques toute dépense qui procure à la société un avantage supérieur à celui qui serait résulté de l'accomplissement du même travail par les forces de l'activité individuelle.

Aussi le cercle des dépenses publiques est-il d'une élasticité extraordinaire, et son extension est ordinairement corrélative aux conditions mêmes du progrès social.

L'impôt peut donc être défini : le prélèvement opéré par l'État sur la fortune ou le travail des citoyens pour subvenir aux dépenses publiques [1].

Il n'est pas de l'essence de l'impôt qu'il soit nécessairement acquitté en argent. Nous savons qu'il a existé diverses perceptions de taxes en denrées et en nature.

Des services personnels peuvent aussi faire l'objet de l'im-

---

[1] M. Proudhon, dans sa *Théorie de l'Impôt,* a attaché une grande importance au principe qu'il pense avoir découvert, que l'impôt est un *échange* (p. 343).

Sans refuser toute vérité à cet aperçu qui repose sur la corrélation de l'impôt et des services publics, il faut bien constater qu'en fait l'impôt, s'il est un échange, est un échange imposé par la puissance publique, échange qui est souvent très-

pôt. Tel est en France l'impôt des prestations en nature pour les chemins vicinaux. Il est vrai que ces prestations peuvent être converties en argent et qu'elles se confondent, sous ce rapport, avec les prélèvements sur la fortune des citoyens.

Ce qui ne permet guère d'appeler rigoureusement du nom d'impôt le service militaire, c'est, d'une part, qu'il n'est pas rachetable, suivant toutes les législations, et que, d'un autre côté, il est moins un prélèvement qu'un sacrifice qui emporte dans certains cas la perte de la vie même : c'est par métaphore qu'on a donc pu l'appeler quelquefois *impôt du sang*.

Les dénominations qui, chez les divers peuples, ont servi à désigner les impôts se rattachent à la prédominance de tel ou tel aspect dans leur constitution.

Tributum, vectigal [1]*, abgabe, gabelle, contribution, dazio*, semblent indiquer l'apport, le don fait par l'individu à la société.

Auflage, duty, impôt, se réfèrent au principe obligatoire

---

avantageux, souvent très-désavantageux aux contribuables, suivant le mérite variable de l'emploi des ressources qu'il procure.

M. Proudhon (p. 344), m'accuse, à cette occasion, d'être un sectateur du droit divin, parce que je distingue la puissance publique de l'ensemble des contribuables; mais quel est le pays dans lequel cette distinction n'ait pas lieu et n'est-il pas permis d'écrire pour le monde réel? Tout écrivain doit-il avoir nécessairement en vue une république d'utopie

Du reste, si l'on doit rapprocher l'impôt de *l'échange* ou même du *placement avantageux*, comme on l'a dit aussi avec esprit, cela n'est vrai que de l'ensemble de l'impôt balancé avec l'ensemble des dépenses publiques; dans le détail et dans les décomptes individuels, la balance de la cotisation de chacun avec les profits de chacun dans l'organisation précitée, est à peu près impossible, et je ne vois pas que M. Proudhon l'ait bien rigoureusement déterminée, en pensant que la part d'un citoyen dans les profits de l'organisation sociale soit proportionnelle à sa fortune, comme il le suppose p. 1 33. (V. le ch. iv ci-après).

[1] Tydemann (*Disquisitio de œconomiæ politicæ notionibus*, etc. Leyde, 1838) fait cependant venir *vectigal* de ce que *mercibus invehendis primùm est impositum*. Il cite dans ce sens Burmann, p. 3.

de cet apport, en vertu de l'exigence du pouvoir social [1].

Taxatio, schatzung, skatt, szos, taxe, indiquent la fixité du prélèvement opéré par la société, ou l'estimation qui lui sert de base.

Steuer,. hjelp, aide, indiquent le secours apporté par l'impôt à l'existence du corps social.

Les impôts tirent des noms particuliers, soit de l'objet auquel ils s'appliquent, soit souvent aussi de la dépense à laquelle ils sont consacrés spécialement. Dans un petit État allemand, entre autres, on appelle *impôt de la princesse* une taxe levée pour doter la fille du souverain [2].

Locke a fait remarquer que l'impôt suppose le consentement du pays ou de ses légitimes représentants pour son établissement régulier, sinon le principe de l'inviolabilité de la propriété se trouverait anéanti.

« Si quelqu'un, a-t-il dit dans son *Traité du gouvernement civil* [3], prétendait avoir le droit d'imposer et de lever des taxes sur le peuple de sa propre autorité, et sans le consentement du peuple, il violerait la loi fondamentale de la propriété des choses et détruirait la fin du gouvernement. »

Cette proposition, dont la discussion se rattache aux problèmes les plus importants de la politique, ne saurait nous amener cependant à considérer l'établissement des taxes autrement que comme un des plus importants attributs, le plus important peut-être, de la souveraineté législative du pays.

Là donc où, comme dans les monarchies de l'Orient, le despote est réputé propriétaire du sol, là même où la forme politique attribue, ainsi que dans la France du dix-

---

[1] On peut rapprocher du même ordre d'idées *accise, excise, siza,* qui paraissent dérivés du latin *assidere.* Rau, § 428, A.

[2] Reden, *Finanzstatistik,* t. I, p. 1089.

[3] Chap. x, § 7.

septième, et même du dix-huitième siècle, et dans divers États européens du dix-neuvième siècle, le pouvoir législatif au souverain, le droit de lever de nouvelles taxes en a découlé comme conséquence inévitable. Mais aussi là où les idées de liberté politique se sont fait jour, la nécessité de l'intervention du pays pour l'établissement des impositions a été l'une des premières garanties qui aient été invoquées pour la sauvegarde des droits de la nation.

La considération des besoins de l'administration publique étant, ainsi que nous l'avons vu, le seul motif de la perception opérée sous le nom d'impôt sur la fortune des citoyens, le contrôle représentatif exercé sur la fixation des taxes a dû naturellement s'étendre aussi dans une mesure variable sur les dépenses qui les nécessitent d'une façon plus ou moins directe. Il y a toutefois dans l'intervention de la représentation nationale, relativement aux impôts et relativement aux dépenses, cette différence que l'appréciation des dépenses, à cause des considérations tantôt minutieuses et tantôt urgentes qui s'y rattachent, comporte une mesure de confiance réservée ou déléguée au pouvoir exécutif, qui ne se retrouve pas nécessairement au même degré dans les questions d'impôts.

Tels sont les fondements de l'immixtion, à des degrés divers, des assemblées législatives modernes dans le vote des budgets, immixtion qui, combinée avec la division des pouvoirs, constitue l'assiette principale du gouvernement représentatif.

CHAPITRE II.

CLASSIFICATION DES IMPOTS.

Si l'on jette un regard, même superficiel, sur le système des taxes, on est frappé de la variété extrême des objets qu'il embrasse. Les personnes, les propriétés, les jouissances, les consommations, soit que leur matière provienne du dedans ou du dehors de l'État, les actes les plus divers de la vie humaine..., toute l'existence des citoyens, en un mot, paraît avoir été enveloppée dans l'ingénieux réseau tissé par les financiers.

Cependant ces impôts si divers sont susceptibles de classement, et c'est en les y assujettissant qu'on parvient à les embrasser d'une manière complète et à les étudier tout à la fois dans leurs différences et dans leurs affinités.

Certaines dénominations qui paraissent servir de base à des classifications usuelles en matière de taxes donnent cependant lieu à des interprétations très-différentes.

Nous employons souvent les dénominations d'impôts *directs* et *indirects*. Mais beaucoup de sens divers, suivant les auteurs qui emploient ces expressions, se cachent en réalité sous une distinction en apparence uniforme.

Pour les législateurs et les administrateurs français, tout

impôt qui pèse sur un contribuable nominativement désigné
et qui lui est demandé à des termes périodiques réguliers
est un impôt direct. L'impôt est, au contraire, indirect, lorsqu'il est plutôt assis sur un fait que sur un homme, et lorsqu'il n'atteint le contribuable que d'une manière pour ainsi
dire médiate, à l'occasion d'un fait sans continuité ni pé-
riodicité régulière, tel qu'une consommation, une acquisition [1].

M. Mac Culloch établit la classification fondée sur ces dénominations, suivant des termes tout différents. Selon lui, l'impôt est direct lorsqu'il est immédiatement prélevé sur la propriété ou le travail. L'impôt est indirect lorsqu'il est demandé
aux mêmes sources de richesse par l'obligation, imposée
aux propriétaires et aux travailleurs, d'acheter la liberté
d'user de certains objets ou d'exercer certains priviléges [2].

Aussi les licences, les *assessed taxes*, les impôts sur les
fenêtres, contributions dont les analogues sont considérées
par nous comme directes, appartiennent au contraire, pour
l'écrivain anglais, à la catégorie des contributions indirectes
et sont rapprochées par lui de l'excise [3].

On voit que M. Mac Culloch asseoit sa définition, non sur
la nature du rapport entre l'impôt et le contribuable, mais
sur celle du rapport plus ou moins direct entre la contribution et la ressource qui sert à l'acquitter.

Enfin, M. Rau et M. J. Stuart Mill définissent les taxes directes et indirectes d'après une troisième base distincte des
précédentes. Les taxes directes sont, suivant eux, celles qui
sont levées sur les personnes chargées de les supporter.
Les taxes indirectes sont celles qui sont réclamées d'une

[1] V. Dufour : *Droit administratif appliqué*, n° 830, et de Gérando : *Institutes du droit administratif français*, n° 1332.
[2] *A Treatise on the principles and practical influence of taxation*, p. 1.
[3] *Ibid*, p. 249 et 265.

personne pour être récupérées par elle contre autrui [1].

Cette définition, tirée de l'incidence plus que de l'assiette de l'impôt, nous paraît avoir l'inconvénient de faire rentrer parmi les taxes directes les impôts sur les consommations, lorsqu'ils sont acquittés par celui-là même qui doit les consommer, et aussi les droits d'enregistrement et de timbre, qui ont le caractère indirect suivant les deux autres définitions, et que nous sommes notamment habitués, à cause de l'accidentalité de la perception et de la mobilité du produit qui en est la suite, à regarder comme indirects [2].

Cette dernière objection ne peut s'adresser à M. Rau, qui, suivant la terminologie des financiers allemands, rattache les droits d'enregistrement et de timbre, sous le nom de *Gebühren* (droits), à une classe de revenus distincte des *Steuern* (aides), nom sous lequel l'Allemagne désigne ordinairement la plupart de nos impôts. La circonstance que les droits d'enregistrement et de timbre se rattachent à une sorte de service rendu par l'État semble la raison de cette distinction faite par l'école germanique, qui réunit, au reste, les *Gebühren* et les *Steuern* sous le nom commun d'*Auflagen* [3].

Une classification des impôts, d'après les objets qu'ils atteignent ou sur lesquels ils sont du moins assis, nous paraît plus naturelle et plus complète que celle dont nous venons de rappeler le triple sens chez les auteurs modernes. Elle

[1] Rau, *Finanzwissenschaft*, § 293. J. Stuart Mill : *Principles of practical Economy*, liv. V, chap. III.

[2] On peut remarquer cependant que M. d'Audiffret, dans certains passages de son *Système financier de la France*, considère l'impôt de l'enregistrement comme direct. Mais il paraît avoir cédé à la préoccupation de ses vues administratives sur l'utilité de la réunion des directions qui concernent l'impôt foncier et l'impôt de l'enregistrement.

Au reste, le budget des recettes du Portugal classe aussi l'*Imposto sobre transmissao de propriedad* et le *papel sellado* parmi les impôts directs. V. l'*Orçamento do anno economico*, 1854-1855.

[3] Rau, § 227.

aurait d'ailleurs l'avantage de pouvoir se combiner avec la division des impôts directs et indirects, suivant la tradition et le système français.

La classification dont nous parlons reposerait sur l'établissement de cinq catégories fondamentales d'impôts, qui comprendraient :

1° Les impôts sur les personnes, ou capitations ;

2° Les impôts sur la richesse ou sur la possession des capitaux et revenus ;

3° Les impôts sur les jouissances ;

4° Les impôts sur les consommations ;

5° Les impôts sur les actes.

· Cette classification a cela de particulier que, comme la plupart des classifications vraiment naturelles, elle permet de passer d'une catégorie à l'autre, par des nuances souvent insensibles et qui forment pour ainsi dire des catégories d'impôts *mixtes.*

Ainsi, les impôts sur les personnes se rapprochent des taxes sur les biens par les capitations graduées, d'après le rang ou la fortune, qui ont été levées dans divers pays.

L'impôt des prestations en nature est à la fois un impôt sur les personnes et un impôt sur la possession ou la jouissance de certains moyens de travail.

Les impôts sur les jouissances ne diffèrent des impôts sur les biens qu'en ce que les derniers atteignent surtout la possession fructueuse, tandis que les premiers atteignent plutôt la possession dispendieuse de certains objets.

Les uns frappent, par exemple, les bestiaux de l'agriculture dans certains pays ; les autres atteignent les animaux de luxe.

Les uns grèvent le propriétaire de la maison louée, à cause du revenu qu'il en tire ; les seconds atteignent le locataire, à cause de la dépense que son loyer lui occasionne et de la fortune que cette dépense suppose.

L'impôt des patentes est un impôt sur le revenu commercial; mais ce revenu est saisi d'une manière si imparfaite, que l'impôt semble également assis sur la profession et qu'il pourrait à la rigueur, sous ce rapport, être rattaché, soit à la classe des capitations avec considération de la qualité des personnes, soit peut-être même à la classe des impôts sur les actes.

La taxe sur les mutations nécessaires, comme les mutations par décès, se rapproche assez de l'impôt sur les biens, pour avoir été remplacée en France par un véritable supplément à l'impôt foncier relativement aux immeubles de mainmorte..

L'impôt sur le timbre frappe les actes pour la constatation desquels le papier timbré est exigé, mais il ne serait pas très-difficile d'y voir une sorte d'impôt de consommation sur un papier privilégié de certaine nature.

Ces aperçus sont moins des objections contre la classification indiquée qu'ils ne témoignent de la liaison ordinaire des faits naturels.

Un autre avantage de la classification que nous avons adoptée consiste en ce qu'elle s'harmonise avec plusieurs autres, et certainement avec celle qui est adoptée par les financiers français relativement à la division des taxes en directes et indirectes. Les trois premières catégories que nous avons tracées rentrent en effet dans les impôts directs qui donnent lieu à des rôles nominatifs. Les deux autres rentrent dans les taxes indirectes, qui ne peuvent être perçues d'après des rôles personnels. Notre classification n'est ainsi, sous ce rapport, que le complément et le développement de la division usuelle et pratique des impôts français en impôts directs et indirects.

Rattaché au point de départ de cette double ramification primitive, ce classement rappelle aussi celui d'un savant allemand qui a divisé les taxes en impôts sur la possession (*Besitz*) et impôts sur les actions (*Handlungen*), et qui a re-

trouvé par cette voie la division des impôts directs et indirects dans le sens français. M. Hoffmann [1] a compris les capitations dans sa première catégorie des impôts, parce qu'il
les a considérées comme des impôts sur la possession de certaines qualités personnelles, et il y a rattaché aussi les
impôts sur les jouissances, parce qu'ils supposent généralement un objet possédé, quoique à un titre différent de l'objet frappé par un impôt sur le revenu.

Le même théoricien a rapproché les taxes sur les consommations des taxes sur les actes, parce qu'il est évident que
les consommations sont seulement des actes d'une importance particulière relativement à l'impôt.

En réalité, ce savant a raison, et il n'y a que deux sortes
de taxes : celles qui atteignent des relations permanentes,
comme l'existence, la possession, la jouissance durable d'un
objet, et celles qui atteignent des relations accidentelles,
comme les consommations, les mutations, les actes pas-
sagers.

La classification que nous avons adoptée coïncide presque
aussi exactement, quoique différemment, avec celle que
M. Rau a suivie dans son livre sur la science des finances,
et dont M. de Sismondi paraît s'être beaucoup rapproché [2].

M. Rau divise les taxes en taxes d'estimation, frappant
en général sur les biens (*Schatzungen*), et taxes sur les dépenses (*Aufwandsteuern*). Les *Schatzungen* comprennent nos
deux premières catégories, et les *Aufwandsteuern* les trois
suivantes.

Je ne saurais quitter le sujet de la classification des taxes
sans faire remarquer que si l'accroissement du revenu public est le motif général de leur établissement, cependant

[1] *Die Lehre von den Steuern.* Berlin, 1840.
[2] *Nouveaux principes de l'Économie politique,* t. II, p. 172.

il en est quelques-unes qui ne se rattachent pas exclusivement à la même cause.

Certaines perceptions fiscales ont été aussi établies pour la protection de quelques industries ou pour imposer des restrictions et des règles à certaines jouissances. Les taxes sur l'eau-de-vie et sur les chiens, par exemple, ont été défendues quelquefois par la dernière de ces considérations. Cependant il est incontestable que la raison fiscale y a toujours eu aussi quelque part.

Il y a des impôts ordinaires et permanents, et des impôts extraordinaires et temporaires [1].

Il en est qui sont consacrés à l'intérêt national, et d'autres qui sont affectés à des besoins locaux ou municipaux, comme nos octrois.

Mais ces dernières divisions ont beaucoup moins d'importance scientifique que celles qui se rattachent à l'essence même des impôts et à la manière dont ils atteignent la fortune des contribuables.

On distingue enfin les impôts en impôts de quotité et impôts de répartition. Mais en réalité la *quotité* et la *répartition* ne représentent que des procédés d'assiette. Le système de répartition tend à limiter la somme due par telle ou telle localité, comme l'abonnement limite la somme due par tel ou tel contribuable. La répartition et l'abonnement ont, du reste, tout à la fois le mérite et l'inconvénient de tout ce qui tend à la fixité en matière de contributions. M. Royer-Collard appelait, il est vrai, l'abonnement *un système étroit, grossier, impuissant* [2]. Mais ce système a de profondes racines dans les habitudes.

---

[1] Ces derniers portent en italien le nom spécial de *balzelli*.
[2] *Moniteur* de 1822, p. 619.

CHAPITRE III.

La perception des taxes est une condition inhérente à l'existence de toute civilisation.

Leur bonne répartition, quoiqu'elle constitue une question très-importante, est au fond d'une considération secondaire.

Il faut d'abord pourvoir à tout prix à la défense et au maintien de la société. Il faut en second lieu s'efforcer d'y pourvoir dans les meilleures conditions pour la masse des individualités qui constituent le corps social.

A mesure toutefois que les dépenses publiques s'accroissent par la recherche du bien-être pour les sociétés, l'augmentation des impôts doit concourir avec les efforts de la raison publique pour introduire une critique sévère dans le choix des taxes. De là les questions posées à cet égard, surtout dans les siècles derniers, et qu'il est temps pour nous d'aborder, en recherchant les règles fondamentales posées par la science pour le choix et l'assiette des taxes [1].

[1] Juste Lipse, dès le xvi* siècle, demandait, dans sa Doctrine civile, une contribution juste et uniforme. (Livre IV, ch. xi.)

Smith et Sismondi ont tracé pour le choix et l'assiette des impôts des règles dont la plupart sont devenues, pour ainsi dire, les axiomes de la science économique en cette matière. Malgré le caractère fastidieux des citations, il est nécessaire de rappeler textuellement les règles formulées par les deux économistes.

Les maximes tracées par Smith sont celles-ci :

1° Les sujets de chaque État doivent contribuer aux dépenses du gouvernement, autant que possible, à proportion de leur habilité (ability) respective, c'est-à-dire à proportion du revenu dont ils jouissent respectivement sous la protection de l'État.

2° La taxe imposée à chaque individu doit être certaine et non arbitraire. Le temps, le mode, la quotité du payement, tout doit être clair et net pour le contribuable, ainsi que pour toute autre personne.

3° Toute contribution doit être levée à l'époque et suivant le mode qui paraissent le plus convenables, pour le contribuable.

4° Toute contribution doit être établie de manière à retirer des poches du peuple, aussi peu que possible, au delà de ce qu'elle fait entrer dans le Trésor de l'État [1].

Sismondi a ajouté à ces maximes les règles suivantes, dont plusieurs ne nous paraissent avoir qu'une valeur relative [2].

1° Tout impôt, dit-il, doit porter sur le revenu et non sur le capital. Dans le premier cas, l'État ne dépense que ce que les particuliers devraient dépenser ; dans le second, il détruit ce qui devrait faire vivre et les particuliers et l'État.

---

[1] *Richesse des nations*, liv. II, chap. v.

[2] *Principes d'économie politique*, t. II, liv. VI, chap. viii.

M. du Puynode rejette les 3e et 4e règles de Sismondi : *De la Monnaie, du Crédit public et de l'Impôt*, t. II, p. 110.

La règle même que l'impôt ne doit frapper que sur le revenu, excellente quand il s'agit des impôts annuels, est trop absolue quand il s'agit d'impôts accidentels, comme les droits de mutation.

2° Dans l'assiette de l'impôt il ne faut pas confondre le produit brut annuel avec le revenu; car le premier comprend, outre le second, tout le capital circulant, et une partie de ce produit doit demeurer pour maintenir ou renouveler tous les capitaux fixes, tous les travaux accumulés et la vie de tous les ouvriers productifs.

3° L'impôt étant le prix que le citoyen paye pour des jouissances, on ne saurait le demander à celui qui ne jouit de rien; il ne doit donc jamais atteindre la partie du revenu qui est nécessaire à la vie du contribuable.

4° L'impôt ne doit jamais mettre en fuite la richesse qu'il frappe; il doit donc être d'autant plus modéré que cette richesse est d'une nature plus fugitive. Il ne doit jamais atteindre la partie du revenu qui est nécessaire pour que ce revenu se conserve.

Les règles d'Adam Smith demandent, comme on le voit, à l'impôt, la justice, la certitude, la commodité et l'économie.

Celles de Sismondi ont pour objet la modération, l'humanité, l'habileté prudente dans le choix et l'assiette des taxes. Elles sont des conseils souvent bons à suivre.

Les qualités diverses recherchées avec raison dans les taxes pour le perfectionnement de la législation fiscale n'ont pas toutes, en effet, la même importance pratique dans la discussion des systèmes d'impôt.

Les taxes sont surtout envisagées sous le rapport de certains caractères dominants, qui ont dans la théorie d'autant plus d'importance qu'ils sont quelquefois difficiles à concilier.

La commodité, l'avantage pratique dans la perception recommandent certaines contributions.

La justice, combinée avec l'humanité et la modération, paraît devoir en faire préférer certaines autres.

I.   2

Les premiers avantages sont surtout appréciés par les gouvernements qui ressentent directement le contre-coup de toute difficulté et de toute complication dans la perception des taxes.

Le second avantage est plutôt senti par les contribuables qui ont intérêt, dans leurs relations mutuelles, à une répartition individuelle conforme à la justice, à la modération et à l'humanité.

La commodité de l'impôt résulte de circonstances variables et locales.

La justice a un caractère absolu indépendant des temps et des lieux.

La première de ces qualités a surtout pour les législateurs une valeur financière.

La seconde a plutôt une importance morale.

Aussi, bien qu'un économiste anglais de nos jours, frappé surtout du spectacle des institutions financières de son pays, ait semblé reléguer, dans un rang un peu inférieur [1], la règle d'équité formulée par Adam Smith, cette maxime, appuyée par la conscience humaine, a passé du livre de la *Richesse des nations* dans la plupart des constitutions, comme la règle prépondérante en cette matière, et elle est, en quelque sorte, devenue comme le point idéal vers lequel les innovations proposées en matière de taxes ont souvent gravité.

La véritable théorie de l'impôt nous paraît donc supposer comme base la fixation du sens de cette règle de justice, la délimitation précise de la mesure dans laquelle on peut la réaliser, et elle doit ensuite coordonner avec cette règle morale l'application des autres maximes de convenance, de

---

[1] « In laying down a principle that is to apply to all taxes, equality of contri-» bution is an inferior consideration. » Mac Culloch . *Taxation and the funding system*, p. 18.

prudence, d'économie et d'humanité qui résultent des prescriptions que nous avons rapportées plus haut.

Aussi est-ce à la détermination aussi exacte que possible de la justice fiscale que nos recherches doivent d'abord s'attacher. Nous rechercherons ensuite les autres avantages économiques et politiques à poursuivre dans le choix des taxes.

CHAPITRE IV.

DE LA JUSTICE EN MATIÈRE DE TAXES, DE L'IMPOT PROPORTIONNEL ET DE L'IMPOT PROGRESSIF.

La détermination d'une règle idéale de justice en matière de taxe offre plus de difficultés qu'on ne le suppose d'abord, à la simple lecture de la formule qui prescrit une répartition des impôts proportionnelle aux facultés, ou, pour parler le langage anglais, à l'*habilité* des contribuables [1].

« Le principe de Smith, prétend un écrivain anglais contemporain, est aussi obscur que vrai, et son admission générale est due peut-être à la facilité avec laquelle il se plie à des systèmes divers. Lorsque la question est transportée de la mesure de l'impôt à la mesure de l'habilité, on se trouve n'avoir fait qu'un pas vers la détermination d'une théorie

[1] Cette règle de Smith n'est guère que la répétition d'une formule déjà employée dans la loi qui a établi la taxe des pauvres en Angleterre. Les paroisses doivent subvenir aux besoins des pauvres *according to their ability* (43ᵉ année du règne d'Élisabeth). Elle a été aussi fort bien aperçue par Domat (*Droit public*, tit. V.) « Les charges de l'État, avait dit notre illustre compatriote, regardent les personnes, et chacun devant y contribuer à proportion de ses biens, il n'y aurait aucune raison d'en charger plutôt une espèce de biens que l'autre, et de faire tomber la charge entière sur ceux qui auraient des biens de l'espèce sujette à la charge et en décharger entièrement ceux de qui tous les biens seraient d'une autre nature. »

exacte, et, ce pas fait, les voies divergent en cent directions différentes [1]. »

La formule de Smith a, en effet, donné par ses termes mêmes naissance à deux ou trois théories différentes. Les mots de *facultés* et de *protection*, qu'elle rapproche en recommandant une assiette d'impôt fondée sur l'*habilité respective* résultant des revenus jouis sous la *protection* de l'État, semblent être devenus, par leur séparation et leur considération exclusive, les bannières isolées de deux systèmes divers.

En considérant spécialement l'aptitude personnelle des contribuables à porter les charges publiques, on a posé le principe que les impôts devaient être répartis de manière à faire peser sur chaque contribuable un sacrifice également senti.

Cette idée, qui renferme une sorte de théorie *subjective* de la répartition de l'impôt, semble avoir été à peu près formulée depuis longtemps par un auteur hollandais du dix-septième siècle en ces termes :

« *In tributis*, dit Boxhorn, *æqualitatis maxima habenda* » *ratio quæ in eo potissimum versatur ut par sit eorum ratio ac* » *paria hic onera sentiant quorum in diversis rebus positæ si-* » *tæque sunt opes* [2]. » *Paria onera...*, mêmes charges.

Elle a été surtout développée de nos jours en Angleterre par les financiers, qui ont soutenu la convenance d'établir dans l'*income-tax* des taux d'impôt différents, suivant la nature plus ou moins durable des divers revenus. Elle a été nommée par eux la théorie de l'*égalité du sacrifice* [3].

D'un autre côté, en prenant en considération ce qu'on pourrait appeler le côté objectif de la taxation, on a cherché dans la protection donnée par l'État aux biens des contribua-

---

[1] *A just income tax how possible, by Hemming.*

[2] *Institutiones politicæ.* Lib. I. c. x, § 18, n° 9. Rau, *Finanzwissenschaft*, § 253, note B.

[3] Hemming, p. 7, et J.-H. Mill, *Principles of political Economy*, t. II, p. 366.

bles la véritable mesure de la répartition des charges publiques. M. Thiers a développé avec clarté cette théorie qui fait
de l'impôt, sous ce rapport, l'acquittement d'une sorte d'o-
bligation synallagmatique [1] ou de prime d'assurance, par
laquelle le contribuable solde la protection donnée par l'État
à la fortune dont il jouit [2].

La théorie de la protection s'est étendue et généralisée au
delà même des termes posés par la formule d'Adam Smith.

On ne s'est pas préoccupé seulement de l'étendue des
biens protégés par l'État, mais du bénéfice de l'ensemble des
institutions sociales pour le contribuable [3], comme mesure
fondamentale de la répartition des taxes. Par une nuance de
ce dernier système, un auteur a demandé que l'impôt se pro-
portionnât aux dépenses faites pour chacun par la société [4].

Il est aisé de voir que les deux théories dont nous venons
de marquer les tendances diffèrent profondément dans leurs
principes et dans leurs conséquences.

L'une d'elles résume la répartition de l'impôt dans la réalisation d'un contrat commutatif par lequel chaque contribuable supporte une part de charges correspondante aux
profits qu'il retire des dépenses publiques.

L'autre, au contraire, en cherchant une égalité de charges
conciliable avec l'inégalité des fortunes et des conditions,
évite difficilement l'écueil de l'immixtion dans le redresse-
ment des infirmités sociales. Quelques-uns de ses promoteurs
se sont toutefois bornés à en déduire cette conséquence que

---

[1] *Bargain and sale theory*, dit M. Hemming, p. 5.

[2] Thiers : *de la Propriété*. V. les diverses citations de Sully et Mirabeau, dans
le livre d'Émile de Girardin, intitulé *le Socialisme et l'Impôt*. M. Ginoulhiac paraît
partir du même principe, lorsqu'il dit dans son *Économie politique du peuple*,
p. 321 : « L'impôt n'est pas une charge, c'est une part des produits accordée à
l'État, en vertu de sa coopération. »

[3] V. les divers financiers allemands cités dans le paragraphe 252 de la *Finanzwissenschaft* de *Rau*.

[4] Gandillot : *Essai sur la science des finances*, p. 60.

la législation fiscale doit tenir compte de la nécessité de capitaliser qui pèse sur les contribuables en jouissance d'un revenu purement précaire. Mais l'impôt progressif est en germe dans ce système, bien que M. Mill, qui le professe, ait récusé cette conséquence, en se bornant à désirer de voir (ce qui n'est pas moins grave que l'impôt progressif) poser par la loi un *maximum* à la fortune des citoyens. N'est-il pas manifeste, en effet, qu'un impôt vraiment proportionnel constitue une charge plus sensible pour les fortunes médiocres que pour les revenus élevés?

Au fond, les deux systèmes que nous venons de mettre en présence, et qui sont fondés exclusivement sur l'application de l'un ou de l'autre des deux principes comparés, aboutissent également à des injustices choquantes et à des difficultés d'exécution vraiment insurmontables.

La théorie de l'égalité des sacrifices paraît placée sur la pente irrésistible qui conduit au nivellement social comme type de la perfection. Quant à son application, elle trouve, d'ailleurs, des difficultés insurmontables pour l'appréciation des charges de famille qui pèsent sur les contribuables [1].

La théorie qui établit pour mesure générale dans la répartition de l'impôt l'avantage retiré des institutions sociales n'est pas plus que la précédente susceptible d'une application rigoureuse, soit à cause de l'extrême inégalité de ces avantages, soit à cause de l'impossibilité pratique de calculer certains éléments de profit retirés des institutions sociales [2].

[1] M. Mill considère la charge de l'éducation et de l'entretien des enfants comme purement facultative. Résultant à ses yeux de la libre volonté du contribuable, elle ne peut devenir pour lui la cause d'aucune faveur. Cela est juste dans une théorie de taxation autre que la théorie de l'égalité des sacrifices. Mais sous le point de vue de cette doctrine, n'est-il pas évident que les charges de famille ne cessent pas d'être onéreuses, parce qu'elles dériveraient en partie d'un fait volontaire? Ne subissent-elles pas d'ailleurs les modifications fatales des événements, qui, malgré les mêmes volontés, produisent souvent des situations très-différentes?

[2] C'est cette raison qui a porté un auteur à rechercher non l'avantage retiré par

Qu'on essaye, par exemple, de dénombrer, d'isoler et de classer les intérêts divers auxquels profite l'ouverture des nouvelles voies de communication par terre et par mer ! Combien d'intérêts agricoles, industriels et commerciaux correspondent à l'ouverture d'un chemin de fer, ou au creusement d'un port maritime !

Les dépenses publiques ne se bornent pas, ainsi que nous l'avons dit plus haut, à assurer à la vie et à la propriété des citoyens la protection de la force sociale. Ces dépenses embrassent l'amélioration du sort commun et aussi l'assistance qui doit résulter pour les êtres souffrants de la solidarité qui constitue la base de l'organisation sociale.

Or, n'est-il pas évident que dans cet ordre d'idées les indigents qui reçoivent de la société l'éducation et les secours matériels ne sauraient être soumis à un impôt proportionnel aux profits de cette situation, sans la négation même des idées sur lesquelles reposent les dépenses faites dans leur intérêt? Plus ils sont malheureux, plus ils ont à demander à l'assistance publique, et plus leur dette envers le fisc serait grande. L'idée d'une relation *commutative* entre le profit retiré des dépenses publiques et le support des impôts qui doivent y faire face serait la négation absolue de tout principe généreux dans l'administration publique et la proclamation solennelle d'une loi d'égoïsme substituée aux principes salutaires et chrétiens de la solidarité sociale [1].

le contribuable, mais la dépense faite par l'État. Malheureusement la difficulté est la même, et il est aussi difficile de dire dans quelle mesure profite aux intéressés de toute la France la construction des nouveaux ports de Marseille, que de savoir *pour qui* l'État a fait la dépense; l'une de ces questions rentre même en partie inévitablement dans l'autre.

[1] Si l'on ne peut demander à l'indigent le prix des services que la société lui rend, il arrive aussi qu'une certaine différence de prix est établie entre les services analogues, suivant la fortune de celui qui se les procure. Un principe de cette nature régit le tarif des pompes funèbres de Paris : les prix de chaque classe y ont quelque chose de fictif et qui renferme comme l'addition d'une taxe somptuaire

En dehors même de cette question posée entre la richesse et l'indigence, les services publics sont trop nombreux, trop étendus, trop complexes, pour qu'il soit possible d'établir un compte réciproque des avantages et des charges que chacun en retire [1].

. Le législateur a bien pu établir dans certains pays, par les droits de barrière et les péages, un rapport entre le profit retiré de chemins et la contribution de chaque citoyen à leur entretien et à leur réparation. Il peut bien en France rechercher encore un parallélisme analogue dans l'assiette de l'impôt des prestations en nature sur les moyens de transport appartenant à chaque contribuable. Mais la dépense des routes n'en est pas moins dans son ensemble mise à la charge des ressources de l'impôt ordinaire.

Le législateur a bien pu encore établir chez nous, dans l'origine, que la dépense des gardes champêtres communaux serait supportée par les propriétés non closes. Mais sur ce dernier point le législateur en est bientôt venu à mettre la dépense à la charge de la propriété foncière dans son ensemble, tandis que l'usage, dans certaines localités, a même souvent fait supporter cette dépense spéciale par l'ensemble des ressources communales.

On a bien pu encore, dans le principe, proportionner la taxe des lettres au service rendu et à la distance parcourue ; mais bientôt, en Angleterre et en France, l'uniformité l'a emporté sur la répartition minutieuse de la taxe.

---

au prix naturel des fournitures des classes supérieures. — Ajouterai-je qu'une base analogue gouverne jusqu'à un certain point le prix des places de théâtre, où des différences de bien-être modiques entrainent des intervalles de prix considérables. M. le général de Lamoricière avait proposé en 1848 d'organiser, suivant la fortune des jeunes *appelés*, le rachat du service militaire. La *généralisation* d'un système analogue relativement à toutes les dépenses aboutirait aux mêmes résultats qu'un impôt progressif.

[1] V. en ce sens Rau, § 252.

En un mot, le système du compte séparé, destiné à proportionner la contribution individuelle de chacun au profit retiré des institutions sociales, ne reçoit dans notre organisation publique que des applications rares et isolées, dont le nombre et l'importance paraissent même suivre une marche décroissante.

Il en est sans doute différemment lorsqu'on cesse de comparer les situations individuelles pour étudier la condition des habitants de diverses provinces ou divisions d'un même État.

L'existence des taxes provinciales, départementales, communales, est un assentiment donné par le législateur au principe qui rattache l'impôt dans certaine mesure aux avantages et aux bénéfices particuliers de ceux qui l'acquittent. En règle générale, le profit de ces taxes est réservé exclusivement aux populations qui les payent. Mais, même dans cet ordre de faits, le législateur français n'a pas absolument isolé l'application des taxes perçues dans les diverses localités, et il a du moins établi entre les départements le système du *fonds commun*, de même qu'il a autorisé ou imposé les subventions de l'État et des départements pour certaines dépenses communales, relativement à l'instruction primaire, par exemple.

Combien l'impossibilité de dresser le compte individuel de chaque citoyen dans le profit des dépenses publiques serait plus évidente encore si l'on tenait compte de particularités telles que la faiblesse physique des individus et le besoin de protection spéciale qui peut en résulter [1] !

Appliquant ces idées à l'impôt sur les terres, voudrait-on tenir compte, suivant l'objection d'un écrivain anglais [2], de ce que la petite propriété est, toute proportion gardée,

[1] Hemming, p. 6.
[2] *Edimburg Review*, avril 1853.

d'une défense physique, d'une garde plus coûteuse que les grands domaines? Ou bien, avec un auteur de notre pays[1], voudrait-on seulement que l'impôt sur les terres, fondé uniquement sur les frais de protection que le sol exige, fût proportionné à leur étendue plus qu'à leur valeur?

Toutes ces considérations indiquent l'impossibilité de trouver, soit dans le principe de l'égalité des sacrifices, soit dans celui de la commutation exacte entre le sacrifice et le profit, la base exclusive d'une répartition générale de l'impôt. Ces deux principes, fautifs séparément, semblent avoir besoin l'un de l'autre pour se limiter raisonnablement et devenir l'un et l'autre utilement applicables.

Si l'on veut partir, dans la répartition de l'impôt, d'une règle de proportion exacte entre le *dividende* retiré des institutions sociales et la contribution corrélative imposée à chaque citoyen, il faut arriver jusqu'aux conséquences pratiques les plus absurdes, et aussi à l'inhumanité la plus choquante par la négation absolue de tout secours apporté à la situation de l'indigence et du malheur.

L'intelligence et le cœur reculent devant de pareilles conséquences, et l'on sent la nécessité de modifier le point de départ d'abord adopté par l'intervention d'une pensée d'assistance envers les individus et même quelquefois envers les localités les plus pauvres, et par la considération de certaines vues générales et collectives dans la distribution des dépenses comme dans la formation du revenu public.

Cette pensée d'assistance, qui modifie incontestablement le titre onéreux sur lequel se fonde, en principe, la répartition, comme la nécessité et l'existence même de l'impôt, n'est guère autre chose que l'intervention restreinte de cette règle de l'égalité des sacrifices, qu'il est impossible cepen-

[1] Gandillot, p. 73.

dant d'adopter comme base fondamentale de la justice distributive en matière de taxes ; c'est par la considération de
l'égalité approximative des sacrifices qu'on peut harmoniser
la situation du pauvre, qui ne contribue pour rien ou pour
peu de chose à l'impôt, mais qui retire des avantages assez
notables des institutions d'ordre public, avec celle du riche
qui contribue largement aux taxes, sans retirer des institutions sociales un bénéfice *autant de fois* supérieur à celui du
pauvre que sa contribution peut être supérieure à celle de
ce dernier.

Le principe d'une proportionnalité exacte entre la contribution individuelle et le bénéfice retiré de l'ordre social
peut être considéré comme représentant, en matière de taxation, cette justice stricte qui non-seulement est impraticable
minutieusement, mais qui encore serait par elle-même si
souvent voisine, dans les affaires humaines, de la suprême
injustice.

Il semble possible de rapprocher la théorie du contrat
onéreux et celle de l'égalité des sacrifices dans cette idée
moyenne et simple qui proportionne l'impôt aux biens particuliers, considérés tout à la fois comme la base du sacrifice des citoyens et comme l'objet le plus palpable et le plus
important de la protection de l'État. Les richesses individuelles, considérées ainsi comme la mesure commune du
bénéfice retiré de l'ordre social et des ressources qui déterminent la possibilité du sacrifice de chacun, deviennent
l'étalon de la contribution théoriquement la plus juste aux
dépenses de l'État.

C'est, au fond, ce que Smith paraît avoir voulu dire dans
sa formule, soit qu'il l'ait fait par la simple intuition d'un
sens juste et élevé, soit par un examen attentif des dévia-
tions qui résulteraient de formules plus absolues et différentes.

En considérant ainsi les biens de chaque citoyen comme la commune mesure de la protection de l'État et du sacrifice individuel possible pour les besoins publics, on semble tout à la fois méconnaître les avantages personnels assurés par l'ordre public et les ressources personnelles que procure le seul fait de l'existence pour secourir la société.

Mais, malgré cette omission plus apparente que réelle, ce point de vue embrasse véritablement les éléments *capitaux* du problème à résoudre en cette matière.

Les avantages assurés à la personne même des citoyens sont de peu de considération, si on sépare cette personnalité des biens qui font le prix de l'existence? Que représenterait la vie pour celui qui n'aurait point les ressources nécessaires pour son entretien, et vaut-il la peine de faire le compte du profit retiré des institutions établies pour la garantie des personnes, par l'indigent qui n'a rien à perdre et tout à envier?

D'un autre côté, l'existence séparée des ressources de la propriété ne permet d'aider le pays que par les bras armés pour sa défense.

L'existence sans propriétés semble donc ne renfermer ni la cause ni le moyen d'une prestation de taxe considérable au profit de la société.

Et c'est sans doute pour cela que les capitations ou taxes sur les personnes, lors même qu'elles exemptent l'indigence absolue et ne semblent autre chose que des taxes sur les salaires ou sur les facultés de travail, occupent une place généralement assez restreinte dans les budgets des peuples civilisés. Il est vrai que quelques autres taxes, sans porter le même nom, aboutissant à des résultats peu différents de ceux des capitations véritables[1].

---

[1] Notamment plusieurs contributions indirectes sur les consommations et l'impôt sur les prestations en nature.

Si nous admettons que la protection de la fortune sous ses différentes formes est le principal bienfait des institutions sociales à l'égard de chaque citoyen, et si nous plaçons, par conséquent, dans l'étendue de la richesse individuelle, la meilleure base pour mesurer la quotité de l'impôt qu'il convient de mettre à la charge de chacun, une question secondaire, mais d'une haute importance, consiste à savoir si c'est la somme du capital ou celle du revenu qui doit être prise en considération pour la répartition des charges publiques entre les contribuables.

L'impôt sur le revenu a quelque chose de sévère pour les revenus du travail, qu'il confond avec ceux du capital. L'impôt sur le capital est hostile au luxe, puisqu'il impose les valeurs inertes et improductives comme celles qui procurent un revenu.

On pourrait être tenté de voir dans un rapport composé entre le capital et le revenu la véritable base de la faculté des contributions des citoyens.

Mais au fond plusieurs raisons nous paraissent devoir faire prédominer la recherche du revenu dans une théorie rationnelle de la taxation.

Il est politique et moral de ne voir dans l'impôt qu'un prélèvement sur l'accroissement périodique de la fortune de chacun. Il est bon que le fisc ne se présente pas en général aux citoyens comme réclamant d'eux un sacrifice sur leur capital, mais plutôt sur leur revenu, qui est la ressource ordinaire de leurs dépenses courantes.

L'impôt sur le capital renfermé dans des limites restreintes pourrait sans doute ne pas entamer en réalité la fortune des citoyens plus que l'impôt sur le revenu.

Mais, considéré comme impôt permanent et annuellement renouvelé, il aurait toujours l'inconvénient de frapper durement des capitaux inertes et improductifs dont certains, comme les objets mobiliers du logement, sont indispensables à l'existence, tout en épargnant les revenus industriels et professionnels qui ne sont point capitalisés et dont l'importance, croissant avec le progrès de la civilisation, est probablement très-supérieure à celle des capitaux improductifs épargnés par l'impôt sur le revenu.

Sous ce rapport, l'impôt sur le capital n'est pas aussi conforme que l'impôt sur le revenu aux conséquences d'une théorie qui recherche, à certain degré, l'égalité des sacrifices.

Il y a peut-être lieu d'ajouter que l'impôt sur le revenu permet de suivre avec plus d'exactitude les variations successives de la matière imposable que l'impôt sur le capital. Celui-ci exigerait, en effet, à certains moments et presque annuellement une révision de la valeur des objets imposables, révision singulièrement difficile à opérer d'après des mutations en fort petit nombre [1].

Toute la discussion à laquelle nous venons de nous livrer est à nos yeux, en résumé, la justification presque complète de la règle de Smith, qui réclame une répartition de l'impôt entre les citoyens *proportionnellement aux revenus dont ceux-ci jouissent sous la protection de l'État*, et explique en ce sens l'*habilité* posée comme le principe de l'obligation des contribuables. La protection obtenue de l'État est la base de l'obligation de concourir aux charges publiques. Le revenu étant la ressource naturelle pour l'acquittement des taxes et l'objet de la protection sociale, la formule de l'économiste anglais rapproche la raison extérieure de la répartition de l'impôt, c'est-à-dire le bénéfice de la garantie sociale, de sa raison intérieure, qui est le rapport du sacrifice imposé avec les moyens de le supporter.

[1] V. en ce sens l'opuscule italien de M. Benvenuti, *Della imposta unica sulla rendita* (Torino, 1850), p. 55 à 70.

Nous n'avons pas besoin de faire observer que l'application de la règle de proportionnalité a pour première conséquence la suppression des exemptions de personnes ou de biens [1] qui ont joué un si grand rôle dans le passé de nos sociétés, et la condamnation des faveurs accordées quelquefois aux fortunes élevées par rapport aux fortunes pauvres [2], de même qu'à l'inverse elle repousse tout système d'impôt *progressif*, par rapport au *capital* ou au *revenu*.

Ce dernier système, qui a préoccupé un grand nombre de publicistes et qui a reçu quelques applications dans l'histoire, a cependant, sous ces divers rapports, une importance assez grande pour que nous nous arrêtions encore à son examen avant de quitter le sujet de la justice en matière de taxes.

Montesquieu a approuvé la législation athénienne de l'impôt sur le revenu, qui était assis suivant une progression [3]. Jean-Jacques Rousseau semble avoir partagé cette manière de voir [4], et l'auteur des *Études de la nature*, Bernardin de Saint-Pierre, lui a donné une place parmi les vœux de sa politique sentimentale.

[1] On sait que notre ancienne législation comportait des exemptions de la taille, pour certains biens ou certaines personnes.

L'Angleterre aristocratique pratiquait plus d'égalité en matière de taxes. Mais en Pologne, les nobles et les ecclésiastiques étaient exempts, aussi bien de l'impôt foncier, *poradlne*, que des impôts de consommation et des douanes. *De tributis et vectigalibus aliisque oneribus in Polonia : Dissertatio inauguralis,* par F.-A. Golenski, p. 22 et 28. Cracovie, 1817.

[2] Par exemple dans les droits de succession en Angleterre.

[3] « La taxe étoit juste (dit-il dans son *Esprit des lois,* l. XIII, chap. vii), quoiqu'elle ne fût point proportionnelle. Si elle ne suivoit pas la proportion des biens, elle suivoit la proportion des besoins; on jugea que chacun avoit un nécessaire physique égal, que ce nécessaire physique ne devoit point être taxé; que l'utile venoit ensuite et qu'il devoit être taxé, mais moins que le superflu; *que la grandeur de la taxe sur le superflu empêchoit le superflu.* » Les grands esprits ne se trompent guère à demi, et, sous ce rapport, leurs erreurs s'accusent souvent elles-mêmes. Il me semble que Montesquieu a condamné l'impôt progressif par les derniers mots que nous citons dans les lignes écrites par lui pour le défendre.

[4] Dans son discours sur l'économie politique, il dit que pour établir une taxe

Les aspirations de ces philosophes [1] ont été jusqu'à un certain point appuyées par l'opinion d'économistes positifs, tels qu'Adam Smith [2], Montyon et surtout J.-B. Say.

Dans les temps modernes, la république de Florence a pratiqué l'impôt progressif avec passion ; quelques États de l'Allemagne en usent d'une manière modérée, et il en a été fait dans la législation de l'*income-tax* britannique des applications restreintes et de peu de durée. La Convention nationale française avait décrété aussi, le 18 mars 1793, l'établissement d'un impôt gradué et progressif sur le luxe et les richesses tant foncières que mobilières, qui paraît être resté une lettre presque morte.

Il importe d'apprécier cette théorie spécieuse tout à la fois en elle-même et dans son application possible aux divers impôts qui alimentent les revenus publics.

vraiment proportionnelle, l'imposition ne doit pas être faite seulement *en raison des biens des contribuables, mais en raison composée de la différence de leur condition ou du superflu de leurs biens.*

[1] Condorcet ne saurait être tout à fait rangé parmi eux, car il n'admet qu'un impôt progressif pour ainsi dire indirect, résultant de l'exemption de taxe pour une certaine part de toutes les fortunes correspondante aux nécessités de l'existence, pour chaque contribuable. Il redoute l'impôt progressif hors de ces termes, ainsi que les lois somptuaires établies, suivant lui, presque partout par l'aristocratie, dans son intérêt. V. t. XXI de ses OEuvres.

[2] « Il n'est pas hors de raison, dit-il, que le riche contribue à la dépense publique, non-seulement en proportion de son revenu, mais un peu au delà de cette proportion, » liv. V, chap. II.

Outre les diverses autorités citées pour et contre l'impôt progressif, nous pouvons rappeler un écrit de M. Jollivet, de 1793 (*De l'impôt progressif et du morcellement des patrimoines*), et un rapport de M. Dauchy aux Cinq-Cents, à la date du 10 frimaire an IV, contre l'impôt progressif, ainsi qu'un travail de M. de Corcelle, publié en 1833, dans le numéro du 1er avril de la *Revue des Deux-Mondes*, dans le même sens. On peut consulter, en sens inverse, un écrit de M. Riverieulx, à la date de 1816, et un travail de M. Decourdemanche, à la date de 1831. Dans des temps récents, M. du Puynode s'est prononcé contre l'impôt progressif dans son ouvrage sur *la Monnaie, le Crédit public et l'Impôt*, t. II, p. 93 et suiv. MM. de Molinari et Fonteyraud dans la *Collection des principaux Économistes*, ont émis des opinions dans ce même sens, ainsi que M. Scialoja dans ses *Principes de l'Économie sociale*, et M. Rossi dans son *Cours d'Économie politique* (t. IV, p. 230).

La théorie de l'impôt progressif en elle-même paraît, comme nous l'avons déjà dit, partir de cette idée que la société doit chercher à réaliser par l'impôt une égalité de situation non relative à la masse des biens et aux propriétés acquises, mais absolue pour la personne de chaque citoyen. Comme les besoins de chaque homme sont, au fond, à peu près identiques, et que tout ce qui excède la somme nécessaire pour la satisfaction de ces besoins est une sorte de superflu, l'égalité absolue et socialiste s'accommoderait du retranchement par l'État de tout cet excédant ; et si les formules d'impôt progressif ne proclament pas crûment ce résultat, si elles sont même, en général, impuissantes à l'opérer [1], elles y marchent en réalité et y arriveraient par une déduction libre de tout entrave [2].

Sous ce rapport, la théorie de l'impôt progressif nous paraît avoir l'inconvénient de toutes les lois qui découragent le travail par l'intervention factice du législateur.

La société a certes le droit de pourvoir à ses besoins, en demandant une contribution à tout bénéfice et à tout revenu ; mais elle nous paraît excéder sa mission en s'efforçant de comprimer l'essor de la richesse individuelle et en demandant à un citoyen pour une propriété, parce qu'il a déjà

[1] C'est ce qui excitait les regrets de l'historien de la conspiration de Babeuf, Buonarotti, cité par M. de Corcelle dans son article de 1833. « L'impôt progressif, disait Buonarotti, serait un moyen efficace de morceler les terres, d'empêcher la cumulation des richesses et de bannir l'oisiveté et le luxe, si l'estimation exacte des fortunes qu'il exige n'était pas très-difficile à atteindre; on peut bien évaluer le revenu des immeubles; mais comment apprécier les capitaux, qu'il est facile de dérober à tous les yeux ? Cette manière d'asseoir l'impôt serait tout au plus un acheminement au bien, mais ne détruirait pas la racine du mal. » *Revue des Deux-Mondes* d'avril 1833, p. 72.

[2] M Baudrillart a fort bien exposé ce point dans son *Manuel d'économie politique.* Paris, Guillaumin 1857, p. 469. « L'impôt progressif, dit-il, fait de l'équité à la manière dont les communistes l'entendent et non à celle dont les économistes ont coutume de la comprendre généralement; pour mieux dire, ce n'est pas de l'équité qu'il fait, c'est du nivellement. »

acquis une certaine somme de richesse, plus qu'elle ne demanderait à un autre pour une propriété identique [1].

Sans doute, les impôts généraux sur le revenu, qui n'atteignent que les fortunes élevées au-dessus d'un certain chiffre, paraissent au premier abord renfermer, sous ce rapport, une dérogation au principe de la proportionnalité ; mais, en réalité, comme ces impôts sont établis chez les peuples modernes concurremment avec d'autres impôts nombreux, il y a dans leur forme, autant que dans les circonstances au milieu desquelles ils s'introduisent, des raisons d'expliquer cette particularité de leur organisation [2], dont le mérite ne doit pas être apprécié indépendamment de l'ensemble du système de taxation dans lequel ces impôts sont incorporés.

L'impôt progressif nous paraît donc reposer sur une fausse notion des relations de l'État avec la fortune privée et le travail des citoyens, et, s'il a pu en être fait chez quelques peuples modernes des applications qui n'aient pas produit de graves inconvénients, c'est parce que l'extrême modération de la pratique a en quelque sorte pallié les conséquences du principe. Encore est-il à remarquer que, dans les pays les plus avancés de civilisation, le principe de l'impôt progressif, après avoir été pour ainsi dire essayé, a été ensuite complétement abandonné.

Il importe au reste de remarquer que l'application logique du système progressif ne peut être essayée que pour cer-

---

[1] On a cherché à détruire ce qu'il peut y avoir de menaçant dans l'idée d'un tarif progressif dont la graduation est susceptible d'arbitraire en liant l'impôt progressif au système logarithmique, et ce système a été développé dans le rapport de la minorité d'une commission adressé en 1850 au grand Conseil du canton de Vaud. « Le taux de l'impôt pour mille, y est-il dit, est le logarithme du nombre de francs représentant la matière imposable; ce logarithme est pris dans le système dont la base est mille. » Changez cette base modérée ; établissez le logarithme sur cent; la garantie alléguée par les législateurs vaudois disparait.

[2] V. l'*Histoire des Impôts généraux sur la propriété et le revenu*, p. 324.

taines formes d'impôts, et spécialement pour les taxes générales sur la propriété et le revenu qui présentent au fisc le
tableau de l'aisance totale des contribuables.

Les impôts spéciaux sur telle ou telle nature de revenus
ne comportent pas aussi aisément l'application du système
progressif; car le citoyen plus riche qu'un autre en immeubles peut être moins riche en valeurs mobilières ou
en industrie, et il y aurait de sérieuses difficultés sous ce
rapport à introduire le tarif progressif dans les impôts spéciaux sur les biens et les revenus, son principe fût-il même
admissible théoriquement.

Le tarif progressif ne paraît pas pouvoir être même essayé
relativement aux taxes sur les consommations qui sont
perçues en masse lors de la production ou du passage des
denrées en certains lieux déterminés, sans considération du
consommateur définitif.

On a proposé parmi nous, en 1848, l'établissement du
tarif progressif pour l'impôt des successions et donations.
Malgré quelques adhésions, telles que celles de M. Léon
Faucher, il est évident que cette pensée était presque aussi
contraire à la logique que l'eût été celle d'établir, par exemple, un impôt foncier progressif. On nous excusera de reproduire quelques-uns des motifs par lesquels nous avons eu
l'honneur de combattre cette idée, comme rapporteur d'une
commission unanime de l'Assemblée constituante [1].

« Qu'il nous soit permis de dire, écrivions-nous alors en
nous adressant à l'assemblée républicaine, que personne
n'a cru devoir soutenir, au sein de votre Commission, ce
raisonnement quelquefois émis au dehors, et d'après lequel

---

[1] Rapport du 1er septembre 1848, au nom d'une Commission, composée de
MM. Deslongrais, Gaslonde, Abraham Dubois, Barillon, Besnard, Chauffour,
Douesnel, Ducos, Durand (de Romorantin), Goutay, Mathieu Bodet, de Laussat,
Dupont de Bussac, Regnard, et de Parieu.

la graduation de l'impôt, suivant les degrés de parenté des personnes entre lesquelles la mutation s'opère, renfermerait déjà un élément progressif dont le projet actuel ne serait en quelque sorte qu'un développement. Nous n'aurions pu voir, du reste, dans cette déduction, que la confusion de deux choses essentiellement distinctes, la relation des personnes et la valeur des objets.

» Si nous n'avons pu reconnaître de motifs décisifs pour soumettre à une assiette exceptionnelle, par rapport aux autres contributions, l'impôt sur les successions et donations, nous avons été, au contraire, frappés de diverses raisons qui font tellement obstacle à l'application d'un tarif progressif à la matière qui nous occupe, qu'elles ont arrêté cette minorité, même de votre Commission, attachée à défendre le principe abstrait de la progression.

» L'impôt progressif, admis par ces honorables membres ou du moins par la plupart d'entre eux, serait un impôt unique assis sur la *totalité des revenus nets* des contribuables.

» A ce point de vue, l'impôt progressif proposé leur a paru, ainsi qu'aux autres membres de votre Commission, doublement défectueux en ce sens : 1° qu'il n'est point et ne peut être calculé sur le chiffre de la fortune *totale* de celui au profit duquel la transmission s'opère, chiffre qui, étant la seule mesure de l'aisance, serait la base naturelle d'une taxe graduée ; 2° qu'il est perçu sur l'actif *brut*, sans déduction des dettes et charges de l'hérédité, circonstance d'où il résulterait que la fortune progressive aurait souvent pour base une non-valeur. »

Si, pour certains impôts, le système progressif peut être appliqué avec tous ses inconvénients généraux, si, pour d'autres, il ne peut être appliqué sans une absence particulière de logique qui produit contre lui une objection particulière, il est certaines taxes à l'égard desquelles le sys-

tème progressif n'a peut-être pas ses inconvénients naturels,
parce qu'en réalité le système progressif appliqué modéré-
ment à ces impôts n'est guère qu'un système proportionnel.
Je veux parler de certains impôts sur des jouissances dont
l'importance s'élève ordinairement dans une progression
moins rapide que les revenus qui les encouragent et les
provoquent.

L'Assemblée constituante de 1789 avait établi l'impôt
personnel sur les loyers, d'après la théorie suivante [1] : elle
estimait qu'un loyer de 200 livres dénotait, chez celui qui
le payait, l'existence d'un revenu à peu près double, et que
cette proportion s'augmentait à mesure que le loyer crois-
sait, de telle sorte, par exemple, qu'un loyer de 12,000
livres était le signe d'un revenu douze fois plus fort. Ce
système n'a pas été maintenu d'une manière générale en
France, mais une application restreinte en a été longtemps
tolérée indirectement, dès avant la loi du 21 avril 1832, par
l'autorisation donnée à quelques villes de répartir, suivant
une échelle progressive, le contingent d'impôt mobilier,
dont une part est supportée par une addition à l'octroi [2].
Paris est au nombre des villes dans lesquelles ce système
est mis à exécution. M. Léon Faucher, en 1848, avait
proposé la généralisation de ce mode d'assiette de l'impôt
mobilier [3]. Le Piémont a récemment appliqué une échelle
progressive de ce genre à sa contribution sur les loyers, dont
le taux s'élève, suivant la population des villes, entre le
minimum de 4 et le maximum de 12 pour 100 [4].

[1] Loi du 18 janvier 1791.

[2] V. à cet égard le *Dictionnaire de l'économie politique*, — Octroi. Rapport
au Roi de 1830.—Macarel et Boulatignier, *De la fortune publique*, t. III, p. 290.

[3] *Mélanges d'économie politique*, t. I, p. 120, et t. II, p. 86.

[4] Loi du 28 avril 1853.

M. Giulio, rapporteur du projet de cette loi dans le sénat, ne voyait pas dans
le tarif progressif de la taxe proposée une violation du statut fondamental du

Une taxe analogue, celle des voitures, a comporté, dans divers temps, une échelle progressive, et il en a été de même des taxes sur les chevaux et les domestiques.

A nos yeux, ce sont moins là des impôts progressifs que des simulacres d'impôts progressifs.

Les impositions de ce genre portent en général sur des jouissances en partie facultatives et qui ne suivent que de loin l'ascension de la fortune. La progression peut quelquefois, ainsi que l'a observé M. Rossi [1], y couvrir une véritable proportionnalité approximative relativement au revenu. C'est sans doute pour ces motifs que l'un des économistes de l'opinion la plus conservatrice, le défenseur des institutions et des lois les plus aristocratiques de la Grande-Bretagne, M. Mac-Culloch, a repoussé faiblement l'idée d'un tarif progressif applicable à cette nature exceptionnelle de taxes [2].

royaume, relatif à la proportionnalité des impôts : « Le statut serait violé, disait-il, si l'on établissait un impôt progressif dans ce sens, que les cotes assignées aux contribuables croîtraient dans une proportion plus forte que les facultés des contribuables eux-mêmes; mais quand la loi établit une taxe sur la base de la valeur locative des habitations, cette valeur locative n'est pas la chose en raison de laquelle l'impôt s'établit, ou, comme on a l'habitude de le dire, la matière imposable, c'est-à-dire celle à la valeur de laquelle doit, suivant le statut et suivant la justice, se proportionner le montant de l'impôt. La matière imposable réside dans l'ensemble de tous les revenus du contribuable, de quelque source qu'ils dérivent, ou dans l'aisance dont il jouit. Or, cette ressource n'est point proportionnelle au montant du loyer d'habitation. » Le sénateur piémontais rappelait les lois françaises du 1791 et ajoutait : « Il est hors de doute que, chez nous aujourd'hui, de même qu'en France en 1791, la valeur du loyer de la maison est en raison d'autant plus forte des revenus de la famille, que ces revenus sont plus réduits. Cela admis, la commission considérant la valeur locative comme *indication*, mais non comme mesure de l'aisance du contribuable, ne pouvait mettre en doute la possibilité de faire croître l'impôt en raison plus forte que cette valeur, sans violer le statut, pourvu que cette progression ne fût pas plus rapide que celle qui est représentée par les revenus qu'il est question de soumettre à l'impôt. » *Relazione delle commissione permanente di finanze-Sessione parlamentare del* 1852, n° 23 bis.

[1] Fragments sur l'impôt, t. IV, du *Cours d'Économie politique*, p. 231.

[2] « Les taxes graduées ou cumulatives doivent être toujours évitées. Comme cependant les locataires d'une classe de maisons peuvent en adopter une autre, s'ils

Ce n'a pas été sans quelque effort, peut-être sans quelque
obscurité, que nous avons défini, dans les pages précédentes, la notion de la justice en matière de taxation et que
nous avons essayé de la dégager des systèmes exagérés
construits autour d'elles ; ce n'est cependant là qu'un idéal
irréalisable, un centre d'attraction pour la pensée qui gravite
vers ce but sans pouvoir jamais l'atteindre dans les institutions qu'elle organise. L'œuvre du législateur pratique ne
doit pas être jugée avec trop de sévérité, lorsque la lumière
théorique qui peut le guider est elle-même vacillante pour
les faibles organes de l'entendement humain !

trouvent la taxe trop élevée, il y a probablement moins d'objection à accroître la
proportion de l'impôt sur les maisons suivant leur valeur que par rapport à beaucoup d'autres objets. » *Taxation,* p. 65, 2ᵉ édit.

CHAPITRE V.

On a souvent opposé dans la discussion des institutions sociales les données de la théorie et les exigences de la pratique. Ce contraste n'est le plus souvent que l'expression de la lutte du bien et du mal, de l'élément positif et de l'élément négatif dans les choses humaines.

La théorie arrive difficilement à calculer exactement l'action du mal dans la vie sociale. Ce n'est pas qu'elle en nie ordinairement l'existence d'une manière absolue ; mais de sa nature, le mal n'est qu'un obstacle et pour ainsi dire quelque chose de négatif, qui contrarie, dans des proportions variables, la réalisation du plan idéal marqué par les aspirations les plus élevées du cœur et de l'intelligence. L'expérience reconnaît son action, mais la théorie la plus prudente ne constate en quelque sorte qu'à regret la mesure des décomptes que l'intervention du mal impose à la réalisation de ses aperçus.

Étudiez les fondements de la société politique. Si vous

faites un instant abstraction des passions qui s'y agitent, votre imagination reconstruira peut-être un édifice grand et harmonieux sur les bases de l'égalité et de la liberté sans limites.

Mais, à mesure que vous apprécierez ensuite l'étendue des passions diverses et des infériorités partielles que manifeste le caractère national de chaque peuple, vous reconnaîtrez la nécessité d'un ensemble de mesures restrictives, répressives ou préventives, qui ôteront à l'application du principe de liberté une part correspondante à ce qui manque dans la moralité du peuple pour lequel une constitution politique sera mise en question.

La science de la taxation présente, d'une manière plus marquée peut-être que tout autre domaine de la science sociale, le caractère d'antagonisme entre les principes et les faits que nous venons de signaler dans l'étude générale des institutions du monde.

Cette situation particulière tient à ce qu'il s'agit pour le gouvernement qui établit l'impôt de demander aux citoyens l'accomplissement d'un devoir pénible, d'imposer à la propriété un sacrifice douloureux, et enfin de se placer sur un terrain où l'intérêt individuel est plus directement opposé peut-être à l'intérêt général que dans d'autres parties de l'existence sociale.

La justice de la taxation repose, comme nous venons de le voir, aux yeux des économistes comme des législateurs, sur la proportionnalité des sommes perçues avec les facultés des contribuables.

Et cependant le système presque entier des contributions chez les peuples civilisés repose non sur cette proportionnalité générale, mais sur un grand nombre de proportionnalités spéciales mesurées sur des bases peu cohérentes, et qui n'ont avec la proportionnalité générale réclamée par la théorie qu'un rapport évidemment fautif et incomplet.

En prenant pour exemple le système des contributions françaises :

L'impôt foncier repose-t-il sur une autre proportionnalité que celle résultant du revenu des terres, sans appréciation ni des revenus mobiliers, ni des dettes qui grèvent l'actif du contribuable ?

L'impôt mobilier est-il gradué sur un autre élément que le loyer ?

L'impôt des portes et fenêtres n'est-il pas simplement proportionnel à l'air respiré et à la lumière introduite dans les habitations sous certaines classifications données ?

Le droit d'enregistrement est-il fondé sur un autre élément que le capital dont la circulation est constatée par des actes divers ? Et lorsqu'il est perçu sur les successions, n'est-il pas proportionnel au bonheur et à l'imprévu de la transmission ?

L'impôt des patentes regarde-t-il autre chose que les profits industriels et commerciaux, et n'a-t-il pas même plus en vue l'exercice de l'industrie que le bénéfice qui en est retiré ?

Les taxes sur les consommations grèvent-elles les citoyens suivant une autre proportionnalité que celle des quantités de matières imposables qu'ils approprient à leur usage ?

L'impôt des prestations en nature n'est-il pas exclusivement assis sur la quantité des moyens de travail en bras, animaux de trait et voitures qui sont en la possession des contribuables ?

Un critique s'est écrié, après avoir analysé quelques-unes de nos taxes : « Singulier système qu'un ensemble de rouages où l'observation et la science n'ont pris aucune part, où l'empirisme et la nécessité ont tout fait [1] ! »

---

[1] Émile de Girardin, *le Socialisme et l'impôt*, p. 101.

Ailleurs, le même écrivain n'a pas craint d'appeler le système de nos contributions un *échafaudage de contradictions,
d'injustice et d'inégalités* [1], en oubliant toutefois de constater
que ce système était fort analogue à celui du reste du monde
civilisé.

Il y a quelque chose de vrai dans ces critiques, si l'on
compare les systèmes d'impôts appliqués en Europe avec
avec l'idéal de justice distributive que nous avons tracé plus
haut; et toutefois, même sous ce rapport, il serait injuste de
ne pas reconnaître qu'au milieu de ces mille chemins si
éloignés de ce qui pourrait paraître la grande voie de la justice en matière de taxation, il existe chez les gouvernements
un incontestable effort pour se rapprocher de cette idée dominante et première. Au sein de la diversité il y a tendance
vers l'unité. Si ce n'est pas la proportionnalité générale avec
la fortune des contribuables que les législateurs ont recherchée, c'est au moins la proportionnalité avec les branches
particulières de la fortune, et s'ils n'ont pas en général
atteint l'universalité de ces branches, ils en ont du moins
touché le plus grand nombre.

D'où vient donc tout à la fois cette intention évidente des
législateurs de poursuivre un but analogue à celui qui est
doctrinalement posé par les constitutions et par les théories
économistes, et cette marche inverse aux intentions avouées,
et même jusqu'à un certain point manifestées par les actes?

Cette déviation des faits par rapport à la théorie provient
évidemment de l'impossibilité matérielle et morale de connaître les facultés des contribuables d'une manière suffisante pour asseoir sur cette base la totalité des perceptions
nécessaires aux besoins d'un grand pays.

Le sentiment de la justice pratique a détourné lui-même

---

[1] Émile de Girardin, *le Socialisme et l'impôt.*

sous ce rapport des voies exclusives de la justice théorique, et l'expédient des taxes commodes et d'une répartition facile dans une sphère partielle et incomplète est venu offrir aux législateurs le secours de ces mille sentiers un peu tortueux et étroits, mais faciles, que les financiers de tous les pays semblent avoir préférés à la voie large et droite, mais semée d'obstacles, que la théorie avait d'abord aperçue et indiquée.

L'histoire abrégée des impôts généraux sur la propriété et le revenu, qu'on trouvera résumée dans nos recherches n'est autre chose que la revue des efforts faits par les législateurs des divers pays, pour réaliser ce que j'appellerai l'impôt de la justice théorique.

Cette histoire démontrera de la manière la plus claire que les impôts dont il s'agit ont toujours été restreints et d'une application difficile.

Sans doute, il peut arriver que l'avenir de la civilisation leur réserve, dans certains pays, une part plus grande que dans le passé. Mais l'histoire suffit à prouver, suivant moi, d'une manière décisive, qu'ils ne sauraient constituer les sources uniques du revenu d'une grande nation, et la théorie de l'impôt unique, soit qu'on l'ait établie sur la préférence donnée à l'impôt sur le revenu ou à l'impôt sur les loyers [1], est restée jusqu'à présent sans application.

Non-seulement on a cru devoir morceler souvent, pour la rendre plus certaine, l'application de l'impôt général sur la propriété ou le revenu, mais encore on a pris pour signe et indice du revenu ce qui en est essentiellement distinct, c'est-à-dire la dépense. Les impôts sur les jouissances, les impôts sur les consommations, et la plupart des impôts sur les actes

---

[1] Mathieu Decker a voulu faire d'un impôt sur les maisons l'impôt unique, comme M. Sayer et plusieurs théoriciens allemands ont rêvé pour l'income-tax un pareil résultat.

sont des impôts sur certaines dépenses considérées comme des manifestations de la fortune de ceux qui s'y livrent.

Plusieurs de ces impôts variés, qui remplacent chez les peuples l'impôt unique dirigé vers la réalisation du type moral et juste que nous avons cherché à préciser dans le chapitre précédent, n'ont pas été seulement introduits dans les législations fiscales à cause de l'impossibilité de poursuivre directement la découverte de l'ensemble du revenu, mais encore à cause des avantages économiques et politiques attachés à certaines formes de perception. Tel est surtout le cas des taxes indirectes.

Si nous faisons abstraction du *quantùm* qui devrait être imposé à chaque contribuable, d'après une proportionnalité exacte avec ses ressources, il faut reconnaître qu'un grand intérêt consiste autant à atténuer en apparence ce *quantùm* exigé, qu'à faciliter les moyens de l'acquitter.

Chez des nations parfaitement éclairées et libres, la dissimulation des charges publiques pourrait paraître non-seulement inutile, mais même blâmable.

Quel est toutefois le peuple tellement éclairé sur la destination et l'emploi de l'impôt, et tellement unanime dans ses opinions sur l'utilité des diverses dépenses publiques, qu'il n'y ait parfois un certain avantage à rendre moins saillante aux yeux de tous l'addition des contributions diverses acquittées pour subvenir à ces dépenses?

Ce peuple ne s'est pas encore trouvé sous le soleil; et puisque la misère et l'ignorance sont tristement enracinées dans le monde, les artifices qui dérobent à la plupart des citoyens le chiffre exact des taxes qu'ils acquittent ne cesseront probablement pas de si tôt d'être motivés, comme par une sorte d'anesthésie bienfaisante, d'autant plus que les procédés qui cachent à certains contribuables les taxes qu'ils acquittent facilitent tout au moins à d'autres qui sont plus éclairés le payement de leur part afférente dans le même fardeau.

Sous ces divers aspects, les législateurs paraissent avoir recherché par deux voies diverses la facilité dans l'acquittement des taxes. L'extrême divisibilité du payement qui existe dans les taxes sur les consommations accommode l'acquittement de l'impôt aux dispositions prises par le contribuable pour ses approvisionnements. L'impôt se confond, ainsi qu'on l'a dit souvent, avec le prix des choses [1].

D'un autre côté, en graduant certains droits sur le caractère plus ou moins inattendu, plus ou moins gratuitement prospère de certaines acquisitions, les législateurs de divers pays ont justement apprécié les dispositions de l'âme humaine, et constaté pour ainsi dire une facilité psychologique de sacrifice à côté des facilités économiques qu'ils ont recherchées sur d'autres points.

Toutes ces considérations, qui appartiennent à une sage politique, n'entraînent pas pour conséquence l'adoption exclusive des taxes indirectes dans les budgets. Elles autorisent seulement un mélange intelligent des contributions de genres divers, et repoussent l'opinion de ceux qui se sont laissé entraîner jusqu'à condamner absolument comme iniques les taxes indirectes [2], surtout si l'on prend en considération les correctifs dont certaines injustices partielles dans un système d'impôt peuvent être accompagnées, et que nous chercherons à étudier plus tard [3].

[1] M. Sayer fait cependant remarquer que cet avantage ne doit pas être exagéré et qu'il est quelquefois plus commode de payer une taxe au moment de la réception du revenu (ce qui a lieu pour la partie de l'income-tax perçue par déduction) ou à des termes prévus d'avance, qu'au moment où la dépense satisfait des besoins peut-être pressants. (*On the advantages of substituting an income-tax for the present taxes*. London, 1831, p. 47.)

[2] V. Du Puynode, t. II, ch. III.

[3] Ce procédé correctif est caractérisé par divers financiers allemands par le mot

L'adoption exclusive des taxes indirectes, et en particulier des taxes sur les consommations, aurait toutefois pour résultat, non-seulement de blesser les principes de justice qui ne doivent jamais être perdus de vue dans la répartition des taxes, mais encore, dans certains cas, de produire quelques inconvénients économiques et politiques spéciaux. Une sorte d'éclectisme compensateur paraît donc être la loi de la sagesse en cette matière, éclectisme qui reste empreint de certain arbitraire. Car si les peuples européens modernes paraissent, surtout dans notre siècle, rapprocher leurs institutions de droit civil et criminel dans une *raison écrite* que notre législation résume sur plusieurs points, les législations financières restent plus divergentes, et la pensée de régler la contribution des citoyens d'après des règles de justice analogues à celles du droit semble avoir défié jusqu'à présent les efforts généreux de quelques esprits isolés.

Cette situation appelle notre attention sur le grand nombre et l'importance des causes de la variété des taxes chez les divers peuples.

Le premier coup d'œil jeté sur le tableau des systèmes financiers appliqués dans divers pays nous montre le régime des taxes soumis, dans la législation de chaque peuple, à la variété de formes la plus frappante, et il doit en être ainsi, puisqu'en cette matière le législateur doit combiner divers intérêts, dont rien ne détermine par avance les proportions et l'influence respective.

C'est un problème souvent très-délicat que la découverte des causes qui, au milieu de cette variété générale, déterminent chez une nation particulière la prédominance de tel

---

d'*Ausgleichung*. On lit, par exemple, dans l'exposé des motifs du projet de loi sur la *Personalsteuer* bavaroise en 1855, que le gouvernement bavarois considérait [...]mensteuer *als allgemeine Ausgleichungsteuer neben den verschiedenen ohne Rücksicht auf den wechselnden Ertrag des Steuerobjectes und die grössere oder geringere Schuldenlast der Pflichtigen angelegten Spezialsteuern.*

ou tel élément d'imposition, plutôt que de tel autre.

L'étude du système des contributions d'un pays ne saurait être, suivant nous, séparée de la considération des raisons particulières qui dirigent le législateur dans tel ou tel sens donné : mais ces raisons sont tout à la fois très-nombreuses, très-variées, et en même temps dépourvues de ce caractère péremptoire et précis qui peut s'attacher à d'autres influences prépondérantes dans la législation d'un peuple.

Nous croyons, certes, qu'il n'a guère existé de constitution politique caractérisée qui n'ait entraîné avec elle certaines conséquences dans les lois relatives à la possession et à la transmission des terres.

Mais si la tendance politique d'un pays influence certainement aussi les systèmes d'impôts qui y sont établis, la loi de correspondance qui peut exister entre les faits politiques et la nature des taxes est loin d'avoir le caractère permanent et presque absolu qui existe dans l'ordre de choses que nous venons de prendre pour point de comparaison.

Ce qui montre qu'il y a pour ainsi dire une sorte d'indifférence dans l'organisation de certaines taxes, c'est qu'on les voit transportées avec facilité d'un pays dans un autre, malgré des situations sociales et politiques assez profondément distinctes.

Ainsi le timbre paraît avoir été inventé dans la république bourgeoise des Provinces-Unies, au commencement du dix-septième siècle ; mais il a été bientôt successivement adopté par la France, par l'Angleterre et la plupart des monarchies européennes modernes, comme un moyen ingénieux également applicable à leurs besoins financiers. L'imitation des procédés financiers a semblé quelquefois suivre simplement les tendances générales du goût national, et le vingtième sur la vente des denrées et marchandises, imposé en 1640 en France par imitation de l'*alcabala* espagnole, suivant toute apparence, rappelle une époque où notre pays cherchait au delà des Pyrénées plus d'un modèle dans tous les genres.

La contribution sur les fenêtres a été aussi facilement transportée, au commencement de ce siècle, de l'Angleterre féodale et contre-révolutionnaire dans la législation de notre pays, à peine sorti des agitations démocratiques de la fin du siècle précédent. L'impôt sur les chiens a été emprunté en France aux habitudes anglaises et germaniques.

S'il est aisé de multiplier les citations relatives à de pareils faits, c'est qu'au fond, chez presque tous les peuples, le désir pressant de lever de l'argent domine un peu toutes les questions de forme, et se concilie avec une certaine indifférence sur les résultats dans l'assiette et le choix des contributions.

Un écrivain anglais moderne a dit spirituellement : « L'art d'un chancelier de l'Échiquier consiste à lever le maximum d'argent en occasionnant le minimum de mécontentement. » Toute nation a, sous ce rapport, son chancelier de l'Échiquier plus ou moins pénétré des mêmes maximes et en tirant des applications plus ou moins heureuses.

Les peuples n'ont donc point, en cette matière, procédé, au moins originairement, de la théorie, mais plutôt de la pratique. Ils ont recherché avant tout les procédés les plus commodes, les plus faciles, les plus lucratifs.

Cependant, tout en suivant ce système, ils ont rencontré sous leurs pas des causes diverses qui les ont inclinés vers tel ou tel système d'impôts.

Ce sont ces influences sociales, politiques, géographiques, économiques et morales, dans l'ordre des taxes, que nous voulons essayer d'analyser avec quelque précision.

Bien qu'il soit impossible de déterminer ce qu'on pourrait appeler l'impôt primitif, il est certain que diverses taxes supposent assez naturellement un état très-imparfait de civilisation, tandis que certaines autres peuvent s'accommoder à tous les temps et à toutes les situations sociales, et que d'autres enfin se rapportent à un état avancé de civilisation.

Dans la première catégorie, nous rangerons tout d'abord les prestations et contributions en nature, qui accusent la rareté du numéraire, et que l'on est étonné de retrouver projetées sur une vaste échelle par la pensée généreuse de Vauban, et même essayées à une époque ultérieure de notre histoire financière [1].

On comprend assez bien l'extension de ce mode de contribution chez des peuples tels que les anciens Perses, les Romains [2], les Francs de l'époque mérovingienne et carlovingienne, les Dalécarliens [3], les anciens Polonais [4]; mais on ne saurait comprendre le maintien d'un système aussi grossier, incommode et dangereux pour l'État, aussi incompatible avec un ordre régulier de comptabilité, alors que le numéraire est devenu abondant dans les transactions, et que le sentiment de l'ordre et de la régularité exerce

---

[1] Voir la déclaration du 6 juin 1725 et ce que nous en disons dans l'*Histoire des impôts généraux sur la propriété et le revenu*, p. 275 et 276. Voir aussi les détails donnés sur le plan de subvention territoriale en nature, proposé par M. de Calonne en 1787, dans les *Mémoires concernant les impositions et droits*, édition de 1789, t. V, p. 227. On remarque dans ce dernier ouvrage cette assertion : que la levée des subsides en Corse et dans plusieurs communes de la Provence (de même que la dîme du clergé) s'opéraient encore en nature à une époque très-rapprochée de la Révolution.

[2] *Économie politique des Romains*, par Dureau de La Malle, ch. xv, liv. IV.

[3] Rau, § 284, note *a*.

[4] Sur ces contributions en blé, foin, vaches, bœufs, poulains, poissons, poulets, pigeons, miel et prestations diverses, des détails sont donnés dans une thèse (*Dissertatio inauguralis*) intitulée : *De Tributis et Vectigalibus aliisque oneribus in Polonia*, et passée à Cracovie par M. Golenski, le 16 février 1828 (p. 13 à 20).

dans toute l'administration publique une salutaire influence.

Contemplez, d'un autre côté, à l'origine des sociétés, ces peuples pasteurs, chez lesquels la limite de la propriété rurale semble encore indécise. et chancelante ; le bétail est pour eux l'instrument principal de l'agriculture, et pour ainsi dire l'intermédiaire nécessaire de l'appropriation et de la jouissance.

N'est-il pas naturel qu'ils imposent sur les troupeaux des taxes que les progrès de la culture et ceux de l'administration financière font en général confondre plus tard dans celles qui grèvent les produits du sol [1]?

A côté de ces impôts, qui ont pour ainsi dire le caractère exclusivement primitif, il en est d'autres qui s'approprient également aux divers degrés de la civilisation.

Tels sont les impôts généraux sur la propriété et le revenu, les impôts sur les fonds de terre, les maisons ; les perceptions assises sous forme de monopole ou de taxe sur le sel, cette matière considérée comme essentiellement imposable à cause de la facilité de la saisir et de l'indispensable nécessité qui assure la fécondité du revenu qui en est tiré ; les impôts sur les boissons, et les douanes enfin, dont l'idée se présente si naturellement à l'esprit des peuples dans les

---

[1] A Rome, l'impôt sur le bétail appelé *scriptura* fut aboli en l'an 640 (Dureau de La Malle, liv. IV, ch. xviii).

Il existe encore, dans le royaume de Naples, une taxe sur les troupeaux transhumants.

La note de M. Rau sur l'impôt du bétail (*Finanzwissenschaft*, § 363), constate que, jusqu'à des époques assez récentes, des taxes sur le bétail ont été rattachées non-seulement à des impôts sur le capital, comme en Amérique, mais encore considérées, dans la Hesse, comme une sorte de taxe sur la profession agricole ou juxtaposées, en Prusse, à un impôt foncier. Dans les Provinces-Unies l'impôt sur le bétail a existé souvent à côté de la taxe territoriale (*Over de Belastingen*, p. 148, 156, 161, 165, 168, 170, 174). Mais les Pays-Bas étaient, à cette époque du dernier siècle, si surchargés de contributions diverses, qu'outre les impôts sur la terre en général et sur le bétail, ils supportaient encore un impôt spécial sur les terres ensemencées. V. *ibid*.

époques où les facilités de commerce sont peu appréciées, et où les droits levés sur les marchandises du dehors semblent exclusivement perçus sur l'étranger, regardé lui-même presque comme un ennemi, mais qui jouent aussi un rôle important dans les pays les plus avancés en civilisation, alors que les relations internationales sont à la fois devenues plus bienveillantes et plus considérables.

La catégorie des contributions qui appartiennent presque exclusivement à un état de société avancée se compose de ces taxes qui grèvent les jouissances de la vie aisée ou les consommations de luxe introduites dans une époque récente de civilisation, comme les tabacs et les sucres, des taxes qui, comme nos patentes, correspondent aux développements modernes de l'industrie et du commerce, et de celles enfin qui, comme le timbre et l'enregistrement, semblent avoir été inspirées surtout aux législateurs des derniers siècles par le mouvement étendu des affaires et de la pensée circulant par les mille canaux du papier et de l'imprimerie.

Il faut ajouter peut-être à l'énumération des éléments de cette catégorie certains impôts qui ont un caractère de superfétation ou de compensation par rapport à des taxes plus anciennes, comme, par exemple, la contribution des portes et fenêtres par rapport à l'impôt foncier sur les maisons, et la taxe sur les biens de main-morte par rapport aux droits sur les successions.

Tel est à peu près le classement chronologique général auquel les impôts pourraient être assujettis en suivant les progrès simultanés de la civilisation, du capital imposable et des dépenses publiques, trois causes d'influence tellement connexes en cette matière, qu'il est souvent fort épineux de distinguer ce qui se rapporte à chacune d'elles.

Dans un ordre d'idées différent, on a lieu de constater d'autres causes importantes de la variété régnant dans le système des taxes, et qui résultent de l'état géographique, politique et moral des nations.

Peut-on s'occuper, par exemple, des impôts de consommation sans remarquer aussitôt que leur nature doit varier avec celle des productions locales et se plier docilement aux circonstances agricoles, commerciales et presque physiologiques appartenant à chaque pays?

Il n'est pas besoin de montrer pourquoi des taxes sur le poisson existaient, dans le dernier siècle, en Hollande, ainsi qu'autour des lacs du Milanais [1], ni pourquoi les impôts sur la pêche jouent un rôle de quelque importance dans l'histoire des finances portugaises.

« Un lazzarone napolitain, dit, sous un autre rapport, Mac Culloch, ne fournit rien aux contributions, tandis qu'un buveur de gin ou un fumeur anglais contribue considérablement au revenu public [2]. » C'est la question du tempérament et des habitudes physiques de la race.

Le mode d'agrégation des populations n'est pas non plus sans influence sur l'établissement des taxes de consommation. D'une application moins aisée dans la campagne, on voit ses taxes se multiplier et s'aggraver, au contraire, soit dans les centres de population condensée [3], soit dans les pays maritimes, double circonstance qui, par des causes diverses, rend la surveillance du commerce plus facile et moins coûteuse [4].

---

[1] *Mémoires concernant les impositions et droits*, t. 1er, p. 177, édit. de 1787.

[2] *A treatise on the principles and practical influence of Taxation*, p. 394, 2e édition.

[3] Depuis le grand Frédéric, des impôts de consommation, levés dans les villes de la Prusse, correspondent à certaines taxes directes levées par compensation dans les campagnes.

Il existait, dans le siècle dernier, des taxes de consommation spéciales perçues dans les villes du Milanais.

On sait qu'en France le droit d'entrée sur les boissons perçu par l'État et les droits d'octroi sont des charges spéciales sur la consommation des villes.

[4] La surveillance des douanes s'opère en général avec une seule ligne d'employés

Non-seulement la forme et le choix des taxes sont le résultat de conditions variées qui se mêlent à la considération de la justice distributive en cette matière, mais il est encore indispensable de faire une certaine part aux variétés d'opinion et de susceptibilité relatives à la conscience même de chaque peuple sur le sujet de la justice taxative. Il est telle situation sociale dans laquelle le sentiment de l'équité distributive est plus vif et mieux défendu que dans telle autre.

La nature et le choix prépondérant des impôts sont ainsi fortement influencés par les principes politiques qui gouvernent l'esprit général de la constitution, ou même la tendance particulière du gouvernement d'un pays.

La recherche de l'équité contributive entre les citoyens inspire l'établissement de la plupart des impôts directs, et cette forme de taxation est considérée par certains auteurs comme spécialement en harmonie avec le génie des gouvernements républicains ou représentatifs [1], opinion qui ne pourrait être acceptée qu'avec certaine réserve. Mais si la pensée démocratique devient dominante, une proportionnalité générale et approximative dans la répartition des taxes ne paraîtra peut-être plus suffisante. La recherche de l'égalité

sur les frontières de mer, au lieu des deux lignes souvent nécessaires sur les frontières terrestres.

[1] « Un tel gouvernement, dit énergiquement M. Wayland, part du principe que le peuple est la source du pouvoir et est compétent pour se gouverner lui-même. Un tel gouvernement ne doit donc pas agir sur le principe opposé, que ce peuple ne doit pas savoir *ce qu'il paye* ou *si* ou *comment il doit payer*. Le peuple est la partie à laquelle spécialement rien de ce genre ne doit être caché. Il doit savoir *pourquoi* et *pour combien* il doit contribuer et aussi à quoi est dépensé le produit de sa contribution. C'est dans cette connaissance et dans le judicieux usage qui en est fait que son salut consiste. Pour moi, par conséquent, la considération si souvent invoquée en faveur de la taxation indirecte, que le peuple ne la sent pas, est un des plus forts arguments contre elle. Plus un peuple sent l'impôt et plus il veille avec jalousie sur les dépenses publiques, mieux vaut pour lui et ses gouvernants. » *The Elements of political Economy*, Boston, 1848, p. 394.

individuelle dans l'assiette des charges publiques deviendra
minutieuse et sévère, et ne reculera pour ainsi dire devant
aucune exigence.

La pensée de l'impôt progressif séduira même quelquefois les législateurs et les peuples qui marchent dans cette
voie, si, dans leur manière de concevoir l'impôt, ils recherchent plus l'égalité des positions individuelles que l'appréciation de la proportionnalité dans l'assurance des valeurs
et propriétés privées.

Dans l'assiette des taxes qui répondent à cette pensée d'é-
galité politique et sociale, l'étendue du pays et les mœurs
des citoyens dicteront aussi des règles différentes. Plus l'É-
tat sera vaste et plus les déclarations demandées aux contribuables seront environnées de contrôles et de mesures dé-
fiantes. Dans certains petits États, formant en quelque sorte
de grandes familles unies par le patriotisme et l'honnêteté des
mœurs, les citoyens ne sauraient dissimuler leur fortune à
la conscience de la communauté, et l'on pourra voir ces intéressants exemples de l'impôt volontaire, qui resteront, au
contraire, incompréhensibles dans la complication et l'isole-
ment des intérêts d'une société vieillie.

Il est des peuples chez lesquels, en dehors de toute tendance politique spéciale, un certain sentiment de patience
rend les sacrifices imposés pour les besoins de l'État social
plus faciles que pour d'autres.

Ces peuples accepteront des obligations gênantes que
d'autres nations ne sauraient supporter.

Certaines investigations fiscales, des exigences plus répé-
tées et plus strictes seront tolérées par eux, tandis qu'ailleurs
l'impôt cherchera pour ainsi dire à effacer sa présence, ou
bien à atténuer la logique de ses rigueurs par des transactions ou des abonnements.

A ces traits généraux, dérivant de l'esprit politique et

moral d'un pays, s'en joignent d'autres qui se rattachent aux traditions des gouvernements et aux tendances du caractère national.

L'Autriche, par exemple, compte peut-être plus d'éléments aristocratiques que la Prusse dans sa constitution sociale ; mais les tendances de l'administration des finances en Autriche paraissent, sous quelques rapports, tout à la fois plus arbitraires et plus paternelles que celles qui sont adoptées dans la monarchie militaire de Frédéric [1].

L'Allemagne n'est point, en général, gouvernée d'une manière démocratique. Cependant, par un travail spécial à l'instinct financier de ce pays, et peut-être dérivant de la forme vague et peu précisé des idées qui règnent dans les têtes germaniques, l'impôt progressif semble ne point rencontrer dans les États allemands cette répugnance que l'esprit logique et précis de notre nation lui a généralement opposée, même aux époques d'influence démocratique.

Certaines nations se distinguent d'autres nations voisines par l'aptitude au calcul et le goût de compter. Chez ces peuples, les questions d'impôt ont plus d'importance que chez les autres. Elles y sont plus souvent remuées. Le système des taxes sera plus changeant et plus varié. Peut-être ces circonstances suffiront-elles pour qu'on y préfère souvent l'assiette par quotité, plus exacte quant aux contribuables, à

[1] Ainsi les taxes sur la mouture et la boucherie, taxes défavorables aux classes laborieuses, qui existent en Prusse dans un grand nombre de villes, sont beaucoup plus restreintes en Autriche. Voir Tégoborski, *Des finances et du crédit public de l'Autriche*, t. II, p. 32 à 35, et Rau, *Finanzwssenschaft*, § 431, note *d*. Cependant M. Stuart Mill cite comme considérables les perceptions faites en Autriche sur les marchandises en général à l'entrée des villes (*Principes d'économie politique*, liv. V, ch. VI). Et il y a lieu d'observer aussi que l'impôt du sel est plus lourd en Autriche qu'en Prusse.

Tégoborski assigne à la *Gewerbsteuer* d'Autriche, comparativement à celle de Prusse, un caractère plus arbitraire dans l'exécution quoique plus équitable dans la tendance (T. Ier, p. 216.)

l'assiette par répartition, dont toute l'exactitude est surtout relative à la situation du trésor. Ailleurs, on pourra remarquer, avec M. de Montyon, le contraste de la fixité des impôts et de plusieurs institutions administratives avec la mobilité générale des goûts nationaux [1], et on y proclamera souvent, avec une complaisance marquée, l'excellence des impôts consacrés par l'habitude [2].

Si la position insulaire de la Grande-Bretagne suffit déjà pour y rendre en partie compte du grand développement des impôts de consommation [3], il paraît cependant difficile d'expliquer ce fait d'une manière complète sans remonter à l'étude du caractère britannique, et il est permis de penser que la commodité de ces perceptions, qui dissimulent leur contrainte au contribuable en confondant la main du fisc avec celui du commerce, et qui n'adressent à la liberté du plus grand nombre aucune réquisition directe, est surtout sentie chez un peuple où le sentiment de l'indépendance individuelle très-développé se concilie avec l'acception facile de l'inégalité que les taxes sur les consommations comportent [4].

---

[1] *Collection des Économistes*, t. II, p. 477 des *Mélanges*.

[2] M. Scialoja dit cependant, avec raison, que le changement des conditions économiques doit modifier quelquefois le système des taxes. (*Principes d'économie sociale*, p. 329 de la traduction de M. de Villers.)

[3] Cette catégorie d'impôt qui est en général, chez beaucoup de peuples, dans un état de balance approximative avec les taxes sur les propriétés et les revenus, compose, dans la Grande-Bretagne, plus des 4/5 du revenu de l'État. V. à cet égard Rau, *Finanzwissenschaft*, § 416, note *b*.

Dans les Pays-Bas, autre pays maritime, les impôts directs ne composaient guère, en 1846, que le tiers du revenu public. V. la brochure intitulée : *Over te Kort van vijftien millioenen*, etc. La Haye, 1849, p. 54.

[4] V. Rau, *loco citato*.

Montesquieu a dit : « L'impôt par tête est plus naturel à la servitude : l'impôt sur les marchandises est plus naturel à la liberté, parce qu'il se rapporte d'une manière moins directe à la personne. »

Mill retrace, en termes curieux, le sentiment public des Anglais sous le rapport qui nous occupe : « En Angleterre, dit-il, il y a un sentiment populaire de vieille

Une histoire complète des impôts de chaque peuple, éclairée par la recherche philosophique et approfondie des causes diverses qui ont dirigé l'instinct des divers législateurs, aurait un intérêt scientifique assez élevé, et jetterait un grand jour sur l'histoire intérieure des civilisations et des gouvernements du monde.

Nous ne nous sommes proposé d'étudier un si vaste sujet que de loin, en observant surtout, sous le rapport politique, économique et administratif, les diverses taxes pratiquées pour subvenir aux dépenses des nations, et en ne demandant à l'histoire que les résultats les plus instructifs et les plus généraux.

date, en faveur de la taxation indirecte, ou, pour mieux dire, en opposition avec la taxe directe. Ce sentiment n'est pas fondé sur le mérite relatif de ces deux sortes d'imposition, et il est d'une nature puérile. Un Anglais ne déteste pas autant le payement que l'acte de payer. Il n'aime point à voir la figure du collecteur et à subir l'effet péremptoire de sa demande. Peut-être aussi l'argent qu'il est invité à tirer de sa poche est-il le seul impôt de la charge duquel il ait très-parfaite conscience. » T. II, p. 436.

CHAPITRE VI.

Plusieurs publicistes ont mis en regard la théorie abstraite de l'impôt avec le tableau des taxes qui ont été établies chez les divers peuples, et dont la variété paraît si peu en rapport avec le principe de la répartition proportionnelle des contributions publiques. Ils ont cherché à atténuer autant que possible ce désaccord, et reconnaissant que l'effet des impôts réfléchit souvent sur d'autres contribuables que sur ceux qui les payent, ils se sont demandé s'il n'y aurait pas, dans cette loi qu'ils ont appelée la loi de la *répercussion* ou de la *diffusion* des impôts [1], un moyen consolant et ingénieux à la fois de mettre la variété extrême des faits en rapport avec l'unité imposante et immuable de la théorie.

Les aperçus relatifs à l'incidence des impôts, dont les savants anglais surtout se sont beaucoup occupés, ont particulièrement divisé les économistes. Un écrivain, qui a résumé dernièrement l'état de la science sur cette matière, a signalé la grande variété des opinions sur l'incidence de

---

[1] En allemand, *Ueberwœlzung*, Rau, *Finanzwissenschaft* § 269 et suiv.; en anglais, *shifting*, au moins dans la langue de certains auteurs.

plusieurs impôts et les contradictions mêmes qui existent dans les opinions de certains économistes sur le même sujet [1].

Nous voudrions essayer de porter quelque clarté dans cette partie obscure et abstraite de la science.

Essayons de préciser d'abord le sens des termes dont nous aurons à nous servir dans l'exposé de nos réflexions sur ce grave et difficile sujet.

Un droit est frappé sur les sucreries coloniales et indigènes. Son incidence directe atteint les producteurs de sucre ; mais par son incidence indirecte l'impôt frappe successivement les divers consommateurs de cette denrée, qui ne peuvent éviter cette charge, à moins qu'on ne les suppose alimentés par des fabriques étrangères. Car les producteurs cesseraient de produire si l'impôt ne leur était rendu par les consommateurs, au moins pour une grande partie, et tout ce à quoi les fabricants pourraient consentir, serait d'en imputer une petite portion sur leurs bénéfices. Si nous voulions emprunter deux mots plus précis au vocabulaire des sciences physiques, nous dirions que l'impôt atteint le producteur par incidence et le consommateur par réflexion.

On peut ajouter que l'impôt est entièrement réfléchi sur le consommateur, et que le fabricant ne saurait en supporter qu'une part faible et accidentelle, imputée sur le montant de ses profits, dans des cas rares, comme, par exemple, s'il est mis hors d'état de recouvrer la taxe qu'il a avancée sur des matières détruites ou corrompues depuis, ou bien si le renchérissement produit par l'établissement de la taxe restreint la consommation à laquelle il devait précédemment pourvoir, ou enfin si les bénéfices

---

[1] V. le livre *De la monnaie, du crédit et de l'impôt*, par Gustave du Puynode, t. II, chap ix.

étaient très-considérables avant l'impôt. Quelquefois même
l'impôt pourra être pour le producteur une occasion d'accroître le fardeau rejeté sur le consommateur au delà de
ce qu'il a avancé pour lui, comme si, par exemple, divers
producteurs ou marchands en gros ajoutent successivement
à la taxe certains intérêts ou profits grossissant le capital
avancé [1], ou bien, d'après des circonstances plus simples,
comme si, l'addition de prix, occasionnée par l'impôt
correspondant à une fraction d'unité monétaire, le marchand trouve un moyen facile de réclamer, à titre de
somme ronde, une quotité supérieure à ce qu'il a lui-
même payé au fisc.

Dans ces divers cas, la réflexion de la taxe des sucres
(prise pour exemple) sur les consommateurs présente peut-
être quelque incertitude, quant à la détermination de la
quotité réfléchie, mais la *réflexion* elle-même est certaine
et immédiate.

Outre ce mode immédiat de réflexion d'une taxe, il en
existe un autre médiat et souvent problématique, qu'il est
impossible de ne pas prévoir, quoiqu'il soit en même temps
impossible de le mesurer, même approximativement.

Quelques centimes sont ajoutés à l'impôt foncier d'un
pays ou d'une province. Les propriétaires et usufruitiers
de terres supportent cet impôt, et ils n'ont pas, comme
le fabricant de sucre, la faculté de suspendre ou dénaturer
plus ou moins leur fabrication. Ils doivent continuer à
cultiver; mais ils sont consommateurs d'objets de luxe, et
si l'impôt foncier qui est venu les surprendre pèse oné-

---

[1] M. Sayer, dans son ouvrage anglais sur l'*Income-tax*, publié en 1831, a beaucoup insisté à la suite de M. Ricardo sur cette considération. Il a présenté comme
un fait d'expérience, suivant lui incontestable, ce surplus excédant l'addition résultant de la taxe dans le prix des objets de consommation imposés, V. pag. 40,
59, etc.

reusement sur leurs ressources, ils feront des économies,
les uns sur leurs logements, les autres sur leur mobilier,
ceux-ci sur leurs chevaux, ceux-là sur leurs consommations ou leurs vêtements de luxe.

Il y a ici encore une certaine réflexion de l'impôt sur
les vendeurs de meubles, les loueurs de chevaux et les
marchands d'objets de luxe. Mais cette réflexion de l'impôt
ne sera certaine ni dans son existence, ni dans sa quotité à
aucun degré, ni dans la personne de ceux sur lesquels elle
s'opérera. On devra la prévoir hypothétiquement : il sera
impossible souvent de la calculer de la manière même le
plus approximative.

Enfin, si l'on examine attentivement les conséquences
des taxes, on voit qu'il ne s'agit pas seulement de suivre
à travers de nombreux canaux la transmission ou la division
de leur charge. L'incidence des taxes est leur principal effet,
mais non leur effet exclusif. Les taxes produisent, en effet,
des résultats autres que la répartition du sacrifice qu'elles
occasionnent. Par exemple, un droit de douane élevé et
prohibitif ne donnera rien au Trésor et arrêtera toute importation. Il en résultera un renchérissement de la denrée
nationale, et des résultats industriels et fiscaux qui ne
sont plus du ressort de l'*incidence* de l'impôt proprement
dite, puisqu'il n'y aura pas eu d'impôt perçu. L'incidence
est pour nous la division du payement. L'effet de la taxe
est la conséquence étrangère au payement lui-même et
quelquefois sans rapport avec le chiffre de l'impôt payé.
Ces divers aspects montrent combien le sujet que nous
essayons de traiter en abrégé offre d'étendue dans son
horizon.

L'*incidence réfléchie* des taxes, qui varie suivant leur
nature et d'après les circonstances particulières à chacune
d'elles, est devenue un argument invoqué à l'appui d'une

64

sorte d'indifférence doctrinale, quant à la manière de juger les taxes elles-mêmes.

M. Thiers, dans son livre *sur la propriété*, a beaucoup insisté sur ce qu'il a appelé la répercussion de l'impôt à l'infini [1].

J.-B. Say avait été plus loin, et il a paru penser que l'effet indirect des taxes détruisait presque leur effet direct, de manière à rendre le choix à faire entre elles à peu près indifférent.

« Il est téméraire, dit-il, d'affirmer comme un principe général que tout impôt tombe définitivement sur telle classe de la société ou sur telle autre. Les impôts tombent sur ceux qui ne peuvent pas s'y soustraire, parce qu'ils sont un fardeau que chacun éloigne de tout son pouvoir; mais les moyens de s'y soustraire varient à l'infini, suivant les différentes formes de l'impôt et suivant les fonctions qu'on exerce dans la machine sociale. Il y a plus, ils varient selon les temps, pour les mêmes professions [2]. »

M. Proudhon appliquant à l'incidence des impôts cet amalgame particulier de vérités partielles, de contradictions hardies, et de sophismes subtils dont il a pour ainsi dire le secret, a émis l'assertion (p. 264 et 323 de sa *Théorie de l'impôt*, Paris, 1861), que tout impôt se résout en une taxe de consommation. « Les valeurs dont se compose la fortune de chaque citoyen ne cessent, dit-il, de se dérober, d'osciller, de croître et de décroître ; elles passent de main en main, engrenées les unes dans les autres, inégales, variables, et sous tous les rapports indéterminables. L'ini-

[1] Ch. v. *De la diffusion de l'impôt.*

[2] *Traité d'économie politique* cité par M. du Puynode, t. II, p. 367. Dans ce même sens d'indifférence, ou peut consulter un article de *la Revue d'Édimbourg*, à la date d'octobre 1823, cité par M. Sayer, dans son livre sur *l'Income-tax*, p. 174 et suiv.

quité de l'impôt ne vient donc pas de lui ; elle a son principe dans ces transformations engrenées, dans cette oscillation universelle, dans ces inégalités organiques, qui sans cesse par leur agitation incoërcible, rejettent sur le produit et conséquemment sur la masse des consommations ce que l'impôt s'était efforcé de répartir entre les propriétés, les maisons, les industries, les capitaux, les loyers, etc.»

L'auteur suppose évidemment dans ce passage que l'impôt sur les terres passe dans le prix des produits, l'impôt sur les loyers dans le prix de ces loyers, l'impôt sur les patentes dans le prix des objets fabriqués ou vendus par les patentables. Nous croyons cette assertion exagérée et fausse. S'il en était autrement, il ne vaudrait pas la peine de faire des livres sur l'impôt ni de leur consacrer le moindre raisonnement. Ils seraient tous semblables dans leurs résultats et le choix entre eux serait absolument indifférent.

Tout en reconnaissant la solidarité étendue entre les divers membres d'une société à l'égard de certains impôts, nous croyons qu'il en est d'autres dont l'incidence est circonscrite et au sujet desquels il est possible de poser quelques règles fixes. L'absence de principe, en cette matière, a peut-être été la cause de plusieurs des erreurs et des contradictions reprochées aux économistes qui ont approfondi le sujet.

L'axiome fondamental à poser dans ce genre de questions nous paraît se résumer dans les termes suivants :

L'impôt reste, au moins immédiatement, à la charge de celui qui le paye, si l'objet sur lequel il est assis n'est pas susceptible de restriction. Il est rejeté en tout ou partie sur d'autres contribuables, si l'objet sur lequel il est assis est susceptible de restriction, et la répercussion de l'impôt est en raison même de la facilité de cette restriction.

Si celui sur lequel l'impôt est réfléchi est à son tour
en état de resserrer la jouissance à l'occasion de laquelle
il reçoit le contre-coup de la taxe, il neutralisera en partie
l'effet de la répercussion de l'impôt en la rejetant, soit sur
le contribuable primitif, soit sur d'autres [1].

Nous appliquerons cette règle aux principaux objets sur
lesquels l'impôt peut être établi, et nous verrons son application éclairer d'une manière sûre, sinon complète peut-
être, la plupart des problèmes posés en cette matière.

Examinons d'abord les résultats de l'impôt foncier. La
propriété assujettie à cet impôt est-elle réellement susceptible de restriction? Oui, d'une manière abstraite, et,
comme Ricardo l'a supposé, en ce sens qu'une contribution foncière pourrait être élevée jusqu'au point de rendre
la possession de certaines terres onéreuse. Alors on ver-
rait certains propriétaires, et surtout ceux des terrains les
moins fertiles, renoncer à une propriété qui ne représenterait pour eux qu'une servitude, à moins qu'ils ne fussent
placés sous une loi analogue à celle qui retenait sous le joug
de taxes écrasantes les décurions de l'empire romain. Par
suite de cet abandon d'une partie du sol, les produits agricoles seraient diminués et renchéris. Les consommateurs sup-
porteraient en définitive la taxe imposée aux agriculteurs [2].

M. du Puynode soutient, il est vrai [3], que dans ce cas
l'équilibre serait rétabli, soit par les perfectionnements de

---

[1] On voit au premier coup d'œil, par application de cette règle, que les impôts
sur les mutations par décès ne sont pas susceptibles de répercussion, car le fait qui
y donne lieu est étranger à l'action de la législation financière.

[2] Voyez dans le même sens Rossi, *Cours d'économie politique*, t. IV, p. 283 et
suiv. Il ne considère l'impôt foncier comme frappant exclusivement le propriétaire
que lorsque les terres de la moins bonne qualité ou les portions de capital employées en dernier lieu sur les mêmes terres sont exemptées de toute contribution.
« Tel est, dit-il, le cas à peu près de l'impôt foncier en France, où l'impôt des
terres de qualité inférieure descend à un taux imperceptible. »

[3] T. II, p. 152.

la culture, soit par l'exhaussement du prix des terres. Mais le premier de ces faits est purement hypothétique, et le second, qui est au contraire certain, changerait le rapport entre le capital et la rente en argent, sans augmenter le produit du sol en nature, et par conséquent sans modifier la situation des consommateurs.

Tel serait l'effet d'un impôt assez lourd pour mettre certaines terres hors de la culture.

Mais plaçons-nous par l'imagination au moment de la création d'un impôt aussi modéré que notre contribution foncière. Verrions-nous les propriétaires user plus qu'ils ne le font aujourd'hui de la faculté qui leur a été réservée par la loi du 3 frimaire an VII [1], d'abandonner leurs terres aux communes pour se décharger de la taxe?

Non certes, et dès lors nous devons considérer en règle générale la propriété foncière comme à peu près *irrestricti-ble* en fait, et l'impôt foncier, lorsqu'il n'est pas excessif, comme n'étant pas susceptible de répercussion.

M. Thiers a considéré cette question sous un autre jour. « L'impôt sur la terre, dit-il, agira plus ou moins sur le prix du blé ou de la viande, selon qu'il sera plus ou moins élevé, par la raison que le fermier qui cultive les céréales ou élève des troupeaux sera obligé de recouvrer ses frais, et que l'impôt fera partie de ces frais [2]. »

Pour comprendre cette proposition, dont la confusion nous paraît avoir échappé à l'esprit éminent de son auteur, il faudrait l'appliquer aux fermiers par bail antérieur à l'im-

---

[1] Art. 66.

[2] Qui admettrait au premier coup d'œil que l'addition de 45 centimes à l'impôt foncier comme en 1848 pourrait relever par cela même le prix du blé et des bestiaux? V. toutefois dans ce sens, outre l'assertion de M. Thiers, l'opinion de sir W. Petty, dans son *Traité des taxes* cité par M. Hendriks dans le *Journal de la Société statistique de Londres*, numéro de septembre 1857. M. Rau, dans sa *Science des Finances*, § 302, a bien établi au contraire l'incidence de l'impôt foncier sur le propriétaire.

pôt ; sinon, c'est dans son contrat même que le fermier
s'assurerait le recouvrement de la taxe, en supposant qu'il
fût chargé de la payer. Il diminuerait, en effet, d'autant le
canon de sa location au détriment du propriétaire, mais il
n'aurait aucun moyen de faire monter le prix des denrées ;
car la mesure exacte de ce prix est le rapport de l'offre et de
la demande. Occupons-nous donc seulement des fermiers
cultivant en vertu des baux préexistants, et nous verrons
aisément que ces fermiers, jusqu'à l'expiration de leurs engagements, ont plutôt le motif de chercher une élévation du
prix de leurs denrées, si une charge nouvelle leur incombe,
que le moyen sérieux de l'obtenir du consommateur. D'une
part, en effet, il ne dépend pas d'eux de modifier le rapport
de l'offre et de la demande dans le prix des denrées, et ils
sont d'un autre côté, jusqu'à l'expiration de leurs baux,
cultivateurs nécessaires, à moins qu'on ne suppose la per-
turbation causée à leur sort par la nouvelle contribution
tellement forte, qu'ils quittent les exploitations par déses-
poir d'acquitter leurs engagements, cas auquel les propriétaires seront obligés de louer à plus bas prix, mais seront
toujours véritablement atteints par l'impôt.

Nous avons suivi M. Thiers [1] dans son hypothèse d'une
taxe foncière exigée du fermier. L'apparente base de son
argumentation s'écroule elle-même, s'il s'agit, comme dans
notre législation française, d'une taxe exigible contre le propriétaire. Pour le propriétaire comme pour le fermier, il y a
dans la vente des produits du sol autre chose qu'un recouvrement de *frais* avancés ; il y a la rente du sol. C'est elle
qui supporte l'impôt foncier modéré.

Pour imaginer donc une répercussion possible de l'impôt
foncier sur d'autres que les propriétaires, il faut le supposer

[1] *De la propriété*, p. 392.

extrêmement lourd, de manière qu'il restreigne le domaine de l'agriculture.

Il est, toutefois, un autre cas dans lequel l'impôt foncier pourrait avoir quelque influence indirecte sur le prix des denrées livrées aux consommateurs. Nous voulons parler du système dans lequel l'impôt aurait une mobilité suffisante pour suivre, à des intervalles très-rapprochés, tous les progrès de l'agriculture, et peser sur toutes les améliorations introduites dans l'état du sol. Un impôt semblable, dont nous ne connaissons guère d'exemple dans les législations européennes de nos jours [1], renfermerait tout à la fois une taxe sur le sol et une taxe sur les capitaux employés dans les améliorations de la culture. Sous ce second rapport, l'impôt pourrait décourager des entreprises agricoles utiles, et peser ainsi désavantageusement sur le prix des subsistances. C'est à ce point de vue un peu idéal qu'il a été notamment combattu par Mac Culloch [2].

Examinons, après avoir traité de l'impôt foncier, l'effet d'un impôt spécial établi sur les propriétaires des maisons, tel qu'il a existé dans les divers pays, et sous diverses formes.

Les maisons ne sont pas, comme le sol, un objet naturel. Leur construction est en partie le résultat d'un emploi facultatif du capital mobilier.

Aussitôt donc qu'un impôt spécial grèvera cet emploi du capital entre les mains des propriétaires, le profit de la construction diminuera, et si, en même temps, la population

[1] Mac Culloch cite cependant sous ce rapport les effets désastreux des impôts fonciers variables qui sont levés en Orient, p. 63 et 485.

[2] Il est un autre aspect sous lequel on prétend quelquefois établir que l'impôt foncier ne grève point les propriétaires du sol : c'est en comparant la situation de ces propriétaires avec celle de leurs devanciers au moment de l'imposition établie. On fait remarquer combien de mutations fréquentes ont eu lieu depuis l'établissement de la taxe à la décharge des derniers possesseurs, par la diminution du prix de leur acquisition, et on prétend que l'impôt ne grève plus personne. Nous examinerons cette théorie en parlant de l'impôt foncier d'une manière spéciale.

s'accroît, ou si toute autre cause accidentelle, comme une démolition de quartier, fait rechercher les loyers, l'entrepreneur de bâtiments, en ne construisant qu'avec réserve, rejettera, dans plus ou moins de temps, le poids de l'impôt sur les locataires.

Comme toutefois ceux-ci peuvent restreindre l'étendue de leurs logements, et se plier à des conditions plus gênantes, il est à croire que cette réflexion de la taxe sur les locataires sera parfois lente et difficile, et qu'elle atteindra le bien-être d'un certain nombre d'entre eux plutôt que leur bourse.

C'est ici un de ces cas où la réflexion de l'impôt subit une sorte de contre-réaction qui la ralentit et peut même l'amortir en en divisant l'effet. La prédominance de l'un ou de l'autre des effets contraires dépendra le plus souvent de circonstances variables et accidentelles. Cependant, l'effet ordinaire de l'impôt doit être ici à la charge des locataires.

Si le nouvel impôt était assis sur les locataires comme notre impôt mobilier, la restriction des logements étant facultative, la situation que nous venons d'analyser serait renversée, et les locataires pourraient arriver à faire supporter aux propriétaires une partie de l'impôt, en diminuant l'étendue de leur demande de location. Mais ceux-ci, en différant de rebâtir les maisons détruites ou d'augmenter celles qui existent, à raison des besoins de la population, peuvent à leur tour repousser une partie du contre-coup de la taxe, et dans ce cas, comme dans le précédent, il est probable que l'effet de l'impôt se divisera entre les propriétaires et les locataires, ceux-ci étant toujours les plus exposés à en supporter la totalité ou la majeure partie.

Telle paraît être sur cette question l'opinion de Smith, de J. St. Mill et de Rau [1]. MM. Ricardo et Passy [2], d'une part,

[1] *Richesse des nations*, liv. V, chap. II. *Principles of political economy*, vol. II, p. 399. *Finanzwissenschaft*, § 346.

[2] *Dictionnaire de l'économie politique*, article IMPÔT.

M. du Puynode, de l'autre, ont adopté deux opinions différentes.

Les premiers considèrent l'impôt sur les maisons comme
étant entièrement à la charge des locataires ; mais ils per-
dent de vue la possibilité pour ceux-ci de se contenter d'ap-
partements moins spacieux et moins commodes, possibilité
que Mill a très-bien remarquée [1], et dont la conséquence se
fera sentir non-seulement dans un moment donné, mais
d'une manière continue, et qui nous est attestée d'une manière permanente sous ce rapport par les habitudes des
grandes villes comparées à celles des petites.

M. du Puynode pense, au contraire, que les propriétaires
supportent seuls la contribution des maisons. Il compare
les locataires aux fermiers ruraux, et les considère comme
ayant un maximum de dépense consacré à leur logement [2].
C'est tomber, ce nous semble, dans une erreur inverse de
celle à laquelle nous paraissent avoir cédé les savants auxquels nous venons de répondre.

S'il n'est pas exact que le locataire ne puisse rien restreindre sur l'étendue et la commodité de son logement, il
n'est pas vrai davantage qu'il ne puisse être forcé de dépasser, dans certaines circonstances, le prix qu'il avait affecté
dans d'autres cas à la dépense de son logement. Le fermier
des biens ruraux a dans les produits matériels de la terre
qu'il exploite un maximum infranchissable que son bail ne
saurait dépasser : il n'en est pas de même du locataire. Celui
qui affecte à son loyer le dixième de ses revenus sera amené
aisément à consacrer peut-être au même emploi le neuvième et le huitième de ce même revenu, si ses habitudes,
ses intérêts ou ses devoirs l'attachent à une résidence dans
laquelle l'augmentation des loyers se fasse généralement

[1] « Lower pate of accomodation, » dit-il dans l'endroit ci-dessus cité.
[2] De la monnaie, du crédit et de l'impôt, t. II, p. 174 et suiv.

sentir, et l'expérience fréquente des locataires parisiens les habitue trop à ces exhaussements pour qu'il soit nécessaire d'insister beaucoup pour démontrer ce fait auprès de ceux d'entre eux qui seraient nos lecteurs.

Ce que nous disons du capital artificiel en partie que nous appelons *bâtiment* ou *maison,* s'applique à toutes les branches de la propriété *mobilière* et par suite aux impôts qui l'atteignent.

Cette propriété est susceptible de déplacement, et, comme on l'a dit même avec raison, cosmopolite dans une certaine mesure.

Frappez *isolément* les créances hypothécaires ou le capital versé dans le commerce et l'industrie [1], vous verrez la taxe se réfléchir, d'une part, sur les débiteurs, de l'autre, sur les acheteurs des produits du commerce et de l'industrie ; car le capital, atteint dans une des branches de son emploi, refluera sur les branches préservées, jusqu'à ce qu'une hausse dans les profits de la branche attaquée lui rende en partie son ancien cours.

Il n'est point possible de supposer, cependant, que le capitaliste puisse rester tout à fait à l'abri des atteintes de la taxe. Par un résultat analogue à celui de l'équilibre hydrostatique, l'effet de l'impôt se répartira sur la masse des capitaux, et la partie du capital spécialement grevée par l'impôt y participera dans sa proportion avec la totalité du capital national.

Si la fortune mobilière de la nation pouvait être atteinte par un impôt analogue à l'*income-tax* britannique ou aux

---

[1] C'est avec raison sous ce rapport qu'on a dit : *Frappez les commerçants d'un impôt, ils le mettront dans leur facture.* Mais il faut bien remarquer que si les commerçants se font une concurrence sérieuse, si leurs bénéfices sont assez considérables pour attirer fortement l'emploi du capital, la maxime attribuée à Franklin perdra une partie de sa vérité. Les commerçants pourront trouver nécessité ou profit à supporter l'impôt sans le rejeter en entier sur les acheteurs.

contributions sur la propriété levées dans l'Amérique du Nord, les capitalistes n'auraient la possibilité d'en rejeter le contre-coup sur les emprunteurs ou consommateurs qu'autant qu'ils trouveraient dans les pays voisins des emplois à leur portée, et assez avantageux pour compenser une surveillance plus difficile et des transports d'argent plus onéreux. Ici, les faits varieraient à l'infini suivant les circonstances économiques affectant la situation des peuples limitrophes [1]. La question serait en quelque sorte internationale de sa nature.

Nous venons d'étudier les effets divers de l'impôt, suivant qu'il atteint un capital naturel et ordinairement aussi très-peu mobile ou·un capital artificiel susceptible de déplacement et d'emploi facultatif.

La question s'élève à une difficulté plus sérieuse, lorsqu'il s'agit de l'incidence des taxes sur les consommations.

Pour apprécier convenablement cette partie de notre sujet, il est nécessaire, avant tout, de distinguer les impôts sur les consommations de luxe et les impôts sur les consommations de nécessité.

Le consommateur des objets de luxe, atteint par l'impôt qui les frappe, éprouve moins que la plupart des personnes sujettes à une taxe le désir d'en rejeter la charge sur d'autres, quoiqu'il lui soit plus facile qu'à tout autre d'opérer ce résultat par la restriction de sa consommation.

Qui dit *luxe* exclut, en effet, toute idée étroite d'économie ; et, comme Mill l'a fait observer, la cherté même est

---

[1] Trois ans après le rétablissement de l'*income-tax* en Angleterre, en 1842, on constatait que ce nouvel impôt, sur le pied d'environ 3 pour 100 des revenus, n'avait pas réduit le produit des *assessed-taxes*. (Discours de lord Stanley en 1845, cité par M. Léon Faucher, dans ses *Études sur l'Angleterre*, t. II, p. 101.) Peut-être en eût-il été autrement avec un impôt sur le revenu très-élevé ?

une condition des objets recherchés pour cette qualité d'objet de luxe

L'influence des impôts sur les consommations de luxe est donc chanceuse et variable, suivant les circonstances et les mœurs d'un peuple et d'un temps donnés.

Lorsque, sous l'influence de telle ou telle circonstance, le consommateur usera de la facilité qui lui est départie de restreindre sa consommation, c'est le producteur de l'objet de luxe qui verra ses profits diminuer [1]. Il supportera ainsi l'influence de l'impôt, sauf à lui à faire sentir à son tour, suivant l'état du marché des salaires, une partie de cette charge aux ouvriers qu'il emploie, et qui seront ainsi atteints par une voie très-indirecte et éloignée.

Les impôts sur les consommations de nécessité absolue ou fréquemment relative, qu'on peut considérer comme des impôts levés sur les conditions de toute existence humaine, ont des effets plus obscurs, et aussi plus disputés. Ils sont dignes des controverses qu'ils soulèvent parmi les financiers, les moralistes et les hommes d'État, puisqu'ils composent une assez grande partie du revenu des États européens.

En tant que ces taxes portent sur les riches ou même sur les personnes peu aisées, mais qui vivent autrement que de salaires, comme les petits propriétaires, si nombreux dans nos campagnes, il est difficile de comprendre comment leur poids pourrait être rejeté sur d'autres que les consommateurs. Ces diverses classes de contribuables supportent complétement et également, sauf le nombre différent des personnes à leur charge, la conséquence des taxes sur les denrées de première nécessité.

Mais, quant à ce qui concerne les salariés, l'incidence

---

[1] M. Mac Culloch pense que la taxe sur la drêche, même en Angleterre où la bière est d'un usage populaire, restreint la culture de l'orge et réagit considérablement sur l'agriculture (*Taxation*, p. 246).

définitive de l'impôt est beaucoup plus difficile à fixer.

On a souvent considéré les impôts sur les consommations nécessaires aux ouvriers comme susceptibles d'être aisément rejetés par eux sur ceux qui les emploient, à l'aide d'une augmentation correspondante de leur salaire.

Pour apprécier cette délicate question, il faut, suivant nous, distinguer tout d'abord s'il s'agit de taxes locales ou d'impôts applicables sur le territoire entier d'un grand pays[1].

Quand il s'agit de contributions locales, telles que les octrois municipaux, par exemple, il ne nous paraît pas douteux qu'elles n'entraînent une augmentation presque équivalente des salaires payés dans les circonscriptions atteintes par l'impôt.

Il y a, en effet, une communication constante entre les travailleurs des villes et ceux des campagnes. Les uns se recrutent fréquemment parmi les autres. Si donc le prix de l'existence était accru dans les villes sans une augmentation proportionnelle des salaires des ouvriers, la diminution du nombre de ceux-ci tendrait rapidement à rétablir l'équilibre entre les conditions du travail dans les deux conditions différentes.

Il en est tout autrement lorsqu'un impôt nouveau est établi dans un grand pays tout entier. L'émigration des travailleurs hors du territoire ne s'accomplit pas sans une certaine résistance, fondée sur les habitudes et les affections des ouvriers; elle n'offrirait, d'ailleurs, dans plusieurs cas que des ressources restreintes, ou même nulle dans certaines occasions, par exemple, si des impôts analogues étaient établis dans les contrées voisines.

La restriction du nombre des ouvriers et la hausse correspondante des salaires ne peuvent donc s'opérer, en ce

---

[1] M. Thiers nous paraît avoir confondu ces deux situations très-distinctes dans son livre *De la propriété*, p. 386.

cas, de la même manière qu'elles se réalisent au profit des
travailleurs d'une localité déterminée, dans laquelle une taxe
spéciale et nouvelle serait établie.

La répercussion de l'impôt de consommation sur le capitaliste ou l'entrepreneur d'industrie devient donc, lorsqu'il
s'agit des conditions du travail dans un pays étendu, une
œuvre très-pénible et souvent impossible à réaliser d'une
manière complète.

Si la limite absolue du nécessaire était strictement atteinte
par le salaire des ouvriers, avant l'établissement d'une taxe
sur les denrées alimentaires, il est certain que l'effet de l'impôt serait immédiatement rejeté sur les capitalistes qui salarient le travail. L'inanition, la suspension de la reproduction,
l'émigration forcée s'interposeraient d'une manière mena-
çante entre le capitaliste et le travailleur, pour faire la loi
au premier, en lui montrant l'offre du travail certainement
diminuée par la destruction du second.

Mais l'état des salariés n'est presque jamais réduit à ces
termes absolus et douloureux. La mesure même de ce qu'on
appelle le nécessaire comporte une élasticité variable, suivant les divers peuples [1]. Les degrés qui séparent ces divers
échelons, entre le nécessaire relatif et le nécessaire absolu,
sont marqués par de nombreuses souffrances auxquelles le
travailleur peut être condamné avant de voir l'offre de son
travail décroître aux dépens de sa santé et de sa vie, de manière à rehausser le salaire.

Une autre cause neutralise l'influence du renchérissement
des conditions de l'existence par les salaires. La cherté des
denrées de première nécessité contraint au travail des bras
qui pouvaient rester précédemment oisifs, et cet accroissement de la concurrence entre les travailleurs contre-ba-

---

[1] Du Puynode, *De la monnaie, du crédit et de l'impôt*, t. II, p. 324.

lance les efforts naturels pour obtenir un meilleur prix du travail. C'est par suite du même principe que l'abaissement du prix des denrées, en conviant plus de bras au repos, a souvent fait hausser les salaires. Ces effets divers du prix des objets nécessaires à l'existence ont été souvent constatés par les hommes attentifs à observer l'état du marché des salaires, depuis Adam Smith jusqu'à nous [1].

Aussi, bien qu'à la longue l'établissement des taxes sur les consommations de nécessité doive avoir pour résultat un accroissement des salaires, afin d'entretenir la situation des travailleurs à un niveau marqué par les mœurs et les besoins d'une époque, le rapport qui existe entre ces divers points nous paraît extrêmement irrégulier et imparfait, et il a été souvent démenti par des faits exactement constatés. « A la longue, a dit Fonteyraud dans ses notes sur la traduction de Ricardo [2], sans doute l'équilibre entre les salaires et les subsistances tend à se rétablir, et, à prendre l'histoire de l'industrie par catégories de siècles, on verra croître parallèlement le niveau des salaires et celui des prix ; mais combien de transitions cruelles, cachées sous cette vaste enveloppe des siècles, viennent démentir l'assertion de Ricardo ! Combien de convulsions ont démontré la lenteur avec laquelle s'opère la hausse des salaires et la rapidité au contraire avec laquelle ils s'abaissent aux années de disette ! Les faits abondent pour certifier ce douloureux martyrologe. Ainsi, pour chercher nos exemples dans la terre classique des crises industrielles, on a toujours vu en Angleterre les époques de grande cherté correspondre avec celles des salaires réduits et insuffisants. En 1804, le prix du blé étant de 44 sch. 10 d.,

---

[1] Du Puynode, t. II, p. 355; Adam Smith (liv. I, chap. VIII) observe avec netteté que les variations dans le prix du travail ne correspondent point, quant aux lieux et aux temps, à celles du prix des denrées.

[2] *OEuvres complètes* de Ricardo dans la *Collection des Économistes*, p. 130.

le salaire des agriculteurs s'éleva à 8 sch. En 1817, les prix ayant atteint 100 sch. 5 d., les salaires s'arrêtaient à 12 sch., posant ainsi un accroissement de 260 pour 100 dans les prix, en face de 33 pour 0/0 seulement dans les salaires. Adam Smith avait entrevu ce jeu fatal des salaires et des subsistances, et les événements l'ont mis hors de doute avec une impitoyable rigueur. »

Quand les salaires auront été rehaussés par l'effet lent des taxes sur les consommations de première nécessité, il est du reste évident que les profits des capitalistes en seront réduits ; mais il est difficile de penser qu'une partie de ce résultat ne soit pas atténuée par une augmentation du prix des objets produits par le travail des ouvriers ; car le profit des capitaux, étant réduit outre mesure dans l'industrie, rejetterait les capitaux eux-mêmes dans des emplois où leur profit ne serait pas affecté également par l'augmentation des salaires : par exemple, dans l'achat des terres et des fonds publics. On voit donc ici, après une première réflexion partielle de l'impôt sur celui qui salarie l'ouvrier, une seconde réflexion sur l'acheteur des objets qu'il fait fabriquer.

Une taxe établie sur un objet d'alimentation n'a pas, d'un autre côté, seulement pour résultat de hausser le prix de l'objet taxé. Elle a ordinairement pour résultat, si elle est considérable par sa quotité et par l'importance de l'objet qu'elle frappe, d'exercer certaine réaction sur le prix d'autres objets similaires. Si l'on doublait par une taxe le prix du vin en France, on augmenterait par cela même le prix de la bière, du cidre et probablement aussi du café. Sous ces divers rapports, l'incidence des taxes sur les consommations est très-compliquée et très-diffuse. Je pense que cette généralisation de l'incidence de la taxe en diminue l'intensité sur son objet primitif. Cette dernière considération n'a pas, peut-être, suffisamment frappé quelques-uns des auteurs qui ont jugé avec une extrême sévérité le système des taxes sur les consommations en se bornant à considérer leur incidence principale sur le sort des consommateurs [1].

Les économistes ont longuement discuté les conséquences hypothétiques des taxes directes sur les salaires, bien que ces taxes soient rares, et en tout cas, là où elles existent, fort légères, et qu'ainsi la question n'ait pas sous ce rapport un intérêt aussi pratique que la précédente.

Les ouvriers qui acquitteraient ces impôts n'auraient pas d'autre moyen de le faire porter sur les consommateurs qu'ils n'en ont pour rejeter sur ces derniers l'effet des taxes sur les denrées de première nécessité. Ici encore l'accroissement relatif des besoins du travailleur tendrait à produire une augmentation des salaires destinés à les couvrir [2] ; mais il n'est pas possible d'admettre avec Ricardo [3] que ce résultat fût infaillible, complet, ni surtout immédiat.

Une sorte d'impôts très-différents de tous ceux dont nous venons de parler, les droits de douane à l'importation ne restent pas en général à la charge des producteurs du dehors, parce que ceux-ci les recouvrent sur les consommateurs du dedans. Dans le cas d'une concurrence animée, les producteurs peuvent être cependant obligés de supporter une réduction de leurs bénéfices pour conserver leur marché.

Quant aux droits de douane à l'exportation, ils sont habituellement répercutés sur les acheteurs du dehors, sauf le cas où, la concurrence rejetant la denrée taxée dans l'intérieur du pays, les producteurs supportent non le droit qui cesse d'être acquitté, mais le contre-coup de l'effet du droit qui se traduit en avilissement de la marchandise [4].

---

[1] V. notamment Sayer, *passim*.
[2] Du Puynode et diverses autorités par lui citées, t. II, p. 361.
[3] *Principes de l'économie politique et de l'impôt*, chap. XVI.
[4] V. sur tout ceci, Rau, § 448, 454 et 455.

Si nous devions tirer une observation générale des aperçus très-divers que nous venons de parcourir, nous dirions
qu'en résumé, l'incidence des taxes ne peut être considérée
comme réalisant, si ce n'est pour les denrées frappées en
gros chez les producteurs, une réflexion complétement des-
tructive des premiers effets naturels de l'imposition. Dans
la plupart des cas, tout ou partie de la charge reste réellement imposée sur celui qui la supporte visiblement et
ostensiblement dans le premier ou le second degré de son
incidence.

Telle est l'opinion à laquelle nous conduisent les réflexions précédentes sur le grave problème de la matière
qui nous occupe, problème que nous ne saurions assez signaler aux méditations des financiers exacts et consciencieux,
également en défiance contre la simplicité de l'ignorance et
contre les raffinements du demi-savoir.

Outre les divers points de vue concernant ce que nous
avons appelé l'incidence ou le règlement définitif du payement des impôts, nous avons laissé entrevoir divers *effets*
des taxes étrangers à la recette du Trésor et à la diminution
de l'avoir du contribuable. La restriction de telle ou telle
jouissance ou de tel ou tel fait, qui sont modifiés par l'établissement des taxes, acquiert, quand il s'agit des rapports
entre divers peuples, une portée très-grande, et des effets
considérables en ressortent fréquemment. Ainsi les droits
de douane à l'importation peuvent renchérir le prix d'une
denrée d'une manière importante dans toute l'étendue du
pays qui lève ce droit à l'importation. Plus ils seront élevés,
prohibitifs, et par cela même improductifs pour le Trésor,
plus ils ajoutent d'une manière efficace sur l'industrie du
dedans. En sens inverse, les droits d'exportation renché-
rissent la denrée chez les peuples étrangers et l'avilissent
dans les pays producteurs. Ces divers résultats peuvent

être considérables et modifier gravement les relations industrielles des nations. Nous, nous réservons d'en parler plus
amplement dans la suite de nos recherches.

Un autre effet des impôts a été souvent signalé. On cite
divers exemples de progrès industriels dus à l'établissement d'une taxe et aux efforts faits pour en secouer le poids.
Une taxe sur les alambics établie en Écosse, en remplacement de l'impôt sur la quantité des spiritueux produite, a
développé rapidement les procédés de la distillation de manière à retirer d'un alambic de même dimension et dans le
même temps des quantités de liqueur de plus en plus considérables [1].

Cette observation a même été généralisée, et M. le comte
Garnier a signalé « l'accroissement rapide et prodigieux de
la richesse chez les nations les plus chargées d'impôts sur
les articles de la consommation générale [2].

Sans nier l'influence du renchérissement de la vie sur
l'énergie et l'économie des travailleurs, ce point de vue a
été peut-être l'objet de quelques aperçus exagérés et notamment pour ce qui a trait à l'assertion du comte Garnier,
il est fort possible d'en retourner le sens et de considérer le
développement des taxes comme un effet plutôt que comme
une cause de la richesse de certaines nations.

Il y a certains effets moraux des taxes qu'on ne saurait
dénier. Il est des impôts qui peuvent détourner de consommations peu dignes de faveur, et, sous ce rapport, un certain
résultat restrictif, peut, à condition d'être limité, être accepté dans certaines taxes. Nul ne répudiera par exemple
l'idée qu'en taxant fortement l'alcool, le législateur ne
puisse honorablement et légitimement venir en aide à la
tempérance publique.

[1] Mac Culloch, p. 151 et 152.
[2] *Ibid*, p. 153.

I.   6

Qui contestera, sous un autre aspect que le monopole
des poudres ait certains avantages pour la sécurité générale, comme l'impôt des chiens en a pour l'hygiène publique? D'autre part, une mauvaise assiette de l'impôt des boissons passe pour avoir corrompu en Russie cette partie de
l'alimentation populaire. Certaines taxes peuvent modifier
les relations de l'agriculture et de l'industrie dans un même
pays [1]. Hâtons-nous de le dire, toutefois, ces résultats de
certains impôts, peut-être exagérés par quelques auteurs [2],
sont presque toujours indirects, subordonnés ou involontai-
res dans la pensée des législateurs qui les ont établis.

Les deux grands aspects sous lesquels il faut considérer
les impôts dans un pays se rattachent aux sacrifices que ces
impôts font peser sur la richesse publique et aux compensations qu'ils procurent par les dépenses qu'ils permettent
d'accomplir. C'est la balance que l'homme d'État doit avoir
principalement sous les yeux pour tout ce qui concerne la
matière des impositions, et il est vrai de dire avec M. de
Montyon lui-même que si la finance a certaine influence
sur les mœurs, l'influence que les mœurs ont sur la finance
est plus grande encore [3].

Les résultats économiques et politiques de certaines taxes
sont mieux constatés que les résultats purement moraux
recherchés par quelques esprits généreux. Et malheureusement, dans l'ordre des faits touchant au progrès économique et à la stabilité politique des nations, les taxes
considérées en elles-mêmes peuvent produire plus de mal

---

[1] L'assiette des taxes sur les distilleries a une grande portée agricole dans certains États.

[2] V. à cet égard, dans le IIe volume des *Mélanges* (*Collection des économistes*)
Montyon dans le discours intitulé : « Quelle influence ont les diverses espèces d'impôts sur la moralité, l'activité et l'industrie des peuples, » *passim ;* et notamment
ce qu'il dit au sujet des effets pernicieux de la fraude dans les impôts, p. 471.

[3] Montyon, p. 493.

que de bien véritable, lorsque leur assiette est dirigée sans intelligence. Il y aurait de curieuses recherches à faire sur le mauvais effet politique de quelques impôts. Je ne veux pas rappeler ici de combien de troubles certaines contributions ont été l'objet à diverses époques de l'histoire [1]. J'aime mieux prouver par un autre exemple combien l'assiette vicieuse de différentes impositions peut être une cause de souffrance nationale. La reine vertueuse et fortunée qui avait soumis les Maures de Grenade, et pour laquelle un monde nouveau avait été découvert au delà de l'Atlantique, ne dédaignait pas de recommander à ses successeurs, dans son testament, l'abolition de l'*alcavala* [2] ; mais la sagesse des souverains n'est pas plus omnipotente que leurs passions, et c'est à la négligence de la recommandation d'Isabelle que la chute des manufactures espagnoles a été, longtemps après, attribuée par les plus sérieuses autorités [3].

L'*alcavala* grevait toutes les mutations d'objets mobiliers et de denrées. La *bolla*, plus pernicieuse peut-être encore, atteignait les produits fabriqués dans l'atelier même des manufactures et elle étendit son influence délétère sur l'industrie espagnole jusqu'à son abolition par Campomanes, dans le milieu du dernier siècle.

« La ruine de l'Espagne, dit M. Mac Culloch, a été communément attribuée au bannissement des Maures et aux émigrations vers l'Amérique. Mais si la politique de son gouvernement eût été d'ailleurs libérale, si la liberté du commerce et de l'industrie y eût trouvé place, si le revenu eût été perçu par des moyens modérés et convenables, les pertes occasionnées par l'expatriation des Maures (pertes

---

[1] V. la note de M. Joseph Garnier : *Éléments de finance et de statistique*, p. 93

[2] *Le cardinal Ximénès et l'Église d'Espagne*, par M. Héfélé, traduction française, p. 42.

[3] Ulloa, Ustariz, Campomanes, Montyon.

qui ont été fort exagérées) eussent été rapidement réparées, et l'émigration vers le nouveau monde eût été aussi peu sensible en Espagne qu'en Angleterre. L'inquisition et la censure de la presse, établies en 1502, sont, avec les taxes vicieuses les véritables causes de la dégradation actuelle de l'Espagne [1]. »

[1] Mac Culloch, *Taxation*, p. 266.

CHAPITRE VI.

Envisagées en elles-mêmes, les taxes ne paraissent assujetties à aucune autre limite que celles qui sont marquées d'un côté par les besoins variables d'une nation et de l'autre par la quotité du revenu ou du capital imposable appartenant à ce même peuple. Un publiciste allemand a été jusqu'à dire, d'une manière presque indéfinie, qu'un gouvernement a le devoir de dépenser ce qui, par les institutions auxquelles il l'affecte, doit profiter plus au bien général que ne pourraient faire les mêmes fonds dans des mains particulières [1]. Toutefois il est aisé de voir que les taxes doivent être restreintes par une limite notablement inférieure au capital et même au revenu des pays qui les supportent. La distance nécessaire entre le revenu et l'impôt doit être déterminée par des éléments variables suivant les temps et les lieux.

---

[1] Hoffmann, *Die Lehre von den Steuern*, p. 33. Un écrivain allemand, moins positif, n'a vu dans l'étendue des dépenses publiques que merveilles : « Je mehr abgaben, je mehr staatsbedürfnisse, desto vollkommener der staat. » Novalis schriften. Berlin, 1826, 2ᵉ vol., p. 175.

Le tempérament moral et la constitution politique du
pays, la nature surtout des dépenses auxquelles l'impôt est
appliqué sont à cet égard des faits d'une sérieuse importance.

Sous le premier rapport, c'est une remarque déjà ancienne, faite par Montesquieu [1], et même par saint Thomas [2],
qu'on peut lever chez un peuple des tributs plus forts en raison même de sa liberté. Les sacrifices les plus grands et les
plus puissants sont en effet toujours les sacrifices volon-
taires, et les exemples des efforts pécuniaires relativement
les plus considérables qui aient été faits par des peuples
modernes se trouvent probablement dans l'histoire des luttes
extérieures soutenues par la liberté aristocratique de l'Angleterre et par la liberté bourgeoise des Provinces-Unies. Les
mœurs modernes ne comportent pas non plus une absorp-
tion des facultés individuelles par l'État aussi complète que
dans les mœurs antiques. « Le pacte social, a écrit M. Ganilh, n'est pas, comme celui des anciens, une société de
corps et de biens, à perte et à profit, ou, comme l'a dit J.-J.
Rousseau, l'aliénation totale de chaque associé avec tous ses
droits à toute la communauté. C'est une simple confédéra-
tion à frais communs pour défendre, assurer, étendre et
perfectionner la jouissance des facultés individuelles [3]. »
« Les facultés sociales dans l'état actuel de la civilisation,
dit ailleurs le même écrivain, consistent donc dans l'excédant du produit général sur les consommations des individus ; et les corps politiques, en se conservant, ne prospèrent

---

[1] V. *Esprit des Lois,* liv. XIII, ch. xii, intitulé : RAPPORT DE LA GRANDEUR DES
TRIBUTS AVEC LA LIBERTÉ.

[2] « Cum vero bonum commune non vident esse in potestate unius, non atten-
» dunt ad bonum commune quasi ad id quod est alterius ; sed quilibet attendit ad
» illud quasi ad suum. » Tel est le langage de saint Thomas, en parlant des citoyens d'une république ; *De Regimine principum,* ch. iv.

[3] V. l'*Essai sur le revenu public,* t. I, p. 217 à 238.

et ne fleurissent qu'autant qu'ils n'absorbent pas la totalité
de cet excédant [1]. »

La répartition des taxes, suivant la règle de l'égalité proportionnelle, est aussi une condition de l'élévation des tributs. Les inégalités diverses qui ont été admises ordinairement au profit des classes privilégiées, ou accidentellement en sens inverse [2], ont été des obstacles à l'élévation
du produit total de l'impôt, qui ne pouvait s'accumuler sur
une base étroite, sans devenir presque aussitôt oppressif.

D'un autre côté, la nature des dépenses a une influence
considérable sur l'étendue des impôts qui peuvent être levés
pour les acquitter.

Supposez la plus grande partie des taxes qui sont perçues
dans un pays employées en dépenses militaires ou architec-
turales fastueuses, improductives, et sans relation avec les
besoins et la force du pays; l'étendue possible de l'impôt ne
sera-t-elle pas évidemment plus restreinte que si l'impôt est
appliqué à des travaux publics favorisant la production de la
richesse, ou à des institutions d'assistance et d'instruction
publique profitant à l'intérêt général? Tous les esprits éclairés se rappelleraient, en présence de pareils excès, le mot de
Montesquieu : « Il ne faut point prendre au peuple sur ses
besoins réels pour des besoins de l'État imaginaires. » Et
dans cette hypothèse on pourrait regarder comme autre
chose qu'une déclamation la pitié de Rousseau pour le cul-
tivateur *chargé d'impôts nécessaires à l'entretien du luxe* [3].

Entre l'état des tribus barbares, chez lesquelles l'impôt
n'est représenté que par certaines prestations en nature,

[1] *Ibid.*, p. 242.

[2] Voir les lettres de Philippe de Valois datées d'Arras, le 18 juin 1347, et ana-
lysées par M. Leber, dans son *Essai sur l'appréciation de la fortune privée au
moyen âge.* 2ᵉ édit.; p. 119 et 120.

[3] Discours sur l'origine et les fondements de l'inégalité. Œuvres diverses im-
primées à Amsterdam en 1766, t. Iᵉʳ, p. 387.

et celui des peuples modernes, chez lesquels ce même
ressort fournit des millions aux besoins de l'éducation publique, aux développements des communications et à la
protection des biens des citoyens, il y a une infinité de degrés dont l'explication n'est pas seulement dans la différence de la richesse imposable, mais aussi dans celle des
résultats utiles de l'impôt lui-même. Un statisticien anglais
a calculé que le poids de l'impôt par tête de contribuable,
qui est de 50 schellings au moins dans le Royaume-Uni,
descend à environ 1 schelling par tête dans l'Inde anglaise [1].

Combiné avec un système de dépenses directement applicable aux besoins les plus étendus des citoyens, on peut
concevoir l'impôt se rapprochant presque indéfiniment du
montant du revenu imposable, et cela jusqu'à une sorte
de communisme qui ferait en quelque sorte tout à la fois de
chaque citoyen, pour la presque totalité de ses revenus, le
fermier et le pensionnaire de la société. Un pareil système
serait fâcheux sans doute, mais il ne préjudicierait à la richesse sociale que par la diminution graduelle de l'activité
individuelle de chacun. Au contraire, dans un système de
dépenses purement vaines ou improductives, les mêmes
perceptions changeraient pour ainsi dire le contribuable en
esclave et ruineraient d'une manière immédiate la société
tout entière.

On voit donc que la comparaison du poids des taxes dans
les divers pays, isolée de la connaissance de leur richesse
nationale et de l'examen des dépenses de leur gouvernement, ne peut procurer que des renseignements très-vagues
sur les résultats réels que ces taxes produisent par rapport à
la condition et au bien-être des citoyens. Comme l'a très-

---

[1] *Statistics of Indian revenue and taxation. Proof copy of paper read to the
Statistical Society of London,* by Fr. Hendriks, p. 19. (1858.)

justement dit M. de Villeneuve-Bargemont dans son *Économie politique chrétienne* [1] : « Le problème à résoudre est de rendre à la fois le fardeau nécessaire le moins pesant et le plus utile. » Il semble qu'il faut comparer toujours l'emploi que le contribuable eût fait des sommes payées à titre d'impôt avec l'utilité qu'en tire l'État ; et c'est à l'aide de cette comparaison qu'un des premiers économistes qui se soient occupés des taxes a dit que certaines d'entre elles accroissaient la richesse publique [2].

L'appréciation du caractère productif des dépenses autorisées chez une nation se complique au reste d'une foule de difficultés relatives à des diversités locales. Tel pays doit supporter, par exemple, des dépenses nécessaires mais sans résultat productif. Ainsi les Pays-Bas consacrent forcément, quoique sans profit proprement dit, une partie assez considérable de leur revenu public à l'entretien des digues qui les protégent contre le flux de l'Océan. Tel autre État, placé au contraire dans une situation différente, pourra tirer quelque profit de dépenses faites par des États plus considérables, et donner par suite à ses ressources propres un emploi d'autant plus fécond et avantageux. Les manufacturiers suisses ne tirent-ils pas une utilité indirecte des dépenses par lesquelles la marine des grandes puissances maintient contre la piraterie le libre commerce des mers et de celles par lesquelles la France et l'Allemagne ont fondé, avant la Suisse elle-même, autour de ses montagnes, des voies rapides de communication ?

Du reste l'évaluation nette des taxes réellement à la charge des contribuables est un problème très-compliqué par la correspondance étroite qui existe sous certains rapports entre les dépenses et les recettes du pays.

S'il est, en effet, important pour apprécier le poids réel

[1] T. I, p. 445.
[2] W. Petty, *Political arithmetic*, ch. II.

de l'impôt de rechercher *où vont* les ressources qu'il procure, il n'importe pas moins de savoir *d'où vient* son produit. Or, de même que l'impôt nourrit la dépense de l'É-
tat, cette même dépense alimente à son tour les sources
de l'impôt. Si donc une partie du produit des taxes n'est
qu'une reprise faite sur certaines dépenses publiques,
cette part de l'impôt est encore moins à charge au pays que
celle qui lui est restituée par un emploi intelligent et vraiment digne d'être considéré comme un utile placement.

On ne pourrait citer d'exemples plus frappants sous ce
rapport que ceux qui appartiennent à la législation fiscale
des pays où les traitements des fonctionnaires sont l'objet
d'un impôt qui équivaut à une véritable retenue sur ces
mêmes traitements.

Mais, à côté de ces exemples palpables, il est évident que
d'autres reprises plus indirectes doivent aussi diminuer pour
le pays la charge nette des contributions publiques.

Ainsi la partie des impôts sur les jouissances et les consommations qui, surtout dans le système des taxes locales,
est la conséquence de la condition faite aux fonctionnaires
publics, celle qui est payée par l'État lui-même, comme
propriétaire manufacturier et consommateur, doivent évidemment être déduites préalablement pour le calcul du
poids net des taxes.

L'impôt sur les créanciers de l'État, là où il existe, peut
également être considéré comme ne contribuant pas au
poids net des taxes. La classe des citoyens qui vit de rentes
sur l'État est en effet (sans prendre cette qualification en
mauvaise part) une sorte de classe *parasite* relativement aux
classes agricoles et manufacturières, dont le revenu doit à
la fois servir les charges de la dette publique et la part des
impôts à la charge de l'agriculture et de l'industrie. Le concours de l'impôt sur les créances de l'État, tout en augmen-

tant le poids total des charges supportées par la masse des habitants de l'État, opère véritablement une réduction de la charge imposée aux classes agricoles, industrielles et commerciales, seules productives de richesse [1].

Mac Culloch, placé dans un pays qui réunit des impôts sur les consommations très-considérables à une *income-tax* frappant directement les revenus des fonctionnaires et ceux des créanciers si nombreux de l'État britannique, a pensé qu'il y avait lieu de réduire d'un cinquième, par suite des considérations qui précèdent, l'estimation du montant brut des contributions, pour apprécier les taxes effectivement perçues dans la Grande-Bretagne [2]. On doit faire, sous ce rapport, un calcul analogue sur des données différentes pour chaque nation.

Il résulte surabondamment de ces diverses observations que le montant des taxes payées par tête d'habitant est une mesure très-incomplète des conséquences économiques du système fiscal chez les divers peuples. Car à l'influence du système des dépenses sur le poids net des taxes se joignent les conséquences de la relation variable entre la population et la richesse imposable. Parvînt-on à établir cette proportion dont la découverte est si difficile, il resterait encore, suivant l'observation de Mac Culloch, à apprécier l'effet utile d'une fortune donnée dans des pays divers, suivant le marché des objets nécessaires à l'existence [3].

Mac Culloch cite un exemple frappant du vice des comparaisons fondées sur la part d'impôt acquittée par tête dans les divers pays. L'Écosse, avec deux millions d'habitants, paye, à peu près, dit-il, la même somme de taxes que l'Ir-

[1] On peut consulter M. Sayer sur divers aspects des grandes relations entre ce qu'il nomme les *revenue classes* et les *agricultural and trading classes*. V. *passim* l'ouvrage de publiciste sur l'*income-tax*.

[2] P. 391.

[3] P. 377.

lande avec huit millions d'âmes, et cependant le poids des contributions ne paraît pas plus pesant dans l'un de ces pays que dans l'autre [1].

Divers auteurs se sont toutefois occupés de ces comparaisons, qui peuvent présenter un certain intérêt, à condition de n'en point forcer la signification.

Voici, d'après ces calculs relatifs aux années 1856 à 1860, le tableau du montant essentiellement mobile des taxes et de la dette publique par chaque individu [2] dans plusieurs États de l'Europe, calculé en florins allemands par M. Rau [3].

	Montant des taxes par individu.		Intérêt de la dette publique par individu.	
Grande-Bretagne.	26	fl. 18	11	fl. 87
France	17	44	5	12
Belgique.	10	68	2	63
Bade.	7	69	2	63
Prusse.	7	31	1	36
Bavière.	6	94	2	8
Wurtemberg.	5	34	1	82
Autriche.	7	09	3	21

Un auteur espagnol, qui a écrit à une époque un peu moins

[1] P. 392.

[2] Un écrivain hollandais (M. de Rovère van Breugel) a estimé, en moyenne, la charge de la dette publique dans les États européens à 5/12, et celle de l'état militaire de terre et de mer à 4/12 du total des dépenses publiques. (*Bedenkingen over belastingen op het inkomen*. (La Haye, 1843, p. 5) — Il donnait pour divers États les proportions suivantes relatives à la quotité des dépenses pour l'armée de terre. Nous nous bornons à reproduire les chiffres, qu'il a empruntés lui-même à Rau et Schubert, pour un temps déjà assez éloigné de nous, d'après la date de son propre écrit.

Grande-Bretagne et Bavière.	22 pour 100.
Pays-Bas	17 1/2
France.	32
Bade.	19
Prusse.	42
Espagne	49
Naples	39 1/2
Brésil	37
Amérique du Nord.	25
États de l'Église, Toscane et Wurtemberg.	20

[3] Tous ces éléments sont excessivement changeants, et le tableau donné par Rau dans l'édition précédente de la *Science des Finances*, pour les années 1847 à 1849, présente des chiffres très-différents de ceux que nous reproduisons ici, d'après les § 275 et 477 de son édition récente.

récente [1], a donné aussi un tableau que nous croyons devoir reproduire, et dans lequel les budgets de recettes de l'Espagne, de la France, de l'Angleterre et de la Belgique sont rapprochés sous divers aspects. La proportion par habitants y est donnée en réaux. Mais comme le réal équivaut à peu près au quart de notre franc (26 centimes), la transformation des résultats en francs est de la plus grande facilité. Voici ce tableau :

DÉTAIL des REVENUS.	ESPAGNE.			FRANCE.			ANGLETERRE.			BELGIQUE.		
	Millions de réaux.	Proportion relativement à la totalité des recettes.	Nombre de réaux par habitant.	Millions de francs.	Proportion relativement à la totalité des recettes.	Nombre de réaux par habitant.	Milliers de livres sterling.	Proportion relativement à la totalité des recettes.	Nombre de réaux par habitant.	Millions de francs.	Proportion relativement à la totalité des recettes.	Nombre de réaux par habitant.
1° Domaines nationaux	29	2.00	»	45	3.49	»	752	1.40	»	3	2.54	»
2° Services exploités par l'État	99	6.75	»	101	7.82	»	1,022	1.91	»	24	20.33	»
3° Impôts directs sur les personnes	120	8.15	8	81	6.28	9.24	5,509	10.23	19.67	12	10 17	10.64
Impôts directs sur les choses	379	25.75	25.26	450	34.88	51.44	10,138	19.81	38.02	40	33.89	35.55
4° Impôts indirects	337	22.39	22.46	345	26.75	39.24	35,386	65.89	126.41	34	28.82	30.22
5° Monopoles	403	27.30	26.86	144	11.16	16.44	»	»	»	5	4.25	»
6° Revenus divers	105	7.11	»	124	9.62	»	403	0.74	»	»	»	»
TOTAUX	1,472	100	82.58	1,290	100	116.36	53,210	»	184.10	»	100	76.41

Il n'est pas nécessaire de faire remarquer les suites funestes que peut entraîner pour un peuple l'accroissement outré des charges publiques, eu égard aux divers éléments de compensation que nous avons énumérés.

L'exagération des impôts dans un pays a pour derniers résultats la gêne des classes laborieuses et l'amoindrissement des profits du capital, et par conséquent son exportation vers

[1] *Examen de la Hacienda pùblica de Espana*, par D.-F.-A. Conte Cadiz, 1854, t. II, p. 62. L'auteur avertit qu'il a arrondi quelques nombres et négligé quelques fractions, pour rendre les résultats plus simples.

[2] Sous cette rubrique l'auteur comprend les revenus des postes, de l'instruction publique, de la monnaie, de l'imprimerie nationale, des canaux, des chemins de fer, etc. V. p. 46, 73 et suiv.

les pays où ce capital peut rencontrer un emploi plus productif.

Ce sont des causes de ce genre qui ont fait descendre rapidement la Hollande dans le siècle dernier du point élevé
de prospérité où l'avaient portée le génie, la patience, l'activité et l'économie de ses habitants, et ce résultat avait été
prévu dès le siècle précédent par des esprits perspicaces [1].
Voici comment s'exprime Mac Culloch [2], en décrivant le
sort de cette contrée :

« Les salaires s'étant élevés dans la mesure nécessaire
pour la subsistance des ouvriers, le poids de l'impôt retomba
principalement sur les capitalistes. Les profits ayant été en
conséquence réduits au-dessous de leur niveau, dans les
contrées environnantes, les Provinces-Unies perdirent gra-
duellement leur ascendant. Leurs pêcheries et leurs manufactures furent en parties détruites, et leurs capitalistes ai-
mèrent mieux transporter leurs fonds à l'étranger que les
employer à l'intérieur du pays. L'auteur bien informé du
livre sur la Richesse de la Hollande dit à cet égard : *L'augmentation successive des impôts que les payements d'intérêts et les
remboursements ont rendue indispensable a détruit une grande
partie de l'industrie, a diminué le commerce, a diminué ou fort
altéré l'état florissant où était autrefois la population en resser-
rant chez le peuple les moyens de subsistance.* Cet écrivain distingué nous rapporte ailleurs qu'en 1778 les Hollandais possédaient environ 1,500,000,000 de livres [3] dans les fonds
publics de France et d'Angleterre. »

---

[1] V. le chapitre des prétendus *Mémoires de Jean de Witt*, intitulé : QUE LES
TROP GROS IMPÔTS CHASSERONT A LA FIN TOUTE LA PROSPÉRITÉ DE LA HOLLANDE.

[2] *Taxation*, p. 402, 2ᵉ édit.

[3] 62 millions sterling, dit Mac Culloch, qui cite dans tout ce passage le livre
français attribué à M. Acarias de Sérionne par les uns, et par les autres à Luzac.
En rapportant des chiffres analogues pour le montant des fonds publics possédés
par les Hollandais, en France et en Angleterre, l'auteur de la partie économique,

Quoique réalisé dans un pays de dimensions restreintes, cet exemple ne doit jamais s'éloigner de la pensée des hommes d'État, parce que dans tout pays les mêmes causes produiraient probablement à la longue des effets analogues.

dans l'*Encyclopédie méthodique*, ajoute que les Hollandais avaient encore placé 15 millions sterling dans les emprunts allemands, danois, suédois et russes. T. III, p. 719, v° *Provinces-Unies*.

CHAPITRE VII.

Nous avons indiqué, dans le chapitre précédent, la grande variété du poids, soit réel, soit apparent, des taxes, par rapport à divers pays. Nous avons aussi limité beaucoup l'importance de ces comparaisons, à cause de l'extrême différence qui peut séparer le résultat des proportions d'impôt identiques, si les modes d'emploi ne sont pas les mêmes.

Mais il est spécialement un mode d'emploi de l'impôt qui est à la fois complétement improductif, si on le compare à la masse des contributions perçues, et cependant nécessaire au plus haut degré si on le considère en lui-même : nous voulons parler des frais de perception de l'impôt.

Il faut évidemment apprécier l'influence économique des taxes sur la richesse du pays qui les acquitte, tout à la fois d'après le produit *brut* que fournit le contribuable et d'après le produit *net* dont profite le Trésor pour l'appliquer aux besoins de l'État social et aux diverses branches des dépenses publiques.

La différence entre ces produits se compose du montant des avances de l'État sous forme de frais de perception, ou de frais de fabrication s'il s'agit de monopole.

Les frais de perception ont cela de particulier qu'ils varient considérablement pour chaque genre de contribution et qu'ils ont en outre subi dans une proportion considérable l'influence des perfectionnements du mécanisme administratif chez les peuples modernes.

Les frais de perception des impôts directs en France se sont élevés en 1828 à 16,115,271 francs pour un produit de 321,355,841 francs, déduction faite des remboursements et non-valeurs. C'est une proportion d'environ 5 1/1000 pour 100.

Les frais de perception des douanes et sels étaient, à cette même époque de 16 1/6 pour 100 du produit, et ceux de l'impôt sur les boissons et des droits divers étaient de 15 2/100 [1].

Les frais de perception des octrois municipaux, qui ne sont en moyenne que d'environ 10 pour 100, s'élèvent, dans certaines localités, de 20 à 30 pour 100.

De pareilles différences suivant la nature de l'impôt, différences qui s'accroissent encore si l'on compare aux impôts des services monopolisés, tels que celui des postes, rendent peu instructives des comparaisons en bloc sur les frais de régie et de perception des revenus publics chez des peuples différents parce que, suivant la prédominance de telle ou telle forme de contribution dans chacun des budgets comparés, l'inégalité dans la proportion des frais devient en quelque sorte nécessaire.

Ce n'est qu'en comparant des taxes identiques de nature et jusqu'à certain point de gravité chez des peuples divers qu'on peut constater la différence de mérite des systèmes administratifs suivis chez chacun d'eux; encore faut-il se demander souvent si pas circonstances géographiques ou

[1] V. le rapport de M. de Chabrol, publié en 1830, et le états y annexés sous les numéros 28, 29 et 30, qui sont reproduits à la suite de ce chapitre.

économiques ne sont pas plus que le système administratif
la cause de la différence. Ainsi, à l'époque où les frais de
perception des *douanes et sels* d'une part, et des boissons et
droits divers d'autre part, étaient en France au taux que nous
venons de rappeler, les droits de douanes n'occasionnaient
dans la Grande-Bretagne que 7 1/2 pour 100 de frais de recouvrement, par rapport au produit, et l'excise 5 1/2 seulement. Il est probable que la position insulaire de la Grande-
Bretagne est en grande partie la cause de cette différence à
l'égard des droits de douanes, dont les frais sont très-variables
suivant les circonstances géographiques [1], et il y a lieu de
penser, d'autre part, que la fabrication de la bière, beaucoup
plus concentrée que celle des boissons françaises sur des
points déterminés du territoire, a permis aussi des économies
notables sur l'administration de l'excise comparée à celle de
nos taxes sur la circulation, l'entrée et le débit des vins.

La différence des frais de perception sur l'ensemble des
revenus publics, à diverses époques de l'histoire, est encore
plus frappante que celle qui sépare les frais de perception
relatifs aux diverses natures d'impôts, ou aux variétés de la
situation de chaque peuple.

« D'après les Mémoires de Sully, dit M. du Puynode,
pour 30 millions qui parvenaient au trésor sous Henri IV,
les particuliers en acquittaient 150 sous Louis XIV; la moitié
des impôts payés par la nation ne parvenait pas encore au

---

[1] La frontière prussienne, en 1819, avait 1,073 milles 1/6 de pourtour. La frontière du Zollverein en a 1,064 1/2 seulement et ne doit pas entraîner plus de surveillance douanière (Hoffmann, p. 355). Un travail qui m'a été communiqué sur le
budget belge, en 1849, porte les frais de perception de l'impôt direct, dans les trois
années précédentes, de 4 à 5 pour 100, ceux de l'accise de 6 à 7 pour 100, et ceux
des douanes à plus de 40 pour 100. Au § 453 de la *Science des finances*, M. Rau
parle d'un taux de frais de proportion aussi fort dans l'union douanière de la Bavière et du Wurtemberg, de 1829 à 1831, et d'un taux beaucoup plus élevé encore
dans la Bavière rhénane. M. Conte, dans son ouvrage sur les finances espagnoles,
t. II, p. 201, porte à 20 pour 100 les frais de douanes espagnoles.

gouvernement; et quand le marquis d'Effiat entra en charge, il trouva, dit-il, la recette dépensée et la dépense à faire. Les frais de recouvrement étaient, il est vrai, diminués sous le ministère de Necker, puisqu'ils ne s'élevaient plus, selon lui, qu'à 10 4/5 pour 100 [1]. » Le rapport sur l'administration des finances publié par M. de Chabrol en 1830 évalue les frais dont il s'agit, en 1789, à 13 9/10 pour 100, et il donne, pour 1828, la proportion générale de 10 7/10 pour 100 [2].

Depuis 1828 on peut remarquer une nouvelle diminution dans les frais de perception des contributions directes. Leur produit, en 1853, a été de 421,048,676 fr., et, déduction faite des non-valeurs et restitutions, de 360,866,961 francs. Les frais de régie et de perception ayant été (y compris les dépenses du cadastre) de 16,554,872 francs [3], ou, plus exactement, de 16,235,994 francs, en retranchant les frais d'une nouvelle évaluation des revenus fonciers, la proportion de ces frais est d'environ 4 pour 100 seulement. Elle ne serait guère plus forte, lors même qu'on ajouterait à ces 16,554,874 fr. 64 c. une somme de 2,748,141 fr. 95 c. pour bonifications d'intérêts et taxations, de centralisation, et une quotité quelconque (peut-être négligée en 1830) des dépenses de l'administration centrale des finances et de la cour des comptes et de la subvention au fonds de retraite qui coûtent environ 18,600,000 francs, et dont il serait difficile de rapporter peut-être plus d'un quinzième à l'intérêt des contributions directes. On porterait au maximum tous ces frais à environ 20,500,000 francs, ce qui, pour 414,234,863 fr. 40 c. de produit, resterait

[1] *De la monnaie, du crédit et de l'impôt*, t. II, p. 112.

[2] V. les tableaux n°° 28 et 29.

[3] V. le Compte général de l'administration des finances de 1854, p. 51, 56, 58, 136, 138.

encore assez loin de la proportion constatée en 1830.

Pour les douanes, on peut constater un résultat légèrement différent. Le produit, en 1853, a été de 177,938,086 francs, réduits à 145,686,939 francs par la déduction des restitutions, la répartition de produits de plombage et estampillage, la répartition d'amendes et confiscations, les primes et les escomptes. Les frais de régie et de perception ont été de 25,838,608 francs [1], à quoi il faudrait à la rigueur ajouter une part dans les taxations, pour la centralisation de l'impôt indirect, coûtant en tout 1,021,323 fr. 16 c., ce qui, en négligeant même ce dernier article, ainsi que toute part dans les dépenses générales du ministère des finances, donne une proportion de plus de 17 pour 100, un peu supérieure à celle qui était constatée par l'administration de 1830. Du reste l'importance des frais de perception n'est regrettable que lorsqu'elle n'est pas une condition d'un produit plus élevé. Si le produit d'un impôt étant de 100 millions, avec des employés qui coûtent 5 millions, pouvait être porté à 150 millions avec des employés coûtant 15 millions, il y aurait profit pour l'État malgré le doublement relatif des frais de recouvrement. Il faut d'ailleurs remarquer que les primes de réexportation ont doublé de 1828 à 1853, sans que ce genre de déductions diminue aucunement les frais relatifs à la perception des revenus bruts.

On a remarqué, dans d'autres pays aussi bien qu'en France, l'énorme élévation des frais de perception de toutes les taxes, non-seulement dans les temps de barbarie, mais encore à des époques rapprochées de notre siècle. Ainsi, dans les Provinces-Unies, la déduction, qui était motivée par les frais de perception et d'administration, était évaluée

[1] V. le Compte général de l'administration des finances de 1854, p. 51, 136, 138, 142, 150, 153.

à près de moitié des recettes brutes par l'auteur du livre *Sur la richesse de la Hollande*, composé au siècle dernier ; et, quant aux impôts mis en France, le même écrivain pensait qu'un quart de leur produit brut à peine arrivait dans les caisses du Trésor [1].

Les frais de la perception des taxes ne peuvent être examinés et comparés chez les divers peuples sans qu'on aperçoive, à côté de cette question, celle du mode de perception des taxes. Il est, en effet, tel mode de perception qui entraîne une économie considérable, en dénaturant, il est vrai, le fond même de l'impôt. Ainsi, la taxe sur les consommations est, par sa nature, un impôt de quotité. Mais si un abonnement est consenti au profit d'une ville ou d'un contribuable, la somme fixe qui représente cet abonnement sera perçue à de beaucoup moindres frais que la somme variable qui eût été rigoureusement proportionnelle aux consommations taxées. C'est pour ce motif que les droits de *consumos*, qui rapportent en Espagne environ 91 millions de réaux, ou 23 millions de francs, n'entraînaient que 553,000 réaux de frais de perception, il y a quelques années, c'est-à-dire moins de 1 pour 100, les droits de *consumos* étant abonnés (*encabezados*) dans 10,000 localités sur 10,143 qui y sont assujetties [2].

Il est un autre aspect du mode de perception des taxes qui joue un grand rôle dans l'histoire de la législation fiscale, et à l'égard duquel, bien qu'une certaine uniformité semble avoir été introduite dans l'administration financière, l'histoire présente cependant une assez grande variété de faits et une lutte intéressante de principes qui se disputent l'empire du passé.

Un auteur que nous citons souvent, comme résumant

[1] *Over de belastingen*, etc., *door* M. D... Amsterdam, 1837, p. 36 et 38.
[2] Conte, *Examen de la Hacienda pùblica de España*, t. II, p. 171.

plusieurs des résultats de l'expérience britannique en
matière d'impôts, pose et examine sous ce rapport la question du mode de perception des taxes dans les termes suivants [1] :

« Les taxes peuvent être perçues par des officiers employés à cet effet par le gouvernement ou peuvent être
affermées par le gouvernement qui abandonne, moyennant
une rente certaine, aux fermiers ou à leurs agents le pouvoir
de les recouvrer. La réponse à la question de savoir quel est
le mode de perception préférable à adopter dépend d'une
assez grande variété de circonstances, et diffère conséquemment suivant les cas. Des taxes bien définies, qui peuvent
être perçues sans investigation dirigée sur les affaires privées des individus, sont susceptibles généralement peut-être
d'être affermées avec avantage. Dans des cas pareils, les procédés des fermiers ne peuvent soulever les préjugés des
contribuables, et, l'augmentation de vigilance et d'économie avec laquelle les affaires sont ordinairement conduites par les parties intéressées mettra probablement les
fermiers en état de payer, en dehors de leurs profits, une
somme plus considérable par suite de ces taxes que le gouvernement n'aurait la chance d'en recevoir par l'action de
ses propres employés. Mais les taxes qui ne sont pas bien
définies ou qui exigent l'examen des affaires privées pour
leur assiette doivent être, dans tous les cas, perçues par les
agents du gouvernement. Il est probable, sans doute, que ces
taxes elles-mêmes seraient plus productives si elles étaient
affermées; ainsi cette considération, quoique importante,
n'est pas la seule dont il faille tenir compte. Les taxes qui
exposent les affaires privées à l'investigation sont toujour
impopulaires; et cette impopularité est beaucoup plus

[1] Mac Culloch, *Taxation and the funding system*, p. 30.

grande si les recherches sont dirigées par ceux qui ont un intérêt personnel à les appliquer de la manière la plus stricte que si elles sont conduites par les agents du gouvernement qui, dans la plupart des cas, retirent un bénéfice nul, ou, dans tous les cas, très-restreint de l'accroissement du produit des impôts. La masse du peuple attribue généralement une grande partie de la dureté de pareilles taxes à la vigilance et à l'âpreté des fermiers; elle est disposée à croire qu'une partie considérable de leur produit va dans leurs poches, et que ces taxes sont imposées, non-seulement pour défrayer les charges de l'État, mais encore pour accroître la fortune d'une classe d'hommes universellement impopulaire. Nous pensons que ces soupçons et ces plaintes sont, dans plusieurs cas, dépourvus de légitime fondement. »

« Les fermiers ne peuvent exiger le payement d'une taxe que conformément aux prévisions de la loi qui l'a imposée; et, si son poids est inégal ou sévère, ou si le mode de sa perception est vexatoire ou occasionne du trouble, la faute en est aux législateurs et non aux fermiers. Mais, bien que sans fondement, le préjugé contre ces derniers existe toujours et doit être pris en considération. Peut-être exagérons-nous son influence; mais nous supposons qu'une *income-tax* de 2 pour 100 perçue par des fermiers serait généralement considérée comme plus vexatoire et plus oppressive que l'*income-tax* actuelle sur le pied de 3 pour 100. Quoique, par conséquent, nous soyons peu disposé à adhérer à l'opinion de Smith[1], que *toutes* les taxes doivent être perçues par les agents du gouvernement, nous sommes cependant encore moins de l'avis de Bentham[2], qui s'est efforcé de montrer que le fermage est, en tout cas, le mode

---

[1] *Richesse des nations.*
[2] *Théorie des peines et des récompenses*, t. II, p. 203.

de perception préférable. Les taxes sur le papier timbré,
les maisons, les fenêtres, les chevaux, les voitures, et peut-
être aussi les droits de douane, peuvent être avantageuse-
ment perçus par le mode du fermage ; mais tout essai pour
l'affermage des taxes sur le revenu, des droits d'excise ou
d'autres impôts qui exigent l'examen et l'intervention dans
les affaires privées exciterait les plus violentes clameurs et
ne pourrait être que pernicieux. »

Le mode de perception des taxes par fermage, qui est
encore jugé, comme on le voit, avec tant d'indulgence par
un écrivain contemporain distingué, tel que M. Mac Culloch,
paraît cependant, en réalité, correspondre aux temps primitifs et grossiers de la taxation.

On assure qu'il était pratiqué chez les Gaulois nos pères [1].

Les publicains romains étaient aussi des fermiers appartenant à la classe des chevaliers. Constantin, dit-on, substitua
la régie au fermage de certains revenus [2].

On est donc disposé à voir dans ce système l'enfance de la
perception des contributions publiques.

En Hollande, toutefois, l'histoire des taxes montre, sous
ce rapport, un résultat assez singulier. La perception des
impôts s'y est opérée d'abord par régie. Le fermage y a été
considéré ensuite comme un progrès, à cause du défaut de
moralité ou d'ordre constaté chez les agents du Trésor.
Introduit vers 1555, le fermage aurait doublé le produit
des impôts pour lesquels il aurait été employé, et aurait
ainsi réalisé quelques-uns des avantages *temporaires et re-*
latifs que Montesquieu lui reconnaît en général [3]. Plus tard,

---

[1] Reynier, *Économie politique et rurale des Celtes*, etc., p. 270.

[2] *Ibid.* p. 273.

[3] V. l'*Esprit des Lois*, liv. XIII, ch. xix. « Il est quelquefois utile, dit-il, de
commencer par donner à ferme un droit nouvellement établi. Il y a un art et des
instructions pour prévenir les fraudes que l'intérêt des fermiers leur suggère, et
que les régisseurs n'auraient su imaginer : or, le système de la levée étant une

enfin, le système du fermage est devenu odieux; et, dès le milieu du dernier siècle (en 1748), l'abandon de ce système, compromis par les révoltes populaires, a été l'une des mesures par lesquelles le stathoudérat a conquis les sympathies des masses, et ce changement a de nouveau doublé le produit des taxes [1].

En France on sait que la perception des taxes par l'intermédiaire de mandataires intéressés était, avant la révolution, organisée sur une vaste échelle. En dehors des recettes générales qui s'appliquaient au recouvrement de la taille, des vingtièmes et de la capitation, dans tous les pays d'élection, le recouvrement des autres impôts levés pour le compte du roi se divisait entre la régie générale et la ferme générale. Les régisseurs avaient une part déterminée dans les produits qui surpassaient telle somme. Les fermiers avaient pour leur compte tous les produits excédant le prix de leur bail. Necker avait raison de dire que la différence entre la régie et la ferme était presque nominale [2].

La révolution de la fin du dernier siècle a fait cesser en France le système du fermage des impôts, qui ne s'est plus conservé que sur une petite échelle dans les octrois des villes pour lesquelles ce mode d'administration est facultatif [3].

Les idées moyennes que Mac Culloch développe au sujet du fermage des taxes ne sont pas d'accord avec les tendances de l'opinion publique en France qui n'accepterait, nous le croyons, aucune application considérable du système de l'affermage aux revenus de l'État.

---

fois fait par le fermier, on peut, avec succès, établir la régie. En Angleterre l'administration de l'accise et du revenu des postes, telle qu'elle est aujourd'hui, a été empruntée des fermiers. »

[1] *Over de belastingen, het beheer der geldmiddelen,* etc., p. 39 à 41.

[2] V. Necker, *De l'administration des finances,* ch. IV et V.

[3] V. sur les divers modes de percevoir les octrois, Dufour, *Traité général de droit administratif appliqué,* 2ᵉ édit., tit. II, ch. XXIV, art. 2.

Il nous est difficile d'admettre que les fermiers du fisc puissent sans injustice réaliser des profits qu'une administration vigilante serait impuissante à percevoir. Le système des fermes est blessant pour l'opinion, par l'énormité des bénéfices qu'une opération embrassant la taxe d'un grand pays peut permettre aux dépens du Trésor, si ces bénéfices sont le résultat d'un contrat mal entendu [1], et il est regrettable pour les contribuables, si ces bénéfices sont le résultat d'une exigence de détail et d'une âpreté d'application que l'administration publique ne saurait avouer. La perception directe de l'impôt convient donc mieux aux gouvernements jaloux d'imiter sous ce rapport, comme a dit Montesquieu [2], l'*administration* d'un bon père de famille.

Dans son application, même restreinte aux octrois des villes, le système du fermage n'était pas resté de nos jours complétement à l'abri de toute attaque dans un pays qui nous avoisine avant que les octrois fûssent eux-mêmes supprimés [3].

Je ne crains pas de terminer ces observations sur la ferme des taxes par le jugement décidé de M. Rau à cet égard.

« La perception des taxes, dit-il dans son livre sur la *Science des finances* [4], ne doit pas être affermée ; elle ne doit pas être considérée comme une industrie dont le produit

---

[1] « En France, dit Adam Smith, la plus grande partie des revenus de la couronne est tirée de huit sources différentes, savoir : la taille, la capitation, les deux vingtièmes, les gabelles, les aides, les traites, le domaine et la ferme du tabac. Les cinq dernières sont en ferme, dans la plupart des provinces. La levée des trois premières se fait partout, sous l'inspection et la direction immédiate du gouvernement, et il est généralement reconnu qu'en proportion de ce qu'elles font sortir de la poche du peuple, elles mettent plus dans le trésor du prince que les cinq autres, dont l'administration est beaucoup plus coûteuse. » (Liv. V, chap. ii.)

[2] *Esprit des Lois,* liv. XIII, chap. xix.

[3] V. le rapport de M. Veydt au Conseil provincial de Brabant en 1856.

[4] § 288. On peut consulter aussi les observations de M. du Puynode contre le système de fermage des impôts. (*De la Monnaie, du Crédit public et de l'Impôt,* t. II, p. 105 à 109.)

peut s'accroître avec l'activité de l'entrepreneur; car le produit brut de taxes a ses limites légales et l'on peut, à l'aide d'une surveillance vigilante, obtenir des percepteurs soldés le même soin que d'un fermier, avec plus d'économie dans leur rétribution. On peut ainsi réserver au Trésor le profit qui, dans un autre système, serait acquis aux fermiers, au détriment des contribuables. Ceux-ci, prenant en considération l'incertitude du recouvrement pour une partie des taxes, établissent leurs offres sur la supposition la plus défavorable et obtiennent déjà par là des bénéfices. Enfin, dans la réclamation de l'impôt ils n'apportent pas ces ménagements qu'on peut prescrire aux percepteurs institués par l'autorité; c'est pourquoi les fermiers de l'impôt ont toujours été chargés de la haine générale, à cause de leur dureté. Le motif qui a souvent recommandé le système du fermage en dehors de sa commodité, à savoir la possibilité d'obtenir des fermiers des avances pour les cas de besoin [1], perd toute importance dans un système financier bien réglé; cependant il explique la longue durée du système d'affermage dans divers pays. »

L'Espagne est un des pays dans lesquels le système de fermage a été pratiqué largement jusque dans le milieu du dernier siècle [2]. En 1747 l'administration espagnole a adopté le système de la régie, et cependant nous trouvons dans la perception des droits de *consumos* qui appartiennent à l'État la trace de l'application ancienne du système de fermage. En 1848, sur 10,143 localités sujettes aux droits de

---

[1] L'auteur allemand fait remarquer qu'en Turquie le pacha de chaque province avance au Trésor le produit de l'impôt qu'il emprunte dans des maisons de banque, et qu'il recouvre ensuite avec usure sur les contribuables. On a introduit récemment, dit-il, dans ce même pays le système de la régie, mais il a été bientôt supprimé en 1841 (*loc. cit.*, note *d*).

[2] Rau, *ibid.*

consumos, la perception avait lieu à l'aide de fermiers dans 71 ; et en 1849 le nombre de ces localités s'était même élevé à 140 [1].

En Russie, le monopole de l'eau-de-vie et des boissons spiritueuses est affermé, et, le profit des fermiers s'accroissant avec la consommation, les fâcheuses conséquences morales et matérielles de ce système ont été souvent signalées [2].

Nous devons terminer ces observations sur le mode de perception des taxes par cette remarque que tout le monde a pu faire presque au premier abord : c'est que si les frais de perception sont souvent trop considérables, dans un système de collecte directe au profit de l'État, le système de fermage ne permet de mesurer, en aucune manière, l'étendue du sacrifice réel imposé par l'impôt aux nations [3].

Les tableaux suivants facilitent la comparaison des frais de perception des revenus publics de la France et de l'Angleterre, à diverses époques. Il y a assez d'élasticité dans les bases de ces calculs pour que nous ayons cru pouvoir admettre, suivant deux méthodes légèrement différentes, dans les 3e et 4e tableaux, la supputation des frais de perception du budget des recettes françaises de 1853.

---

[1] Conte, p. 171. t. II.

[2] V. Notamment le journal *le Nord* du 24 mars 1858.

[3] Cette réflexion est faite par M. Conte, au sujet de la perception de l'impôt indirect, dont une partie est affermée en Espagne. *Examen de la Hacienda publica de España*, t. II, p. 172.

1er TABLEAU.

Tableau des revenus du Trésor en 1789,

Extraits du compte rendu par M. Necker, le 1er mai 1789, et des frais de perception et d'administration établis dans l'état arrêté le 22 juin 1791, par le Comité des contributions publiques de l'Assemblée constituante.

DÉSIGNATION DES REVENUS.	PRODUITS nets portés au compte de M. Necker.	FRAIS d'administration et de perception établis dans l'État arrêté le 22 juin 1791, par le Comité des contributions publiques de l'Assemblée constituante.	MONTANT réel des produits bruts.	TAUX pour 100 des frais.
FERMES.	fr.	fr.	fr.	fr.c.
Gubelles (sel)	58.560,000			
Tabacs.	27,000,000			
Entrées de Paris.	30,000,000			
Générale. 150,107,000 Droits sur les sels	28,440,000	38,165,000	188,272,000	20.22 p. 100
Supplément sur le tabac.	»			
Entrées de Paris, etc. . .	6,000,000			
Droits du Clermontais .	107,000			
Postes.	12,000,000	4,210,000	17,310,000	24.33 —
Messageries.	1,000,000			
Sceaux et Poissy.	630,000	270,000	900,000	30.00 —
Affinages.	120,000	»	120,000	— —
Port-Louis en Bretagne (Boissons).	47,000	»	47,000	— —
Quatre membres de la Flandre maritime	823,000	177,000	1,000,000	17.70 —
RÉGIES.				
Aides et droits réunis.	50,220,000	11,644,000	61,864,000	19.35 —
Domaines et bois.	50,000,000	6,118,000	56,118,000	10.71 —
Loterie royale de France	14,000,000	4,000,000	18,000,000	22.22 —
Revenus casuels 3,000,000 { Mutations des offices	1,000,000			
Ventes des offices. .	2,000,000	50,000	4,550,000	1.11 —
Marc d'or.	1,500,000			
Poudres et salpêtres.	800,000	150,000	950,000	15.80 —
IMPOSITIONS.				
Ville de Paris, pays d'élection et pays conquis.	148,532,000	8,408,000	156,940,000	5.35 —
Pays d'État.	24,556,000			
Abonnés.	575,000			
180,528,000. Particulières destinées aux fortifications	575,000	2,573,000	34,569,000	7.44 —
Dixièmes, capitation, retenue au Trésor royal	6,290,000			
RECETTES PARTICULIÈRES.				
Bénéfice des monnaies.	500,000	134,000	634,000	21.13 —
Forges royales de la Chaussade.	80,000	»	80,000	— —
Caisse du commerce.	636,000	75,000	711,000	10.55 —
Créance sur les Américains.	1,600,000	»	1,600,000	— —
Quinze-Vingts	180,000	»	180,000	— —
Créance sur M. le duc de Deux-Ponts	300,000	»	300,000	— —
	468,171,000	75,974,000 [1]	544,145,000	13.96 p. 100

[1] L'adresse de l'Assemblée nationale aux Français, du 26 juin 1791, évalue à 113 millions les frais de régie des anciens impôts. Cette différence entre ce résultat et celui du tableau actuel provient de l'omission dans l'état ci-dessus de certains articles qui figuraient dans l'état de 1791, comme impositions ou perceptions, mais qui n'étaient pas des revenus propres du Trésor, savoir : les dîmes estimées en produit brut à 133 millions et en frais de régie à 30 millions par le Comité des contributions publiques : les milices, dont les frais étaient évalués à 6,500,000 francs ; enfin certains droits au profit de princes ou d'États provinciaux.

2e TABLEAU.

État comparatif

Des produits et des frais de régie, de perception et d'exploitation des revenus publics de la France en 1828 [1].

DÉSIGNATION des REVENUS.	RECETTES.			FRAIS DE RÉGIE, D'EXPLOITATION ET DE PERCEPTION			TAUX pour 100 des frais.
	Produits bruts.	Remboursements, non-valeurs achats de matières à déduire.	Produits réels.	Personnel	Matériel.	TOTAL.	
	fr.	fr.	fr.	fr.	fr.	fr.	fr.
Contributions directes . .	325,578,931	4,323,090	321,355,841	14,140,922	1,974,349	16,115,271	5 1/1000
Enregistrement , timbre et domaines.	185,263,637	1,687,772	183,575,865	9,298,000	605,000	9,903,000	5 2/5
Produits de coupes de bois.							
Produit principal. . . .	24,069,100	} 79,616	29,229,037	1,081,967	409,000	1,490,967	5 1/10
Produits accessoires . .	5,239,553						
Douanes et sels.	163,525,177	12,592,358	150,932,819	22,943,698	1,437,300	24,380,998	16 1/16
Boissons et droits divers.	140,170,590	870,000	139,300,580	19,101,950	1,832,300	20,934,250	15 2/100
Tabacs et poudres à feu.	72,086,659	17,226,000	54,860,659	2,605,000	5,596,520	8,201,520	14 9/10
Postes	30,545,620	167,339	30,378,281	6,609,281	9,860,719	16,470,000	53 1/10
Loteries	53,183,007	38,313,456	14,869,551	2,697,075	302,925	3,000,000	20 1/4
Salines de l'Est.	1,800,000	»	1,800,000	»	»	»	»
Produits divers :							
Recettes diverses. . . .	5,839,192	»	5,839,192	58,355	»	58,355	1
Amendes et confisca- tions.	3,743,155	3,743,155	»	»	»	»	»
Produits des jeux. . . .	5,500,000	»	5,500,000	»	»	»	»
	1,016,644,621	79,002,786	937,641,835	78,536,248	22,018,113	100,554,361	10 7/10

1 Ce tableau est extrait, comme le précédent, du rapport au roi de M. de Chabrol en 1830.

3ᵉ TABLEAU.

État

Des produits et frais de perception et d'exploitation des revenus publics en 1853 [1].

(Premier mode d'évaluation).

DÉSIGNATION des REVENUS	RECETTES.			FRAIS DE RÉGIE, D'EXPLOITATION ET DE PERCEPTION.			TAUX p. 100 des frais.
	Produits bruts.	Remboursements, non-valeurs, achat de matières à déduire.	Produits réels.	Personnel	Matériel.	TOTAL.	
Contributions directes.	fr. 421,048,676	fr. 60,181,735	fr. 360,866,941	fr. 14,186,186	fr. 2,049,748	fr 16,235,934[2]	fr. 4.4
Enregistrement, timbre et domaines.	303,330,937	3,967,235	299,363,702	9,953,290	2,619,366	12,572,656	4.2
Produits des forêts et de la pêche. .	35,554,958	227,183	35,327,775	3,936,878	2,211,462[3]	6,148,340	17.4[4]
Douanes et sels taxés dans le rayon des douanes . . .	177,938,026	32,251,087[5]	145,686,939	23,315,906	2,522,702[6]	25,838,608	17.7[7]
Boissons et droits divers.	198,053,693	1,648,833[8]	196,404,860	18,191,607	3,873,363	22,064,970	11.2
Tabacs et poudres. .	145,430,632	23,575,990	121,854,642	985,240	10,625,750	11,610,990	9.5
Postes. .	49,407,361	10,060	49,397,301	14,039,416	18,170,457	32,209,873	65.2
Divers revenus, produits et revenus de l'Algérie, produits divers . . .	62,044,324	306,386	61,737,938	564,347	201,835	766,182[9]	1.2
	1,392,808,607[10]	122,168,509	1,270,640,098	70,422,337	49,023,100	127,447,553	10.0[11]

1 V. Compte général de l'Administration des finances pour l'année 1854, p. 57 à 89, 139 à 151.
2 Le personnel et le matériel n'étant pas nettement distingués dans les détails donnés à la page 138 du *Compte général*, j'ai eu recours pour la décomposition aux renseignements obligeants de M. Delépine, directeur général de la comptabilité au ministère des finances; en m'attachant aux droits constatés, j'ai retranché du reste des frais de perception 318,938 francs afférents aux frais d'une nouvelle évaluation des revenus.
3 Je retranche les portions payables en 1853 des prix d'acquisition d'immeubles.
4 *Le produit des coupes de bois peut être très-différent, sans accroissement notable des frais d'administration.*
5 En y comprenant les répartitions de produits de plombage et d'estampillage, ainsi que les escomptes sur les droits à l'importation.
6 Non compris les dépenses de la perception en Algérie, puisque les recettes sont comptées à part.
7 Je constate ce résultat un peu plus onéreux que celui de 1828, sans en rien inférer contre l'administration des douanes, à l'égard de laquelle il faut se rappeler (outre ce que j'ai dit plus haut dans le cours du chapitre) que son personnel concourt non-seulement à la perception des droits, mais encore à l'exécution des prohibitions qui ne donnent aucun revenu, et à la distribution des primes qui réduisent le revenu du Trésor.
8 J'ai dû confondre ici les restitutions d'amendes et remboursements des droits mal à propos perçus, sur le tabac et les poudres, avec les mêmes restitutions pour le surplus des contributions indirectes.
9 Dépenses du service des douanes en Algérie.
10 Ne sont pas comprises dans ce chiffre les ressources extraordinaires ou spéciales.
11 M. Ponthier de Chamaillard a fait, pour l'année 1854, un compte des frais de perception, qui arrive à la proportion de 14,36, au lieu de celle de 10,0, à laquelle je me suis arrêté. Les principales différences résultent de ce qu'il a procédé sur un budget, au lieu que je me suis fondé sur des comptes, de ce qu'il a fait entrer en ligne de compte l'intérêt des dépenses faites pour l'établissement du cadastre et les frais du service général du ministère des finances, ainsi que les crédits ouverts pour le service des pensions civiles des fonctionnaires de l'administration des finances, déduction faite du produit des retenues (V. le tome XVIII de la deuxième série du *Journal des Economistes*, p. 246 et 247). Sans contester le mérite absolu des bases adoptées par M. Ponthier de Chamaillard pour ce qui concerne l'imputation des diverses dépenses au compte des frais de perception, j'ai cru devoir me rapprocher davantage des bases qui m'ont paru avoir été adoptées pour le tableau précédent, relatif à l'année 1828, dans les procédés et bases de calcul que j'ai adoptés moi-même.

4° TABLEAU.

État

Des produits et frais de perception et d'exploitation des revenus publics de la France en 1853 [1].
(Second mode d'évaluation).

	RECETTES.				FRAIS DE RÉGIE, D'EXPLOITATION ET DE PERCEPTION.			TAUX POUR 100.
	Montant brut (droits constatés à la charge des redevables).	dégrèvemens, remboursements, non-valeurs, escomptes et primes à déduire.	Montant net.	Personnel	Achats de matières, matériel et dépenses diverses.	TOTAL (dépenses résultant de services faits.)		
	fr.	fr.	fr.	fr.	fr.	fr.		fr. c.
Contribut. directes..	421,048,676	6,625,584[2]	414,423,092	»	»	16,028,994[5]		3.86
Enreg., timb. et dom.	303,330,937	3,967,235	299,363,702	9.653,290	2,619,366[4]	12,572,656		4.19
Produits des forêts et de la pêche.	35,554,958	227,183	35,327,775	3,936,878	2,167,240[5]	6,104,118		17.27
Douanes et sels taxés dans le rayon des douanes.	177,938,026	32,514,920[6]	145,423,106	23,315,906	2,522,702[7]	25,838,608		17.76
Contrib. indirect. : Boissons, sels, sucres et droits divers. . .	198,053,693			18,191,607	3,873,363	22,064,970		16 44
Tabacs.	138,835,907	1,385,000[8]	342,099,325	962,481	30,563,224	31,525,705	56,266,710	
Poudres à feu.	6,594,725			22,759	2,653,276	2,676,035		
Postes.	49,407,361	10,070	49,397,291	14,039,416	18,170,457[9]	32,209,873		65.20
Divers revenus (taxe des biens de main-morte, prod. universitaires , prod. évent. du service départ., revenus et prod. de l'Algérie, rente de l'Inde. . .	34,398,542	32,923	34,365,619	»	»	876,940[10]		2.50
Produits divers. . . .	27,645,782[11]	273,463	27,372,319	»	»	96,407[12]		» »
TOTAL. . . .	1,392,808,607[13]	45,036,378	1,347,772,229	70,422,337	62,569,628	149,994,306		11 12

1 Cet état est dressé, comme le précédent, d'après le compte général de l'administration des finances de 1854 et le compte définitif de 1853. Il renferme les recettes de l'impôt direct communal qui ne sont pas comprises dans l'état précédent, et en diffère aussi par quelques autres détails qui ressortent des notes suivantes.

2 Ce chiffre se décompose ainsi qu'il suit : remises, modérations et non-valeurs sur les contributions foncière et mobilière, 2,351,613 fr.; dégrèvements et non-valeurs sur la contribution des portes et fenêtres, 532,196 fr.; dégrèvements et frais de confection de formules pour la contribution des patentes, 2,437,663 fr.; décharges et réductions imputables sur le produit des réimpositions, 994,580 fr.; dégrèvements pour démolitions et constructions nouvelles, 309,532 fr.

3 Le chiffre du compte définitif de 1853 est de 16,554,874 fr.; mais on en a déduit 318,938, frais d'une nouvelle évaluation des revenus territoriaux; 110,758 fr. pour frais relatifs à la taxe des biens de mainmorte, et 96,407 fr. pour les redevances des mines et des poids et mesures. Peut-être conviendrait-il d'ajouter au chiffre de 16,028,994 fr., 1,595,141 fr. bonifications d'intérêts aux receveurs des finances; 1,153,000 fr. aux mêmes pour taxations pour la centralisation du produit des mêmes contributions; enfin, 1,483,449 fr., restitution du produit des centimes imposés pour frais de perceptions de diverses impositions commerciales, et 28,989 fr. pour rôles spéciaux d'impositions extraordinaires départementales et communales.

4 Le prix d'acquisition d'immeubles réunis au domaine a été retranché.

5 On a retranché 44,222 fr., frais d'aliénation des bois de l'État. Peut-être faudrait-il joindre au total des frais de perception la partie des remises attribuées aux receveurs des finances, mais qui n'est pas très-nettement indiquée au compte définitif des dépenses, p. 82 (240,596 fr. pour remises sur les produits de coupes de bois et produits divers ; 1,021,323 fr. sont en outre attribués aux mêmes receveurs pour la centralisation du produit des impôts et revenus indirects).

6 La différence avec le chiffre de l'état précédent provient de 263,833 fr., qui ont été attribués par cet état (le compte général de 1854 ne distingue pas) aux contributions indirectes sur les escomptes des douanes (compte définitif de 1853, dépenses, p. 124.

7 Non compris les dépenses de la perception en Algérie.

8 Même observation en sens inverse qu'à la note 6. Les 23,575,990 fr. pour achats et transports de tabacs, étant des frais d'exploitation, ont semblé devoir être plus régulièrement transportés à la colonne de *matériel et dépenses diverses*, dont l'intitulé a été changé en conséquence.

9 Y compris 3,249,999 fr. pour subventions.

10 Ce chiffre se décompose ainsi qu'il suit : 1° *Douanes en Algérie*; personnel, 564,947 fr.; matériel, 201,235; en tout : 766,182 fr.; 2° Taxe des biens de mainmorte (compte définitif de 1853, p. 88, etc.), frais d'expédition de matrices de rôle, frais d'assiette, 16,819 fr.; remises, 92,081 fr. et frais de premier avertissement, 1,355 fr.; en tout : 110,358 fr.

11 Parmi les *produits divers* figurent certains articles, dont quelques-uns sont temporaires et qui ne sauraient être considérés, à proprement parler, comme *revenus publics*, savoir : recouvrements d'avances faites à titre de subsides au gouvernement de Montevideo, 628,297 fr.; recouvrements sur prêts faits en 1830 au commerce et à l'industrie, 85,477 fr.; remboursements faits par les associations ouvrières ; en capital, 167,007 fr.; en intérêts, 35,827 fr.; recouvrements d'avances faites à l'industrie des meubles et bronzes, 36,367 ; recouvrements des avances faites aux comptoirs d'escompte, 352,910 fr.; produit de la vente des matières provenant de la refonte des monnaies de cuivre, 1,396,355 fr.; remboursement au Trésor des dépenses faites par l'État pour l'acquisition de terrains destinés à l'établissement des stations du chemin de fer de ceinture, 357,679 fr.; recettes sur exercices clos, 735,915 fr.; enfin, *peut-être*, portion des dépenses de la garde de Paris, remboursée à l'État par la ville, 1,516,317 fr.; recettes sur débits de comptables et créances litigieuses non compris dans l'actif de l'administration des finances, 23,371 fr., et recettes sur divers débits poursuivis par l'agence judiciaire et non compris dans l'actif de l'administration des finances, 649,833 fr.

12 Frais d'assiette et remises sur la redevance des mines et la taxe des poids et mesures (compte définitif de 1853, p. 88, etc.).

13 Non compris les ressources extraordinaires et spéciales, et la réserve de l'amortissement.

Ce tableau a été dressé par M. le vicomte de Luçay, auditeur au Conseil d'État, et il m'a semblé pouvoir être mis utilement en regard du précédent que j'avais composé moi-même.

5ᵉ TABLEAU.

Extrait

*Des produits et frais de perception des revenus publics de la Grande-Bretagne,
pendant l'année 1828 [1].*

DÉSIGNATION DES REVENUS.	RECETTES.			FRAIS de régie, d'exploitation et de perception.	TAUX pour 100 des frais.
	Produits bruts.	Remboursements, non-valeurs, achats de matières à déduire.	Produits réels.		
Revenus ordinaires.	liv.	liv.	liv.	liv.	liv.
Douanes.	20,608,711	1,191,527	19,417,185	1,454,010	7 1/2
Contributions indirectes (accise).	24,802,508	2,491,913	22,310,596	1,209,744	5 1/2
Timbre.	7,603,108	287,498	7,317,610	225,516	3 1/2
Contributions foncière et somptuaire . . .	5,169,875	7,002	5,162,874	280,813	5 2/5
Postes	2,287,962	79,963	2,207,999	663,775	30 1/2
Retenue sur les traitements et pensions. .	56,366	»	56,365	1,303	2 1/3
Droits sur les voitures de louage	77,438	»	77,438	10,790	14
Droits divers	83,977	»	83,977	1,098	1 1/3
Domaines de la Couronne	448,793	»	448,793	43,097	9 2/3
Autres ressources.					
Sommes reçues de la Compagnie des Indes orientales à titre de traitement, de réforme, de pensions, etc., des troupes royales au service de la Compagnie (acte 4 de George IV, chap. 71)	60,000	»	60,000	»	»
Sommes reçues des caisses des pensions de la marine et de la guerre	3,082,500	»	3,082,500	»	»
Recettes diverses	360,531	»	260,531	»	»
Produit des dividendes non réclamés de la Banque d'Angleterre	25,035	»	25,035	»	»
Recouvrement d'avances faites sur fonds d'amortissement de 1825, pour fabrication de monnaie d'argent	94,000	»	94,000	»	»
TOTAL des revenus publics du Royaume-Uni	64,662,800	4,057,901	60,604,900	3,890,152	6 5/12
En francs	1,616,570,000	101,447,525	1,515,122,500	97,253,800	

1 Extrait du rapport de M. de Chabrol en 1830.

6ᵉ TABLEAU.

État

Des produits et frais de perception des revenus publics de la Grande-Bretagne en 1851 [1].

1ʳᵉ PARTIE.	MONTANT TOTAL des recettes.	DÉDUCTION pour remboursement, remises, drawbacks.	MONTANT NET des ressources.	FRAIS de régie, de perception et d'exploitation.	TAUX des frais de recouvrements.
Impôts proprement dits.	fr.	fr.	liv.	liv.	liv.
Douanes [2]	22,245,117	253,442	21,991,675	1,517,714	6 91 %
Excise.	17,669,549	627,253	17,042,296	882,965	5 18
Timbre.	7,404,073	244,534	7,159,539	198,017	2 77
Taxes somptuaires	3,229,642	114,089	14,147,389	400,812	2 83
Incomé-tax	11,031,836				
TOTAL.	61,580,217	1,239,318	60,340,899	2,999,708	4 97
Conversion en francs au cours de 25 fr. 25 c. la livre.	1,554,900,453	31,292,763	1,523,607,700	75,742,627	»
2ᵉ PARTIE.					
Produits divers.					
Post-office.	3,114,017	»	3,114,017	2,435,005	78 77
Terres de la Couronne.	362,050	»	362,050	135,800	37 50
TOTAL.	3,476,067	»	3,476,067	2,588,805	74 48
En francs.	87,770,692	»	87,770,692	65,367,326	»
Résultats généraux.	65,056,284	1,239,318	63,816,966	5,388,805	8 75
En francs.	1,642,671,155	31,295,763	1,611,378,392	141,109,953	« 5

1 Ce tableau est extrait d'un travail sur les dépenses qu'entraîne le recouvrement des revenus publics en France et en Angleterre, inséré par M. Ponthier de Chamaillard dans le *Journal des Économistes* du mois de mai 1858, p. 245.

2 M. Rau évalue le produit des douanes britanniques pour l'année 1858-59 à 23,998,379 livres sterling, déduction faite des primes et restitutions, et les frais de perception à 838,202 livres sterling seulement, mais non comprise la surveillance des côtes dans ce dernier article.

3 M. Gladstone, dans son discours du 3 avril 1862, a évalué les recettes probables du budget britannique pour 1862-63 à 70,040,000 livres et les frais de perception à 4,754,000. Ce serait une proportion de 6,78 pour cent seulement.

CHAPITRE IX.

Les impôts, comme nous l'avons reconnu en étudiant leur classification, sont assis par deux procédés fondamentaux différents.

Le législateur atteint par l'impôt direct les situations normales relativement stables dans la situation des personnes, la possession ou la jouissance de la richesse, et par l'impôt indirect certains accidents de la circulation des biens ou de l'existence des personnes.

C'est à cause de la permanence des faits auxquels il se réfère que l'impôt direct comporte des rôles nominatifs ; c'est à raison du caractère accidentel de ceux qu'il saisit que l'impôt indirect n'en comporte pas.

Il ne serait pas exact, malgré quelques ressemblances,

[1] Le sujet de ce chapitre a été traité par plusieurs auteurs. On nous permettra de rappeler, notamment, quelques pages des *Mémoires du duc de Gaëte*, t. I, p. 216 à 218 ; le chapitre de Mac Culloch, intitulé : ADVANTAGES AND DISADVANTAGES OF DIRECT AND INDIRECT TAXES ; celui de Mill : COMPARISON BETWEEN DIRECT AND INDIRECT TAXATION. Il est intéressant de constater la distinction des principaux impôts directs et des principaux impôts indirects entrevue et étudiée par le génie de Leibnitz :

« Les accises, dit-il dans *l'Antijacobite* (t. V, p. 577 de ses œuvres publiées à Genève en 1768), comme *Malt-taxe* et autres semblables chargent les manufacturiers, et les impôts sur les immeubles et rentes tombent plus sur les propriétaires,

malgré certaines coïncidences qui ont égaré de bons esprits[1],
de confondre la distinction que nous venons de rappeler
avec celle qui peut être faite entre les taxes sur les biens et
les taxes sur les dépenses.

En effet, certains impôts sur les dépenses qui donnent
lieu à des jouissances permanentes, telles que celle d'un logement, d'une voiture, d'un cheval ou d'un chien de
luxe, etc.[2], sont directs, et, d'un autre côté, si la catégorie
des impôts indirects renferme principalement des taxes sur
les dépenses de consommation, elle contient aussi des taxes
sur les acquisitions à titre gratuit et sur divers accidents de
la vie qui ne peuvent être confondus avec des dépenses.

Les impositions sur la richesse prise dans sa substance paraissent plus égales, plus justes, plus générales que les taxes
sur les divers accidents saisis par l'impôt indirect. Toute richesse a un aspect stable, en ce sens que son existence précède et suit toute circulation, et que cette circulation, au

Les accises mises sur les choses dont on a besoin, portent les pauvres au travail
et à l'industrie, et les impositions sur les biens portent les riches à s'évertuer pour
faire valoir leurs biens et ne se point endormir sur leurs commodités. Ainsi les
deux espèces d'impôts sont utiles, tant qu'ils sont assez modérés pour ne point décourager les gens du mariage, du ménage, de la culture des terres, du travail et
du trafic. »

M. Foucher de Careil a bien voulu me communiquer, en 1861, un manuscrit attribué à la collaboration de Leibnitz, et qui traite en allemand des accises, des contributions sur les immeubles, et des schætzungen ou taxes générales sur la fortune. La conclusion est de conseiller en temps de paix une simple accise, et d'y
réunir, en temps de guerre, les contributions et schætzungen.

[1] M. Conte, dans son intéressant ouvrage sur les finances de l'Espagne, confond
souvent l'impôt direct avec l'impôt sur les revenus, et l'impôt indirect avec les
taxes sur la dépense, t. II, p. 33 et 161, notamment. V. aussi l'ouvrage de M. Sayer,
passim.

[2] Tous les auteurs étrangers qui traitent, à notre connaissance, de cette catégorie d'impôts, qui n'est guère représentée dans notre législation que par l'impôt mobilier, les rattachent à la classe des impôts sur les dépenses. Ainsi, M. Rau place
en tête des taxes sur les dépenses (Aufwand-Steuern) celles qui sont levées directement (unmittelbar erhobene). V. § 425 de la Finanzwissenschaft. M. Sayer a
aussi classé les assessed taxes parmi les taxes on expenditure. V. son ouvrage
peu connu (passim).

moins pour les objets fondamentaux constitutifs de la richesse, ne fait pas obstacle à l'assiette d'un impôt sur la
substance permanente au milieu des mutations de possession.

La circulation est au contraire un fait accidentel et inégal. Telle terre change de mains tous les dix ans, aux envi-
rons d'une grande ville; telle autre, au milieu des populations agricoles, ne subit pas d'aliénation tous les cinquante
ans. Et, sous ce rapport, l'impôt sur la mutation des terres
atteint très-inégalement les diverses parties du territoire,
tandis que l'impôt foncier les atteint sans autre inégalité
que celle des estimations, cause qui, pour l'impôt sur les
mutations, se cumule avec celle qui résulte de la variété
même du mouvement des mutations.

Les taxes sur la richesse circulante, à l'état d'objets de
consommation, ont été cependant souvent préconisées, à
cause de l'extrême facilité de leur acquittement.

Cet avantage a pu être parfois exagéré. Au point de vue
des classes aisées, il est facile pour elles d'acquitter, en
faisant leur provision de sel, de café, de chocolat et de spi-
tueux, l'excédant de prix qui résulte des taxes diverses qui
grèvent ces objets. Mais, pour ces mêmes classes, l'acquittement des impôts directs est lui-même si peu onéreux
qu'elles profitent rarement de la faculté de s'en libérer par
douzième, et qu'elles payent l'impôt par année, semestre ou
trimestre.

Qu'on examine, au contraire, la situation de ces familles
pauvres qui font peu de provisions et achètent semaine par
semaine, je ne veux pas dire jour par jour, leur nécessaire.
En réalité, quand leur provision de sel ou de grossiers spiritueux est épuisée, le fisc frappe, par l'intermédiaire du
besoin, aussi impérieusement à la porte de ces humbles
ménages que s'il était représenté par un percepteur, et c'est

tout au plus dans la plus grande divisibilité des termes d'acquittement que cette classe de contribuables peut trouver
quelque commodité et quelque avantage. Elle peut payer
l'impôt par semaine ou par jour, au lieu de l'acquitter par
mois, et obtenir crédit du fisc quand le débitant l'accorde
lui-même. Voilà tout!

Le côté le plus utile des taxes de consommation n'est
donc pas une facilité économique beaucoup plus grande
pour les contribuables, c'est plutôt une facilité morale, et
en quelque sorte psychologique. On paye l'impôt en achetant la matière taxée, mais la part de l'impôt renfermée dans
le prix n'est pas marquée dans un coin de la facture. On subit l'action du fisc, mais on ne s'en aperçoit qu'à demi. Le
poids de l'impôt indirect est un peu comme celui de l'atmo-
sphère ambiant qu'on subit, mais qu'on ne sent pas. « En
attachant l'impôt à la chose consommable, a dit M. le marquis Garnier, en le confondant dans le prix de celle-ci, en
faisant que le payement de la dette et la jouissance soient
un seul et même acte, on fait en quelque sorte participer
l'impôt à l'attrait que porte avec soi la consommation, et
l'on fait naître dans l'esprit du consommateur le désir
d'acquitter l'impôt [1]. » Ce caractère des impôts de consommation a suffi pour leur assurer une prééminence absolue
aux yeux de quelques écrivains. D'après le duc de Gaëte,
« le meilleur impôt est celui dont les formes dissimulent le
mieux sa nature [2]. » C'est, suivant nous, pousser un peu
loin le culte de l'artifice même légitime.

Dans les taxes sur la circulation des richesses par acquisition ou décès, l'avantage n'est plus le même et le droit d'enregistrement figure avec une clarté parfaite dans le borde-
reau du notaire qui l'acquitte : mais il y a encore ici quel-

---

[1] V. le passage entier cité par Mac Culloch, p. 148.
[2] Mémoires, p. 217, t. I.

ques facilités morales qu'il faut prendre en considération et
qui sont évidentes pour les mutations à titre gratuit, ainsi
que pour le grand nombre de mutations à titre onéreux,
qui ont lieu dans des conditions de liberté parfaite et qui
ont un caractère vraiment facultatif.

Il y a un inconvénient des taxes sur les consommations qui
a beaucoup frappé divers écrivains, surtout en Angleterre
et sous une législation dont les résultats, sous ce rapport,
sont plus caractérisés et moins adoucis que ceux de la
nôtre.

Divers auteurs, tels que MM. Richardson [1], Say, Sismondi
et Sayer, se sont beaucoup préoccupés du fait que les taxes
sur les consommations sont, en général, avancées par des
producteurs ou marchands en gros, qui peuvent récupérer
contre les consommateurs une quotité supérieure à leurs
avances.

Cette supériorité de la somme recouvrée sur la somme
payée au Trésor peut provenir de diverses causes :

L'intérêt des avances ;

Le bénéfice commercial, proportionné au capital employé
dans les diverses transmissions qui peuvent séparer le producteur du consommateur ;

Le forcement des fractions monétaires qui peuvent représenter l'avance faite par le producteur pour une quotité
minime de denrée taxée...

Ces causes de grossissement de l'impôt sont incontestables ; seulement elles ont été fort exagérées par quelques
auteurs [2], et, d'autre part, il faut reconnaître que la législation française les atténue en donnant des délais aux acheteurs ou fabricants de plusieurs denrées taxées sous diverses

---

[1] Cité par Mac Culloch (p. 154), et considéré par le même auteur, dans sa *Littérature de l'économie politique*, comme le même auteur que M. Decker.

[2] V. à cet égard Mac Culloch, p. 154.

formes, délais qui les dispensent de recouvrer un intérêt sur les consommateurs. Ainsi, les redevables des droits de douane à l'entrée sont admis à jouir pour les droits qu'ils acquittent au comptant, lorsqu'il s'agit d'une perception de plus de 600 francs, d'un escompte de 4 pour 100 par an. S'il y a lieu de réduire le taux de l'escompte, ce changement est annoncé au commerce six mois à l'avance. L'administration peut, lorsque la déclaration donne ouverture à une perception de plus de 600 francs, recevoir en payement du droit des obligations à quatre mois au plus, et suffisamment cautionnées [1]. Divers délais sont aussi accordés pour l'acquittement des droits sur les boissons [2]; et pour les bières notamment, les sommes dues par ceux qui les fabriquent peuvent être payées en obligations cautionnées à trois, six ou neuf mois de terme, pourvu que chaque obligation soit au moins de 300 francs [3].

Les deux systèmes de taxe, directe ou indirecte, ont des effets diamétralement opposés sur les nationaux absents et sur les étrangers résidant dans le pays.

La taxe directe atteint les nationaux absents plus fortement que la taxe indirecte. Celle-ci, au contraire, ménage davantage les nationaux absents et pèse sur les étrangers voyageurs ou résidant dans le pays, et convient spécialement, sous ce rapport, aux pays ou aux villes qui sont le rendez-vous de nombreux étrangers. Toutefois, ces contrastes n'ont rien d'absolu. L'étranger possesseur de terres dans un pays y subit la taxe foncière; et la taxe sur les successions, quoique indirecte, suit en partie la situation des biens plus que la résidence du défunt.

___

[1] V. le *Dictionnaire de l'administration française* de M. Block, p. 708.

[2] V. art. 67 de la loi du 28 avril 1816.

[3] Art. 727, *ibid*. Des délais de ce genre paraissent exister en Angleterre, et M. Gladstone, dans son discours du 3 avril 1862, a traité la question des *crédits* relatifs au payement de l'impôt sur la drèche, par les malteurs.

On a souvent loué l'impôt indirect comme *volontaire*. Cela n'est vrai que de l'impôt sur certains objets de luxe. L'impôt sur les consommations de nécessité et jusqu'à certain point aussi l'impôt sur les mutations n'ont rien de volontaire.

« Mill remarque aussi avec raison, comme l'a fait observer M. du Puynode [1], que si l'on échappe à la taxe mise sur un objet de consommation, en se privant de cet objet, on peut également économiser le montant d'une contribution directe en s'imposant une semblable privation et souvent la même. On se soustrait, dit-il, à l'imposition de cinq livres sur le vin en n'achetant pas de vin, c'est vrai ; mais si cette imposition, au lieu d'être mise sur la consommation du vin, était demandée à titre d'*income-tax*, on en épargnerait pareillement le montant, en dépensant cinq livres de moins de vin. »

Sous le rapport des frais de perception, nous avons constaté dans le chapitre précédent que les impôts directs présentent de l'avantage comparativement à la partie la plus considérable des impôts indirects qui est composée de taxes sur les consommations.

Un écrivain qui a manifesté une préférence très-vive pour l'impôt direct par rapport à l'impôt indirect, M. du Puynode, s'est attaché aussi à démontrer, par des faits qui ne sont pas sans gravité, que le dernier de ces impôts avait plus souvent que le premier rencontré l'impopularité sur ses pas [2]. Nous ne le suivrons pas dans cet ordre de considérations délicates à approfondir. A côté des incidents historiques qu'il a rappelés, les annales de la Grande-Bretagne en 1815 et de la France en 1848 rappellent aussi des sentiments d'impatience très-vifs à l'égard d'impôts directs qui avaient été utiles et jusqu'à certain point nécessaires au salut de l'un et l'autre pays.

[1] T. II, p. 130.
[2] *De la Monnaie, du Crédit et de l'Impôt*, t. II. p. 133.

Sous le rapport si important de la proportionnalité relative à la fortune, les taxes directes comparées aux taxes indirectes ont des avantages mêlés de certaines compensations.

« L'impôt indirect, dit un estimable écrivain de nos
jours [1], opère chaque année sur le travail des classes pauvres un prélèvement qui excède leur dette proportionnelle
et détermine pour elle un appauvrissement relatif [2]. » Ce
point a été contesté par Mac Culloch [3], et il est vrai de dire
que l'inconvénient qu'on peut reprocher, sous ce rapport, à
certaines taxes sur les consommations, ne tient pas essentiellement à la nature même de l'impôt, mais plutôt au choix
des objets sur lesquels l'impôt est assis.

Cependant on doit reconnaître que le système de l'impôt
de consommation a une propension naturelle, pour ainsi
dire, à saisir surtout la consommation des masses, et à s'é-
loigner sous ce rapport du principe de la proportionnalité.

Mais, d'un autre côté, l'imperfection plus ou moins
grande que présente l'assiette des impôts directs, relativement à la richesse mobilière, moins facile à saisir dans son
essence permanente que la fortune immobilière, a été la
base d'un argument en faveur des impôts indirects. On a
mis au compte des avantages relatifs des taxes sur les consommations les imperfections de l'impôt direct et par exemple celles de l'impôt foncier isolé de tout autre impôt direct.
Ainsi, après avoir rappelé le passage dans lequel Smith dit

---

[1] Victor Modeste, *Du Paupérisme en France*, p. 336.

[2] « Vous avez, ajoute l'auteur, à choisir entre deux partis : attaquer la cause,
c'est-à-dire ramener l'impôt à sa proportion rigoureuse ; ou bien vous en prendre à
l'effet, c'est-à-dire chercher à contre-balancer le poids de l'impôt par des secours
de charité, par l'exemption de la contribution personnelle et mobilière, ou par
quelque mesure analogue. Ramener l'impôt à sa proportion rigoureuse n'est malheureusement pas possible : mais diverses compensations tirées de certaines variétés d'impôts directs et même indirects permettent d'atténuer et corriger en
partie le mal. »

[3] P. 156.

« que tout impôt qui tombe en définitive sur une des trois sortes de revenus seulement (rente, profit, salaire) est nécessairement inégal en tant qu'il n'affecte pas les deux autres, » M. de Saint-Chamans ajoute, non sans quelque raison relative : « L'impôt sur les consommations est le seul qui tombe sur ces trois sortes de revenus également ; l'impôt foncier n'en atteint qu'une partie [1]. » En sens inverse, M. Mill, placé sous une législation financière entièrement différente de celle qui préoccupait M. de Saint-Chamans, a objecté à l'application exclusive de la taxation directe l'impossibilité de l'asseoir convenablement, *fairly*, sans une coopération morale des contribuables difficile à espérer [2]. Il est évident qu'il a fait allusion à l'impôt direct de l'Angleterre conçu principalement sous la forme d'*income-tax*, et qui poursuit parallèlement toutes les branches de la richesse publique au prix de procédés plus rigoureux que ceux des législations fiscales fondées surtout sur la taxation du revenu foncier.

Du reste, malgré l'extrême distance qui semble séparer au premier aspect les taxes directes et les taxes indirectes, elles ont des points de contact remarquables. Ainsi, les impôts sur les consommations de première nécessité ressemblent fort dans leurs résultats à des capitations, et les impôts sur la mutation des immeubles par décès se rapprochent beaucoup de taxes foncières sur le revenu de ces mêmes immeubles, puisqu'on pourrait à la rigueur convertir en annuités les droits dus à chaque mutation, ce qui a été fait à l'aide d'une supputation de moyenne pour l'établissement en France de la taxe sur les biens de mainmorte.

Nous ne saurions quitter ce sujet sans insister sur l'im-

---

[1] Du *Système d'impôt*, p. 378. C'est sous ce rapport que d'après M. Cibrario (Origini e progresso delle Instituzioni della Monarchia di Savoia, p. 288), la gabelle elle-même a été à certaine époque regardée comme préférable à l'impôt direct à cause des priviléges dont celui-ci était entaché au xvie siècle.

[2] Chapitre vi du livre V des *Principes d'économie politique*.

possibilité de remplacer entièrement l'une de ces sources de
revenus par l'autre. Il faut toujours, suivant nous, en revenir à l'assertion de Smith : à savoir que l'impôt a reçu diverses formes, parce que les gouvernements n'ont pu taxer
équitablement toutes les fortunes d'une même manière [1]. Il
résulte de cette situation une organisation de l'impôt moins
logique qu'on pourrait le désirer. Mais, si Mac Culloch a
comparé la taxation à la chirurgie, sous le rapport des maux
que la maladresse peut y causer, pourquoi ne dirions-nous
pas qu'elle est aussi condamnée, en vue d'un résultat définitif bienfaisant, à imposer des souffrances et à attenter
quelquefois, au moins d'une manière superficielle, à l'harmonie parfaite des organisations auxquelles elle est appliquée? Aussi cet auteur cite-t-il deux vers anglais d'un
sens désespérant pour quiconque rechercherait la perfection absolue des impositions.

> Whoever expects a faultless tax to see
> Expects what neither is, nor was, nor e'er shall be [2].

La variété est ici jusqu'à certain point un palliatif oppor-
tun, et tout l'art du législateur doit consister à introduire
dans l'édifice composé de matériaux divers un certain ordre fondamental de justice. Heureux s'il pouvait réunir, à
l'aide de compensations et de combinaisons savantes, la variété des moyens qui remplit les caisses du Trésor avec l'u-
nité du but d'équité qui satisfait les sentiments moraux de
l'humanité. Alors son œuvre atteindrait la perfection purement relative qui est la seule à laquelle il puisse prétendre,
et le juge de ce système pourrait dire avec l'optimisme que
Pope applique à la nature plus qu'aux œuvres de l'homme :

> All discord harmony not understood!
> All partial evil universal good!

---

[1] *Richesse des nations*, liv. V, ch. II, § 2.
[2] Mac Culloch, p. 153 (1re édition).

LIVRE II.

Des impôts sur les personnes.

Une des idées qui ont dû séduire le plus aisément les premiers législateurs, à cause de l'extrême facilité de son application, est celle qui consiste à demander une somme égale d'impôt à tous les membres de la société, sans rechercher leur situation ni la quotité de leur fortune. La capitation conçue sous cette forme appartient, pour parler le langage de M. Rau, à l'enfance du système des contributions.

L'injustice reprochable à l'uniformité absolue d'une taxation de ce genre, a fait souvent chercher à concilier la base de la capitation avec une considération quelconque, soit de la situation des personnes, soit même de la richesse individuelle de chacun. De là sont nés généralement les impôts personnels limités aux citoyens actifs, ou même gradués par une série de classes et de taux divers, suivant la nuance des fortunes.

La Perse antique avait des impôts par tête[1] ; il en était de

---

[1] Rau, § 397, note *a*.

même de l'ancienne Chine. Après avoir énuméré les redevances exigées de diverses professions, le *Tcheou-li*, kiven XII, f° 39 (ouvrage composé vers le douzième siècle avant Jésus-Christ), dit : « Quant aux individus qui n'ont pas de profession légale, on en tire la monnaie correspondante à la taxe d'un chef de famille. D'après le *Moniteur* du 26 août 1860, (Article de M. d'E. de Lauture), la contribution personnelle n'existe plus en Chine. « Une note de Morisson, dit M. d'Escayrac de Lauture, jointe à un rapport fait en 1829 sur le collége anglo-chinois, nous apprend qu'au commencement de la dynastie actuelle on fit un dénombrement de la population, qui fut alors soumise à la capitation ; bientôt cependant le nouvel impôt fut abandonné, et l'impôt foncier reçut un accroissement proportionnel. »

« En 1793, l'empereur Kyen-Hung ordonna un nouveau recensement de la population, mais sans prétendre en aucune façon rétablir une taxe très-impopulaire ; l'objet de ce recensement paraît avoir été d'obtenir des données qui permissent d'apprécier l'étendue des désastres, épidémies, inondations dont les populations chinoises ont souvent à souffrir [1]. »

L'auteur du *Voyage du jeune Anacharsis en Grèce* (ch. LVI) mentionne un tribut levé sur les affranchis et sur les dix mille étrangers établis dans l'Attique. A Rome, les impôts, appelés *capitatio humana, capitatio plebeia*, ont été des impôts personnels, et la taxe appelée *jizie* ou *haradje*, en Turquie et en Égypte, a le même caractère [2].

---

[1] Je dois la communication de ce texte à l'obligeance de M. Natalis Rondot, ancien délégué commercial à la mission de Chine.

[2] Thèse de M. Golenski, p. 73. Hoffmann, p. 141, et Rau, § 377, note *a*. — D'après M. de Jacob, les percepteurs turcs font suppléer par les riches aux sommes qu'ils ne peuvent obtenir des pauvres, en vertu de la capitation (§ 563 de la *Science des Finances*). M. Rau parle de 3 degrés de 10, 6 et 3 piastres dans le haradje, d'après M. Urquhart, § 397, note *e*.

Cette contribution qui est l'une des principales sources du revenu public en Turquie, ne s'étend qu'aux *rayas*, c'est-à-dire aux sujets non musulmans du grand seigneur. Tout adulte mâle est soumis au *haradje*, qui se divise proportionnellement aux fortunes, en trois classes : les plus riches paient annuellement 60 piastres, la classe moyenne 30 piastres, les moins aisés 15 seulement. En général, cet impôt est considéré comme une compensation du service militaire, auquel les rayas (ou sujets chrétiens) n'ont point été astreints jusqu'à ce jour. (Article de M. de Tchihatchef dans la *Revue des Deux-Mondes* du 1er juin 1850).

L'Angleterre a levé souvent des taxes par tête à partir du règne d'Edouard III, et leur accroissement sous le règne de Richard II, son petit-fils, fut la principale cause de l'insurrection commandée par Wat-Tyler [1].

En 1641, il y avait dans ce pays une *poll-tax* progressive [2]. Sous Guillaume III, on leva plusieurs capitations graduées d'après le rang des contribuables [3], et notamment aussi, au rapport d'un historien, une *poll-tax* de 1 penny par semaine sur toute personne ne vivant pas d'aumône [4]. Les capitations levées sous le règne de Guillaume III ont produit, de 1689 à 1698, la somme de 2,557,649 liv. 7 schell.

W. Petty, qui paraît avoir écrit de 1650 à 1660, a fait une vive critique de ces taxes, telles qu'il les avait vu pratiquer.

---

[1] Mac Culloch, p. 107. *Abridgment of History of England by Goldsmith*, édit. du 1787, p. 94. On y voit que la taxe était de 3 groats par tête âgée de plus de 15 ans.

[2] Tayler, *History of taxation*, p. 20. Sinclair en a donné le tarif dans son *Analyse des sources du revenu public* (p. 71). Les ducs payaient 100 livres, les marquis 80 liv., les comtes 60 liv., les vicomtes et barons 40 liv, les chevaliers du Bain 30 liv., les autres chevaliers 20 l., les *esquires* 10 l., tout gentleman dépensant au moins 100 liv. par an, 5 l., et tous autres citoyens en proportion, les plus pauvres étaient taxés au moins à 6 pences.

[3] Smith, liv. V, ch. II; Mac Culloch, *loc. cit.*

[4] Tayler, p. 32.

« Les capitations qui ont été levées dernièrement, dit-il dans son *Traité des taxes et contributions* [1], ont été extrêmement confuses : atteignant quelques personnes riches au taux le plus bas ; faisant payer 20 livres à quelques chevaliers manquant du nécessaire ; encourageant certains individus vaniteux à contribuer comme *esquires,* afin d'avoir ce titre inscrit sur leurs quittances ; imposant 10 livres à des docteurs en médecine ou en jurisprudence, sans pratique et sans bénéfice ; forçant quelques pauvres marchands à payer au-dessus de leurs facultés, à cause des livrées de leurs clients ; enfin, taxant certaines personnes suivant leur fortune évaluée par des gens qui ne pouvaient la connaître ; donnant aussi par là à des banqueroutiers l'occasion de gagner du crédit, comme possesseurs de biens que la collusion des assesseurs leur avait reconnus. »

Ce genre de taxes n'a pas survécu, dans la Grande-Bretagne, au règne de Guillaume III. Le tarif de la dernière capitation levée sous ce prince est donné par Sinclair, ainsi qu'il suit [2] :

	liv.	sch.
Capitation trimestrielle payée par tous ceux qui ont plus de 50 liv. de fortune.	0	1
Toute personne possédant 300 liv., et réputée gentleman. . . .	1	0
Commerçants, boutiquiers.	0	10
Personnes obligées à fournir un cheval à l'armée, par chaque cheval.	1	0
Personnes ayant chevaux et voiture, mais non assujetties à fournir des chevaux à l'armée.	1	0
Personnes tenant fiacres ou diligences, pour chaque voiture. . .	1	5
Pairs spirituels ou temporels du royaume.	10	0
Attorneys, procureurs et autres officiers des cours civiles et ecclésiastiques	1	0
Ecclésiastiques, prédicateurs et instituteurs de tout genre, ayant 80 liv. de revenu par an.	1	0

Tous les non jureurs devaient payer double capitation.

[1] Ch. VII.
[2] Mac Culloch, *ibid.*; Tayler, *ibid.*

La Hollande républicaine a compté la capitation (*hoofdgeld*) au nombre des ressources financières variées que sa politique et ses efforts extérieurs l'obligeaient à exploiter. Un placard du 29 septembre 1622 ordonnait sous peine de fortes amendes, à tous les chefs de famille de faire inscrire à cet effet leurs personnes, leurs femmes, enfants et serviteurs. L'auteur qui nous rappelle ces dispositions et le taux progressif des amendes imposées par le placard de 1622 ne nous fait pas connaître le taux de l'impôt lui-même. Il paraît au reste que l'usage de la capitation a été rare pour les financiers néerlandais. Les historiens mentionnent cependant un impôt de ce genre levé en 1715, sur un plan gradué ; il était nommé *familiegeld*, et son assiette reposait en partie sur la considération des dépenses faites par les contribuables. Les classes étaient au nombre de neuf. Leur contribution s'échelonnait entre le maximum de 200 florins et le minimum de 5 [1].

Les historiens mentionnent quelques perceptions du *hoofdgeld* à Nimègue, dans l'Over-Yssel et le pays de Groningue [2].

La Suède a eu depuis 1610 des taxes personnelles connues sous le nom de *mantalspenningarne*. Ce genre d'impôt, aboli en 1625, puis remplacé par des taxes sur la mouture, a repris place dès 1627 dans les recettes publiques de la Suède. En 1632, les *mantalspenningarne* grevaient les bourgeois et paysans de quinze à soixante-trois ans. La noblesse et le clergé jouissaient d'une exemption qui a duré jusqu'en 1810. En 1841 l'impôt a été restreint aux personnes âgées de dix-sept à soixante-trois ans. Le produit moyen de la taxe

[1] Engels, *de Geschiedenis der Belastingen in Nederland;* Rotterdam, 1848, p. 155. — Il renvoie au grand recueil des placards désigné sous les initiales : G. P. B. ; D. I, p. 1540. — Voorthuysen, *De Direkte Belastingen*, t. I, p. 191 et 192.
[2] *Over de Belastingen*, etc.; Amsterdam, 1837 ; p. 157, 171 et 174.

personnelle, de 1845 à 1850, a été d'environ 330,000 rix-
dales banco [1], somme un peu supérieure à 700,000 francs,
puisque le rixdale banco est évalué à environ 2 fr. 12 c.

M. le baron de Malchus parle d'un impôt personnel de
4 schellings par mois, perçu il y a un certain nombre d'années dans le Danemark [2].

Les statisticiens anglais ont retrouvé la capitation dans
l'histoire des provinces de l'Inde soumises par les armes britanniques. Sous le gouvernement mahométan la contribution était à trois degrés. Les plus riches payaient 48 dirhums
par an, ou environ 38 schellings. La classe moyenne payait
24 dirhums ou 19 schellings. La classe laborieuse payait
12 dirhums ou 9 schellings 1/2 par termes mensuels de
1 dirhum par mois. « Cette capitation était impopulaire
dans l'Inde, dit M. Hendricks ; elle fut souvent supprimée et
rétablie et cessa enfin d'y être levée en 1745. » Elle y portait le nom de *jizeeah* [3]. Plus récemment la capitation a été
signalée comme l'une des nombreuses taxes supprimées récemment dans le *Sinde*, pendant le gouvernement de sir
Charles Napier [4].

En Russie, suivant M. de Jacob [5] il subsiste de temps immémorial, une capitation générale sur les paysans et les
classes communes du tiers état, laquelle se prélève sur tous
les mâles sans distinction. Mais la plupart des communes
répartissent entre elles, d'après la fortune et le revenu de

---

[1] V. le rapport en langue suédoise de M. Rathsman, à la date de 1855, sur les
impôts de la Suède, p. 23 à 26.

[2] *Manuel de la science et de l'administration financière*, t. I. p. 182. Ouvrage
allemand publié à Stuttgardt en 1830. Le shilling danois vaut de 5 à 6 centimes
seulement.

[3] *On the statistics of Indian revenue and taxation*, by Frederick Hendrieks
Real before the statistical Society, 18 mai 1858. C'est le *jizie* mentionné plus haut
comme existant en Turquie.

[4] *Ibid.*

[5] *Science des finances*, trad. de l'allemand, par M. de Jouffroy, § 563 ; Leipzig
et Paris, 1841. L'auteur avait longtemps résidé en Russie.

chacun de leurs membres, le montant de la capitation à
laquelle elles sont imposées d'après le nombre de têtes mâles
et convertissent ainsi l'impôt en un impôt sur la fortune et
le revenu. Le gouvernement favorise et seconde cette répartition en réclamant la taxe de la commune et non des individus et en lui abandonnant le soin d'aviser aux moyens de
rassembler la somme. Aussi beaucoup de communes perçoi-
vent-elles de chaque tête une égale quotepart, en astreignant
chacun à payer autant qu'il peut ; mais les sommes qu'elles
ne peuvent obtenir par la contrainte, elles les prélèvent sur
les richesses.

Un jeune érudit russe nous a transmis, il y a trois ou quatre
ans, sur la capitation de son pays, des renseignements qui
rectifient et complètent d'une manière intéressante les données fournies par M. de Jacob. D'après ces renseignements
« la capitation introduite par l'oukaze du 11 janvier 1722
tombe sur les paysans de quelle condition qu'ils soient, sur
les bourgeois des villes et sur les ouvriers libres qui habitent
les villes sans être inscrits comme bourgeois. La noblesse, le
clergé et les marchands ainsi que les employés de la couronne en sont exempts. L'impôt tombe sur chaque commune
d'après la quantité *d'âmes mâles* (*moujskia douschi*) inscrites
dans la dernière *révision* (ou *cens*). Le recensement se fait tous
les 16 ans et quelquefois plus souvent. Introduit depuis 1722
en même temps que la capitation, il a eu lieu dix fois. »

« Les bourgeois payent deux roubles 29 copecks argent
par âme mâle et 9 copecks argent pour les réparations des
chemins vicinaux. Les ouvriers libres 2 roubles et les mêmes
9 copecks. Les paysans 86 copecks argent et les mêmes 9
copecks. »

« C'est donc une espèce de *classensteuer*. Cet impôt tombe
sur la commune qui en est responsable envers le gouvernement et qui elle-même en fait la répartition intérieure

dans les communes rurales d'après le nombre de *tiaglos*.
Chaque paysan ayant droit à une part de la terre communale est obligé, quand il se marie ou devient majeur, d'ac-
cepter cette part, de la cultiver et de payer sa cote de l'impôt,
ce qui s'appelle avoir un *tiaglo*; la quantité de terrain qui
forme ce tiaglo varie d'après l'étendue du territoire ou le
nombre des paysans de la commune; dans les villes d'après
la richesse ou le revenu des bourgeois sans règle fixe. »

« La commune charge un de ses membres du prélèvement de l'impôt. Ce membre en est responsable envers elle
et doit de plus porter la contribution au bureau du district de la ville voisine et en recevoir un acquit. La loi
accorde, à la commune, un droit très-étendu sur ses membres. Pour inexactitude de payement, pour non-valeur,
ainsi que pour absence sans permission ou vagabondage,
elle peut faire infliger à un individu une punition corpo-
relle, ou le faire mettre dans une maison de correction, ou
le livrer au gouvernement pour en faire un soldat ou pour le
faire transporter dans une province lointaine. »

« La capitation a existé dans l'antiquité du temps des premiers princes *Voriagues* [1] (nous la trouvons en l'an 980 et
1018) ainsi que du temps des *Mongols*. »

« Il y eut même des recensements en 1257, 1259 et 1275.
Cet impôt fut ensuite transformé en impôt foncier, prélevé
d'après un *cadastre* assez parfait pour ces temps. Après l'établissement du servage, ce dernier impôt a été transformé
peu à peu en un impôt *sur les maisons* et à son tour fut remplacé par l'impôt de capitation de l'oukaze de 1722. Pierre Ier
en rendant les propriétaires responsables du payement
exact de la capitation qui devait atteindre les paysans attachés aux terres des propriétaires, a dû leur donner sur

---

[1] Plus communément appelés *Varègues*.

les paysans les mêmes droits qu'exercent les communes do-
maniales et libres sur leurs membres. C'est ainsi que l'impôt de la capitation se trouve en rapport direct avec l'établissement définitif du servage, et le changement de l'impôt foncier en impôt sur les maisons avec les premiers ou-
kazes qui introduisirent en Russie la « glæbæ adscriptio. »
Ce n'était plus la terre, mais le travail humain que le gouvernement considérait comme force productive pouvant servir de base à l'impôt. »

Tooke à la fin du xviii° siècle évaluait le produit de la capitation, distincte de l'obrok ou redevance de serfs de la
couronne, à environ 8,000,000 roubles. M. Tanski évaluait
le produit de la capitation des serfs et autres classes inférieures, en 1812, à 32,500,000 roubles de papier, ou environ
moitié des revenus de l'Empire russe [1]. D'après l'ouvrage de
M. Tourgueneff, relatif à une époque plus rapprochée de
nous, près de 23 millions d'hommes sont assujettis à la
capitation [2], et un autre renseignement [3] en évalue le produit à 19,829,000 roubles métalliques, ou près de 80 millions de francs, d'après la valeur du rouble d'argent estimée
à 4 francs. Il est vrai qu'un autre document presque aussi
récent évalue le produit de la capitation sur les paysans des
nobles à 40 millions de roubles papier (estimés 1 fr. 13 c. le
rouble), sans y comprendre le produit de la capitation sur
les bourgeois, qui serait fixée au chiffre de 5 roubles par
tête [4].

[1] *Tableau statistique, politique et moral du système militaire de la Russie;*
Paris, 1833; p. 21.

[2] *La Russie et les Russes,* par Tourgueneff; Paris, 1847; t. II, p. 394.

[3] V., dans le n° 250 de la *Gazette d'Augsbourg* de 1855, l'extrait d'un ouvrage de
M. de Reden, intitulé : *Russlands Kraftelemente und Einflussmitteln,* à la p. 353.
L'ensemble des recettes brutes de la Russie est évalué dans ce renseignement à 275
millions de roubles. Le même document a été analysé dans la *Revue de Wesmins-
ter,* de janvier 1856, p. 110.

[4] *Moniteur universel* du 3 novembre 1854.

Enfin le budget des recettes de la Russie de 1862 publié pour la première fois, par quelques journaux contemporains, porte pour les capitations diverses un chiffre de 28,258,861 roubles [1].

La capitation a aussi joué un rôle dans l'histoire des finances polonaises ; elle faisait partie du système étendu et varié de taxe directe sur les cens, les capitaux et autres objets, organisé en 1456 dans le royaume de Pologne [2].

Un écrivain polonais moderne nous représente la capitation (*pogtowne*) comme n'ayant grevé dans l'origine que les juifs établis en Pologne, et ayant été seulement plus tard étendue aux chrétiens. « En Lithuanie, dit-il, une capitation générale fut établie en 1677, à la place de l'impôt sur les foyers (fumalia). »

En 1809 et 1811, des capitations graduées ont aussi existé en Pologne. Celle de 1811, qui paraît avoir subsisté jusqu'en 1815, s'élevait pour la classe supérieure, jusqu'à 500 florins, et descendait jusqu'à 1 florin [3].

On retrouve la même forme de contribution dans plusieurs Etats de l'Amérique septentrionale. Ainsi, la capitation a produit 36,133 dollars en 1811, dans la Caroline du nord [4]. Elle existe aussi, ou existait au moins il y a très-peu d'années, dans le Mississipi, l'Indiana, le Maine, la Louisiane, la Californie, le Texas et le Massachusets [5].

M. Thibault-Lefebvre en a constaté l'existence dans la Valachie, à des taux variables de 30 à 50 piastres, grevant les familles plus que les individus, et comportant de nombreuses exemptions pour le clergé, les nobles, les miliciens ;

[1] *Nord*, du 12 février 1862.
[2] Rensignements de M. F. Ziélinski.
[3] Golenski, p. 25, 53, 55, 57.
[4] *American statistical annual for the year* 1854, p. 345.
[5] *Histoire des impôts généraux sur la propriété et le revenu*, Paris, 1856 ; p. 137.

son produit dans ce pays s'élève à 3,500,000 francs [1].

L'Allemagne connaît depuis longtemps les taxes personnelles sous les noms de *capitagium*, *cavagium*, *leibzins* [2], *köpfsteuer*, ce dernier nom aujourd'hui seul employé.

La double forme possible de la capitation, comme se liant à un impôt général sur la fortune, si elle est graduée, et pouvant alors devenir une des ressources principales d'un pays, ou comme étant uniforme sur tous les contribuables, et dès lors constituant seulement un *nebensteuer* ou taxe accessoire, n'avait pas échappé, dès le milieu du dernier siècle, à l'esprit observateur de Justi [3]. Mais il repoussait la première de ces formes, et constatait que la seconde était, de son temps, d'une médiocre importance en Allemagne, puisque la capitation ne dépassait pas 6, 8, ou, au plus, 12 gros par tête d'habitants assujettis, en déduisant les personnes exemptées par l'âge ou la qualité. Il indiquait l'usage suivi en Saxe de laisser aux communes la faculté de répartir la charge de leurs habitants d'une manière proportionnelle à la fortune, ce qui, suivant sa remarque, est contraire au but de la *köpfsteuer*, les biens immeubles étant déjà chargés de taxes suffisantes dans tous les pays [4].

En 1746, on établit, en Autriche, une capitation graduée depuis 4 kreutzers pour les garçons de ferme jusqu'à 600 florins pour les princes, ducs et archevêques [5].

En 1758, l'impôt fut perçu de nouveau.

L'année suivante vit lever une capitation à quatre degrés

---

[1] *Études diplomatiques et économiques sur la Valachie*, deuxième édition, p. 150 et suiv.

[2] *De tributis et vectigalibus aliisque oneribus in Polonia*. Dissertatio inauguralis (16 februarii, anno 1837), par F.-A. Golenski ; Cracovie, p. 73.

[3] *Staatswissenschaft*, t. II, p. 341.

[4] Justi parle, en outre, d'un impôt personnel appelé *schutzgeld*, levé dans certains pays, soit par famille, soit par tête, sur ceux qui ne possèdent pas de biens immobiliers (t. II, p. 347).

[5] Ritter von Hauer, p. 55, et s.

ou taux différents. En 1763, les degrés furent portés à douze. Les juifs payaient en outre le double de la coté des chrétiens. Les femmes devaient la même somme que leurs maris. Chaque enfant était taxé au cinquième. Le tarif s'élevait du minimum de 15 kreutzers au maximum de 1,000 florins, et il suivait le revenu des contribuables.

En 1764, l'impôt personnel était distribué en vingt-quatre classes, depuis 15 kreutzers jusqu'à 960 florins.

En 1790, l'Autriche paya une *classensteuer*, qui fut accompagnée, depuis 1804, d'une *personalsteuer* uniforme de 30 kreutzers ou d'un demi-florin, à la charge de tous les individus âgés de plus de quinze ans, avec exception seulement pour les militaires et les indigents.

Abolie dans les provinces slaves et allemandes en 1829, cette taxe personnelle donnait en Dalmatie et Lombardo-Vénétie 1,406,887 florins en 1847. Elle a été supprimée en 1848 pour la Lombardo-Vénétie et en 1850 pour la Dalmatie [1]. Aujourd'hui l'empire autrichien ne perçoit d'autre taxe personnelle que la *personal erwerbsteuer* des provinces hongroises et transylvaines[2] qui est une sorte de capitation graduée.

La *personal erwerbsteuer* a été introduit en 1850 en Hongrie à la place d'une ancienne taxe personnelle appelée *dikalsteuer*. C'est à proprement parler un *impôt par classes* qui aboutit aussi à une pure capitation en tant qu'il atteint les classes de la population privées de revenu indépendant.

· L'impôt est assis annuellement par l'autorité administrative avec le concours des autorités communales.

La 1re catégorie de contribuables renferme les villageois, journaliers, compagnons, domestiques, ainsi que leurs femmes, filles, frères et sœurs vivant avec eux. L'impôt est de 20 kr., 30 kr., 40 kr. et 1 fl. par tête, suivant la qualité

[1] Rau, § 397, notes C et E.
[2] Le produit en est évalué à 5,129,000 florins dans le budget de 1855.

des personnes et le lieu d'habitation dans la campagne ou dans les villes et bourgs.

La 2e catégorie comprend les agriculteurs dont la propriété ne dépasse pas 50 perches, les ouvriers travaillant chez eux, les fonctionnaires publics et salariés privés, en activité ou en retraite, les ecclésiastiques prébendés, les avocats, ingénieurs, médecins, chirurgiens, apothicaires, sages-femmes, professeurs, marchands et industriels, ainsi que les personnes de leurs familles. Les cotes sont, suivant les distinctions de la 1re catégorie, de 1, 2, 3, et 6 florins.

La 3e catégorie renferme les contribuables qui n'appartiennent à aucune des deux autres. L'impôt de cette catégorie varie suivant le chiffre des contributions directes acquitté. Ceux qui ont à payer 100 florins de taxes directes contribuent à la *personal-erwerbsteuer* pour 4 florins. De 100 à 200 fl., la taxe s'élève à 6 fl.; de 200 à 500 à 8 fl., et audessus de 500 fl. à 10 fl.

Les femmes, fils et filles, frères et sœurs des contribuables de cette catégorie paient, comme dans la seconde catégorie, demi taxe.

Sont exemptés de la *personal erwerbsteuer* les militaires en activité de service, les personnes non encore domiciliées en Hongrie depuis un an, les indigents vivant d'aumônes ou de secours publics, les membres des ordres mendiants ou consacrés au soin des malades.

La *personal erwerbsteuer* a été introduite en 1851 dans la Croatie et la Slavonie, ensuite dans la Woïwodie de Serbie et le Banat de Temeswar; dans la première de ces provinces l'impôt est de 12, 20, 30 kr., 1, 2, 4, 6, 8 et 10 florins, dans la seconde de 20, 30 kr., 1, 2, 3, 6, 8 et 10 florins.

On lève encore en Transylvanie diverses anciennes contributions personnelles :

1° La taxe *protectionnelle* dont le taux est de 18 kr. pour les hommes et de 12 kr. pour les femmes, porte sur les indigents, les domestiques, certains ecclésiastiques, les personnes nouvellement venues du dehors, ou récemment mariées, les anciens militaires non pensionnés;

2° La taxe par tête *(kopftaxe)* sur les Israélites sans domicile de 6 florins, sur les cultivateurs libres de 4 florins, sur les villageois et colons des terres nobles et des communautés de 3 florins, sur les corvéables de 2 florins, sur les mineurs charbonniers et orpailleurs de 1 florin, sur les bateliers de 30 kreutzers;

3° La taxe des bourgeois, marchands et artisans se divise en 4 classes de 10, 8, 7 et 6 florins, suivant le lieu d'habitation.

Les veuves des contribuables soumis aux deux derniers impôts paient demi-droit. On rattache à ce système de taxe une contribution sur les animaux de la Transylvanie conduits dans les pâturages de la Turquie et qui se nomme *opilionensteuer.* Ces divers impôts sont assis de la même manière que la *personal erwerbsteuer* de Hongrie.

L'élévation des contributions personnelles dans la Transylvanie a motivé un abaissement de l'impôt foncier dans le même pays.

Le produit moyen de la taxe personnelle a été en Hongrie de 19 kreutzers par tête d'habitant en 1857, dans la Croatie et Slavonie de 16 kreutzers, dans la Woïwodie Serbe et le Banat de 18 kreutzers et dans la Transylvanie de 43 kreutzers [1].

C'est la Prusse, parmi les États modernes de l'Europe civilisée, qui a appliqué, sur la plus grande échelle, l'impôt personnel élevé à une assez grande importance, par les com-

---

[1] Tafeln zur statistik des steuerwesens im OEsterreichischen Kaiserstaate, 1858; publication du ministre des finances d'Autriche, p. 38 et 39 de l'Introduction, et p. 186 de l'ouvrage.

binaisons qui l'approprient aux diversités des fortunes, et qui lui ont rattaché récemment l'organisation de l'impôt sur le revenu, comme une sorte de complément.

La *classensteuer* prussienne a été établie en 1820 [1], à l'époque même où le système des finances de la Prusse était refondu dans le but de faciliter l'acquittement des charges contractées pendant la guerre contre l'empire français. L'impôt personnel par classes fut alors organisé à la suite des douanes, des accises intérieures, du monopole du sel, de l'impôt foncier, de l'impôt sur l'industrie et du timbre. Sa législation a été revisée lorsque la *classensteuer* a été coordonnée, en 1851, avec l'*einkommensteuer* qui lui a servi dès lors de couronnement. Voici les bases actuelles de la *classensteuer*.

La taxe est levée par ménage *(haushaltung)* ; les domestiques sont taxés séparément. Les quatre-vingt-trois principales villes de la Prusse en sont exemptées et payent en compensation une taxe de mouture et d'abattage *(mahl und schlqchtsteuer)*.

L'organisation de la *classensteuer*, d'après la loi du 1er mai 1851, repose sur l'établissement de trois classes de contribuables ; chacune de ces classes est subdivisée en plusieurs échelons.

La première classe, avec les trois échelons de 2 silbergros 3 deniers, 5 silbergros et 7 silbergros 6 deniers par mois [2], renferme les travailleurs salariés, ouvriers, domestiques et journaliers, lors même qu'ils auraient une propriété ou une industrie, si cette propriété et cette industrie sont insuffisantes au soutien de leur existence.

---

[1] Il avait déjà été établi en Prusse, dès l'année 1811, une contribution personnelle sur les sujets âgés de plus de douze ans.

[2] Le thaler prussien vaut 3 fr. 75 c. et se subdivise en 30 silbergros de 12 deniers. Le silbergros vaut donc 12 centimes 1/2 et le denier à peu près un centime.

La seconde classe, avec les cinq échelons de 10 silbergros, 12 silbergros 6 deniers, 15, 20 et 25 silbergros par mois, comprend les petits propriétaires et industriels qui peuvent vivre de leur propriété ou de leur industrie, les fermiers dans une situation analogue, les salariés qui ne peuvent être considérés comme journaliers ou domestiques, enfin les fonctionnaires, médecins et notaires qui peuvent être classés, par assimilation, avec les personnes précédemment indiquées.

La troisième classe, composée de quatre échelons taxés à 1 thaler, 1 thaler 10 silbergros, 1 thaler 20 silbergros et 2 thalers par mois, comprend les contribuables plus aisés que ceux des deux autres classes, mais qui n'ont pas un revenu de 1000 thalers, fortune nécessaire pour être assujetti à l'*einkommensteuer* ou taxe sur le revenu.

Les indigents, les soldats, les individus âgés de moins de seize ans, et les personnes comprises dans la première classe du premier degré qui ont dépassé l'âge de soixante ans sont exemptés de la *classensteuer*.

Cet impôt a produit, en 1854, 8,120,650 thalers, ou environ 30,452,473 francs.

Beaucoup d'autres États allemands ont des taxes personnelles graduées d'une manière presque aussi compliquée que la *classensteuer* prussienne.

La *taxe personnelle* du grand duché de Hesse est une taxe sur les logements [1]. La loi du 15 juin 1827 établit dans ce pays neuf classes de contribuables, d'après la valeur locative des habitations [2]. Il est probable que cette législation a été inspirée, dans un État si voisin de la France, par un souvenir défiguré de la législation française étendue autrefois avec les limites de notre territoire, et qui rap-

---

[1] Rau, § 397, note *b*.
[2] V. Reden, *Finanzstatistik*, t. I, p. 426, et Voorthuysen, t. Ier, p. 184 et suiv.

proche, sans les confondre toutefois, dans une organisation, une dénomination et une répartition communes l'impôt personnel et l'impôt appelé chez nous mobilier.

Dans le Hanovre, l'impôt personnel, établi suivant la loi de 1834, comporte douze classes. La contribution s'élève depuis 1 thaler 4 silbergros jusqu'à 56 thalers pour les hommes mariés, et depuis 1 thaler jusqu'à 48 thalers pour les hommes non mariés. L'impôt peut s'abaisser à 12 silbergros pour les veuves et femmes célibataires. Un tableau très-développé et annexé à la loi détermine la base du classement d'après la profession, le revenu, etc.

Le produit de l'impôt en 1849-1850 était évalué à 796,050 thalers. On avait calculé quelques années auparavant que la taxe intéressait 593,345 personnes, dont 475,751 solvables sur une population totale de 1,758,847 âmes [1].

On pourrait rattacher jusqu'à un certain point au tableau des contributions sur les personnes la *classensteuer* de Hesse-Cassel, qui porte sur certaines branches de la fortune mobilière, et la *gewerbe und personalsteuer* de la Saxe royale, qui est une espèce d'impôt sur le revenu mobilier. Mais le seul fait que les déclarations des contribuables interviennent dans l'assiette de ces impôts me semble les séparer des capitations graduées [2].

Il est à remarquer que les capitations ont été supprimées récemment dans plusieurs États de l'Allemagne. Ainsi une *kopfsteuer* qui avait existé au xviiie siècle dans l'État de Saxe-Weimar sur les personnes de douze à soixante ans, sauf quelques exceptions, a disparu aujourd'hui [3]. Les *kopfsteuern* des duchés de Sleswig et Holstein ont été abolies par ordonnance du 24 mars 1848 [4].

[1] V. Reden, *Finanzstatistik*, t. I, p. 683 et 717.
[2] V. l'*Histoire des impôts généraux sur la propriété et le revenu*, p. 227 et 228.
[3] Reden, t. I, p. 1378.
[4] *Ibid.*, p. 1444.

Le midi de l'Europe a admis les capitations aussi facilement que les États du Nord.

D'après M. Gounon Loubens, auteur des *Essais sur l'administration de la Castille au* xvie *siècle*, il y avait dans ce pays des capitations fixes et des capitations graduées. Au nombre des premières il énumère la *moneda forera* qui se payait tous les 7 ans à raison de 1/2 réal par tête et la *martiniega*, autre tribut de 12 maravedis par tête payable le jour de la Saint-Martin.

Le *service* était un impôt direct de répartition établi d'après le revenu des contribuables quelle qu'en fut l'origine. Mais dans la pratique « au lieu de se perdre dans les calculs pour évaluer la fortune individuelle des citoyens, les agents du fisc se contentaient de partager les contribuables en trois catégories, selon qu'ils étaient supposés possesseurs d'une grande, d'une moyenne ou d'une petite fortune [1] ». Cette méthode donnait lieu à des discussions et réclamations fréquentes.

L'impôt personnel apparaît souvent dans l'histoire des finances italiennes, sous les noms de *testatico* et d'*imposto personale*. Il était levé en Corse par les Génois au xviie siècle [2]. Dans le Milanais, il a existé sous des règles très-diverses. Carli rapporte que, dans certaines localités, on y avait soumis les enfants à partir de sept ans, et dans d'autres endroits les enfants aussitôt après leur naissance. Le taux inégal et souvent élevé de l'impôt contribuait à accroître le désordre insensé de cette législation [3].

La capitation figurait, il y a peu d'années, dans les budgets de Parme, de Lucques, de Saint-Marin, où existait

---

[1] P. 279.

[2] Friess, *Histoire de la Corse*, p. 123; l'impôt était assis **per beretta**, c'est-à-dire par bonnet, dit Filippini.

[3] Carli, *Il Censimento di Milano*, p. 27 et 75.

en même temps une taxe de 14 baiocchi par famille [1].

En Toscane, la contribution personnelle et de famille est graduée d'après la fortune présumée. Le nombre des classes et la quotité de l'impôt pour chaque classe de contribuables sont fixés par les répartiteurs dans chaque commune, de manière à fournir le contingent fixé par le ministre. En 1855, le nombre des classes était de trente-cinq, avec des taxes échelonnées de 3 livres *(lire)* à 300 livres dans la ville de Florence. Le produit dans le grand-duché était, en cette année, de 1,600,000 livres [2].

En Piémont, la loi du 28 avril 1853, modifiant un édit royal du 24 septembre 1818, a réglé l'impôt personnel. L'impôt est dû par tout individu majeur, et même par les mineurs, lorsqu'ils ne sont pas soumis à la puissance paternelle, sauf les exceptions ci-après (art. 12 de la loi).

La taxe personnelle est de trois degrés : petit, moyen et grand.

Dans les communes ayant de 3,000 à 6,000 âmes, le petit degré est fixé à 1 livre 50, le moyen à 3 livres, et le grand à 4 livres 50.

Dans les communes ayant plus de 6,000 âmes, le petit degré est fixé à 2 livres, le moyen à 4 livres et le grand à 6 livres (art. 13).

La taxe est due au petit degré *(in grado minimo)* par tout individu qui n'est pas tenu au payement de l'impôt mobilier et qui ne possède pas en biens meubles un capital supérieur à 3,000 livres.

Elle est due au degré moyen par tout individu qui possède un capital mobilier ou immobilier supérieur à 3,000

---

[1] V. la *Statistica dell' Italia*, du comte Serristori; Firenze, 1839.

[2] V., pour quelques détails de plus, notre *Histoire des impôts généraux sur la propriété et le revenu*, p. 61.

livres et par ceux qui payent l'impôt mobilier dans les trois premières classes.

Elle est due au degré supérieur *(massimo)* par tous les individus rangés dans une classe supérieure de l'impôt mobilier (art. 14).

La taxe personnelle due par les individus qui ont des domestiques est accrue de 3 livres par servante et de 6 livres par serviteur (art. 15).

Sont exempts de l'impôt personnel : 1° le roi et les personnes de la famille et du sang royal ; 2° les représentants et agents consulaires des nations étrangères, sous certaines conditions ; 3° les femmes mariées vivant avec leur maris ; 4° les personnes de services logées près de ceux qui les salarient ; 5° les ouvriers et journaliers qui vivent principalement de leur travail et qui sont réputés indigents [1].

« Dans les provinces modenaises, dit M. le comte Pepoli (Rapport sur le budget de l'Émilie, Turin 1860), il y a un impôt personnel sur toutes les personnes mâles, non indigentes, entre 14 et 60 ans, domiciliées dans les communes ouvertes et non sujettes à la taxe de consommation. Cet impôt personnel ne correspond pas à celui du Piémont, en se sens qu'il frappe le travail plutôt que l'aisance domiciliée dans les villes, le luxe et la richesse. La taxe est par personne d'une livre pour le gouvernement, et une autre livre pour la commune. La perception est faite en une seule fois par le receveur communal dans le milieu du mois d'août et sur un rôle unique qui comprend à la fois l'impôt gouvernemental et l'impôt communal. Le produit de chacun de ces impôts est de 93,000 livres. Cette imposition n'a point été étendue aux provinces situées au delà de l'Apennin, non plus qu'à celles de Massa et Carrara. »

---

[1] V. le tome II de la *Raccolta delle leggi, regolamenti, istruzioni, circolari*, etc., *in materia di contribuzioni dirette.* Torino, 1854.

« Dans les provinces parmesanes, ajoute M. Pepoli, la taxe personnelle est payée par quiconque n'est pas réputé indigent, sans égard au sexe ni à l'âge. Est réputé indigent celui qui, par la réunion de ses revenus, n'a pas une somme par jour égale au prix de la journée de travail fixé pour la commune où il est domicilié. Le prix de la journée de travail est fixé à une livre pour les villes de Parme et de Plaisance, à 80 centimes pour les communes de plaine et 60 pour les communes de montagne. Les contribuables sont divisés en 3 classes. Appartiennent à la 1re classe ceux qui ont un revenu réel ou présumé supérieur à 2,000 livres; appartiennent à la 2e classe ceux dont le revenu est supérieur à 1,000 livres et inférieur à 2,000 livres ; appartiennent à la 3e tous ceux dont le revenu est inférieur à 1,000 livres. La taxe de la première classe est triple et celle de la 2e classe double de la taxe de la 3e classe. L'impôt n'est pas de quotité, mais de répartition : le montant est déterminé pour chaque année par un décret souverain. On procède à la répartition de la contribution entre les communes en multipliant le nombre de la population respective par le prix de 3 journées de travail. La somme du produit de ces multiplications forme le contingent supposé qui s'augmente ou se diminue suivant le chiffre du principal fixé pour l'année. (Art. 60 du règlement du 16 mars 1832 sur les contributions directes.) Cet impôt a rendu au gouvernement en 1859 la somme de 120,000 livres. Les communes y ajoutent des centimes additionnels, suivant leurs besoins; ces centimes n'atteignent pas le chiffre de l'impôt gouvernemental. Ils ont produit en 1859, 83,984 livres. Les fonctionnaires du gouvernement recouvrent aussi la taxe locale et la perçoivent en deux termes égaux, les 15 avril et 15 juin. La loi parmesane est plus humaine et plus rationnelle que celle des anciennes provinces de la maison d'Este, mais elle n'at-

I.   10

teint pas comme en Piémont la richesse mobilière. C'est une taxe peu opportune en ce qu'elle ne procure pas au trésor un bénéfice correspondant aux soins qu'occasionnent son recouvrement et à l'ennui qu'elle donne aux contribuables. »

« Dans la Romagne le budget ne contient pas de taxe personnelle ; mais les communes ont été autorisées à lever une taxe de cette nature sous le nom de *focatico*. »

M. Pepoli expose les systèmes différents suivant lesquels cette taxe a été organisée dans les provinces de Bologne, Forli, Ferrare et Ravenne.

Dans les provinces de Bologne et Ferrare, l'impôt est une sorte de capitation graduée. A Forli, il se proportionne aux loyers. A Ravenne le *focatico* levé par famille se rapporte au nombre des membres de chaque famille. Le produit de la taxe dans toute la Romagne est de 981,387 livres, c'est-à-dire par tête 97 centimes, ou 1 livre 21 si l'on retranche les habitants des villes annexées qui en sont exempts. M. Pepoli fait observer que l'impôt personnel et mobilier du Piémont ne produit que 92 centimes par tête [1].

La taxe personnelle de Belgique et de Hollande est en réalité la réunion de plusieurs taxes sur les jouissances, plutôt qu'une véritable capitation.

Cette dernière forme d'impôt se retrouve à diverses périodes de notre histoire nationale. Voici dans quels termes un savant moderne parle de l'impôt personnel sous nos premiers rois [2] : « Cet impôt que Rome connaissait longtemps avant que les Gaules lui fussent soumises, s'y conserva tout entier quand elles eurent des rois. Salvien se plaignait encore vivement de cette conservation dans le cinquième livre de la *Providence de Dieu*. L'impôt était annuel et ordinairement de 4 deniers

---

[1] V. pour tout ceci le Rapport de M. Pepoli, p. 67 à 72.

[2] *Ordonnances des rois de France*, t. XIX, préface due à la plume de M. le marquis de Pastoret, p. 47.

dans la valeur que ce mot exprimait alors [1]... Les redevables de ce qu'on appelait *capitis census* n'étaient souvent
que des hommes dont l'affranchissement n'avait pas été
absolu ; ils restaient sous l'obligation d'un cens et de quelques'devoirs à remplir ; ils étaient ce qu'on appelle dans les
Établissements de saint Louis *hons* (ou *hommes*) *de cors et
de chief.* Les femmes devaient un cens aussi ; c'était la moitié de celui que les hommes payaient. Un impôt était dû
sur chaque tête d'esclave : Chilpéric l'avait établi ; Charles
le Chauve encore. »

L'auteur explique ensuite qu'outre la capitation sur les
personnes, il y avait aussi une taxe nommée capitation sur
les terres.

Il est probable que l'impôt personnel dut se continuer
sous diverses formes dans notre moyen âge.

La France a fait aussi usage à des époques plus modernes,
de la capitation, soit uniforme, soit graduée. Dans la dé-
tresse des dernières années du règne de Louis XIV, un édit
du 18 janvier 1695 établit une capitation graduée, qui
fut supprimée en 1698, mais rétablie par déclaration du 13
mars 1701 [2]. Un écrivain assure que la mauvaise assiette de
la capitation dans les Cévennes avait contribué à l'agitation de cette contrée, au commencement du xviiie siècle.
On accusait, dit-il, les curés d'avoir fait surcharger les nouveaux convertis dans l'établissement des rôles de la capitation [3].

---

[1] L'auteur rappelle qu'outre la capitation annuelle, il y avait des capitations
particulières pour le moment du mariage et de la mort.

[2] *Doléances sur les surcharges que les gens du peuple supportent en toute
espèce d'impôts*, par Gaultier de Biauzat, 1788, p. 151 et 155. V. aussi le règlement du 12 mars 1701, et pour divers détails intéressants les deux Mémoires in-
sérés dans les tomes II et V des *Mémoires concernant les impositions et droits*,
par Moreau de Beaumont, édition de 1789.

[3] Mémoires du maréchal de Berwick, 1737 ; t. II, p. 3.

« Les ecclésiastiques [1], les nobles, les militaires devaient y être sujets, comme les simples particuliers, en proportion de leurs facultés. On divisa tous les contribuables en vingt-deux classes : la première, qui commençait par l'héritier de la couronne, était taxée à 10,000 livres, la seconde à 1,500 livres, et ainsi des autres jusqu'à la dernière, dont la taxe devait être de vingt sous, que l'on réduisit même à dix. Les roturiers dont les cotes à la taille étaient moindres de quarante sous, les religieux mendiants et les pauvres, étaient seuls exceptés [2]. »

La capitation fut plus tard augmentée, et notamment en 1760 [3]. Un arrêt du Conseil du 14 mars 1779 établit vingt-quatre classes pour la capitation des marchands et artisans de Paris [4].

Il est difficile de se faire une juste idée de la manière dont la capitation était assise, d'après la discordance des témoignages à ce sujet. Voici cependant les traits principaux de cette institution fiscale, tels que nous pouvons les saisir confusément dans les écrits du dernier siècle.

Il fut d'abord établi par la déclaration du 18 janvier 1695 que ceux qui auraient plusieurs charges, titres, dignités ou qualités, et qui, pour cette raison, pourraient être compris dans plusieurs rôles, ne seraient tenus de payer qu'une fois à raison de la plus forte taxe à laquelle ils seraient sujets [5].

Sous le ministère de Chamillard (de 1699 à 1708), après

[1] V. dans le même sens, Gaultier de Biauzat, p. 236. Montyon (t. II, p. 403, de la collection des *Économistes*) considère cependant les ecclésiastiques comme ayant été exempts de la capitation; mais c'est à raison du rachat général de tous les impôts à la charge du clergé, moyennant la somme de 3,400,000 liv., qui portait sur la capitation comme sur les vingtièmes.

[2] Bailly, *Histoire financière de la France*, t. II, p. 13.

[3] *Ibid.*, p. 148.

[4] Isambert, collection, t. XXVI, p. 48.

[5] Gaultier de Biauzat, ouvr. cité, p. 151.

que la capitation eut été établie pour la seconde fois, cette règle, favorable aux classes élevées, fut maintenue. Mais, en outre, le tarif de 1695 fut tacitement abrogé quant à tous les articles qui concernaient les taillables. La contribution de chaque province fut arrêtée à une somme déterminée, dont la répartition, après déduction de ce qui était fourni par la contribution des nobles et des privilégiés, fut faite au marc la livre de la taille, quoique par rôles différents. « Tout cela, dit un écrivain de la fin du dernier siècle, s'opère sans aucune ordonnance légale, même sans ordre promulgué [1]. »

Il paraît donc qu'on prélevait sur le contingent provincial la contribution des nobles et privilégiés, qui était assise par quotité, et que le surplus, qui était la plus forte portion à fournir, était levé par voie de répartition entre les taillables.

La déclaration de 1761 autorisa cette transformation fondamentale du principe de la capitation, pratiquée depuis 1701, en vertu de simples instructions particulières adressées aux intendants, et si, à l'égard des taillables, la capitation ne fut pas entièrement confondue avec la taille, ce fut uniquement en vertu des différences qui se trouvaient dans les formes de la comptabilité [2].

Il résulta de cette situation que les nobles et les privilégiés rejetèrent sur les taillables les augmentations de contingent qu'il plut au gouvernement d'établir [3].

Les pauvres gens cotisés au-dessous de 40 sols de taille personnelle ou mixte avaient été exemptés de la capitation par la déclaration de 1695. Mais l'usage avait supprimé cette dispense, et tout taillable était capité à environ les trois cinquièmes de cote de sa taille [4].

[1] Gaultier de Biauzat, p. 157.
[2] Ibid., ouvr. cité, p. 159.
[3] Ibid., p. 161.
[4] Gaultier de Biauzat, p. 227.

Pour compléter ce tableau des dégénérations successives qui détruisirent le principe de proportionnalité recherché à l'origine dans la capitation, disons qu'il n'était pas tenu compte suffisant de l'augmentation du nombre et des qualités des privilégiés depuis 1695, et que l'injustice à l'égard des taillables en était encore accrue [1].

D'autres renseignements moins précis confirment cependant aussi dans une certaine mesure l'esquisse que nous avons tracée de l'assiette de la capitation sous l'ancien régime. « Dans le plus grand nombre des provinces, dit M. Necker [2], la partie de cet impôt qui concerne les roturiers se répartit au marc la livre de la taille. On y suit quelques autres règles [3], mais moins fixes, pour la capitation des nobles, des privilégiés, des habitants des villes franches, et l'on agit de même dans les pays de taille réelle, à l'égard des contribuables en général. Cependant tel est l'abus inséparable de ces sortes de répartition, qu'à Paris, par exemple, où cet impôt est considérable, l'on a adopté des règles de de proportion qui n'ont aucun rapport exact avec la différence des facultés ; mais cette imperfection a paru préférable aux inconvénients d'un arbitraire indéfini : telles sont les fixations déterminées en raison des charges, des titres, des dignités, des grades militaires et des emplois de finance ; tels sont les règlements intérieurs pour les corps des marchands, les tarifs pour les domestiques, et plusieurs autres encore. »

---

[1] « L'*Almanach royal*, l'*État militaire de France* et les calendriers des provinces, dit un peu ironiquement M. Gaultier de Biauzat, sont infiniment plus instructifs que les rôles de capitation sur le produit que l'on devrait retirer de cet impôt. » (P. 231.)

[2] *De l'administration des finances*, t. I, p. 185.

[3] C'est sans doute sous cet aspect relatif à quelques localités spéciales que, d'après Montyon, la capitation était fixée au quarantième du revenu constaté par déclaration (édition de 1808, p. 116 et 117), ou encore graduée proportionnellement à la possession d'un carrosse ou à d'autres genres de jouissances (*ibid.*).

Ce défaut d'uniformité dans les bases de la capitation rendrait impossible de préciser ce qu'elle était au juste dans les diverses parties de la France. Mais nos lecteurs connaîtront peut-être avec intérêt quelques détails sur la manière dont elle atteignait, par exemple, quelques-unes des communautés principales du commerce de Paris.

Voici, à cet égard, les renseignements statistiques que nous fournit un écrivain antérieur à la révolution [1].

PROPORTION DE LA CAPITATION DE DIVERSES COMMUNAUTÉS, A RAISON DU NOMBRE D'INDIVIDUS QUI LES COMPOSENT, ET DU TAUX DE LA CAPITATION IMPOSÉE EN 1774.

NOMS DES COMMUNAUTÉS.	NOMBRE des individus qui les composent.	MONTANT de la capitation de 1774.	PRIX MOYEN de l'imposition par tête.
Drapiers.	3,482	106,380 liv.	30 liv. 10 s.
Épiciers.	860	37,700	41 10
Bonnetiers.	743	14,288	19 »
Orfèvres.	1,270	19,520	15 6
Fabricants de gazes.	256	8,780	14 10
Arquebusiers.	311	4,458	14 6
Cartiers.	466	3,122	7 19
Chandeliers.	300	5,256	17 10
Charrons.	198	4,260	21 10
Chaudronniers.	257	2,556	10 »
Faïenciers.	560	8,088	14 10
Ferrailleurs.	447	1,338	3 »
Fondeurs.	1,272	8,292	6 10
Gantiers.	687	5,292	7 »
Horlogers.	417	4,848	11 10
Menuisiers.	1,301	12,600	9 10
Peintres.	133	8,892	67 »
Selliers.	461	8,364	18 5
Serruriers.	480	10,824	22 10
Tapissiers.	858	11,580	13 10
Tonneliers.	238	2,868	13 10

Ce même écrivain pensait que la capitation représentait 1/2 pour 100 du profit de chaque communauté [2].

Des recherches opérées dans les archives d'une partie reculée de l'Auvergne m'ont fait connaître le résultat suivant, relatif à l'assiette de la capitation sur la noblesse du

[1] *Nouvelles vues sur l'administration des finances et sur l'allégement de l'impôt*, par M. Hocquart de Coubron; La Haye, 1785, tableau n° II, après la page 72.
[2] Hocquart de Coubron, ouvr. cité, p. 30.

pays [1], à une époque plus ancienne. Le rôle de la capitation des nobles dans le bureau de Mauriac, pour l'année 1745, présente les noms de vingt et un contribuables,
dont deux marquis imposés, l'un à 112 livres 12 sous,
l'autre à 48 livres 4 sous; douze autres contribuables non
titrés, dont les cotes varient de 44 livres 4 sous à 8 livres
8 deniers, et sept autres contribuables payant 3, 2 ou
1 livres.

De pareilles investigations dans les archives des diverses
anciennes provinces de la France seraient indispensables
pour donner un tableau tant soit peu exact du résultat réel
de la capitation de l'ancien régime. Nous ne pouvons guère
ici qu'en dessiner les traits généraux.

Le produit de la capitation, qui avait été de 21,403,856
livres dans la première année de son établissement, et de
30 millions de livres en 1708, était évaluée par Necker,
pour toute la France, à 41,500,000 livres [2].

Une capitation à peu près fixe a été introduite dans le système des impôts de la France depuis la Révolution. Une
taxe personnelle de la valeur de trois journées de travail fut
comprise dans le système de la contribution personnelle et
mobilière votée en 1791, et qui subit presque immédiatement diverses transformations.

En 1797, la cote personnelle put varier depuis 30 sous
jusqu'à 120 francs, d'après la fixation d'un jury d'équité.
On revint ensuite à la fixation de la contribution personnelle, suivant la valeur de certaines journées de travail [3].

Aux termes de la loi du 21 avril 1832, la dernière sur la
matière, la taxe personnelle est de la valeur de trois jour-

---

[1] Je dois la communication de ce document intéressant à M. Delalo, ancien président du tribunal de Mauriac.

[2] *Ibid.*, t. I, p. 8. Gaultier de Biauzat, ouvr. cité, p. 152, 163 et 226.

[3] *Rapport au roi sur l'administration des finances*, par M. de Chabrol, édition
de l'Imprimerie royale, p. 37.

nées de travail. La valeur de la journée est déterminée d'après les circonstances locales dans chaque département et pour chaque commune, par le Conseil général [1], sur la proposition du préfet ; elle ne peut être ni au-dessous de 50 centimes ni au-dessus de 1 fr. 50 c. La contribution personnelle est due par chaque habitant français et par chaque étranger jouissant de ses droits et non indigent. Le mineur qui a des moyens suffisants d'existence n'est pas exempt de la cote mobilière [2]. Le mineur, dès qu'il est émancipé, est considéré comme *jouissant de ses droits* [3].

Le produit de la contribution personnelle, qui participe plutôt de la nature des taxes de quotité que de celle des taxes de répartition [4], a été naturellement en croissant avec la population. En 1837, ce produit était de 12,511,600 francs

[1] Il en est autrement de la valeur de la journée de travail pour le tarif de conversion de la prestation en nature. Cette valeur est fixée uniformément pour toutes les communes du département.

[2] Article 12 de la loi du 21 avril 1832.

[3] Dès avant la loi de 1832, l'instruction ministérielle du 30 mars 1831 énonçait qu'on était considéré comme jouissant de ses droits avant vingt et un ans, par le fait de l'émancipation ou de l'exercice pour son compte d'une profession lucrative (quest. 4). — V. en ce sens le *Dictionnaire général d'administration* de M. Block, v° CONTRIBUTIONS DIRECTES, § 131 : Le domestique logé et nourri chez son maître n'est pas imposable (*ibid.*, § 134).

[4] « La taxe personnelle, dit avec raison M. Serrigny, participe de la nature des impôts de quotité, puisqu'elle est assise d'après un tarif arrêté d'avance. Ce qui lui imprime aux trois premiers degrés le caractère d'un impôt de répartition, c'est sa réunion avec la taxe mobilière dont elle emprunte la nature. Cette facilité avait porté le gouvernement, après la révolution de 1830, à détacher la taxe personnelle de la contribution immobilière et à en faire un impôt de quotité. C'est ce qui fut réalisé par la loi du 26 mars 1831, qui règle elle-même le tarif contenant l'estimation de la valeur de chaque journée de travail, tarif gradué selon la population des communes (voy. art. 1 à 5). Malheureusement cette conversion se trouve liée à l'idée d'augmenter considérablement le produit des deux impôts : les contribuables qui ne connaissent que le chiffre écrit sur leur avertissement, se récrièrent vivement contre les résultats de la conversion. Le gouvernement crut devoir faire droit à leurs plaintes, et la loi du 21 avril 1832, art. 8, restitue à la contribution personnelle son caractère d'impôt de répartition, en la réunissant de nouveau à la mobilière. » *Questions et Traités de droit administratif*, p. 307.

sur un principal de 34,000,058 pour les deux taxes [1]. Nous donnons ci-après le tableau presque annuel de l'accroissement du produit de la contribution personnelle depuis 1850 [2].

ANNÉES.	MONTANT DES TAXES PERSONNELLES			PRODUIT des taxes personnelles inscrites dans les rôles.	OBSERVATIONS.
	inscrites dans les rôles.	rédimées [3].	Total.		
1.	2.	3.	4.	5.	6.
					VILLES RÉDIMÉES.
1850. . .	6,345,994	246,691	6,592,685	12,811,198.30	Paris, Lyon, Marseille, Bordeaux, Nantes, Strasbourg, Toulon, Cherbourg, Versailles, Granville.
1851. . .	6,300,494	235,315	6,535,809	13,046,621.43	Les mêmes, moins Nantes.
1852. . .	6,520,069	236,373	6,756,442	13,198,011.39	Les mêmes, moins Nantes et Toulon.
1853. . .	6,522,516	249,559	6,772,075	13,194,182.17	Les mêmes qu'en 1852, plus Belleville et Lorient.
1854. . .	6,424,076	262,985	6,687,061	13,287,904.05	Les mêmes qu'en 1853, plus Mulhouse.
1855. . .	6,457,825	268,458	6,726,283	13,390,738.11	Paris, Lyon, Marseille, Bordeaux, Strasbourg, Cherbourg, Belleville, Versailles, Mulhouse, Lorient.
1856. . .	6,671,474	275,674	6,947 148	13,447,202.46	Les mêmes.
1857. . .	6,737,653	280,442	7,018,095	13,621,167.86	Les mêmes.
1861. . .	7,443,706	320,859	7,764,565	15,268,292.35	Les mêmes moins Bordeaux et Belleville.
					Si les taxes personnelles étaient imposées dans les villes rédimées, on peut supposer qu'elles entreraient dans les rôles pour 1,400,000 fr. environ à ajouter aux sommes portées dans la colonne 5.

L'impôt personnel a été, dans certains pays, restreint à une classe peu favorisée d'habitants sur laquelle il a pesé comme un signe de sujétion particulière. Tel est le *charadsch* chez les Ottomans ; telle était encore la capitation des juifs, qui a longtemps existé en Autriche, et qui n'a été supprimée qu'en 1848 : son produit était de 1,431,558 florins [4]. Telle était encore la *pogtowne* polonaise, qui n'était d'abord payée que par les juifs, et qui fut ensuite éten-

---

[1] Macarel et Boulatignier, *De la fortune publique*, t. III, p. 289. En 1855, le principal total pour les deux contributions était de 35,983,822 fr.

[2] Je dois à M. Vandal, directeur général des contributions directes et à son successeur, M. de Janvry, communication des éléments de ce tableau.

[3] On appelle *taxes rédimées* celles qui sont payées par les caisses municipales au moyen d'un prélèvement sur les produits de l'octroi. (Art. 20 de la loi du 21 avril 1832.)

[4] Reden, t. II, p. 137.

due à toute la population [1]. On pourrait encore citer dans ce genre les contributions spéciales levées à Hambourg sur les *petits bourgeois* et les habitants étrangers [2]. Probablement c'est à ce même titre de défaveur qu'une taxe est imposée aux Chinois résidant dans le royaume de Siam [3].

Une taxe spéciale sur les juifs fut mise en question dans le parlement anglais de 1689, et on voulait lever sur eux une somme de 100,000 livres. « Les juifs présentèrent une pétition dans laquelle ils déclaraient qu'il leur était impossible, dit M. Macaulay [4], de payer une pareille somme, et qu'ils aimaient mieux sortir du royaume que d'y rester pour se voir ruiner. Les hommes éclairés ne tardèrent pas à reconnaître qu'un impôt spécial, frappé sur une classe peu nombreuse qui se trouve être riche, impopulaire et sans défense, est une véritable confiscation et doit en définitive appauvrir l'État plutôt que l'enrichir. Après quelque discussion, cette taxe des juifs fut abandonnée. »

L'impôt personnel a été quelquefois établi, au contraire, sur les individus placés dans des situations privilégiées. On pourrait du moins considérer sous cet aspect l'impôt sur la grandesse et sur les titres dont un auteur [5] parle comme établi en Espagne depuis 1847 sous la forme directe, mais que le mode de son payement, lors de la collation du titre, permet d'assimiler plus justement peut-être à un droit d'enregistrement ou de timbre.

---

[1] Thèse de M. Golenski, p. 24. Ces taxes exceptionnelles n'étaient pas la seule charge qui pesât sur les Juifs pendant le moyen âge. Les seigneurs du temps confisquaient les biens du juif converti au christianisme. Cette confiscation, suivant Montesquieu, était une espèce de droit d'amortissement des taxes levées sur les Juifs, et qui cessèrent lorsqu'ils embrassèrent le christianisme.

Cette coutume barbare ne fut abolie qu'en 1392, sous Charles VI.

[2] Malte-Brun, *Précis de la géographie universelle*, t. IV, p. 532.

[3] *Moniteur* du 7 juin 1859.

[4] *Histoire de Guillaume III*, traduction de M. Pichot, t. III, p. 3,

[5] Maurice Block, p. 73 de son écrit sur l'Espagne,

On peut rattacher jusqu'à certain point aux impôts personnels certaines prestations accidentelles ou spéciales.

Ainsi l'impôt sur les prestations pour les chemins vicinaux en France est une sorte de taxe personnelle combinée
avec un impôt sur la jouissance de certains instruments de
travail.

Aux termes de la loi du 21 mai 1836, cet impôt est dû :
1° par tout habitant porté au rôle des contributions directes, mâle, valide, et âgé de dix-huit ans au moins et de
soixante ans au plus ; 2° par tout habitant dans les conditions précédentes pour sa personne d'abord, et en outre
pour chaque individu mâle, valide, de dix-huit à soixante
ans, membre et serviteur de la famille ou résidant dans la
commune, et en outre pour chaque bête de somme, de trait
ou de selle, et pour chaque charrette ou voiture attelée au
service de la famille ou de l'établissement situé dans la
commune ; 3° par tout individu d'une situation quelconque, s'il est chef d'une famille qui habite la commune, ou
si, à titre de propriétaire régisseur, fermier ou colon par-
tiaire, il est chef d'une exploitation ou établissement situé
dans la commune. Dans le cas toutefois où cet individu ne
serait pas dans les conditions voulues pour être assujetti à
cet impôt personnellement, il le serait seulement pour tout
ce qui, personne ou chose, dépend de son exploitation ou
de son établissement. L'impôt des prestations en nature,
dont l'objet direct est un certain nombre de journées de
travail, est susceptible de rachat à des taux déterminés
pour chaque département. Le rachat n'est cependant en
fait qu'exceptionnel. «Sur cent prestataires en France, disait
M. Bocher, dans la discussion à l'Assemblée législative
de 1850, quatre-vingt-cinq se libèrent de l'impôt par le
travail, et quinze seulement l'acquittent en argent. » Il a
été souvent question de remplacer la prestation en nature

par des centimes additionnels aux quatre contributions directes. On a reculé devant le nombre considérable de centimes que représenterait la prestation dans certains départements [1].

Le rapport du ministre de l'intérieur à l'Empereur sur le
service des chemins vicinaux, de 1852 à 1856, constate que
dans cette dernière année

Le nombre des hommes recensés et assujettis à la prestation en nature a été de.	5,611,771
Celui des chevaux, de.	2,000,873
Celui des mulets, de.	248,802
Celui des ânes, de.	223,500
Celui des bœufs, de.	1,533,137
Celui des vaches, de.	1,098,203
Celui des voitures à deux roues, de.	1,879,546
Celui des voitures à quatre roues, de.	475,297

L'évaluation moyenne des charges qu'a fait peser par an
l'impôt de la prestation sur chaque chef de famille, de 1852
à 1856, a été de 6 fr. 42 c. pour l'impôt en nature, et de
2 fr. 6 c. pour l'impôt acquitté en argent; total, 8 fr. 48 c.

« Le nombre des articles portés au rôle de la contribution personnelle, est-il dit dans le même document, est
de 6,426,780, tandis que celui des cotes de la prestation en
nature n'est que de 4,501,635. Il y a donc 1,925,145 chefs
de famille, ou près d'un tiers, qui ne figurent pas aux états
matrices de la prestation en nature. Cette différence tient
en grande partie à ce que la contribution personnelle frappe
indistinctement tous les chefs de famille, quels que soient
leur âge et leur sexe, tandis que la prestation en nature est
soumise, au contraire, dans son assiette à d'autres conditions. Ainsi, elle n'atteint pas les femmes, ni les individus
invalides, ou âgés de moins de dix-huit ans ou de plus de

---

[1] *Moniteur* de 1850, p. 3456 et suiv.

soixante. D'un autre côté, les commissions de répartition, dans un but d'humanité facile à comprendre, s'abstiennent assez souvent de porter sur les états matrices de la prestation en nature les chefs de famille pour lesquels cette prestation serait une charge trop lourde. Ces deux circonstances expliquent comment la prestation n'atteint qu'un peu plus des deux tiers des chefs de famille portés au rôle de la contribution personnelle [1]. »

Diverses localités., parmi lesquelles il faut compter les villes les plus populeuses, ayant des revenus ordinaires suffisants pour subvenir à toutes les dépenses du service vicinal, ne font pas usage de la prestation. 18 pour 100 de la population de l'empire sont dans ce cas [2]. Plus des trois quarts des contribuables, dans la période de 1852 à 1856, comme auparavant, ont préféré l'acquittement de l'impôt en nature à la prestation en argent [3].

On peut jusqu'à certain point rattacher aux impôts personnels les prestations qui représentent l'indemnité en argent du service militaire. Telles sont les sommes payées en France pour exonération et le *Militärpflichtersatz* suisse, dû par ceux qui sont exemptés du service militaire par profession ou infirmité naturelle, et dont la quotité est souvent proportionnée à la fortune des parents dont les appelés sont les héritiers présomptifs [4], système qui rappelle un peu les idées proposées chez nous sur cette matière par le général de Lamoricière en 1848. C'est sans doute un produit de ce genre qui figure au budget espagnol sous le nom de *fondo de substituciones* et qui est mentionné par M. Conte dans son ouvrage sur les *Finances publiques de l'Espagne* [5].

---

[1] Rapport cité, p. 9.
[2] Rapport cité, p. 9.
[3] *Ibid.*, p. 12.
[4] Hottinger, p. 114, et Philippon (*Des impôts dans le canton de Vaud*, p. 61).
[5] Tome II, p. 109.

L'existence ne peut rationnellement être un objet d'impôt. C'est le revenu qu'elle fait présumer, le salaire qu'elle suppose, la faculté de travail qu'elle comporte [1], qui servent de base à la théorie de l'impôt personnel.

Le même principe qui, quelquefois, fait graduer l'impôt personnel, et qui habituellement, comme en France, fait exempter l'indigence, a fait établir *généralement* des exemptions : 1° pour les femmes, les enfants et les vieillards [2]; 2° quelquefois aussi pour les citoyens supportant des charges exceptionnelles, comme les pères de nombreux enfants [3].

Ce mode d'établir l'impôt personnel rend quelquefois à peu près indifférente son assiette par tête de citoyen actif ou par *famille*, suivant la forme qu'il a prise dans certains États.

Une particularité remarquable dans l'histoire des capitations, et qui est essentiellement logique, c'est l'alternance des capitations avec les impôts sur les objets de consommation indispensables. L'histoire des impôts personnels de la Suède et de la Prusse montre des exemples frappants de cette loi de remplacement mutuel, loi rationnelle en définitive, puisque ces divers impôts produisent à peu près les mêmes effets. Peut-être y a-t-il eu certaine contradiction sous ce rapport à vouloir quelquefois en même temps, comme l'histoire de nos discussions législaives françaises l'a montré, dégrever de l'impôt personnel une classe de citoyens au-dessus de l'indigence et surcharger tous les contribuables indistinctement par l'accroissement de l'impôt sur des consommations de première nécessité !

---

[1] « Dans la plupart des États où ils se perçoivent, ces droits (sur les personnes) sont bien moins un impôt réel par tête qu'un impôt sur le revenu présumé des personnes ; aussi le peuple en est-il quelquefois exempt. » *Des impositions et droits*, par Christian, p. 93.

[2] V. les exemples de la législation turque et de la législation prussienne que nous avons donnés plus haut, et qui sont cités par Voorthuysen, t. I, p. 169.

[3] Christian, *ibid*.

.Le mérite des impôts personnels ne peut être apprécié d'après les mêmes principes, suivant qu'il s'agit de capitations graduées ou de capitations fixes.

Les capitations graduées, dont on a voulu faire quelquefois l'impôt unique et par excellence [1], sont sujettes à de graves objections. Il est difficile, surtout dans les sociétés modernes où les classes sont si mêlées, de fixer la démarcation législative entre les diverses catégories de citoyens. Nous avons traduit aussi exactement que possible les définitions de la *classensteuer* prussienne. Tout le monde conviendra qu'elles ne sont pas sans difficultés [2], et que leur application soulèverait peut-être dans certains pays des susceptibilités fondées sur un sentiment d'égalité bien ou mal compris.

On peut ajouter que les capitations graduées dont le maximum ne dépasse pas 300 ou 400 francs par tête, dans les exemples *actuels* que nous avons cités, n'ont, au moins quant à leur limite, de raison d'être complète que conformément à l'organisation des taxes prussiennes, et en les considérant comme le soubassement de l'impôt sur le revenu.

[1] Necker, *De l'administration des finances*, ch. VII. M. Pastor, dans son ouvrage sur la *Science de la contribution* (en espagnol), a manifesté la même tendance. V. notre compte rendu de cet ouvrage dans le *Journal des Économistes* de 1856, et l'ouvrage espagnol, t. II, p. 40 à 67.

[2] M. Hoffmann, commentant la loi de 1820 sur la *classensteuer*, dit que les signes distinctifs des classes sont la manière de vivre, le ton et la tenue (*Lebensweise, Ton, Benehmen*). Il parle ailleurs aussi de la forme des habits, du choix des sociétés et des lieux de récréation.

Il constate que les mœurs n'ont pas, en général, porté les contribuables à se faire admettre dans une catégorie élevée, et que l'économie a en général guidé leurs démarches plus que la vanité. (V. p. 165 et 169.)

C'était du reste avec perspicacité qu'écrivant en 1840, M. Hoffmann annonçait que, malgré l'imperfection de son application, la *classensteuer* serait léguée à l'avenir des finances prussiennes par le présent, comme préférable à beaucoup de taxes gênantes pour l'industrie et le commerce (p. 187). La *classensteuer* a subi récemment pendant plusieurs années avec l'*einkommensteuer*, qui y a été jointe, une surtaxe de 25 p. 100.

Mais, d'un autre côté, en se rattachant un peu à l'impôt du revenu, elles s'en séparent et font disparate avec lui, en tant qu'elles auraient pour base des signes propres à *classer* les contribuables suivant une hiérarchie sociale. Sous ce rapport Ad. Smith, dans la partie généralement si remarquable de la *Richesse des nations* qui concerne l'impôt [1], pose avec raison une sorte de dilemme entre l'adoption de la fortune ou du rang comme base de la capitation proportionnelle, et ajoute avec raison que les degrés de fortune sont souvent inégaux à côté du même rang [2].

Un auteur espagnol moderne, M. Pastor, dans son ouvrage sur les impôts [3], entend substituer à l'axiome moderne de la proportionnalité de l'impôt avec les ressources, la règle que les impôts doivent être répartis d'après la double base de la hiérarchie sociale et des avantages retirés par les individus appartenant au même rang social des institutions de l'État. Il voudrait organiser comme impôt unique une capitation graduée d'après la qualité des personnes groupées sous les cinq classes suivantes : 1° propriétaires ; 2° industriels moraux ; 3° industriels agricoles ; 4° industriels artisans *(fabrils)* ; 5° industriels mercantiles ; et en outre d'après l'importance et les avantages sociaux des diverses résidences de pays.

Ce principe n'est-il pas d'une application au moins aussi difficile que celui de la proportionnalité des taxes par rapport aux revenus ? Quels obstacles à vaincre pour l'établissement de la hiérarchie projetée ?

« Un impôt des classes, établi d'après le rang et la dignité, blesse le principe de la contribution proportionnelle entre les sujets, » a dit avec raison Sonnenfels dans ses *Fon-*

[1] Liv V, ch. II.
[2] Liv. V, art 4.
[3] *La ciencia de la contribucion,* 2 vol. in-8° ; Madrid, 1856.

I. 11

dements de la police, du commerce et de la science financière [1].

Malchus aussi a très-nettement distingué dans son livre sur la *Science des finances* l'impôt personnel classifié suivant l'aisance et l'impôt personnel classifié suivant le rang, comme il en constatait pour cette dernière forme l'existence en Danemark et en Saxe [2].

Un autre écrivain allemand a cependant pensé que les taxes personnelles n'étaient pas suffisamment estimées des publicistes, comparativement aux impôts fonciers. Il a adopté, pour définir leur objet, une formule qui n'indique précisément ni la fortune ni le rang, mais jusqu'à un certain point, la base possible de l'un et de l'autre, et qui paraît se rapporter au principe de la législation prussienne sur l'impôt des classes dont cet écrivain a été, dit-on, l'un des principaux auteurs.

« Les qualités personnelles (*persönliche Eigenschaften*), a écrit M. Hoffmann, peuvent être un objet d'imposition, puisque la capacité d'acquérir, et, par suite, d'acquitter des taxes, repose sur elles [3]. »

Cette idée de la valeur personnelle des hommes en société ne manque pas de grandeur théorique. Il est naturel pour un philosophe de mettre en relief cette puissance de l'individualité, soit qu'elle se révèle par le génie du spéculateur qui élève souvent de gigantesques fortunes, ou par le talent de l'orateur, ou par les succès de l'écrivain, dont la rémunération semble s'accroître dans certains pays, lorsqu'il traite des sujets populaires, en raison inverse de celle des hommes d'État [4]. Mais si ce capital moral et immatériel est en lui-

---

[1] *Josephs von Sonnenfels Grundsätze der Polizei, Handlung und Finanzwissenschaft*; Vienne, 1776 ; 3e partie, p. 329.

[2] *Manuel*, p. 182 du tome Ier.

[3] *Die Lehre von den Steuern*, p. 140.

[4] V. l'article intéressant de M. W. Farr, *On the pay of the ministers of the crown*, dans le journal *of the statistic society of London* ; june 1857, 105.

même digne de grande considération, comment trouver le moyen pratique de le mesurer et d'asseoir sur une base aussi idéale l'impôt personnel?

Si les capitations graduées sont d'un mérite si contestable, les capitations uniformes ne sont-elles encore pas beaucoup plus susceptibles de critique, pour peu surtout qu'elles soient pesantes et d'une assiette étendue jusqu'aux classes pauvres?

Toute capitation, en tant qu'elle porte sur les rangs inférieurs du peuple, a été jugée par Ad. Smith avec une sévérité qui semble avoir été partagée par les législateurs de sa patrie, et qui mérite réflexion, là même où les circonstances et les nécessités budgétaires peuvent rendre la suppression immédiate des capitations plus difficile que le savant économiste ne le suppose.

« Cet impôt, dit-il, se lève à peu de frais, et quand on l'exige à la rigueur, il rapporte un revenu sûr à l'État. C'est par cette raison qu'il est très-commun dans les pays où l'on fait peu d'attention au bien-être, au soulagement et à la sûreté des rangs inférieurs du peuple. Il ne fait pourtant en général qu'une petite partie du revenu public, dans un grand empire, et on pourrait toujours tirer ce qu'il fournit par quelque autre voie beaucoup moins onéreuse au peuple [1]. »

M. de Jacob, dans son ouvrage sur la *Science des finances* [2], a aussi beaucoup critiqué la capitation, qu'il considère, il est vrai, comme atteignant tous les membres de la société sans distinction « Dans l'impôt de capitation, dit-il, on suppose que tout homme, pour vivre, dispose d'un certain revenu, et que, par suite il est tenu d'en céder quelque chose à

---

[1] Smith, dans le même article, trace le parallèle de l'assiette par quotité adoptée en Angleterre, et de l'assiette par répartition suivie en France pour la capitation.

[2] § 563.

l'État pour payer la garantie de son existence. Or, si l'on cir-
conscrit la capitation à tel point que chacun puisse, sans ris-
que de tomber dans l'indigence, se la laisser déduire sur les
nécessités de la vie, elle serait, sous un nom mal choisi, un
impôt général et direct sur les consommations. Mais même
comme tel, la capitation ne se recommanderait pas ; car 1° les
pères de famille sont tenus de la payer pareillement pour
leurs femmes et leurs enfants ; et comme un père de famille
peut avoir une famille nombreuse, un autre une famille
moindre, un troisième enfin, ne pas en avoir du tout, la
capitation, sous ce rapport, se présente comme un impôt
souverainement inégal ; 2° la capitation, lorsqu'elle est un
peu considérable, pèse trop sur les classes indigentes. Si
elle était impôt unique, les classes aisées seraient favorisées
outre mesure aux dépens des classes indigentes ; 3° élevée,
elle changerait bientot sa nature au grand préjudice de ces
dernières, car elle les empêcherait de se procurer les subsistances nécessaires à la vie, ce qui influerait puissamment
sur la diminution des classes ouvrières. Mais dès lors le
salaire de la main-d'œuvre hausserait, et par suite les riches
se verraient obligés de payer dans ce salaire haussé la capitation des indigents. Par là la capitation changerait de
nature, et d'impôt direct pour toutes les têtes qu'elle devait
être, serait convertie en un impôt direct pour les riches. Et
même comme tel, la capitation ne vaudrait rien, en partie,
parce que ce prélèvement indirect n'était nullement l'intention de l'impôt, en partie, parce que c'est toujours un fort
mauvais principe que celui qui établit que le pauvre doit
avancer au riche l'impôt, et se le faire rembourser par lui,
car le riche peut se passer plus longtemps du pauvre que le
pauvre ne peut se passer du riche, par suite de quoi il arrive
souvent que le riche fait perdre au pauvre la restitution de
son avance. »

Les capitations fixes ne peuvent à nos yeux se justifier complétement que par le salaire *possible* de tout homme valide qu'elles auraient pour objet de taxer ou par la considération de l'existence *commune* dont elles représenteraient *la protection*. Mais ce salaire est *en réalité* si différent, cette existence est si variée, suivant les diverses situations, que la base de l'impôt, a sous ce rapport, quelque chose d'artificiel et d'étroit qui semble s'éloigner de la justice et appeler au moins sur d'autres points certaines compensations.

C'est sans doute pour ce motif que les capitations ont été supprimées dans plusieurs budgets modernes, et qu'en Hollande notamment, dans ce pays si chargé de taxes variées, si patient et si éprouvé sous le rapport des contributions, l'abolition ·de toute capitation, comme de toute taxe sur les objets de première nécessité, a eu un instant la force d'un principe constitutionnel [1], toujours respecté depuis, au moins en ce qui concerne les taxes directes personnelles.

Le domaine des impôts personnels fixes est aujourd'hui fort restreint en Europe. A peu près abolis dans les pays de race germanique, ils ne subsistent même pas dans tous les pays slaves et latins [2], puisque l'Espagne et divers pays de l'Italie les ignorent, et que la Russie les modifie par l'arbitraire ou l'équité de la répartition locale. Il n'en est pas de même des impôts sur les consommations de première nécessité, qui conservent dans presque tous les budgets européens une place de quelque importance. Mais quant

---

[1] V. nᵒˢ 4 et 5 des articles financiers extraits de la Constitution de 1798. (Engels, p. 177.)

[2] Nous considérons l'impôt personnel français comme à peu près fixe, bien qu'entre les communes le législateur ait sagement ménagé la possibilité de quelques variations de taux. L'impôt est, du reste, léger, soit qu'on le considère en lui-même ou dans le rapport de son produit avec l'ensemble des recettes publiques.

à cette capitation partielle et haineuse, pesant sur certaines classes de citoyens frappés de défaveur à cause de leur origine ou de leurs croyances, et dont nous avons cité quelques exemples, elle est heureusement rayée à jamais des possibilités de notre civilisation.

LIVRE III.

Des impôts sur les richesses.

————

CHAPITRE I.

DES IMPÔTS SUR LE CAPITAL OU LE REVENU DES IMMEUBLES.

Lorsque les législateurs ont reconnu l'insuffisance ou la justice imparfaite d'un système d'impôt sur les personnes (et cette conviction a pu être souvent contemporaine du premier établissement des taxes), ils se sont naturellement engagés dans la voie d'asseoir des contributions, soit sur la fortune privée des citoyens, soit sur certains actes qui leur ont paru des manifestations de leur aisance ou des occasions favorables pour les imposer. A l'égard de la fortune des contribuables, ils ont pu, soit la considérer en bloc et l'atteindre par des impôts généraux, soit la décomposer dans ses principales parties, et alors aucune partie de la richesse des citoyens n'a pu fixer leurs regards autant que la propriété foncière.

Ce sol, qui nourrit les générations humaines et qui donne à toutes les industries leurs matières premières, n'est pas

seulement la principale source de la richesse des peuples ;
c'est pour quelques-uns d'entre eux la richesse presque
tout entière, richesse évidente d'ailleurs, que d'irrécusables
témoignages permettent de constater avec précision, et
qui, sous ce rapport, exercera toujours une sorte d'attraction
naturelle sur la pensée du législateur, occupé à chercher des
ressources financières.

La propriété des terres consacrées à l'agriculture, celle
des constructions qui s'élèvent au-dessus et dont la splen-
deur est souvent l'expression résumée de la fortune de ceux
qui les habitent, ce sont là les objets permanents et principaux de tout système de taxation directe développée dans la
voie de la spécialité.

L'histoire de l'impôt foncier et de ses diverses branches
est donc pour ainsi dire le point central de toutes les observations qui peuvent être dirigées sur l'organisation des
impôts directs chez les peuples civilisés.

Il n'est peut-être aucune taxe aussi universelle et aussi
répandue. Son absence est une exception rare dans l'histoire économique des sociétés, et l'impôt foncier s'y produit en quelque sorte avec la distinction même de la propriété privée.

Il est probable que sa première forme a été la dîme de
l'Orient, qui s'est continuée de nos jours dans les institutions de la Turquie, et qui donne 220 millions de piastres au
Trésor de cet empire[1].

La Bible mentionne le droit acquis par les souverains
de l'Égypte au cinquième des fruits. D'après un savant
qui a étudié l'ancien état de cette contrée, le tiers du sol
affecté à la caste des guerriers était grevé d'une taxe dont
les parties cultivées par le propriétaire lui-même étaient

[1] *Revue des Deux-Mondes,* novembre 1858, article de M. Cor sur le *Budget de
la Turquie.*

seules exemptes. Sous les Ptolémées, les prêtres y furent aussi soumis pour leurs propriétés. Le montant de la taxe était, dit-on, du cinquième du revenu. Reynier, que nous citons [1], conjecture qu'il s'agissait du revenu net.

L'impôt ne s'appliquant qu'aux terres fécondées par l'inondation du Nil, la caste des prêtres, chargée de répartir annuellement la jouissance du sol fertilisé par le fleuve, veillait aussi à la perception de l'impôt.

Dans la Perse, les taxes territoriales, livrées soit en argent, soit en nature, ont existé très-anciennement, et l'histoire mentionne l'ordre donné par Darius de mesurer le sol des colonies grecques de l'Asie Mineure et d'y asseoir l'impôt par parasanges [2]. Une nouvelle répartition de l'impôt y eut lieu sous Chosroès Ier.

Aristote fait allusion dans sa *Politique* à l'impôt foncier de Sparte.

Cette même contribution exista sous plusieurs formes dans l'empire romain. Dans l'origine, l'*ager romanus* était assujetti au cens de Servius. Il en fut déchargé plus tard, et une seule partie de l'Italie *(Italia annonaria)* dût acquitter des redevances en nature. Les provinces conquises acquittèrent un impôt, soit en argent, soit en nature [3]; mais on établit ultérieurement l'uniformité de l'impôt dans tout l'empire, et, à l'époque de Constantin, le sol avait été réduit à un certain nombre d'unités contributives ou cadastrales, appelées *capita* ou *juga*, d'où venaient pour l'impôt les noms de *capitatio* et de *jugatio*. Chaque *caput* se composait, soit d'un certain nombre d'arpents de pré, de terres labourables,

---

[1] *Économie publique et rurale des Égyptiens*, p. 190, et *Genèse*, 47, verset 26, chap. XLVII.

[2] Reynier, *Économie publique des Perses et des Phéniciens*, p. 174.

[3] C'est à cet état de choses que paraît se rapporter le passage d'Hygin, cité à la fois et par M. de La Malle, et par M. Giraud, *Essai sur l'histoire du droit français*, t. I, p. 99.

de pâturages ou de bois, soit d'une certaine quantité de vi-
gne mesurée par le nombre des ceps, soit d'une plantation
d'oliviers évaluée tout à la fois par la surface du terrain et par
le nombre des arbres [1]. Ces diverses cultures se rempla-
çaient l'une l'autre pour la composition du *caput*, suivant
une loi d'équivalence dont nous ignorons les détails. Le
caput ou *jugum* comprenait ainsi une superficie dont l'étendue variait en raison de la fertilité du fonds, mais dont la
valeur fixe et uniforme, soit qu'elle correspondît à des prix
de vente ou à un certain multiple du revenu net, était de
1,000 *solidi* en capital (15,100 francs, selon le calcul de M. de
La Malle, et 11,850 francs seulement selon M. de Savigny)[2].

Lorsqu'on voit l'impôt atteindre normalement le taux de
7 *aurei* par *caput*, ou de 7 pour 1,000 par rapport à la valeur
du fonds, et s'élever quelquefois jusqu'à 25 pour 1,000,
comme Ammien Marcellin le raconte de l'impôt perçu dans
les Gaules par Julien, on est porté à penser que ce taux eut
été intolérable si les évaluations n'eussent été très-inférieures à la réalité, ainsi que le mode usité pour l'assiette de la
contribution permet d'ailleurs aussi un peu de le supposer[3].

C'était, en effet, la déclaration du propriétaire, *professio
censualis*, qui, sauf examen contradictoire de l'administration, servait de base à l'établissement du cadastre, révisé
par période de dix ou de quinze ans, soit pour corriger les
erreurs précédentes, soit pour marquer les mutations qui
s'étaient opérées [4].

Dans certaines localités, telles que l'Égypte, le payement

---

[1] V. 1. 4, D. *De censibus.* On exige dans cette même loi la désignation des fonds
par leur nom, leur emplacement, leurs aboutissants. On autorise les dégrèvements
pour cas fortuits ou impossibilité de jouissance.

[2] Giraud, *Essai sur l'histoire du droit français au moyen âge*, t. I, p. 101 à
104; Dureau de La Malle, p. 407 et 408.

[3] V. la discussion insérée dans le *Compte rendu de l'Académie des sciences
morales et politiques*, t. VII, p. 99 et suiv.

[4] Giraud, p. 112.

de l'impôt en nature s'était continué comme dans les temps les plus anciens [1]. Ailleurs des prestations annonaires étaient imposées comme accessoire de la taxe foncière, répartie sur les *capita*.

Les impôts sur la propriété ou le revenu des immeubles remontent aux époques les plus reculées de l'histoire des peuples qui ont succédé en Europe à l'empire romain et qui ont fondé la civilisation moderne.

Dans la Grande-Bretagne, il existe des traces fort anciennes de ce genre de contributions.

Henri Ier, au xie siècle, leva un impôt permanent de 12 deniers par chaque *hyde* de terre. L'Angleterre contenant 300,000 *hydes*, le produit de cette taxe, appelée *hydage* [2], correspondait à 15 millions de livres en monnaie d'aujourd'hui.

Plus tard, la contribution foncière constitua une partié importante de plusieurs taxes, qui portèrent des noms divers, et notamment ceux de *dixièmes* et de *quinzièmes*, d'*assessments*, de *subsides* et de *land-tax* [3].

C'est sous ce dernier nom qu'un impôt foncier, dont les restes subsistent encore de nos jours, fut assis en 1692, sous le règne de Guillaume et Marie [4], après avoir été précédé d'un subside en 1689 [5].

Les revenus fonciers furent estimés alors principalement d'après la déclaration des propriétaires, influencés, dit-on, dans des sens divers par les sentiments politiques opposés

[1] P. 107.

[2] Les impôts fonciers s'appelèrent aussi souvent, dans la Grande-Bretagne, *aids, scutages, knightages, tallages*. V. l'écrit intitulé : *On the statistics of the British land-tax assessments*, by Frederik Hendriks (*Journal of the statistical society*, septembre 1857). Tayler. *History of the taxation*, p. 3.

[3] V. sur ce point notre *Histoire des impôts généraux sur la propriété et le revenu.*

[4] Sur l'histoire de la *land-tax*, voyez en outre Hendriks dans l'écrit précité; Rau, § 315, note *a*, et Mac Culloch, p. 55 et suiv. M. Hendriks a donné le tableau comparé de divers impôts fonciers de 1636 à 1691.

[5] V. Tayler, p. 31.

qu'inspirait l'établissement politique fondé par Guillaume III. On recherchait la valeur locative sans égard aux charges de paroisse et autres [1].

La *land-tax* fut établie dans l'origine au taux de 4 schellings par livre ou de 20 pour 100 sur les revenus fonciers et sur certaines pensions et certains traitements, et de 24 schellings par 100 livres de capital, équivalant à peu près à la même proportion du cinquième sur quelques autres revenus mobiliers [2].

À cette époque, les impôts de consommation étaient peu considérables dans la Grande-Bretagne et la *land-tax* constituait une grande partie du revenu public.

La *land-tax* fut répartie, dès le principe, en un certain nombre de contingents, afférents à autant de districts. L'acte modèle de Guillaume et Marie confondit quelquefois le district avec le comté, qui fut pris pour unité dans la répartition de l'impôt. Dans quelques autres comtés, tel contingent fut assis sur telle ville, tel bourg, et tel autre contingent sur le surplus du comté. Dans la métropole, des cotes séparées furent assignées à différentes paroisses et différents quartiers. Il y a des localités désignées dans les actes de 1693 à 1797 comme bases de contingents spéciaux, et qui sont aujourd'hui d'une insignifiance complète, tandis que Liverpool et Manchester n'ont pas dans ces actes d'individualités séparées, et ne figurent dans la répartition de la *land-tax* que comme parties du Lancashire.

---

[1] On estimait les immeubles suivant ce qu'ils pouvaient être affermés : *worth to be leased* bona fide *at a rack rent, without respect to repairs taxes, parish-duties or other charges.* L'impôt atteignait toutes les propriétés immobilières, même les mines : *lands, tenements, hereditaments, manors, messuages, quarries, mines,* etc. Guillaume et Marie, an. 4, chap. Ier.

[2] Mac Culloch, p. 58. M. Hendriks rapporte cependant (p. 9), que la propriété mobilière aurait été taxée seulement dans la proportion du quart relativement à la charge imposée à la propriété foncière.

Le neuvième article de l'union entre l'Angleterre et l'É-
cosse, conclue en 1706, établit, entre le contingent général
des deux pays, des relations qui ne devaient point et n'ont
point été changées, et qui n'ont mis à la charge de l'Écosse
qu'environ 2 1/3 pour 100 du produit total de l'impôt. A
cette époque, et d'après ce même article 9, le contingent
réuni des deux pays pour la *land-tax* était de 2,045,763 liv.
sterling, dont 1,997,763 livres pour l'Angleterre et 48,000
pour l'Écosse. Quelques autres renseignements mentionnent
cependant, en 1708, un total de 2,026,641 livres seulement[1]. Mais ce qui est attesté par plusieurs auteurs, c'est
que divers changements minimes apportés au contingent de
quelques districts avaient porté, en 1798, le contingent à
2,037,627 livres, dont 1,989,673 livres pour l'Angleterre et
le pays de Galles seulement[2].

L'impôt tendait ainsi, en définitive, à s'abaisser un peu
plutôt qu'à s'accroître, et le curieux mémoire de Davenant
sur les dettes publiques d'Angleterre, en 1698, inséré dans
les *Recherches* de Forbonnais[3], constate cette tendance des
résultats déjà acquis de son temps. D'après cet écrivain, le
produit de l'impôt, qui avait été, sur le pied de 3 schellings
par livre, de 1,566,627 livres dans là première année, n'a-
vait été que de 1,977,713 livres, au lieu de 2,088,836, taux
corrélatif au produit précédent, lorsqu'il avait été porté à

---

[1] Renseignements épistolaires de M. Hendriks.

[2] V. l'écrit de M. Hendriks, p. 2 et 9, et Rau, § 315, note *a*. Ces chiffres présentent dans les diverses sources des coïncidences assez exactes pour qu'il soit
permis de regarder comme provenant d'une erreur d'impression dans un document
anglais les chiffres formant un total un peu supérieur que j'ai donnés p. 104 de
mon *Histoire des impôts généraux sur la propriété et le revenu*, d'autant plus
qu'il est bien établi que les 2,037,627 livres de 1798 comprenaient avec la partie
vraiment immobilière de la *land-tax* les petits contingents mobiliers qui y étaient
joints. V. l'écrit de M. Hendriks, p. 9 et 10, et les documents extraits dans notre
Histoire des impôts généraux, loco citato.

[3] T. II, p. 285 et suiv.

4 schellings par livre. Il considérait l'impôt comme étant
déjà constitué par répartition, en demandant qu'à Londres,
Middlesex et Westminster, qui s'étaient développés en richesse et en commerce, la taxe fût levée au *marc la livre*,
quoique le reste du pays payât par répartition.

La taxe de 4 schellings par livre, en 1692, descendit souvent à 3, 2 et même 1 schelling par livre, en 1731 et 1732.
A ce dernier taux, le contingent se trouva de 506,661 liv. [1].

On peut trouver dans la publication de M. Hendriks,
membre de la Société de statistique de Londres, des détails
pleins d'intérêt sur les diverses opinions qui se sont fait jour
à certaines époques sur le mérite de cet impôt et l'inégalité
reprochée à sa répartition [2]. Cet écrivain s'est attaché à combattre les assertions des auteurs et des hommes d'État anglais qui ont, à diverses époques, donné le plus de force à
ces derniers reproches. Il établit, par le rapprochement de
la répartition opérée en 1692 avec celle de taxes analogues
qui avaient été levées en 1636, 1642, 1644, 1656, 1660 et
1691 [3], que la richesse des comtés a été appréciée sur des
bases peu différentes, à ces diverses dates du même siècle,
et il attribue l'exagération des reproches d'inégalité dirigés
contre la répartition de la *land-tax* à des vues politiques,
telles qu'étaient par exemple pour le célèbre Walpole le désir de faire rétablir le droit sur le sel en s'étayant sur les
sympathies de l'aristocratie terrienne [4].

A la fin du siècle dernier, suivant l'acte de la trente-hui-
tième année du règne de Georges III, chapitre LX, l'impôt a

[1] Renseignements épistolaires de M. Hendriks.

[2] V., p. 44 du même écrit, l'analyse d'une publication du marquis d'Halifax qui,
en 1693, combattait la *land-tax* comme hostile à l'aristocratie et réclamait une
income-tax dans des conditions *d'arithmétique politique* fort singulière, pour
employer une expression de M. Hendriks. V. aussi, p. 36, les objections de Walpole.

[3] Hendriks, table E, p. 48 à 53.

[4] *Ibid.*, p. 7, 8 et 37.

été, sur la proposition de Pitt, déclaré rachetable par la remise d'une certaine quotité de rentes sur l'État (1 livre 2 schellings de rente pour le rachat de 1 livre de taxe). Cette opération, laissée à l'initiative des propriétaires fonciers, a paru suivre une marche trop lente, et les conditions en ont été facilitées, suivant la proposition de M. Gladstone, en 1853. Il a suffi, depuis lors, de 90 livres sterling 3/4 de dividende dans la dette publique pour racheter 100 livres de taxe [1].

Malgré ces diverses mesures, l'opération du rachat de la *land-tax* n'a pas tout à fait atteint la moitié de son cours, puisque le produit de cet impôt, qui était de 2,037,627 liv. en 1798, était encore de 1,161,201 livres en 1856 [2]. M. Hendriks a donné des détails statistiques intéressants sur la marche de ce rachat; marche qui, rapide au début, a été ensuite fort lente, malgré divers stimulants, tels que l'autorisation du rachat en argent, l'abaissement du prix de rachat pour certaines petites cotes, le droit accordé à des tiers de racheter l'impôt de certains contribuables pour en assumer le profit et en revendiquer les conséquences électorales, et enfin, malgré la mesure même proposée par M. Gladstone, dans laquelle l'auteur ne voit qu'une perte inutile pour l'État, et une injustice au profit d'une partie des contribuables, M. Hendriks a aussi constaté que la marche du rachat n'a pas été influencée par le prix de la rente à diverses époques [3]. Voici, à cet égard, un tableau extrait du travail que nous avons déjà tant de fois cité, et qui montre bien le ralentissement successif de l'opération du rachat de la *land-tax*.

[1] Hendriks, p. 21.
[2] *Ibid.*, p. 2.
[3] V. *Ibid.*, p. 2, 16, 19, 20 et 21.

PÉRIODES prises pour points de comparaison.	LONGUEUR des périodes.	MONTANT de la taxe rachetée dans chaque période.	MOYENNE annuelle du rachat.	PRIX DU RACHAT au denier de la taxe rachetée.
Du 5 juillet 1798 à 1800..	1 an 1/2	435,888 liv.	290,592	au denier 20.7
1800	1 an.	40,418	40,418	— 23.1
1801 et 1802.	2 ans.	49,757	24,878	de 22.5 à 25.7
1803 à 1812 inclusivement. . . .	10 ans.	147,287	14,729	de 20.8 à 25.2
1813 à 1822.	10 ans.	43,165	4,316	de 21.6 à 29.1
1823 à 1832.	10 ans.	14,469	1,447	de 29.1 à 34.3
1833 à 1842.	10 ans.	13,856	1,385	de 32.3 à 34.3
1843 à 1852.	10 ans.	9,646	965	de 31.3 à 36.4
1853 à 1856.	4 ans.	15,159	3,790	de 27.2 à 35
Totaux.	58 ans 1/2	769,645	13,156	

La *land-tax*, qui n'est plus qu'une partie infiniment petite des ressources de l'empire britannique, en constituait, d'après M. Hendriks, environ 40 pour 100 sous Guillaume et Marie, et 23 pour 100 pendant l'administration de Walpole [1].

La *land-tax* a été fort vivement attaquée, à raison, avons-nous dit, d'une extrême inégalité reprochée à sa répartition comme dérivant, soit des imperfections de l'assiette primitive, soit du mouvement de la richesse qui a modifié la distribution primitive sur le territoire.

On assure, en effet, que la taxe de 20 pour 100 dans l'origine sur les revenus fonciers ne représente plus qu'environ 1 pour 200 des revenus fonciers actuels [2]. Mais M. Hendriks assure que l'écart de la proportion entre les divers comtés est assez restreint, et que le comté de Bedfort, dans lequel l'impôt aurait conservé sa plus forte proportion, ne supporte pas cet impôt sur ses revenus fonciers dans une proportion supérieure à 8 pence 1/2 par livre, c'est-à-dire à 3 pour 100 [3]. La *land-tax* est répartie annuellement par des assesseurs qui désignent deux collecteurs par district, et sont dirigés par des commissaires [4].

[1] Hendriks, p. 43.

[2] *Ibid.*, p. 2.

[3] *Ibid.*, p. 4.

[4] Renseignements épistolaires de M. Hendriks. D'après la même source, la *redistribution*, ou changement de répartition dans l'intérieur du district, est rare.

Outre la *land-tax* qui tend à disparaître des budgets britanniques, et au rachat de laquelle les législateurs d'outre-
Manche ont même poussé récemment par des concessions
assez dommageables à l'Échiquier, on peut considérer
comme impôts fonciers la plupart des impôts locaux de l'Angleterre, comme les *poor-rates* et les *country-rates*, qui ne
s'appliquent pas, au moins en fait, à la propriété mobilière.

Il paraît en être autrement des *highway-rates* et des *church-
rates* [1], qui s'appliquent à toute nature de propriété.

La *land-tax* avait consisté, en 1693, en un impôt foncier
de 4 schellings par livre sur les revenus fonciers et sur les pensions et offices, et de 24 schellings par 100 livres sur la propriété mobilière. « Il paraît cependant, dit un écrivain anglais,
qu'en peu de temps les commissaires à qui était confiée la
levée de la taxe abandonnèrent la recherche de la propriété
mobilière, très-probablement d'après la difficulté d'en connaître le montant, et se contentèrent d'asseoir la taxe sur ce
qui était fixe et tangible. En preuve de ce fait, nous pouvons rappeler que le contingent fixé, par l'acte de 1798, à
la charge du sol., dans le comté d'Essex, étant de 88,638
livres 10 schellings 2 deniers 3/4, le contingent de la propriété mobilière dans le même comté ne dépassait pas 1 livre. Cette portion de la taxe a été en fait entièrement abandonnée en 1833 par l'acte de la troisième année du règne
de Guillaume IV, chapitre XII. La somme levée sur les offices
et pensions est très-peu considérable [2]. »

La *land-tax* constitue ainsi que nous l'avons déjà dit, un
véritable impôt de répartition depuis 1692. Les contingents
de chaque district paraissent n'avoir subi aucune altération

[1] V. le premier appendice joint au traité de Mac Culloch sur la *Taxation*,
2ᵉ édit., p. 479 à 485.
[2] Mac Culloch, p. 58.

I.   12

considérable depuis lors jusqu'en 1798 [1], sauf les variations résultant du nombre de schellings par livre imposés
avant 1798, et qui réagissaient sur le contingent général.
Dans l'intérieur de chaque district, une répartition individuelle renouvelée d'année en année s'effectuait sans le secours d'aucun cadastre et s'opère encore entre les fonds non
rédimés, à l'aide, dit un auteur anglais, du *self-gouvernment*
et sans le grossier inconstitutionalisme de la centralisation [2].

La Grande-Bretagne a connu tout à la fois l'impôt sur les
fonds de terre, l'impôt spécial sur les maisons et les taxes
sur les cheminées et les fenêtres qui se rattachent jusqu'à
certain point à l'impôt sur les maisons ; mais l'impôt sur les
maisons, et les taxes sur les cheminées et les fenêtres seront
étudiées par nous dans une autre partie de nos recherches.

La *land-tax* levée dans les possessions anglaises de l'Inde
est considérée comme ayant été dans l'origine une rente sur
le produit du sol, surmontée souvent d'un supplément
d'exaction, qui seul méritait exactement le nom de *taxe* [3].
La prétention du gouvernement britannique est d'avoir re-
noué son droit à celui qui appartenait aux gouvernements
précédents, à titre domanial, ou même d'être resté au-
dessous de ce droit de rente foncière. Le gouvernement anglais a ajouté à cette limite une détermination de permanence dans le produit de l'impôt, qui a laissé en entier aux
tenanciers (*ryots, zumeendar*) le profit des améliorations agricoles qu'ils ont pu effectuer. Ce fait est du moins très-certain
et très-notoire pour ce qui concerne le Bengale, où le marquis de Cornwallis a établi en 1793 ce que les Anglais nomment le *permanent settlement*, mesure qu'ils ont quelquefois

---

[1] Hendriks, p. 9 et 60.

[2] *Ibid.*, p. 4, 5, 32 et 34.

[3] Hendriks, *Statistics of Indian revenue and taxation*, proof copy of paper
read to the statistical Society of London, 18 th. may 1858, p. 9 à 12, p. 45 à 49
et p. 58.

comparée à celle que Pitt a opérée peu d'années après pour l'impôt foncier de la métropole.

On a proposé même, du moins dans des écrits économiques, de rendre l'impôt du Bengale rachetable comme la *land-tax* britannique.

Malgré les mesures équitables que l'administration anglaise paraît avoir introduites dans l'assiette de cette perception de l'impôt foncier dans les possessions de l'Inde, le produit général de cet impôt ou de cette rente, quelle que soit à cet égard la dénomination adoptée, s'est considérablement accru avec le temps, par suite de conquêtes, ou autrement.

Dans les cinq années de 1792 à 1797, le produit moyen était de 4,068,000 livres sterling.

Dans les quatre années de 1852 à 1856, il a été de 16,183,000 livres sterling.

Dans la dernière année dont les produits nous ont été connus, le *land-revenue* a été réparti ainsi qu'il suit :

Bengale, 4,668,000 livres sterling; — provinces du nord-ouest, 5,000,000 livres sterling ; — Madras, 3,642,000 livres sterling; — Bombay, 2,846,000 livres sterling ; — Punjab, 954,000 livres sterling; — l'Inde entière, 17,110,000 livres sterling [1].

La variété des systèmes suivant lesquels le revenu foncier est perçu dans l'Inde britannique est exposée avec des particularités et des observations curieuses dans une note savante de M. Mac Culloch, dans son ouvrage sur l'impôt [2]. On nous permettra, surtout en souvenir des complications récentes dans la politique de l'Inde, d'y renvoyer nos lecteurs.

La Hollande est soumise à l'impôt foncier depuis très-longtemps, et cet impôt semble même y avoir été le seul

[1] Hendriks, p. 6 et 52.
[2] P. 485 à 493.

établi dans l'origine. Son institution donna lieu à une rédaction de rôles (*quohieren*) dès l'année 1448 [1].

Sous les comtes, on levait souvent une taxe sur la propriété rurale, nommée *morgental* ou *morgengeld*, et une taxe sur les maisons appelée *schildtal* [2].

Le *morgental*, au moins dans l'origine, consistait, ainsi que son nom l'indique, en une taxe par arpent [3].

Le *verponding*, qui succéda à ces contributions, fut au contraire assis en général sur une base proportionnelle à la valeur des terrains [4].

Il est fait mention d'un *verponding* levé par Charles-Quint en Hollande, en 1515, sur les terres et les maisons, et d'une autre contribution, analogue suivant toute apparence, levée dans le même pays par répartition d'une somme de 60,000 florins en 1518 [5].

En 1552, la Hollande demanda une ressource de 300,000 florins au centième denier sur les biens fonds, aux *schildtalen* et à un impôt rural ou *morgengeld* de 5, 4 et 3 stuivers par arpent, suivant la valeur des terrains.

En 1581 et dans les années suivantes, le *verponding* fut levé, et il semble qu'à cette époque il était assis sur la valeur des immeubles; il était limité au maximum déjà considérable de 3 pour 100 sur cette valeur [6].

On estima, en 1627, le produit des maisons et des propriétés rurales et on fixa l'impôt au huitième du loyer des maisons et au cinquième de celui des terres. Ce travail, achevé en 1632, conserva sa valeur pendant un siècle. Mais

[1] *Over de Belastingen*, etc., p. 125.

[2] V. Davies : *History of Holland*, t. Ier, et la brochure *Over de Belastingen*, etc.

[3] Engels, p. 148.

[4] Le *verponding* fut aussi levé quelquefois sur les offices et les rentes (Engels, p. 149 et 151).

[5] *Over de Belastingen*, etc., p. 92, 93, 109.

[6] Engels, p. 150.

l'impôt fut souvent accru, notamment en 1653 et 1667[1]. Ce mode d'assiette de l'impôt paraît se rapporter à une taxation par quotité[2].

A cette même époque, on établit une dispense d'impôt pendant quatorze années pour les nouvelles constructions et pour les terrains conquis sur les eaux[3].

Cependant l'impôt foncier qui, une fois assis sur les maisons, subsistait jusqu'à leur destruction ou leur réédification, était trop onéreux pour la Hollande septentrionale, où les loyers étaient diminués[4].

En 1732, un nouveau rôle des maisons fut dressé, chaque maison fut taxée au douzième de sa valeur locative[5] et les moulins au quinzième. La Hollande méridionale fut plus chargée qu'auparavant, et la Nord-Hollande dégrevée.

En 1736, l'impôt fut doublé pour des besoins extraordinaires. A la suite du curieux mémoire de Ch. Davenant sur les dettes publiques d'Angleterre en 1698, que nous avons déjà cité, Forbonnais donne un détail du revenu de la province de Hollande, qui paraît se référer à 1750, et qui montre qu'à cette époque le *verponding*, dont le produit simple était de 2,520,351 florins, avait été triplé et qu'il constituait avec 4,125,000 florins, provenant des centième et deux centième deniers, plus de la moitié de 22,241,339 florins, total des recettes de la Hollande.

[1] *Over de Belastingen*, etc., p. 126; *Richesse de la Hollande*, t. II, p. 48.

[2] Malgré les cas particuliers de 1518, 1553 et 1583 (*Over de Belastingen*, etc., p. 126), telle paraît avoir été généralement l'assiette de l'impôt foncier en Hollande. En 1550 notamment on désirait porter à 40,000 écus (*schilden* ou environ) le produit du *verponding*, ce qui ne fut pas réalisé, dit-on, et qui l'eût été probablement dans l'hypothèse d'une assiette par répartition.

[3] Engels, p. 151.

[4] V. sur tout ce qui suit, *Over de Belastingen*, etc., p. 122, 126 et suiv.

[5] Nous n'avons trouvé dans les sources hollandaises aucune confirmation de l'assertion d'Adam Smith, qui rapporte qu'en Hollande la taxe sur les maisons est de 2 1/2 pour 100 de la valeur. T. III, p. 287, édit. de 1786.

Il ne faut pas s'étonner, dès lors, qu'on ait pu voir certains propriétaires hollandais recourir à la faculté de renoncer à leurs propriétés en faveur de l'État pour éviter le poids de l'impôt, triste faculté, qu'on en vint même à leur refuser par un édit de 1751 [1].

En 1790, l'impôt foncier représentait de 4 à 13 florins par arpent, et de 8 à 9 pour 100 par rapport au produit des terres.

Les résultats donnés par M. Engels pour les années 1672, 1676, 1721, comparées aux années 1788 à 1794, montrent que le produit de l'impôt, à ces époques réciproquement éloignées, a toujours été de 2,500,000 à 2,700,000 florins.

Les autres Provinces-Unies levaient des impôts fonciers comme la Hollande.

Dans la Zélande, l'impôt sur les maisons était même plus lourd qu'en Hollande, et était assis par répartition. Les propriétaires de moulins payaient 18 pour 100 de leurs revenus.

Dans les provinces de Gueldre, Utrecht, Frise, Over-Yssel, Groningue, et dans les pays de généralité, la contribution des terres coexistait avec la taxe des maisons et la taxe des cheminées, quelquefois confondues en une seule taxe [2]. Ces impôts étaient parfois portés à des taux fort élevés. Ainsi on percevait, dans la province de Groningue, un quart du fermage des terres et un cinquième de celui des maisons. Dans l'Over-Yssel, le taux moyen et presque incroyable du *verponding* était de 42 pour 100 des revenus [3].

Ces impôts paraissent avoir été assis habituellement par quotité, et exceptionnellement par répartition.

Depuis que les anciennes Provinces-Unies ont été réunies en un même État, l'impôt foncier y a été conservé, mais son produit a subi d'assez nombreuses variations.

[1] La même interdiction existait en Zélande (*Over de Belastingen*, etc., p. 127.
[2] *Ibid.*, p. 127, 128, 157, 162, 169, 171, 175, 180.
[3] *Over de Belastingen*, p. 128.

En 1806, et dans les années antérieures, ce produit était de 9,549,980 florins.

En 1809 et 1810, le produit était porté à 10,625,961 florins ; de 1835 à 1837, il a été de 7,983,256 florins. En 1848, ce même produit, en principal (hoofdsom), a été de 8,342,284 florins 94 cents, et l'estimation pour 1850 en a été élévée à 8,350,000 florins.

Le décroissement, entre 1810 et 1835, a porté sur la Hollande septentrionale et méridionale, sur la Zélande, la province d'Utrecht et celle de Frise, et il a été en partie atténué encore par un accroissement de taxe imposé aux autres provinces du Brabant septentrional, de Gueldre, d'Over-Yssel, de Groningue et de Drenthe, par suite de nouvelles constructions, d'améliorations et de retraits d'immunités.

Une pareille mobilité dans la répartition de l'impôt foncier semble correspondre spécialement aux conditions périlleuses et mal assises du sol des Pays-Bas.

« Il est constaté, dit un écrivain moderne qui critique cet état de choses, que l'impôt foncier en Hollande au moins et probablement aussi dans les autres provinces, a été, de toute ancienneté, variable (veranderlijk), qu'il rapportait tantôt plus et tantôt moins, et aussi que, d'après l'importance des changements intervenus dans la situation de la propriété, il a été, suivant les temps, distribué différemment et diminué pour les uns, tandis qu'il était accru pour les autres. La loi encore en vigueur à cet égard consacrait ce principe comme les lois précédentes, et, sous ce rapport, la péréquation cadastrale accomplie dans les dernières années a été aussi régulière et aussi légale que la première de ce genre, qui a eu lieu en Hollande, sous Charles-Quint, en 1515 et 1518, ou celle de 1732 [1]. » Du reste, Voothuysen

---

[1] *Over de Belastingen,* etc., p. 131.

nous apprend que le cadastre parcellaire commencé en Hollande, sous le règne de Louis-Napoléon, en 1808, y a été terminé en 1832 [1]. D'ailleurs, plusieurs lois françaises, relatives à la contribution foncière, telles que celles du 3 frimaire an VII, du 19 ventôse an IX et du 26 germinal an XI, l'arrêté du 3 ventôse an X et le décret du 6 mai 1811, ont toujours été considérées comme applicables en Hollande, depuis le décret du 21 octobre 1811, qui, à l'époque de la réunion à l'empire français, les y a mises en vigueur, et qui a été confirmé, après l'indépendance, par celui du 21 décembre 1813 [2].

En même temps que l'impôt foncier ou *verponding*, le royaume des Pays-Bas lève un impôt appelé *personnel*, qui se rattache aux maisons d'habitation par les bases de la valeur locative, du nombre des portes et fenêtres, de celui des cheminées et de la valeur du mobilier. Cet impôt, dont nous traiterons en détail ailleurs, est acquitté par les locataires [3] : il atteint aussi les domestiques et les chevaux.

La Belgique, dont le système financier a plus d'une analogie avec ceux de la Hollande d'un côté et de la France de l'autre, s'impose une contribution foncière assez considérable. Son produit a été évalué, dans les budgets de 1855 et de 1861, à la somme identique de 18,886,290 francs.

L'impôt foncier est généralement établi en Allemagne, dans les petits comme dans les grands États [4]. Il y est souvent représenté par deux taxes distinctes sous les noms d'impôt foncier proprement dit (*Grundsteuer*), et d'impôt sur les maisons (*Gebäudesteuer*).

Cette distinction n'est pas motivée seulement par les dif-

---

[1] P. 134, t. I⁰ʳ.

[2] Renseignements épistolaires dus à M. G***.

[3] *Over de Belastingen*, p. 182, et Voorthuysen, t. I⁰ʳ, p. 154.

[4] V. l'énumération comprise dans la note *a* du paragraphe 318 de la *Finanzwissenschaft* de Rau et Reden, *passim*.

férences extérieures qui séparent les propriétés bâties et les
propriétés non bâties, par les charges particulières qui
grèvent les premières à cause des chances de destruction
qui les entourent, par la mobilité très-différente du cadastre
applicable à ces natures diverses de propriétés ; mais au
fond probablement encore par les différences économiques
qui séparent des propriétés donnant des fruits naturels de
celles qui ne procurent qu'une utilité personnelle représentée tout au plus par des fruits civils.

On comprend l'importance de cette distinction, surtout
en songeant que les impôts fonciers ont été souvent, dans
divers pays, perçus en nature.

L'impôt territorial paraît dans certains pays allemands
s'être dégagé de l'organisation plus complexe de divers impôts généraux sur le capital [1].

Dans les provinces soumises à la maison d'Autriche, l'impôt se retrouve à une date assez ancienne. Son assiette fut
opérée dans quelques-unes d'entre elles, d'abord d'après le
nombre des jours de corvée dus par les cultivateurs, et plus
tard d'après l'étendue du sol et l'évaluation approximative
de son produit [2].

La répartition de l'impôt était d'abord très-imparfaite :
les terres seigneuriales étaient ou entièrement exemptes ou faiblement imposées en comparaison des autres.
Dans la basse Autriche, cependant, on voit dans l'origine
la taxe foncière introduite sous le nom d'impôt des seigneurs *(Herrnsteuer)*. En 1545, cet impôt ayant été accru,
les seigneurs furent autorisés à en récupérer une partie sur leurs vassaux (*Unter thanen*), à raison de 1 florin
30 kreutzers par feu. En 1563, la taxe fut décomposée en

[1] Rau, § 316.
[2] V. Tegoborski.

deux parts et la charge des vassaux levée directement [1].

L'empereur Charles VI et plus particulièrement l'impératrice Marie-Thérèse améliorèrent la répartition des charges publiques.

Sous le premier de ces souverains, le Milanais obtint le bienfait, alors presque entièrement inconnu à l'Europe [2], d'un cadastre régulier. Marie-Thérèse assimila sous le rapport de l'imposition des terres seigneuriales à celles des communes et des paysans. D'après l'édit de 1748 rendu par cette souveraine, il fut permis de demander aux vassaux un supplément d'impôt dans les bonnes années de manière à les décharger dans les temps malheureux. Il en résulta l'établissement de caisses de secours généralisées plus tard dans la Bohême, la Moravie et la Silésie [3].

Joseph II entreprit une réforme de l'assiette de l'impôt fondée sur le mesurage des terres et l'appréciation de leur revenu brut. La contribution fut fixée à 10 florins 37 kreutzers 1/2 pour les vignes et le sol labourable, 17 florins 55 kreutzers pour les prairies et 21 florins 15 kreutzers pour les forêts par 100 florins de revenu brut. La moyenne était de 12 florins 13 kreutzers 1/2 par 100 florins. Pour ménager les vassaux qui avaient à payer, outre la contribution envers l'État, les corvées et redevances seigneuriales, Joseph II établit que ces charges réunies ne pourraient excéder 15 florins 25 kreutzers pour les possesseurs de vignes, de terres et de lacs, 26 florins 2 kreutzers 1/2 pour les possesseurs de prairies et de jardins, 30 florins 50 kreutzers pour les possesseurs de pâturages et de forêts, et en moyenne, pour tout l'empire, 17 florins 46 kreutzers 2/3. Les redevances devaient être réduites lorsqu'elles excédaient ces *maxima*.

---

[1] Ritter von Hauer, *Beitræge zur Geschichte der œsterreichischen Finanzen*, p. 32.

[2] Rau, § 328 ; Noizet, *Étude sur le cadastre*, p. 7.

[3] Ritter von Hauer, p. 34.

On s'aperçut bientôt des inconvénients résultant de l'ir-
régularité d'un arpentage entrepris sans géomètres suffisamment instruits, et de l'admission du produit brut comme
base d'assiette de l'impôt. La péréquation accomplie brus-
quement par le monarque réformateur fut abandonnée en
partie après son règne, et les provinces slaves de son empire
en conservèrent seules quelques éléments modifiés.

C'est au règne de l'empereur François qu'il a été réservé
d'introduire une réforme générale et rationnelle dans le système d'imposition des biens-fonds. Le gouvernement autrichien décida, en 1817, qu'il serait procédé sans délai à la
confection d'un cadastre uniforme pour toutes les provinces
(la Hongrie et la Transylvanie exceptées [1]), d'après l'arpentage des terres imposables et sur le modèle de l'ancien cadastre de Milan, connu sous le nom de *censimento milanese*.

[1] Le régime de l'impôt foncier dans ces provinces était tout exceptionnel. La
contribution foncière a été établie dans la Hongrie en même temps que l'armée
permanente, en 1715. Les seigneurs en étaient exempts, mais devaient le service
militaire à leurs frais. La répartition avait lieu entre les comitats et les villes, d'a-
près le nombre des *portes*. On appelait ainsi certaines unités de mesure topogra-
phique et agricole qui étaient au nombre de 6,356 1/8 en 1840 et qui, d'après
Ritter von Hauer, tiraient leur nom dans l'origine du nombre des portes suffisantes
pour le passage d'un char de foin, qui se trouvaient dans le pays. A l'époque dont
nous venons de parler, chaque porte supportait 692 florins 36 kreutzers d'impôt.
Les prestations en nature faites pour le service de l'armée comptaient en déduction
de l'impôt (Ritter von Hauer, p. 46).

La Transylvanie avait un système d'impôts singulier : une capitation progressive, diverses taxes sur les animaux depuis le bœuf jusqu'à l'abeille, une imposition de 6 kreutzers par florin sur certains revenus industriels, comme ceux des
moulins, des distilleries, des jardins fruitiers et potagers, une taxe de 3 kreutzers
par florin sur le loyer des maisons, enfin un impôt sur diverses productions territoriales, comme une taxe de 4 kreutzers par char de foin et par cuve de vin, et
une taxe de 20, 16, 12 ou 8 kreutzers par mesure de semence, suivant la classification des terres où cette semence était employée.

Une patente du mois d'octobre 1849 a ordonné la confection du cadastre en Hongrie et en Transylvanie, et cette ordonnance a été suivie d'un règlement provisoire de l'impôt foncier sur la base de l'obligation générale et commune de *tous*
les propriétaires fonciers (Reden, *Allgemeine Vergleichende Statistik*, t. II,
p. 125 et 126).

Le décret impérial du 23 décembre 1817 renferma les principes de cette opération et les bases fondamentales de l'assiette de l'impôt.

La contribution établie par répartition d'un contingent fixé annuellement par le gouvernement dût frapper le revenu net [1] évalué en principe d'après les mercuriales de cinquante années, mais en réalité, d'après celles de l'année 1824 seulement, prise pour type des cinquante années écoulées de 1774 à 1824.

Pour parer à la situation pendant l'exécution des travaux, une répartition provisoire de l'impôt foncier fut opérée par un acte du 8 février 1849.

En 1847, l'impôt foncier dans la totalité de l'empire d'Autriche devait fournir 38,336,564 florins comprenant une taxe extraordinaire de 868, 217 florins [2].

Le cadastre devait procurer successivement la péréquation générale de l'impôt foncier.

En 1849, en effet, certaines provinces ont été soumises à un impôt plus régulier et d'autres ont été dégrevées de manière que le principal de l'impôt a dû être généralement de 16 pour 100 d'après les mercuriales de 1824 [3], qui sont très-inférieures aux mercuriales actuelles, et dont l'application fait, dit-on [4], de l'impôt foncier autrichien, une charge as-

---

[1] Il n'est tenu aucun compte, d'après l'assertion de M. de Reden (t. II, p. 124), des redevances et prestations diverses qui grèvent les fonds rustiques. Toutefois, M. Rau, en rappelant la disposition de la patente de 1817 qui interdit la considération des dettes passives, redevances, prestations en nature, corvées (*roboth*) et dîmes, indique que dans la basse Autriche, où le cadastre a été achevé en 1835, une partie de l'impôt foncier a été reportée du sol grevé sur l'ayant droit à la redevance, par le décret du 1ᵉʳ juillet 1834. (*Finanzwissenschaft*, § 308, note 6.)

[2] *Tafeln zur Statistik der œsterreichischen Monarchie für* 1847 *und* 1848; erster Theil.

[3] Malgré cette base, qui semble indiquer une assiette par quotité, l'impôt paraît assis, dans certaines provinces au moins, par répartition. V. Chlupp, p. 76 et ci-après p. 191 et suivantes.

[4] Conversation avec feu M. de Bruck, pendant son ministère à Vienne.

sez légère pour les populations, charge accrue en 1859, d'après *le Nord* du 30 mars 1862. Le total du produit des années antérieures, le seul qui nous soit connu, constate l'évidence d'un résultat très-modéré, puisqu'il ne dépasse pas 60 millions de florins pour tout ce vaste empire [1].

M. de Tegoborski, dans son ouvrage publié en 1843, rapportait que les 7/12 du territoire auquel le cadastre autrichien devait s'appliquer étaient déjà mesurés. M. de Reden, en 1852, a remarqué que le cadastre, quoique très-avancé et ayant occasionné une dépense de 22 millions de florins, n'était cependant pas encore achevé.

A côté de l'impôt foncier proprement dit, qui comprend dans son assiette le revenu des maisons dans le Tyrol, et les provinces italiennes et hongroises, il existe, dans les autres provinces de l'empire d'Autriche, un impôt des maisons appelé *Gebäudesteuer*, et qui est perçu suivant deux systèmes différents, applicables, d'après l'importance des localités, tantôt en raison du loyer que les maisons rapportent et tantôt d'après une classification basée sur le nombre des étages et des pièces contenues dans un bâtiment. Dans le premier cas, l'impôt s'appelle *Häuserzinsteuer*, et dans le second *Hauserclassensteuer*. La première branche de cet impôt rapportait, en 1847, 2,818,628 florins, payés par 35,353 maisons, c'est-à-dire près de 80 florins par maison. La seconde branche rapportait 2,021,161 florins sur 2,223,735 maisons, ou moins de 1 florin par maison. Total 4,839,989 [2].

---

[1] Le budget de 1855 porte 59,839,336 florins dont 49,017,977 de principal.

[2] Les tables statistiques pour l'empire d'Autriche que nous avons citées plus haut et qui se rapportent à la même époque donnent 5,019,853 florins.

Il paraît que l'impôt a été fort élevé depuis (Reden, p. 132); dans le budget de 1855, la *Hæusersteuer* est évaluée pour le total à 10,072,030 florins, et en 1851 elle produisait déjà 7,797,813 (*Jahrbuch* de Hübner pour 1857, deuxième partie, p. 9). Enfin, en 1857, le produit a atteint 11,698,219 fr., représentant un accroissement de 198 pour cent, par rapport au produit de 1838, suivant les données d'une publication assez récente du Ministère des finances d'Autriche (*Tafeln*

Cet impôt des maisons a été réglé par une loi spéciale publiée en 1849.

Voici les règles qui coordonnent les deux espèces de taxes sur les maisons dans l'empire d'Autriche.

La *Hauszinsteuer* était originairement perçue dans 54 localités, villes importantes ou lieux de bains, déterminées par une patente impériale. Cette taxe a été étendue dans les provinces allemandes et slaves à toutes les localités dans lesquelles la moitié au moins des maisons est louée, et aux maisons louées en quelque lieu qu'elles soient situées.

En 1850, on a aussi étendu dans les provinces hongroises la *Hauszinsteuer* aux maisons situées dans des localités où les locations prédominaient.

Pour les maisons isolées, soumises à la *Hauszinsteuer* dans les provinces allemandes et slaves, la *Hausclassensteuer* est en même temps perçue, mais elle est imputée sur le montant de la *Hauszinsteuer*.

La Lombardie a, depuis plusieurs siècles, un cadastre renommé, dont la réfection a été opérée dans le siècle dernier, sur les ordres donnés par l'empereur Charles VI en 1718, avec un soin extrême. On a poussé le travail jusqu'au dénombrement des mûriers plantés sur le sol. On a établi, en vertu de ce cadastre, divers registres. 1° La *tavola censuaria* contient l'aperçu de tous les terrains imposables dans chaque commune; 2° les *catastrini* contiennent les mêmes renseignements pour les divers propriétaires; 3° les *libri di trasporti* mentionnent les mutations; 4° les *quinternetti* con-

---

sur Statistik des Steuerwesens (p. 63 de l'introduction, p. 168 à 175 du corps de l'ouvrage).

Il importe de remarquer que la *Häusersteuer* des financiers allemands, qui est payée par les propriétaires, est tout à fait distincte de la *house-tax* anglaise, qui est à la charge des habitants (*tenants*). V. Rau, § 346 *a*.

tiennent les changements dans la nature et la valeur des
fonds, etc.

Le revenu net dans l'assiette de l'impôt foncier lombard
était multiplié par 20 pour la supputation de la valeur du capital du sol, qui était grevé d'un impôt de 1 3/10 pour 100.

De 1760 à 1796, l'impôt fut stable, malgré les progrès de
la population, de la culture et du revenu. Le gouvernement
italien éleva ensuite l'impôt à 3 1/3 pour 100.

Le royaume lombard-vénitien a été compris dans les opérations cadastrales accomplies dans notre siècle pour le reste
de l'empire d'Autriche [1].

L'impôt foncier est représenté depuis longtemps, en Dalmatie, par une dîme perçue sur les produits du sol, qui remonte à la domination ottomane, et que le gouvernement
vénitien a conservée sous sa forme féodale, en y ajoutant
une taxe sur les bêtes bovines, ovines, caprines et porcines
gardées dans les pâturages. Cette taxe se nomme *tassa dell'*
erbatico. Sous le gouvernement français, le domaine éminent
qui servait de base à la dîme fut abandonné par l'État. Toutes les propriétés devinrent librement aliénables. Mais la
dîme, considérée comme impôt, fut étendue à des parties
du territoire qui en étaient restées exemptes.

Le gouvernement autrichien continue, dit un écrivain
allemand récent, à lever, en Dalmatie, la dîme, l'*erbatico*, et
une taxe sur les maisons classifiées [2]. Mais dans les tableaux
du budget autrichien rien ne paraît ostensiblement séparer
la Dalmatie des autres provinces.

Le caractère dominant de l'assiette par répartition pour
l'impôt foncier en Autriche semble attesté par un article de
l'édit ordonnant la confection d'un cadastre provisoire en
Hongrie, Croatie, Slavonie, et dans les provinces qui en dé-

[1] Ritter von Hauer, p. 44.
[2] Ritter von Hauer, p. 48.

pendent. Aux termes de l'article 16 de cette patente, en
date du 14 mars 1850, « la somme d'impôt foncier afférente
à chaque province de la couronne sera répartie (*umgelegt*)
pour chaque année d'après les données du produit constaté,
de manière que chaque propriétaire foncier paye, à titre de
Grundsteuer, une quotité correspondante et égale par rapport au revenu [1]. »

L'instruction autrichienne du 3 novembre 1820, pour la
répartition et la perception de la *Grund-und Gebäudesteuer*
dans les provinces où le cadastre provisoire (*Grundsteuer
provisorium*) est établi, instruction qui est insérée dans l'ouvrage de Linden [2], paraît indiquer aussi que l'assiette de
l'impôt foncier en Autriche a lieu par répartition, et celle
de l'impôt des maisons par quotité.

On y voit, en effet, que l'autorité fiscale doit fixer la *cote
d'impôt foncier* et le *montant conformément aux classes de l'impôt sur les maisons* pour chaque contribuable (art. 1er) ;

Qu'elle reçoit la *clef d'assiette de la taxe* (*Steuerauschrei-
bungsschlüssel*), dans laquelle le *dividende* qui incombe,
pour la *Grundsteuer* ordinaire et pour son supplément, à
chaque florin de produit foncier dans les diverses cultures
de champs, de vignes, de prairies, de pâturages et de forêts, est exactement calculé (art. 3).

On y suppose que le dividende pour un champ peut être
de 9 kreutzers 117/200 par florin (art. 5.)

Cela paraît établir parfaitement le caractère de l'impôt
foncier.

Quant à l'impôt des maisons, l'article 10 s'exprime ainsi :
« La répartition de la *Gebäudeclassensteuer* s'opère d'elle-
même, suivant les tableaux de classification que possède l'au-

---

[1] *Reichsgesetze fur Kaiserthum Oesterreich*, 19ᵉ, 20ᵉ et 21ᵉ cahiers, p. 85.
[2] *Die Grundsteuer Verfassung in den deutschen und italianischen Provinzen
der œsterreichischen Monarchie*, von doctor Linden, Wien, 1840, t. II, p. 2 et suiv.

torité fiscale. Le montant (*Betrag*) qui est fixé pour la classe dans laquelle la maison est rangée est exigible comme taxe. »

L'article 12 ajoute que lorsque la *répartition* de la *Grundsteuer* proprement dite et la *cote de classification* de la *Gebaudesteuer* sont mises en état et déterminées, on signifie au contribuable le montant de sa dette.

Des expressions analogues se trouvent dans une autre circulaire du 15 juillet 1834, insérée dans le même ouvrage [1].

Pour la Bohême, le système de répartition, sans aucun élément accessoire de quotité, paraît être exclusivement en vigueur [2].

Les diverses provinces de la Prusse sont soumises à des impôts fonciers répartis suivant des modes différents et qui comportent dans plusieurs d'entre elles certaines inégalités reposant sur la qualité des possesseurs et certains priviléges en faveur des terres seigneuriales [3]. L'étendue de ces terres (*Rittergüter*), qui sont où étaient naguères en presque totalité exemptées de l'impôt foncier, serait, dans le Brandebourg, d'environ 30 pour 100 du territoire, dans la Prusse de 27 pour 100, dans la Silésie de 50 pour 100, dans la province de Posen de 55 pour 100 et dans la Poméranie de 62 pour 100 [4].

La province du Rhin est la seule où la répartition de l'impôt s'opère d'après un nouveau cadastre commencé par le gouvernement français et mis en vigueur par la loi de 1839, qui a fixé la quotité de l'impôt à 20 pour 100 du revenu net.

La surcharge relative des provinces occidentales com-

---

[1] P. 15 et suiv.
[2] *Ibid.*, p. 103 et suiv.
[3] Tegoborski, t. I, p. 167 et suiv.
[4] V. le supplément au numéro 17 de la *Nouvelle Gazette de Prusse* de 1856.

parativement aux provinces orientales est une question grave
qui a longtemps préoccupé les hommes d'État prussiens.
M. Hoffmann, dans son savant ouvrage sur les impôts considérés particulièrement au point de vue de la législation
prussienne, s'est efforcé d'atténuer les différences reprochées à cet égard à l'assiette de la *Grundsteuer* prussienne [1].

Pour déterminer le rapport réel de l'impôt avec la valeur
des produits dans un mille carré, M. Hoffmann, qui a [com-
paré notamment la province du Rhin et la province de
Prusse proprement dite, établissait d'abord les relations des
chiffres de l'impôt payé avec le mille carré dans chaque
province. Il constatait, sous ce rapport, que :

> Si la Prusse payait par mille carré. 1
> La province du Rhin payait. 7,777

Il divisait avec quelque raison ces relations par les chif-
res qui représentaient la densité relative de la population
dans les deux provinces, à savoir pour la Prusse 1, et pour
la province du Rhin 2,742.

Les quotients de cette division ramenaient les relations de
l'impôt dans les deux provinces eu égard à la densité de la
population par mille carré aux chiffres suivants :

> Prusse. 1
> Province du Rhin. 2,836

Mais, suivant l'auteur, la densité de la population n'annonce pas seulement une plus grande quantité de produits
fonciers ; elle indique plus d'aisance, une nourriture meilleure et plus succulente et l'habitude de vêtements plus riches. Il croyait pouvoir, par ce motif, diviser une seconde
fois les chiffres 1 et 2,836 par les coëfficients qui exprimaient la différence des densités de population et réduire

---

[1] V. *Die Lehre von den Steuern*, p. 129 à 135.

ainsi la différence dans la proportionnalité de l'impôt aux chiffres suivants :

L'impôt de la Province de Prusse pesant comme. 1
Celui de la province du Rhin aurait pesé seulement comme. 1,034

La dernière partie du calcul de M. Hoffmann nous paraît contestable et empreinte d'arbitraire. Si la densité de la population comporte quelques existences plus brillantes, il ne faut pas oublier que cette densité elle-même n'est pas toujours en rapport avec les produits du sol et que la richesse industrielle sert aussi souvent à alimenter les populations plus agglomérées. Une grande différence dans le poids relatif de l'impôt, entre les deux provinces comparées, est donc plutôt établie que détruite par les calculs de M. Hoffmann.

La loi prussienne de 1839 sur l'impôt foncier établit dans son article 26 le principe de la révision périodique des évaluations cadastrales [1].

Le produit de la *Grundsteuer* prussienne est environ du quart de celui de la *Grundsteuer* autrichienne. Il est même moins considérable si l'on réfléchit que le budget prussien ne renferme pas de taxe sur les maisons distincte de l'impôt foncier général [2]. Il a été cependant question d'en établir un. Ce projet était, d'après *le Moniteur* du 1er mars 1859, lié à plusieurs autres. — «Dans la séance du 26 février 1859, suivant ce journal, le ministre des finances, M. de Patow, déposa quatre projets de lois concernant : 1° un nouveau règlement de l'impôt foncier; 2° l'établissement d'un impôt géné-

---

[1] Rau, § 315 *a*, note *e*. Ce principe paraît avoir quelques racines dans l'ancienne législation fiscale du pays. « La taxe sur les terres, dit Adam Smith, est assise dans l'ancien domaine du roi de Prusse suivant un arpentage et une évaluation qu'on revoit et qu'on change de temps en temps. » *Richesse des nations*, liv. V, chap. II.

[2] Le budget prussien de 1855 porte 10,084,182 thalers pour la *Grundsteuer*.

ral sur les bâtiments ; 2° l'application de l'impôt foncier aux
domaines qui en avaient été exemptés jusqu'ici ; 4° l'indemnité à accorder aux propriétaires qui jouissaient de l'exemption. Dans un exposé des motifs, le ministre a donné les explications nécessaires sur ces propositions. Le gouvernement a
renoncé à la formation d'un cadastre général, à cause des difficultés que présente cette opération. On pense arriver à la
péréquation de la contribution foncière dans les provinces
orientales et occidentales de la monarchie, en augmentant
l'impôt de 20 pour 100 dans les premières, en le diminuant
de 10 pour 100 dans les secondes. On payera comme indemnité à ceux qui jouissaient de l'exemption : 1° dans le cas où
l'exemption est fondée sur des titres, vingt fois le montant de
l'impôt ; 2° dans les autre cas, treize fois et demi ce montant.
Le ministre des finances a reconnu expressément que les propriétaires de cette dernière catégorie n'avaient pas légalement
droit à l'exemption de l'impôt, mais que des raisons d'équité
militaient en leur faveur. Des mesures projetées il ne résulterait pas pour le moment d'augmentations de recettes pour
les caisses de l'État, le produit des propriétés exonérées,
évalué à 720,000 thalers, devant être employé pendant vingt
ans à l'amortissement du capital d'indemnité. L'impôt sur
les bâtiments, qui donnera 570,000 thalers, remplacera la
diminution provisoire de l'abaissement de l'impôt dans les
provinces orientales, elle présente trop de difficultés pour
qu'on puisse la réaliser immédiatement. » Telles étaient les
prévisions extraites par le journal français d'une feuille allemande. Nous n'avons pu en suivre en détail la réalisation.
Il paraît toutefois, d'après une assertion de la *Revue contemporaine* du 31 mars 1862 que la péréquation de l'impôt
foncier proposée en 1859 aurait été adoptée dans des termes
plus ou moins rapprochés de la proposition de M. de Patow,
et il y a été fait allusion dans le discours du trône de 1860.

Il existe en Bavière un impôt foncier assis sur le revenu
net imparfaitement déterminé [1], et en même temps un impôt sur les maisons, lequel a pour base le sol des bâtiments
dont la valeur est portée à une classe élevée à raison de la
construction qui le surmonte, s'il est impossible d'en connaître autrement le revenu [2].

Ce dernier impôt est remplacé dans la Bavière rhénane par
une contribution sur les portes et fenêtres, qui est sans
doute un legs de la domination française [3].

L'impôt foncier et l'impôt sur les maisons sont principalement réglés par deux lois du 15 août 1828. L'assiette de
l'impôt foncier est en principe immuable. Mais on a prévu
qu'elle pouvait être modifiée par suite d'accidents de force
majeure [4]. L'impôt foncier n'est point assis par répartition.
Un kreutzer d'impôt représente l'unité de taxation applicable à une étendue de sol suffisante pour produire une
mesure de blé (*Achtelscheffel*). La loi de finances détermine
le nombre d'unités (*Steuersimpla*) qui doivent être perçues.

De 1843 à 1849, le produit net de l'impôt foncier bavarois
a été de 4,215,099 florins du Rhin ; celui de l'impôt sur
les maisons, portes et fenêtres, dans les diverses parties du
royaume, a été de 610,490 florins [5].

Il y a, en outre, en Bavière une taxe sur les droits seigneuriaux, appelée *Dominical Steuer*, dont le produit va en

[1] On n'a déduit sur le produit brut des terres que la semence et un tiers en prévoyance d'une année de jachère sur trois. Il est vrai qu'on a négligé les produits
de la jachère elle-même et la valeur de la paille pour les terres à blé comme celle
du pâturage pour les prairies. V. Rau, § 326, note *a*. D'après M. de Reden, l'impôt n'est assis ni sur le produit brut, ni sur le produit net, mais sur la capacité
productive (*Erzeugungs-Fœhigkeit*). V. t. I., p. 202.

[2] V. Rau, § 350 *b*.

[3] Reden, p. 51 à 55.

[4] Rau, § 315, note *e*.

[5] Reden, p. 21.

décroissant par suite du rachat de ces droits et était en 1850
estimé au dessous de 300,000 florins.

Dans le Wurtemberg, l'impôt sur les biens-fonds, les
droits seigneuriaux et les maisons ne forme en quelque sorte
qu'une même contribution réunie avec la taxe sur l'industrie elle-même, sous le nom compliqué de *Grund-Gefäll-
Gebäude-und Gewerbsteuer.*

Le total du contingent assigné à cette contribution presque générale sur les revenus est réparti dans la proportion
de 17/24 pour la propriété non bâtie, 4/24 pour la propriété
bâtie et 3/24 pour l'industrie. L'impôt est subdivisé successivement entre les bailliages, les communes et les simples
contribuables [1].

Le grand duché de Bade a une taxe sur le capital des
propriétés foncières bâties et non bâties ainsi que des rentes [2].

Le duché de Nassau a un système analogue [3].

Le grand-duché de Hesse perçoit un impôt foncier qui
frappe également les propriétés bâties et non bâties, ainsi
que les rentes, dîmes et autres droits immobiliers. L'impôt
est assis sur le revenu net. Pour les propriétés bâties, le revenu n'est pas évalué directement, mais il est déduit du
prix général moyen, d'après des proportions fixées par la loi :
1/25 de la valeur pour les bâtiments, 1/30 pour les moulins
et forges [4].

Le Hanovre lève un impôt foncier réglé par une loi de
1826 et qui repose sur un cadastre. L'impôt est assis sur le
revenu net, sans considération des charges foncières, rentes
ou dîmes qui grèvent le sol. Seulement le propriétaire peut
opérer une retenue contre l'ayant droit à la dîme en nature

[1] Reden, p. 199.
[2] *Ibid.*, p. 327.
[3] Rau, § 324.
[4] Reden, p. 423.

ou à l'usage forestier. La taxe est assise par répartition d'une somme fixe qui est un peu plus du dixième du revenu net imposable appelé *Steuer capital*. La proportion de 10 1/4 pour 100 est le taux nominal (*Nennwerth*) de l'impôt. Cette proportion résulte de la somme à répartir, fixée à 135,000 thalers, comparée avec le produit imposable du sol [1].

La taxe sur les maisons, établie d'abord sur le pied de 4 pour 100 du prix de location a été, en 1834, assise à l'aide d'une classification fondée sur la valeur approximative des maisons.

Le duché de Brunswick a remplacé en 1842 diverses contributions séparées sur les terres, les moulins, les dîmes, les troupeaux, par une contribution foncière sur le revenu net. Le centième de ce revenu forme l'unité contributive [2].

Les duchés d'Oldembourg et de Mecklembourg perçoivent des taxes de même nature dont certaines sont assises d'après la contenance du sol, la quantité de la semence ou le nombre des voitures de foin et des perches de houblon [3]. Les duchés de Mecklembourg ont aussi des taxes sur les animaux, lesquelles ont peut-être pour but de rendre proportionnel l'impôt foncier qui y est assis d'après la contenance du sol (*Hufensteuer*) [4].

Dans le royaume de Saxe, diverses taxes foncières existaient sous les noms de *Schoksteuern, Quatembersteuern, Accisgrundsteuern, Rauchsteuern*, et ont été remplacées en 1844 par une taxe unique établie sur le revenu net, sans toutefois tenir compte des rentes et charges réelles grevant les immeubles. L'unité cadastrale (*Steuereinheit*) se compose

[1] *Ibid.*, p. 734 à 742.
[2] Reden, p. 964.
[3] *Hupfenkuhlen.*
[4] Reden, p. 1040 et 1117. Les chevaux non employés à l'agriculture sont taxés, dans le Mecklembourg, au double de ceux qui servent à des usages agricoles.

de l'étendue de terrain nécessaire pour un revenu net de
100 deniers (*pfennigs*). Les propriétés bâties et non bâties
sujettes à l'impôt fournissent un total de 50,818,689 unités
de cette sorte. Le nombre de deniers levés par chaque unité
donne le *pour cent* de l'impôt foncier par rapport au revenu
net. L'impôt foncier est acquitté en quatre termes trimes-
triels [1].

Le grand duché de Saxe-Weimar a aussi son impôt foncier réglé par les lois des 29 avril 1821 et 18 mars 1851. La
répartition de l'impôt ne peut être modifiée que par la loi.
Les objets imposables nouvellement créés sont adjoints ad-
ministrativement à ceux qui ont été antérieurement taxés [2].

Les duchés de Saxe-Cobourg, Saxe-Gotha, Saxe-Meiningen et Saxe-Altembourg [3] les duchés d'Anhalt [4], le grand
duché de Luxembourg, le duché de Limbourg [5], les princi-
pautés de Lippe-Schauenbourg et Waldeck, Schwarzbourg,
Sondershausen et Rudolstadt, Reuss-Schleiz, le landgraviat
de Hesse-Hombourg, la ville libre de Hambourg et celle de
Brême [6] ont aussi des contributions foncières.

Dans la dernière de ces villes, l'impôt est assis sur la valeur vénale des propriétés bâties et non bâties. Il était de 2
pour 1,000 avant 1850, et il a été à cette époque réduit à
1 1/2 pour 1,000.

Des impôts fonciers sont aussi établis dans un petit nombre de cantons suisses.

Le Lebenberg, dans le canton de Berne, conserve une
contribution de ce genre, ayant produit en 1846, par exemple, 15,202 francs de Suisse, et qui est la continuation de

---

[1] Reden, p. 1262.
[2] *Ibid.*, p. 1395.
[3] *Ibid.*, p. 1424 et 1426.
[4] *Ibid.*, p. 1430 à 1432.
[5] *Ibid.*, p. 1478.
[6] Reden, p. 1496 à 1498, 1502, 1504, 1508, 1512, 1543, 1579.

la taxe française établie dans cette partie du canton lors de sa réunion à l'empire de Napoléon Ier.

A Appenzell (Rhodes intérieures), l'impôt foncier est de 1, 2 ou 3 pour 1,000 du capital des propriétés.

Dans le canton de Vaud, il est de 2 1/2 pour 1,000 sur la valeur des propriétés non bâties, et de 1 pour 1,000 sur celle des bâtiments. L'impôt a été porté pour un produit de 393,000 francs au budget de 1847.

Il y a aussi à Genève un impôt foncier réparti entre les communes du canton et qui a figuré pour 133,458 francs au budget de 1846 [1].

Le Danemark a, depuis longtemps, des impôts fonciers. Sous Christian V, dans le dix-septième siècle, l'impôt fut réparti par tonnes de blé (*hartkorn*). Cette unité de récolte répondait à des contenances de sol différentes, suivant la fertilité variable des terrains [2]. Aujourd'hui, on voit figurer, dans le budget des recettes du royaume de Danemark proprement dit, pour 1853-1854, une taxe foncière de 817,000 risdales, et une taxe sur les maisons de 455,500 risdales. On assure même qu'il existe en Danemark plusieurs impôts fonciers distincts par l'origine, la destination et la dénomination. Ce sont le *land-skat*, le *gammel-skat* le *lignings-skat* et le *vei-skat;* enfin, le *hausskat* ou taxe sur les maisons, payée par les propriétaires et évaluée d'après la surface occupée et le nombre des étages.

Les budgets des duchés de Schleswig et de Holstein pour la même année présentent les deux mêmes taxes que le budget du Danemark avec des produits différents.

En Suède, le *grundskat*, ou impôt foncier, est permanent; il est établi en blé ou autres denrées, d'après une

[1] Hottinger, *Der Staatshaushalt der Schweizerischen Eidgenossenschaft*, p. 36, 68, 86 et 95.

[2] Rau, § 316, note *h*.

estimation fixée depuis plusieurs siècles. Cet impôt n'est payé que pour les terres anciennement aliénées de la couronne, et désignées sous le nom de *kronohemman*. A l'époque de l'aliénation de ces immeubles, les acquéreurs ne payèrent que le tiers du capital du prix d'achat, et ils s'assujettirent à une rente perpétuelle pour le surplus de la valeur.

L'impôt foncier est invariable. Une diète ne peut le refuser. La quantité de denrées que les terres doivent payer est toujours la même depuis un temps immémorial; mais des députés des quatre ordres en déterminent chaque année, par province, le prix courant, que le contribuable a la faculté d'acquitter en nature ou en argent [1].

L'Espagne a depuis longtemps des impôts sur le revenu foncier. Avant la réforme financière de 1845, on devait considérer comme tels la contribution générale, dite *paja y ustensilios* [2], prélevée sur le revenu net des propriétaires dans les villes et les campagnes, et sur celui des troupeaux de toute espèce, et qui rendait en 1842, 12 millions de francs.

Parmi les impôts particuliers aux provinces de la couronne de Castille, les *frutos civiles*, établis en 1785, consistaient en un prélèvement de 2 1/2 pour 100 sur le revenu net des propriétaires qui habitaient leurs biens, et de 5 pour 100 sur le revenu de ceux qui ne les habitaient point.

A Madrid, Philippe II s'était attribué pour le logement des personnes de sa cour la moitié des maisons que leur distribution permettait de diviser suivant cette proportion, et le tiers des loyers de celles qui ne pouvaient subir ce partage. De là, une contribution, nommée *regalia de aposento*, confirmée en 1621 par Philippe IV, sauf une exemption en

---

[1] Daumont, *Voyage en Suède*, t. II, p. 743.

[2] Créée en 1719 dans le but de subvenir aux dépenses de literie et d'éclairage des troupes, et aussi, depuis 1756, à la dépense des fourrages de la cavalerie. *L'Espagne en* 1850, par M. Block, p. 50.

faveur des marchands qui habitaient leurs maisons, et qui justifiaient que leurs boutiques et arrière-boutiques étaient occupées par des marchandises. Divers décrets ayant autorisé le rachat de cette servitude si nuisible à la prospérité de Madrid, moyennant 4 pour 100 de la valeur des maisons, 3,185 maisons sur 7,553 restaient encore en 1835 sujettes à cet impôt.

Le revenu foncier était encore atteint, dans les provinces du royaume d'Aragon, par l'*equivalente catastro e tella* ; dans la Catalogne par le *dixième*.

En 1845, le vieux système des contributions espagnoles fut réformé sur les principes de la simplicité et de l'unité.

Un impôt de répartition exigible dans toutes les provinces a été assis sur le revenu net des immeubles, des cultures et des troupeaux ; son produit était en 1850 de 75 millions de francs. Il n'atteint pas seulement les propriétaires, mais encore les fermiers et métayers pour le revenu net qu'ils tirent de leur industrie [1].

D'après les modifications introduites en 1845 dans le système des revenus publics du Portugal, il y existe un impôt foncier de répartition, probablement établi sur le système français. Le produit en était évalué, pour 1846-1847, à 1,584,817 reis [2].

Les impôts fonciers ne sont pas moins anciens dans la péninsule italique que dans la péninsule ibérique.

Venise avait, depuis le moyen âge, ses dîmes sur les immeubles. M. Daru rapporte que les propriétaires avaient la faculté de payer l'impôt en argent ou en grain évalué à peu près à un sixième au-dessous du cours [3].

---

[1] M. Block, p. 63, 70 et 71, *L'Espagne en* 1850.

[2] Rapport sur les finances présenté aux Cortès portugaises le 16 février 1846 par le compte de Tojal.

[3] *Histoire de Venise*, t. VI, p. 256, 1re édition.

L'impôt foncier fut établi, d'après M. Cibrario, dans les
États de la maison de Savoie, en remplacement d'une partie de la gabelle du sel à la date de 1561, et il était déjà regardé, en 1590, comme établi à perpétuité [1].

On retrouve l'impôt foncier dans toute la péninsule, et
même dans la république de Saint-Marin [2].

Le nouveau royaume d'Italie s'est trouvé en présence d'éléments à la fois identiques et variés sous ce rapport.

Son administration a ressenti immédiatement le besoin de comparer ces divers éléments et d'étudier les moyens
d'introduire entre eux une certaine harmonie et une certaine
égalité; des recherches ont été ordonnées en vue de ce
résultat. Un employé supérieur du ministère des finances
chargé de ce soin, M. Louis Nerva, dans son rapport adressé
en 1861, au ministre des finances du royaume d'Italie,
sur l'impôt foncier concernant les diverses provinces de ce
royaume, a donné divers détails curieux sur la constitution de cet impôt. Voici les principaux éléments que nous y
avons relevés.

Dans la province de l'ancien Piémont, on a établi seulement dans le siècle dernier un cadastre [3]. Le produit de
l'impôt foncier levé sous forme d'impôt de répartition [4],
montait à cette époque à une somme équivalente à 3,876,214
livres d'aujourd'hui.

La province d'Aoste [5] possède depuis 1783 un cadastre
où l'on a renoncé à s'occuper par économie, des montagnes
et des terrains incultes.

On s'est beaucoup occupé de l'impôt foncier dans les pro-

---

[1] *Origini e progresso delle instituzioni della monarchia di Savoia*, parte
prima, p. 289:

[2] Serristori, *Statistica dell' Italia*.

[3] Page 19 du Rapport.

[4] Page 21.

[5] Page 22.

vinces, dites d'acquisition nouvelle (Novarra, Pallanza, Tortona, etc.), et c'est avec un grand soin qu'on y a dressé un cadastre [1]. L'impôt foncier y a été levé sous forme d'impôt de quotité. Le total de l'impôt au profit du trésor dans ces provinces s'élevait en 1775 à 1,548,228 liv. 19.

Dans l'ancienne province de Montferrat, quelques communes seulement possèdent un cadastre qui devait être établi dans toute cette province en 1781 [2], mais les événements politiques y mirent obstacle.

En Ligurie, le cadastre date de la domination française : l'impôt foncier paraît y avoir été assis par voie de répartition [3].

On a fait dans l'île de Sardaigne, dès 1818, un cadastre provisoire dont les opérations durèrent 15 ans. Il a été reconnu en 1853, que le revenu imposable des terres s'élevait à 19,205,545 liv. 54. Or, le 10e de ce revenu imposable qui constitue le produit de l'impôt foncier, s'est élevé avec les centimes additionnels, à 2,475,775 liv. 62 [4].

En même temps qu'on améliorait par la loi du 31 mars 1851 l'assiette de l'impôt foncier sur les propriétés bâties dans les provinces continentales de l'ancien royaume de Sardaigne, de manière à en retirer un produit estimé par M. Nerva à 4,946,974 liv., on faisait des études pour la formation d'un cadastre stable (*catasto stabile*) pour les propriétés rurales.

Ces études, et la recherche des terrains non encore imposés, ne donnèrent pas le résultat financier qu'on en attendait [5]; mais elles servirent à faire connaître la situation dans laquelle se trouvaient les cadastres des communes des an-

[1] Page 22.
[2] Page 24.
[3] Page 25.
[4] Page 27.
[5] Page 32.

ciennes provinces. En résumé, d'après M. Nerva, les contingents communaux de l'impôt prédial dans l'ancien royaume
de Sardaigne, fixés par l'édit royal du 14 décembre 1818,
sur les bases établies pendant la domination française, réduits depuis dans diverses proportions pour chaque province, ont abouti aujourd'hui à donner pour les provinces
continentales de l'ancien royaume en principal et surtaxes
diverses au profit du trésor, un total de 12,857,579 liv. et
15,333,355 liv., par l'addition du contingent de l'île de
Sardaigne.

Dans les provinces lombardes, au sujet desquelles M. Nerva
rappelle l'ancien cadastre milanais si renommé, ainsi que les
estimations opérées dans notre siècle pour d'autres provinces, et mises très-difficilement en rapport avec cet ancien cadastre, l'impôt foncier est assis par quotité [1]. Les chiffres qui
ont exprimé cette quotité ont été fort variables suivant les
temps. Si l'on recherche le rapport approximatif de l'impôt
avec le revenu réel, on trouve que ce rapport est exprimé
par une quotité de 19 c. 75 par livre de revenu pour l'impôt de l'État et de 9 c. 76 pour l'impôt des communes et des
provinces. Total 29 c. 51. La moyenne annuelle de l'impôt
général et local réunis, par rapport à l'étendue du sol imposé est de 17 liv. 44 par hectare, et relativement à la population de 13 liv. 30 par tête [2]. Le produit de l'impôt est de
24,290,111 liv. pour l'État et de 36,293,633 avec les surtaxes au profit des provinces et des communes.

Dans les provinces de Parme, des décrets impériaux du 3
novembre 1802, du 20 octobre 1803 et du 4 juin 1816, ont
ordonné d'établir, d'après le système français, un état cadastral [3].

[1] Page 46.
[2] Page 50 à 52.
[3] Page 53.

Le revenu imposable des terres et bâtiments s'élève à 14,112,447 liv. [1]. L'impôt est par quotité. Le produit de l'impôt foncier au profit du trésor en 1861 a été de 3,495,225, ce qui correspond à 0,264 par livre du revenu cadastral et à 0,155 par livre du revenu effectif [2].

Il y avait autrefois 10 cadastres distincts dans les provinces de Modène pour les diverses parties du territoire.

D'après l'état général résultant de la réunion de ces cadastres tous plus ou moins irréguliers, le revenu imposable est de 17,160,191 liv. 74.

L'impôt au profit du trésor ayant été fixé à 18 c. 17 par chaque livre du revenu imposable, s'est élevé à 3,118,350 liv. 04 [3] et l'imposition moyenne par chaque habitant a été de 5 liv. 11 pour l'État et 2,89 pour les surtaxes communales, total 8 liv. par tête. Par suite de l'inégalité des estimations, l'impôt varie de 5 à 15 centimes par livre du revenu réel [4].

Il n'y a pas eu avant 1822, de vrai cadastre dans les provinces de la Toscane. On commença à cette époque un cadastre qui a été mis en vigueur en 1832. En 1842 seulement, l'Ile d'Elbe en posséda un. Le revenu imposable des terres s'est élevé à 24,688,490 liv. pour les biens ruraux et à 12,383,365 livres, pour les batiments, c'est-à-dire à un total de 37,071,855. Ce revenu a été porté plus tard à 41,433,115 livres, et l'impôt en faveur de l'État ayant été fixé à 12,76 pour 100 du revenu imposable des terres, s'est élevé à 5,292,000 [5]. La proportion descend toutefois à environ 9 pour 100 seulement du revenu réel.

[1] Page 55.
[2] Page 56.
[3] Page 60.
[4] Page 90.
[5] Page 64.

Dans les Romagnes, les Marches, l'Ombrie et la province de Bénévent, l'impôt foncier est connu sous la dénomination de *Dativa reale* [1]. La base de cet impôt de quotité est la valeur capitale des biens-fonds, déduite du revenu cadastral, capitalisé sur le pied de 4 pour 100 pour les fonds ruraux et 8 pour 100 pour les fonds urbains. On s'occupa de 1820 à 1832, d'un cadastre dans lequel tous les terrains furent compris, sauf ceux occupés par les routes de toutes classes, les passages, les sentiers publics et les promenades. Des exceptions furent prononcées en faveur des associations religieuses, vraiment mendiantes, et des immeubles au-dessous d'une certaine cote. On peut évaluer le capital des biens-fonds imposables, à 141,377,453,86 écus [2]. Or, la quotité moyenne de l'impôt en principal, par chaque centaine d'écus de cette évalution, est d'après les calculs de M. Nerva, de 7 liv. 69. La charge totale de l'impôt au profit du trésor est de 12,033,316 livres [3], correspondant à 2,261,901 écus romains.

L'imposition foncière n'a été d'abord dans les provinces napolitaines qu'une espèce de capitation (*testatico*), qui se percevait par feu et qui, dans le siècle dernier, formait la principale taxe directe au profit du Trésor [4]. Vers 1670, le gouvernement en déclarant que chaque commune serait taxée à une certaine somme, on fit un impôt de répartition, dit alors *Bonatenenza* [5] et sujet à divers privilèges et abus. En 1741, on ordonna la formation d'un cadastre général, basé sur la déclaration des revenus par les contribua-

[1] Page 66.
[2] Page 69.
[3] Tableau 8.
[4] Page 71.
[5] Page 71. V. aussi sur l'impôt foncier à Naples, le livre de M. Bianchini : *Della storia delle finanze del Regno di Napoli*, p. 427 et suiv. Il mentionne, p. 46, une sorte de cadastre appelé *Cedolario* et institué par le roi Roger.

bles avec une certaine confusion de la rente des biens et des
gains personnels. Ce fut seulement en 1807 qu'on renonça à
ce système défectueux, pour procéder à la formation d'un
véritable cadastre, fondé sur le revenu présumé des biens
entre 1798 et 1807. On punissait d'amende les personnes qui
auraient omis de déclarer avec vérité leurs biens. En 1817 [1],
le cadastre fut réformé et les revenus imposables durent être
déclarés fixes jusqu'en 1860, pour certains biens, et jusqu'en 1880, pour les autres (olivettes et bois). Les déclarations des propriétaires furent encore demandées pour cette
opération. Le total de l'impôt foncier qui s'élève à 8,456,751
ducats [2], représentant 35,941,191 livres italiennes (somme
à réduire d'un vingtième par le décret du 17 février 1861,
qui a aboli le vingtième sur les revenus des communes),
est réparti en contingents invariables depuis 45 ans.

L'impôt établi dans l'origine, sur le pied du cinquième du
revenu cadastral primitif, varie en réalité de 19 à 22 pour
100 du revenu cadastral actuel. Mais dès la fin de 1834, le
revenu réel a paru supérieur d'un tiers au revenu cadastral [3].

En Sicile, l'imposition foncière n'existe distinctement des
impôts accidentels et irréguliers (*balzelli*), que depuis l'année 1810, où l'on s'est occupé d'un cadastre général fondé
sur des déclarations spontanées rectifiées en 1815. Ce cadastre peu satisfaisant provoqua le décret royal de 1833, qui
a ordonné une estimation générale des revenus fonciers de
la Sicile, d'après les règlements adoptés déjà dans les provinces napolitaines [4].

Parmi les mesures prises à cette occasion, il faut noter celle

[1] Page 73.
[2] Page 75.
[3] Page 76.
[4] Page 77.

qui a enjoint aux notaires de Sicile, comme à ceux des provinces napolitaines, de désigner dans les contrats les biens fonds, avec les extraits du cadastre qui les concernent. Une vingtaine d'années, de 1833 à 1853, s'est écoulée avant la fin de ce grand travail auquel on ne consacra que [1] 1,373,920 livres. Le revenu net imposable des terres a été estimé à 70,352,205 livres bien que les déclarations des propriétaires n'eussent pas dépassé 46,206,272 livres. Aujourd'hui l'impôt au profit du trésor, fixé a 10 pour 100 du revenu imposable, rapporte 7,035,205 liv. [2]. La moyenne de l'imposition par habitant est de 4 liv. 77,2, la population des provinces de Sicile étant comptée à 2,221,734 âmes [3].

M. Louis Nerva a terminé son exposé par les réflexions suivantes :

« La situation des provinces du royaume relativement à l'impôt foncier, nous offre une vraie mosaïque de cadastres différents d'origine, de base et de forme. Quelques-uns d'entre eux ayant été dressés au moyen de la mesure exacte des terrains et d'après l'estimation réelle des biens fonds, servent encore plus ou moins bien à la conservation des limites de la propriété, bien que dans aucun lieu ils n'en renferment la démonstration juridique, comme cela se pratique en Allemagne et en Hollande. D'autres cadastres établis sans mesure préalable, ne peuvent être appelés géométriques, et servent uniquement à la répartition de l'impôt foncier. »

« De tous les cadastres mentionnés on en compte 8 qui sont suffisamment homogènes, pour permettre de s'en servir dans la zone ou la région qu'ils embrassent, au moyen d'une cote uniforme pour chaque unité d'évaluation : ces cadas-

---

[1] Page 80.
[2] Tableau 10.
[3] Page 81.
[4] Tableau 10 après la page 80.

tres sont : les deux cadastres en usage en Lombardie, ceux
de Parme et de Toscane, le cadastre des fonds ruraux et celui
des fonds urbains dans les provinces de l'ancien État pontifical, et les deux cadastres presque identiques des deux
provinces méridionales. Parmi les autres cadastres, dont
on ne peut se servir au moyen d'une cote uniforme,
dans toute l'étendue du territoire qu'ils comprennent, dix
appartiennent aux provinces de Modène, et presque une
centaine aux provinces anciennes, qui, comme on l'a vu,
avaient presque un cadastre différent par chaque commune.
C'est ce qui soulève de graves difficultés dans la question
de la péréquation de l'impôt foncier, si on voulait l'établir
avec le seul secours des estimations cadastrales actuelles,
considérant surtout que ces estimations sont, tantôt fondées
sur la valeur capitale des fonds, tantôt sur des chiffres abs-
traits, qui ne représentent, ni la valeur, ni le revenu, et le
tout exprimé en unités monétaires toujours diverses. »

« C'est pourquoi si l'on doit tenir compte de ces valeurs
monétaires et des diverses *règles adoptées pour la fixation des
estimations*, il en résulte qu'il est très-difficile pour ne pas
dire impossible, de déterminer le rapport entre elles des estimations de chaque province, selon leur appréciation la plus
vraisemblable, sans tomber dans l'arbitraire et l'injustice. »

« En résumé, comment espérer de mesurer et de déterminer, avec une approximation suffisante, le rapport des
estimations du cadastre de Parme avec les estimations très-
irrégulières de Modène, qui ont déjà subi cinq transformations successives ou avec celles du cadastre de Toscane
qui n'admet pas la classification des qualités de culture ;
quand on pense combien il a fallu de longues, de nombreuses et de coûteuses recherches accompagnées de beaucoup
de soins et de discernement pour déterminer le rapport qui
existe entre les deux cadastres de Lombardie, qui cepen-

dant ont entre eux assez d'affinité pour qu'il n'y en ait pas
dans le royaume d'autres aussi semblables? La diversité des
cultures, les usages divers adoptés pour leur classification ;
les époques différentes auxquelles on s'est occupé de fixer la
quantité des produits et la valeur à leur donner, et enfin les
systèmes variés pour opérer les déductions à y appliquer,
forment une série d'obstacles graves et insurmontables contre la détermination exacte du rapport des estimations cadastrales dans tout le royaume. »

« C'est pourquoi si l'on voulait se former une juste idée
du poids de l'impôt foncier, en comparaison des forces contributives de la propriété qui y a été soumise, on risquerait de
se tromper grandement sur ce poids, si l'on se contentait
seulement du rapport des estimations cadastrales entre elles
et de celui qui existe entre ces estimations et l'impôt. »

« Cela posé, il semble que dans la situation actuelle des
choses, à moins de vouloir s'enfermer dans le labyrinthe
inextricable des estimations cadastrales actuelles, il est beaucoup plus rationnel, raisonnable et exact de déduire cette
comparaison du rapport existant entre le revenu effectif
actuel de chaque province et l'impôt qui y est relatif, en se
réservant de fixer le revenu soit avec le secours des estimations cadastrales, quand elles sont régulières et uniformes,
soit avec celui des données statistiques que l'on possède, ou
mieux encore avec une série d'observations sur le montant
des baux à ferme et des prix de vente et d'achat, comme on
l'a fait en France en 1852 pour la péréquation de l'impôt
entre les départements (Voir l'art. 2 de la loi du 7 août 1850
et l'instruction ministérielle en date du 3 mai 1851 pour
l'exécution des dispositions de cet article). »

» En comparant entre elles à ce point de vue, les grandes
régions du territoire, les erreurs qui peuvent se glisser dans
l'évaluation approximative du revenu effectif ne peuvent

réagir sensiblement sur la détermination du rapport moyen dans lequel l'impôt actuel se trouve avec le revenu lui-même dans chaque zone ou province. »

« En exposant la situation contributive des diverses provinces, l'on a jugé à propos d'indiquer comme un premier pas vers la solution de la question agitée, la fixation du revenu effectif de chacune des provinces. En se tenant au résultat approximatif obtenu et noté dans le tableau où est exposée cette situation, on voit que les provinces du royaume peuvent se classer comme il suit, sous le rapport de la plus ou moins grande charge de l'impôt foncier qu'elles supportent maintenant, outre les surtaxes pour les dépenses des provinces qui sont dans quelques parties de l'État à la charge de l'État lui-même, et dans d'autres à la charge des provinces, quoique le recouvrement des surtaxes soit opéré par le gouvernement.

PROVINCES.	IMPOSITIONS pour chaque livre de revenu effectif.
De Lombardie	0,199
De Parme	0,155
De Sardaigne	0,150
Des Romagnes	0,150
De Naples	0,143
De Modène	0,138
Des Marches et d'Ombrie	0,136
Du Piémont et de Ligurie	0,134
De Sicile	0,106
De Toscane	0,091

» Mais pour se faire une idée plus exacte du rapport où se trouve dans chaque province l'impôt du trésor en principal, avec le revenu effectif, il faut réduire à l'homogénéité les chiffres qui expriment cet impôt, en les dégageant des surtaxes des provinces quand elles se trouvent confondues avec l'imposition susdite. »

» Dans l'état actuel des choses, et vu l'absence de rensei-

gnements particuliers et complets sur ce sujet, il n'est pas
encore possible d'indiquer exactement à combien monte
pour les provinces de Naples, de Sicile, de Toscane, des Romagnes, des Marches et d'Ombrie, où n'est pas encore en
vigueur l'art. 241 de la loi administrative du 23 octobre 1859,
les dépenses des provinces qui, au terme de cet article, sont
également à la charge de l'État dans les provinces anciennes,
comme dans celles de Lombardie, de Parme et de Modène,
où cet article a été mis en vigueur. »

Les renseignements recueillis à ce sujet semblent à
M. Nerva permettre toutefois de fixer ces dépenses approximativement ; et en ramenant à l'unité sous le rapport des dépenses les diverses provinces comparées, il est arrivé à fixer
le total de l'impôt, dégagé des dépenses afférentes aux intérêts provinciaux, à 100,605,431 liv. et la moyenne du principal de l'impôt relativement au revenu effectif à 13 c. 61,
moyenne qui se différencie suivant les provinces ainsi qu'il
suit :

Les provinces de Lombardie		cent.	16,90
»	des Romagnes	»	15,44
»	des Marches, d'Ombrie et de Bénévent.	»	15,20
»	de Naples	»	14,36
»	de Sardaigne	»	12,64
»	de Modène	»	11,73
»	de Piémont, de Ligurie.	»	11,50
»	de Toscane.	»	11,44
»	de Sicile.	»	10,63

« En supposant encore, ajoute le rapporteur, que pour la
péréquation de l'imposition foncière de toutes les provinces
de l'État, on voulût demander à chacune d'elles un contingent total qui correspondrait par exemple à 14,30 p. 100 du
revenu effectif de chacune d'elles respectivement, en multipliant ce revenu par une cote uniforme, on aurait une augmentation pour les provinces qui payent maintenant en rai-

son d'une quotité moindre, ou une diminution pour celles qui payent déjà en raison d'une quotité supérieure à 14,30 p. 100. »

» L'augmentation serait par chaque livre de l'imposition actuelle du trésor :

Dans les provinces de Sicile de	. . . .	cent.	34,52
»	de Piémont et de la Ligurie.	. . . .	»	25,61
»	de Toscane.	. . . .	»	25,00
»	de Modène. :	. . . .	»	21,88
»	de Sardaigne.	. . . .	»	13,13
»	de Parme .	. . . .	»	9,16

Et la diminution par chaque livre de l'impôt du trésor :

Dans les provinces lombardes de.	. . . .	cent.	15,38
»	des Romagnes.	. . . .	»	7,32
»	des Marches, d'Ombrie et de Bénévent.	.	»	5,92
»	de Naples .	. . . .	»	0,42

Sur cette base on aurait une augmentation en masse de l'impôt du trésor, s'élevant :

Pour les provinces de Sicile à	liv.	2,579,877
Sur les biens-fonds pour les provinces du Piémont et de la Ligurie.	»	2,824,270
Sur les bâtiments dans les mêmes provinces.	»	1,010,398
Sur les biens-fonds et les bâtiments dans les prov. de Toscane.	»	1,661,779
— les bâtiments dans les prov. de Modène.	»	580,028
— les bâtiments dans les prov. de Sardaigne.	»	318,608
— les bâtiments dans les prov. de Parme.	»	268,687
TOTAL.	»	5,079,206

Et une diminution :

Pour les provinces de Lombardie de.	liv.	3,169,744
Pour celles des Romagnes.	»	467,173
» des Marches, d'Ombrie et de Bénévent	»	391,609
» de Naples	»	135,915
TOTAL.	»	4,164,441

« Ainsi, sans tenir compte maintenant des variations dépendantes de la fixation définitive des dépenses des provinces, dont nous avons parlé, le résultat financier de la péréquation de l'imposition *prédiale* de province à province sur les bases indiquées, ne serait augmenté que d'environ un million de livres sur ce que l'État perçoit actuellement. Mais si une semblable péréquation de l'impôt prédial était reconnue réalisable, suffirait-il qu'elle satisfît aux exigences de la justice distributive, sans assurer encore au trésor national une plus sérieuse (*rilevante*) augmentation du produit de l'impôt proportionné aux forces contributives de la propriété foncière, dans les provinces où cela serait possible? »

Le rapporteur ne s'explique pas nettement sur cette question, mais il semble peu favorable à un accroissement du poids général de l'impôt, puisqu'il termine son rapport plus curieux que concluant sous cet aspect, par des considérations relatives à ce que les taxes d'enregistrement et de consommations ainsi que les dettes hypothécaires font peser de charges sur la propriété rurale, et à la nécessité d'ajouter la péréquation entre les communes et les propriétés particulières à celle qui pourrait être ordonnée entre les provinces.

Dans les États pontificaux considérés quant à leur ancienne consistance, le pape lançait chaque année un *motu proprio* qui fixait la quotité (*quantisivita*) que l'on devait payer sur les revenus de la propriété foncière, tant rurale qu'urbaine. Les revenus étaient évalués d'après l'estimation du cadastre, considérée comme étant de 10 pour 100 au-dessus de la valeur réelle. Le *quantisivita* a été portée, disait il y a quelques années un voyageur, jusqu'à 33 pour 100, et comme, depuis un certain temps, on ajoute à la perception normale le sixième en sus, soi-disant pour subvenir aux frais de l'invasion étrangère, l'impôt foncier peut se calculer ainsi :

```
Revenu réel . . . . . . . . . . . . . .  100  »
Sur estimation cadastrale. . . . . . . . . .   10  »
                                              ─────
                                              110  »
33 pour 100. . . . . . . . . . . . . .  36  30
1/6 en sus. . . . . . . . . . . . . . .   6  05
                                        ─────────
                                        42  35
```

L'impôt foncier entrait en 1852, d'après le même renseignement, pour 3,451,432 scudi 25 baj. dans la recette totale de l'État pontifical de 12,290,001 sc. 70 baj. Les frais de perception sur cette somme s'élevaient à 596,753 sc. ou 17 1/4 pour 100 [1]. Cette situation de la propriété foncière dans les États pontificaux paraît avoir été adoucie plus tard, et nous trouvons dans le budget de 1856 les chiffres suivants arrêtés par la consulte d'État pour la taxe foncière :

```
Dativa sui fondi rustici. . . . . . . . . .  1,954,147 sc.
Simile sui fondi urbani. . . . . . . . . .     281,828
Decima della dativa rustica ed urbana per le strade
   nazionali. . . . . . . . . . . . . .        222,089
Ventesimo come sopra pei nuovi catasti . . . .  111,821
Centesimo delle dativa e sopra carichi sudetti per la
   basilica Ostiense . . . . . . . . . . . . .   25,703
Sopra carichi per le spese di percezione. . . .  114,058
                                              ──────────
                                              2,709,946 sc
```

Telle était la part de la taxe foncière sur une recette totale de 15,624,807 écus dans les prévisions du budget pontifical de 1856.

L'impôt foncier est très-ancien en Pologne. Il consistait, à la fin du quatorzième siècle, en une redevance de 2 gros par *manses colonaires*, les terres seigneuriales en étant

---

[1] Ces détails sont extraits d'un manuscrit de M. Casimir Leconte, qui a bien voulu nous le communiquer. Ils sont en relation avec les renseignements de M. Nerva pour le produit de l'impôt foncier, mais nullement pour le rapport de l'impôt au revenu, dont M. Nerva, à propos des quatre provinces de l'État ecclésiastique annexées au royaume d'Italie, évalue le chiffre actuel à 15 pour 100, ce qui supposerait tout au plus 19 pour 100 pour le taux de l'impôt plus élevé en 1852.

exemptes. Cet impôt subsistait dans le siècle suivant, et était
même accru suivant les besoins. En 1456, le clergé et la
noblesse furent assujettis à verser au Trésor la moitié des
cens qui constituaient alors la principale source de leur revenu. L'impôt de 2 gros par manse fut abandonné dans la
première moitié du dix-septième siècle, et remplacé par
un impôt sur les cheminées.

En 1789, on rétablit l'impôt foncier sur le pied de 10
pour 100 du revenu net pour les terres nobles et bourgeoi-
ses, et de 20 pour 100 pour les terres du clergé. Les
paysans, considérés comme dépourvus de droit sur la terre
qu'ils cultivaient sous l'obligation de corvées, ne furent pas
soumis à l'impôt. Un cadastre établi en 1789 fut exécuté
avec une grande imperfection, et les évaluations du revenu
étaient si fort au-dessous de la réalité, qu'on fut amené à
porter plus tard l'impôt à 36 pour 100. Cet impôt se nomme
oñara [1].

L'impôt foncier existe pareillement en Grèce. C'est une
sorte de dîme en nature perçue par les fermiers du fisc sur
le produit brut, et qu'il est question actuellement de remplacer par un système plus proportionnel et plus conforme
à celui des nations civilisées [2].

On retrouve le même impôt au Brésil pour ce qui concerne les maisons [3], et au Chili dans une proportion extrêmement faible par rapport au revenu des terres.

Il est compris dans l'*income-tax* britannique, comme
dans l'impôt sur le capital des États-Unis de l'Amérique du
Nord.

Un article de M. d'E. de Lauture (*Moniteur* du 26 août 1860)

[1] Renseignements de M. Félix Ziélinski.
[2] Casimir Leconte, *Étude économique de la Grèce*, p. 200; journal *le Nord* du 24 octobre 1858.
[3] *Le Brésil*, par Ch. Reybaud, chap. III.

donne quelques détails sur l'impôt foncier qui est levé dans la grande monarchie chinoise. »

« L'impôt foncier, dit-il, se paye par *maou* de terre cultivée ou servant de base à des constructions ; il parait varier entre un cinquième et un tiers du produit brut ; les constructions sont exemptes de tout impôt. Le maou est égal à 683 mètres 60 carrés, soit à environ 4 ares [1]. Une partie de la province de Kyang-sou s'étant montrée fort attachée à la dynastie déchue a été surgrevée lors de l'établissement de la dynastie Man-tchœ ; il avait même été fait défense aux habitants du département de Sou-tcheou d'employer désormais des bœufs ; cette disposition pénale est tombée en désuétude. »

Voici le produit de l'impôt foncier par provinces [2] :

	Impôt foncier.		Impôt foncier.
Pei-tchi-li.	1,334,475	Tchen-kyang.	2,914,946
Chen-si	1,653,700	Fo-kyen	1,074,490
Kan-sou	280,652	Chan-si.	2,990,675
Sse-tcheun	631,094	Kho-nan	3,164,758
Yun-nan.	209,582	Chan-toung	3,376,165
Kney-tcheou.	101,268	Kyang-si	1,878,682
Khou-pei.	1,174,110	Kyang-sou.	3,116,820
Khou-nan.	883,745	Ngan-kwey.	1,718,826
Khwang	416,399	Peking.	154,173
Khwang-toung	1,264,304	Chin-king.	38,708 [3]

D'après le *Moniteur* du 7 juin 1859, une taxe sur les

[1] L'auteur a voulu sans doute dire 7 ares.

[2] Ce produit est exprimé en taëls ou liang, valant environ 8 fr.

[3] Dans une lettre que m'a fait l'honneur de m'écrire, en 1856, M. Natalis Rondot, ancien délégué commercial attaché à la légation de Chine, je lis ce qui suit :

« Aujourd'hui il n'y a guère en Chine que deux sortes d'impôt :

L'impôt direct ou foncier (il n'y a aucune contribution établie sur les bâtiments, maisons d'habitation, de plaisance, fermes, fabriques, etc.).

L'impôt indirect, savoir :

Droits sur les marchandises, sur le sel, impôts du timbre (qui correspond à notre enregistrement), droits de douane, et d'octroi. »

L'auteur rappelle aussi une sorte de taxe sur les patentes, mentionnée dans le Tcheouli écrit au XIIe siècle avant Jésus-Christ et dont M. d'Escayrac de Lauture aurait constaté l'existence actuelle (*Moniteur* du 26 août 1860).

champs, les jardins et les plantations figurerait au nombre
des revenus de l'empire de Siam.

Nous avons pu suivre ainsi l'impôt foncier dans tous les
États les plus connus du monde civilisé, à l'exception de la
Russie, de la Valachie, et de quelques autres États peu importants ou barbares, avant de l'examiner là où il mérite de
nous plus d'attention encore, à cause de son importance et
de notre intérêt national, c'est-à-dire en France.

L'impôt foncier des Romains qui a été continué en
Italie sous la domination des Goths [1] et a peut être inspiré
par ses lointains souvenirs les législations fiscales de l'Espagne et de l'Italie, paraît avoir été continué dans la Gaule
sous les rois francs [2]. Childebert II, roi d'Austrasie, ordonna en 590 de renouveler le cadastre du Poitou opéré
sous son père Sigebert. Chilpéric Ier fit aussi cadastrer son
royaume [3].

Au moyen âge on vit apparaître les *tailles*, qui sont considérées comme ayant désigné d'abord des contributions payées
par les vassaux aux seigneurs, mais qui représentèrent à
dater du règne de Charles VII [4] une imposition régulière
acquittée au profit du trésor royal, et originairement affectée
à l'entretien des troupes permanentes.

Tout ce qui concerne les tailles reste entouré à nos yeux
de certaines obscurités dans les renseignements que nous
fournissent les écrivains de l'ancien régime.

Nous allons toutefois résumer les points sur lesquels les
principales autorités nous semblent d'accord.

Les tailles étaient réelles ou personnelles, suivant les pro-

---

[1] V. la dissertation de Sartorius traduite en italien (chapitre consacré aux
finances).

[2] Reynier, *Économie politique des Celtes*, p. 277.

[3] Grégoire de Tours. *Encyclopédie méthodique : Finances*. Rau, *Finanz-
wissenschaff*, p. 316, note A.

[4] Rau, § 316, note C.

vinces [1]. On a distingué quelquefois les tailles réelles des tailles personnelles, en ce sens que les premières grevaient seulement le revenu des biens fonds, tandis que les autres pesaient aussi sur les revenus mobiliers [2].

Mais cette distinction n'empêchait point que les facultés mobilières ne fussent aussi atteintes à certain degré dans les pays de taille réelle. Par exemple, dans la généralité de Montauban, il y avait à côté du *compoix terrien* le *compoix cabaliste* pour l'évaluation de l'industrie de chaque habitant [3]. Des dispositions analogues étaient en vigueur dans d'autres pays de taille réelle [4].

Le principe d'un impôt grevant les immeubles préalablement à la considération de la condition des possesseurs, paraît avoir été le signe caractéristique de la *réalité* de la taille.

La taille réelle se réglait par la position des fonds sans qu'on s'arrêtât au domicile des possesseurs, et c'était aussi dans ce système de taxation la nature des fonds, soit nobles, soit ruraux, et non la qualité des personnes nobles ou roturières qui décidait de l'assujettissement ou de la franchise [5]. Il en était tout autrement avec le système des taxes personnelles, dans lequel on s'attachait avant tout à la condition des possesseurs, qui déterminait celle des terres comme accessoire [6].

---

[1] Quelques écrivains mentionnent aussi les tailles mixtes. Tels sont les auteurs de l'*Encyclopédie méthodique*, qui rappellent cette sorte de taille sans la définir. D'autres donnent le nom de *mixtes* aux tailles *personnelles*. D'après Le Brun de La Rochette, la taille mixte est « celle qui s'impose annuellement et se lève par commission des esleux par toute la France et qui doit être imposée au lieu du domicile où il fait son habitation actuelle. » V. Le procès civil et criminel : *Titre de la juridiction des esleux.*

[2] Rau, *loco citato.*

[3] *Mémoires concernant les impositions et droits.* Paris, 1769, t. II, p. 157.

[4] *Ibid.*, p. 210, 280, 283.

[5] *Mémoires*, etc., p. 139, et *Encyclopédie méthodique.*

[6] L'auteur de l'*Essai sur la répartition de l'impôt en Auvergne* (1787) tenait la taille pour personnelle dans ce pays ainsi que dans tous les pays d'élection,

Il est facile de comprendre que les provinces où la taille était réelle, comme le Languedoc, les généralités de Grenoble, de Montauban et Auch, les élections d'Agen et de Condom, etc., étaient les seules qui pussent avoir un cadastre régulier [1].

Outre cette distinction des taxes personnelle et réelle d'après le système d'assiette suivi dans les diverses provinces, une distinction analogue et qui jette de l'obscurité sur la terminologie des écrivains de l'époque, se reproduisait dans la décomposition des éléments de la taille dans une même province. Ainsi dans la généralité de Paris on donnait spécialement le nom de taille réelle à la taxe qui était imposée sur l'exploitation des biens fonds et des usines et sur l'*occupation* des maisons, tandis qu'on appelait taille personnelle celle qui était imposée sur la propriété même des fonds ou des bâtiments [2].

Colbert avait eu le projet de rendre dans toute la France les tailles réelles, mais sa mort avait empêché l'exécution de ce projet.

La taille était une taxe de répartition dont le total était fixé pour tout le royaume [3]. Le vieux jurisconsulte Masuer dit à ce sujet : « Talliæ imponuntur per parochias ita quod quœlibet parochia habet portionem suam taxatam per illos qui sunt ad hoc deputati. Et demum aliqui de parochia ad

---

d'après la défense faite aux percepteurs de mettre la main sur les propriétés par voie de saisie réelle. Il considérait aussi les tailles personnelles comme n'affectant que les fruits des héritages et les meubles des taillables (p. 19).

[1] Dans quelques provinces de France il y avait eu des cadastres très-anciens. M. Massabiau, dans son *Essai sur la valeur intrinsèque des biens fonds,* publié en 1779 (p. 3), mentionne les cadastres de la Guienne des xive et xve siècles.

[2] V. la déclaration du roi du 11 août 1776, approbative du règlement de l'assiette et de la répartition de la taille dans la généralité de Paris, citée par l'auteur de l'article *Taille,* partie *Finances* de l'*Encyclopédie méthodique.*

[3] V. sur les quatre degrés de la répartition le travail de M. de Luçay sur les assemblées provinciales, p. 14.

id electi vel commissi dividunt eas super singulos de parochia, secundum cujusque facultates, *le fort portant le faible*, id est pro solido et libra [1]. » Le montant du produit de la taille est donné suivant des chiffres très-divers, probablement à cause de la différence des taux ou peut être aussi de quelques diversités de noms qui séparaient entre diverses provinces des impôts analogues. D'après M. Gaultier de Biauzat [2] « la taille ne monta d'abord qu'à 1,200,000 liv. Elle fut portée peu de temps après à 1,800,000 l., ensuite à 2 millions sous le règne de Charles VII, qui fut l'époque de son établissement permanent. Sous Louis XI elle fut de 5 millions, sous François Ier de 9, et sous Henri IV de 32.

Les *Mémoires concernant les impositions et droits* ne portent le montant de la taille dans le dix-huitième siècle qu'à 40 millions de livres [3], parce que leur auteur ne paraît s'être occupé que de la taille personnelle. Mais M. Necker mentionne dans son livre sur l'administration des finances un total de 91 millions [4].

La taille n'avait pas seulement l'inconvénient de comporter de nombreuses exceptions à titre de priviléges; sa répartition, soit entre les provinces, soit entre les élections, soit entre les paroisses, était pleine d'arbitraire.

Elle reposait sur des éléments économiques incohérents puisqu'elle atteignait à la fois le propriétaire et le locataire d'une maison, le premier pour un revenu net, le second pour une dépense indicatrice d'une faculté présumée, ce qui constituait, comme on l'a fait remarquer, un double

[1] T. XXXIX, nombre 1, cité par les annotateurs de Loisel sur la règle 910.

[2] Page 100.

[3] Tome II, page 17.

[4] Chap. 1er. — M. Courcelle-Seneuil, dans l'article *Taille*, du *Dictionnaire d'économie politique*, mentionne un produit de 75 millions seulement en 1788; nous ne savons d'après quelle autorité.

emploi [1]. On ne peut dire si elle était assise sur le revenu ou sur le capital [2].

Cette incertitude de son principe ne permettait aucun travail sérieux pour la répartition ; la *conscience* des collecteurs, à laquelle l'autorité s'en remettait, n'avait aucun guide ni aucun frein dans la raison législative [3], et ce fut un progrès évident, mais au-dessus des lumières et de la fermeté du pouvoir de l'ancien régime, que l'idée de convertir la taille en un impôt sur le revenu dont l'assiette eût été préparée par les déclarations des contribuables [4].

La taille n'était pas le seul impôt auquel fussent soumis les biens fonds dans notre ancienne France. On sait qu'ils supportaient aussi la presque totalité de la contribution beaucoup plus récente des vingtièmes [5], et enfin les dîmes et corvées [6].

L'existence de la taille avec les imperfections et les abus que nous avons rappelés ne pouvait résister aux réformes de 1789. La contribution foncière fut établie en 1791 sur des bases nouvelles, et son institution fut accompagnée de l'ordre d'établir un cadastre général dont la confection fut arrêtée en principe dès cette époque, bien qu'elle n'ait été réalisée qu'à partir de 1808.

La base de l'imposition nouvelle fut l'égalité proportionnelle sur toutes les propriétés foncières, *à raison du revenu net* [7] imposable.

[1] Macarel et Boulatignier, *De la fortune publique*, n° 582.

[2] Mac Culloch, p. 80.

[3] V. le *Projet de taille tarifée* de l'abbé de Saint-Pierre, édition de 1739, p. 23, et Adam Smith, liv. V, ch. ii.

[4] V. outre le curieux mémoire de l'abbé philosophe et politique l'*Encyclopédie* de Diderot et d'Alembert, au mot *Taille proportionnelle*.

[5] V. sur l'histoire des dixième et vingtième notre *Histoire des impôts généraux sur la propriété et le revenu*, ch. xviii.

[6] Macarel et Boulatignier, n° 584 et suiv.

[7] Il importe de rappeler ce principe, alors que dans la discussion qui a eu lieu

Les quatre premiers articles de la loi des 23 novembre, 1ᵉʳ décembre 1790, posent dans les termes suivants les principes de l'impôt foncier :

ART. 1ᵉʳ. — Il sera établi à compter du 1ᵉʳ janvier 1791 une contribution foncière qui sera répartie par égalité proportionnelle sur toutes les propriétés foncières, à raison de leur revenu net, sans autres exceptions que celles déterminées ci-après pour les intérêts de l'agriculture.

ART. 2. — Le revenu net d'une terre est ce qui reste à son propriétaire, déduction faite sur le produit brut des frais de culture, semence, récolte et entretien.

ART. 3. — Le revenu imposable est le revenu net moyen calculé sur un nombre d'années déterminé.

ART. 4. — La contribution foncière sera toujours d'une somme fixe et déterminée annuellement par chaque législature.

L'art. 5 statue que la contribution foncière sera perçue en argent.

Un impôt spécial sur le revenu foncier et un impôt assurant un revenu fixe, voilà les deux idées fondamentales sur lesquelles repose la législation de la contribution foncière et auxquelles il n'a pas été dérogé par les lois ultérieures qui ont touché de près ou de loin à cette matière, et parmi lesquelles nous rappellerons particulièrement :

La loi du 2 messidor an VII sur les réclamations en matière de contribution foncière :

Celle du 3 frimaire an VII, qui, dans son article 2, reproduit expressément le principe de l'assiette de l'impôt foncier sur le revenu net ;

Celle du 3 frimaire an VIII portant établissement des directions des contributions directes ;

en 1857 sur l'impôt des valeurs mobilières, au corps législatif, on a entendu des orateurs contester que l'impôt foncier fût un impôt sur le revenu des terres.

I.   15

La loi du 28 pluviôse an VIII, relative à l'organisation administrative ;

La loi du 19 ventôse an IV, portant que les bois de l'État ne payeront point de contribution ;

Celle du 26 germinal an IX, pour le mode de payement de la contribution foncière des biens communaux ;

Celle du 5 floréal an XI, relativement à la contribution foncière des canaux navigables ;

La loi du 15 septembre 1807, pour les dispositions relatives au cadastre parcellaire ;

Le décret du 11 août 1808 portant désignation des bâtiments publics non imposables ;

Le décret du 15 octobre 1810 relatif à la contribution foncière des salins, marais salants et salines ;

La loi du 15 mai 1818, pour l'article relatif à la répartition de la contribution foncière entre les départements ;

La loi du 17 juillet 1819, dans ses dispositions concernant les augmentations et diminutions de matière imposable ;

La loi du 23 juillet 1820, dans son article concernant la contribution foncière des canaux navigables ;

Celle du 31 juillet 1821, relativement au cadastre ;

Celle du 21 mai 1827 (code forestier), pour certaines exceptions d'impôt concernant les semis et plantations de bois sur le sommet et le penchant des montagnes et sur les dunes ;

Les dispositions de la loi du 2 mars 1832 sur la liste civile, concernant la dotation de la couronne et le domaine privé du roi ;

La loi du 17 août 1835, relative aux constructions et démolitions.

Le contingent de la contribution foncière fut fixé par l'assemblée constituante à 240 millions, auxquels on ajouta cinq sous par livre, ce qui porta l'ensemble du contingent à 300 millions. La part des propriétaires dans l'impôt dut être établie indépendamment de leurs autres facultés. « On pourrait donc dire avec justesse que c'est la propriété qui est seule chargée de la contribution, et que le propriétaire n'est qu'un agent qui l'acquitte pour elle avec une portion des fruits qu'elle lui donne [1]. »

Tout en réunissant le principe de l'impôt sur le revenu net avec celui du contingent fixe, et par suite de la répartition, qui, à défaut d'estimations préalables du revenu territorial, pourrait être contraire dans son application à la proportionnalité recherchée par elle, l'Assemblée constituante voulut parer aux inconvénients possibles de cette contradiction, en limitant les conséquences éventuelles d'une répartition vicieuse. Elle chercha à joindre aux avantages du système de répartition quelques-uns de ceux du système de quotité en décidant qu'aucun propriétaire ne payerait au-dessus du cinquième de son revenu, limitation dont il était difficile de mesurer les conséquences et la portée lorsque la masse des revenus fonciers du pays n'était nullement connue. En fait, on reconnut bientôt que la répartition du contingent entre les départements, opérée d'après la base des anciennes contributions, était pleine d'inégalités et chargeait certains départements dans une proportion double de celle qui était supportée par quelques autres [2]. Un cadastre qui eût fixé avec exactitude les revenus imposables de tout le sol français, pouvait seul permettre de réunir sérieusement les avantages du système de répartition et du système de quotité, et ramener l'application de l'égal. té proportionnelle.

C'est ce qui était senti par les rédacteurs du *Recueil méthodique des lois, décrets, règlements, instructions et décisions*

[1] *Recueil méthodique*, § 321. Instruction du 1er décembre 1790.
[2] Mac Culloch, p. 83.

sur le cadastre de la France, lorsque exposant les difficultés
répandues sur la voie dans laquelle l'assemblée constituante
était entrée, ils disaient, quelques années plus tard : « Un
cadastre pourrait seul lever ces difficultés jusqu'alors insolubles. En effet, lorsqu'il aura constaté et déterminé les
revenus de tous les propriétaires, et par suite le revenu
total de la France, le gouvernement pourra tout à la fois déterminer la quotité de ce revenu à payer par chacun, et
connaître d'avance, avec certitude, le produit total qui en
résultera. »

Quoique la contribution foncière établie en 1791 présente
en effet l'aspect d'un impôt de répartition, par la détermination *à priori* du produit qui en était attendu, cependant les
auteurs de la législation nouvelle paraissent avoir voulu arriver à l'établissement définitif d'une taxe de quotité. « Une
disposition des lois constitutives de cette contribution, a dit
M. le duc de Gaëte [1], portait en conséquence que tout propriétaire qui justifierait payer plus du cinquième de son revenu serait réduit à cette proportion, et c'était pour arriver à
connaître le véritable revenu de chaque propriétaire que la
loi de 1791 avait posé le principe du *parcellaire*. L'assemblée
constituante n'avait donc pas eu la prétention de parvenir à
l'égalité proportionnelle entre les départements autrement
que par la fixation uniforme des taxes individuelles. »

« A la vérité, continue l'ancien ministre des finances de
l'Empire, cette intention de la loi avait dû échapper à ceux
qui, sans avoir donné une attention suffisante à l'ensemble
du système qu'elle établissait, s'étaient arrêtés à la première
apparence, et n'avaient pu reconnaître un impôt de quotité
dans une contribution dont le produit était déterminé d'a-
vance, quoique la masse des revenus qui devaient la supporter fût encore inconnue. »

[1] *Mémoires, souvenirs, opinions et écrits du duc de Gaëte*, t. Ier, p. 196 à 198.

« Mais en examinant les choses de plus près, ils auraient facilement aperçu que si d'un côté l'assemblée constituante avait été obligée de porter dans son budget une somme fixe pour la contribution qu'elle venait de créer, et qui devait constituer désormais la principale branche du revenu public ; de l'autre, elle avait la précaution de prendre pour base une estimation des revenus généraux inférieure à leur montant présumé ; en sorte qu'elle pût être à peu près certaine qu'aucun propriétaire ne serait obligé de payer plus du cinquième de son revenu, ce qui conciliait autant qu'il était possible le principe de l'impôt de quotité avec la nécessité d'assigner provisoirement aux divers départements des contingents dont l'ensemble pût donner une somme déterminée au trésor. »

M. le duc de Gaëte a insisté plusieurs fois sur la même idée en soutenant que l'impôt de quotité était au fond de la pensée des législateurs de 1790 [1], et que le cadastre devait avoir pour résultat de faire successivement disparaître toutes les traces de l'impôt de répartition, établi à titre simplement provisoire [2].

Ce cadastre parcellaire, ainsi nécessité par la pensée même de l'assemblée constituante, fut commencé en 1807, après un essai de cadastre par masses de culture, abandonné comme trop imparfait. Il a été achevé en 1850. » C'est dans le département du Cantal, au territoire de la commune de Leyvaux, que le dernier des géomètres a récemment replié sa chaîne et fermé sa boussole [3]. »

Bien que le cadastre parcellaire ait constitué une œuvre très-utile, il n'a pu être exécuté avec une précision suffisante pour atteindre le résultat désiré d'une évaluation compara-

---

[1] *Mémoires, souvenirs, opinions et écrits du duc de Gaëte*, t. Ier, p. 239.

[2] *Ibid.*, t. II, p. 322.

[3] *Revue de législation*, numéro de mars 1850, p. 280.

tive des revenus de la France assez exacte pour pouvoir rapprocher les résultats du système de répartition et du système
de quotité [1]. Il a manqué une partie de son but comme cela
était arrivé déjà au cadastre piémontais [2].

Les agents chargés de l'opérer ont mesuré la totalité du
sol français et en ont évalué le revenu imposable non-seulement d'après les documents directement relatifs au revenu
comme les baux et mercuriales, mais encore d'après les documents relatifs à la valeur vénale comme les prix de vente [3].
Toutefois leur travail accompli dans les diverses parties du
territoire n'a pas présenté l'uniformité et l'homogénéité
nécessaires pour servir de base à une péréquation complète
et sérieuse de l'impôt dans toute la France. On a essayé du
moins d'appliquer les estimations comparées du cadastre
à l'assiette de l'impôt foncier dans les circonscriptions réunissant des localités rapprochées. On a reconnu la nécessité
d'une extrême réserve, même dans cette sphère restreinte.

Après la loi du 15 septembre 1807, qui avait ordonné la
péréquation entre les communes cadastrées du même canton, la loi du 26 mars 1813 prescrivit la péréquation entre
les cantons cadastrés du même département. Mais ses dispositions furent rapportées par la loi du 23 septembre 1814.

---

[1] D'après ce principe et dans l'espoir d'un cadastre qui eût atteint le but de représenter l'évaluation proportionnelle des revenus de toute la France pour les
propriétés d'une consistance relativement immuable, c'est-à-dire les propriétés
non bâties, le *Recueil méthodique* considérait la partie de l'impôt afférente à ces
propriétés comme un impôt de quotité, et la partie afférente aux propriétés
comme un impôt de répartition (§ 20 du *Recueil méthodique*). Cette distinction,
vraie seulement en ce que la distribution du contingent de l'impôt foncier s'opérait d'après le cadastre pour les propriétés non bâties, et d'après le travail des
répartiteurs pour les propriétés bâties (*Recueil méthodique*, § 797), a été abandonnée en 1821 (V. règlement général du 10 octobre 1821, art. 27), et a en outre
perdu tout fondement d'après la loi du 17 août 1835, qui fait entrer dans le contingent la considération des constructions et démolitions.

[2] V. *Rapport au roi sur le cadastre*, par M. Hennet, p. 5.

[3] *Recueil méthodique*, §§ 470, 473, 598, 599, 600.

La loi du 15 mai 1818, qui avait ordonné, dans son article 37, la péréquation au moins entre les cantons d'un même arrondissement a eu le même sort que celle de 1813, et son effet a été suspendu dès l'année suivante, en vertu de l'article 16 de la loi des finances de 1819.

Le gouvernement comprit que d'autres moyens étaient nécessaires pour rectifier et pondérer les contingents départementaux.

La loi du 15 mai 1818 ayant prescrit par son article 38 la rectification de la répartition de l'impôt foncier entre les départements, soit d'après les résultats cadastraux, soit d'après les notions fournies par la comparaison des baux et des contrats de vente passés dans diverses localités et enfin d'après tous les autres renseignements au pouvoir de l'administration, cette rectification a été opérée par voie de dégrèvement au profit de cinquante-deux départements dans la loi du 31 juillet 1821 [1], et cette même loi a ordonné par son article 19 que les mêmes bases seraient appliquées aux communes et aux arrondissements par une commission spéciale formée dans chaque département [2].

[1] Ce dégrèvement n'était pas le premier qui fût intervenu depuis 1791, et le principal de l'impôt foncier avait suivi la progression descendante marquée par les chiffres suivants :

1791 — 240 millions.		1802 — 183 millions.	
1797 — 218 —		1803 — 174 —	
1798 — 207 —		1805 — 172 —	
1799 — 189 —		1809 — 168 —	
1804 — 184 —		1821 — 154 —	

(*Note autographiée émanée de la direction des contributions directes en* 1855, *p.* 7).

[2] M. Vuitry, député, dans son rapport sur le budget des recettes de 1841, constatait que le travail, terminé dans soixante-dix-sept départements, était en cours d'exécution dans les autres, sauf dans la Corse (*Moniteur* de 1840, p. 1383); mais en réalité ces travaux de nouvelle estimation des revenus imposables n'ont été suivis d'effet que dans un certain nombre de départements (soixante-cinq, d'après une

En même temps la loi du 31 juillet 1821 a indiqué dans son article 20 que les opérations cadastrales destinées à rectifier la *répartition individuelle* seraient circonscrites dans chaque département. Dès lors même la péréquation entre les communes de chaque canton ordonnée en 1807 a été délaissée, ses résultats ont été effacés dans plusieurs localités où ils avaient été adoptés, et le cadastre a perdu toute efficacité en dehors de la circonscription intérieure des communes.

La répartition qui sert de base à l'assiette de l'impôt foncier en France s'opère suivant quatre degrés. Une première répartition fixe les contingents départementaux. Les conseils généraux subdivisent entre les arrondissements le contingent départemental. Le contingent de l'arrondissement est réparti entre les communes par le conseil d'arrondissement, et l'opération de la répartition individuelle dans la commune est confiée à des répartiteurs qui, aux termes de la loi du 2 messidor an VII (art. 15) ne peuvent se dispenser de faire les opérations qui leur sont attribuées par la loi, *à peine de responsabilité solidaire et même de contrainte pour tous les termes de la contribution assignée à leur commune.*

Il n'y a pas du reste de solidarité entre les contribuables et on ne réimpose au rôle de l'année suivante que les cotes *indûment imposées* pour un exercice (art. 6 de la loi du 31 juillet 1846) [1].

Notre intention n'est pas de reproduire la totalité des règles qui ont gouverné et dominent encore l'assiette de l'impôt foncier. Nous voulons seulement résumer les principales en distinguant celles qui se rapportent aux propriétés rurales de celles qui concernent les propriétés bâties.

Le principe de la généralité de l'impôt foncier est si rigou-

note autographiée émanée de la direction des contributions directes à la date de février 1855, p. 8).

[1] V. Serrigny, *Questions et traités*, etc., p. 217.

reux qu'un propriétaire ne peut s'affranchir de la contribution à laquelle ses fonds de terre doivent être soumis qu'en
renonçant d'avance à ses propriétés au profit de la commune
dans laquelle elles sont situées.

Le revenu net des propriétés non bâties est calculé d'après
une moyenne de quinze années en retranchant les deux
plus fortes et les deux plus faibles.

On déduit du produit brut les frais de culture, semence,
récolte et entretien, suivant ce qu'exige la nature des fonds,
ce qui comprend les frais d'irrigation pour les prairies, les
frais de pressoir pour les vignes, les frais de garde et de
repeuplement pour les bois. On déduit en outre pour obtenir le produit net des vignes un quinzième du produit brut,
en considération des frais de dépérissement, de plantation
partielle et de travaux à faire pendant les années où chaque
nouvelle plantation est sans rapport. Les terres les plus
stériles ne peuvent être cotisées à moins d'un décime par
hectare.

L'assiette de l'impôt foncier sur le sol forestier n'est point
sans quelques difficultés à cause des périodes éloignées de
la perception du revenu.

D'après un savant économiste forestier de l'Allemagne [1]
« le calcul du produit des taillis a lieu d'ordinaire en ayant
égard à l'exploitation des forêts en futaie ; car tout aussi peu
que l'on diminuerait l'impôt sur la bonne terre pouvant produire du froment parce que le propriétaire n'y cultive que de
l'avoine, tout aussi peu l'on ne doit pas imposer plus bas le
sol forestier propre à la futaie, quand bien même le propriétaire n'y élèverait que du taillis. »

Le principe contraire a été adopté par les auteurs du
Recueil méthodique concernant la répartition des impôt directs,

[1] Henri Cotta, *Principes fondamentaux de la science forestière*, traduction
de M. Nouguier, p. 328.

puisque, suivant eux, les bois de haute futaie « doivent être compris dans les expertises et matrices cadastrales sur le même pied que ceux qui se trouvent en taillis dans la commune ou dans les autres communes du canton [1]. »

Cette règle ne paraît pas avoir été introduite d'après le principe qu'assigne à la sienne l'économiste allemand, c'est-à-dire une supériorité de produit contestable pour le bois en futaie, mais plutôt d'après l'observation que les revenus des taillis sont d'un calcul beaucoup plus facile que ceux des futaies [2].

Les terrains enlevés à la culture pour le pur agrément, tels que parterres, pièces d'eau, avenues [3], les terrains occupés par les canaux et les chemins de fer, les salines, sont estimés aux taux des meilleures terres labourables de la commune.

Les portions du sol consacrées à un produit industriel, telles que mines, carrières, tourbières, etc., sont évaluées uniquement par rapport au produit agricole qu'elles auraient pu fournir par assimilation aux terrains environnants [4].

Les propriétés bâties s'évaluent en deux parties, savoir : la superficie sur le pied des meilleures terres labourables, et la bâtisse d'après la valeur locative, déduction faite de l'estimation de la superficie.

[1] Cette disposition, qui a reçu force légale des termes généraux de l'art. 29 de la loi du 28 avril 1816, a modifié la règle de l'art. 70 de la loi du 3 frimaire an VII, d'après laquelle les futaies devaient être cotisées comme si elle produisaient un revenu égal à 2 1/2 p. 100 de leur valeur.

[2] V. sur ce point le *Manuel théorique et pratique de l'estimateur des forêts*, par M. Noirot Bonnet. Paris, 1856, p. 402.

[3] Loi du 3 frimaire an VII, art. 59; loi du 5 floréal an XI; décret du 15 octobre 1810. En d'autres pays on a suivi plus rigoureusement la règle du revenu réel, sauf peut-être à atteindre le luxe autrement.

« A Venise, dans le xviiie siècle, les maisons de campagne étaient regardées comme fonds morts et franches de dîmes. » (Daru, 1re édition, t. VI, p. 256.)

[4] Loi du 3 frimaire an VII, art. 81; *Instruction sur le cadastre*, art. 180.

Cette distinction paraît avoir été introduite par la loi du 15 septembre 1807, soit afin de faciliter l'exercice des actions en décharge ou réduction pour le cas de destruction totale ou partielle, et celle des actions en remise ou modération, au cas de perte totale ou partielle du revenu, soit pour qu'en cas de démolition ou de reconstruction l'impôt puisse être assis sur la superficie seulement sans nouveau travail [1].

Le revenu net de la propriété bâtie dans les maisons d'habitation et les usines est déterminé d'après la valeur locative calculée sur dix années, sous la déduction d'un quart de cette valeur locative pour les maisons d'habitation, et d'un tiers pour les usines, en considération du dépérissement et des frais d'entretien et de réparation. Les maisons peuvent, dans les communes rurales, être divisées en dix classes au plus. Dans les villes, bourgs et communes très-peuplés, elles ne sont plus susceptibles d'être divisées en classes ; chaque maison est évaluée séparément. Il en est de même des usines, fabriques et manufactures (Foucart, *Éléments*, etc., t. II, p. 401).

Les bâtiments ruraux et les cours qui en dépendent ne sont soumis à la contribution foncière qu'à raison du terrain qu'ils enlèvent à la culture, évalué sur le pied des meilleures terres labourables de la commune de leur situation, ou de la commune voisine s'il n'y a point de terres labourables dans leur commune.

Les rues, places publiques, carrefours, fontaines publiques, les lieux publics servant aux foires et aux marchés, les ponts, les grandes routes, les chemins vicinaux, les promenades publiques et boulevards, les rivières, ruisseaux et lacs, les

---

[1] Macarel et Boulatignier, *De la fortune publique en France*, t. II, p. 593 ; Serrigny, *Questions et traités de droit administratif* au mot *Contributions directes*, § 30 ; Rapport de M. Defermon au corps législatif, *Moniteur* de 1807, p. 980.

rochers nus et arides, les immeubles appartenant à l'État, aux départements ou aux communes et affectés au service public, les bois et forêts de l'État, les propriétés du domaine de la couronne, ne sont point soumis à l'impôt [1]. Ces propriétés deviennent cotisables lorsqu'elles sont vendues à des particuliers, ce qui se présente quelquefois pour les bois de l'État.

A côté des exceptions permanentes, il en est de purement temporaires qui ont été destinées à encourager les semis et plantations, les desséchements et les constructions nouvelles [2].

La loi du 15 septembre 1807 (art. 37 et 38), établit une distinction entre les propriétés non bâties et les propriétés bâties, sous le rapport de la fixité des évaluations cadastrales. Pour les premières, les propriétaires compris dans le rôle cadastral ne sont plus dans le cas de se pourvoir pour surtaxe, à moins que par un événement extraordinaire leurs propriétés ne vinssent à disparaître. Les propriétaires des propriétés bâties sont admis à se pourvoir en décharge ou réduction dans le cas de surtaxe ou destruction de leurs bâtiments, avec remise ou modération dans le cas de perte totale ou partielle de leur revenu d'une année.

D'après la loi de 1835 (17 août), les constructions de maisons et d'édifices ont dû accroître les contingents de la commune, de l'arrondissement et du département, comme les démolitions ont dû réduire ces mêmes contingents. C'est un élément de mobilité et pour ainsi dire de quotité qui a été introduit dans le système de l'impôt de répartition, dont la stabilité est l'un des principaux caractères.

---

[1] V. art. 105 à 108 de la loi du 3 frimaire an VII, et loi du 19 ventôse an IX, art. 1er. — Les propriétés de la couronne supportent cependant les charges communales et départementales. Afin de fixer leurs portions contributives dans ces charges, elles sont portées sur les rôles, pour leurs revenus estimatifs, comme les propriétés privées. (Sénatus-consulte du 12 décembre 1852, art. 12.)

[2] V. les *Questions et traités de droit administratif*, par Serrigny, p. 240.

Une pensée de réforme plus considérable a inspiré en 1837 et en 1846 la rédaction de projets relatifs au renouvellement du cadastre. On proposait dans ces projets, communiqués seulement aux conseils généraux, de donner trente ans de durée aux évaluations nouvelles opérées en vertu de la révision du cadastre [1].

La révolution de 1848 paraît avoir arrêté ou du moins modifié les préoccupations de l'administration des finances relativement au cadastre.

Toutefois une pensée analogue s'est produite sous une autre forme.

Le gouvernement du prince Louis-Napoléon ayant proposé en 1851 la réduction de 17 centimes additionnels (27 millions), pesant au profit de l'État sur l'impôt foncier, l'assemblée législative, en adoptant cette proposition, vota dans la loi du 7 août 1850 une disposition portant que le gouvernement prendrait *les mesures nécessaires pour qu'il soit procédé à une évaluation nouvelle des revenus territoriaux.*

L'administration des contributions directes, en vertu de cette disposition, a fait exécuter un travail duquel il résulte

---

[1] *V.* sur le projet de 1846, préparé par M. Lacave-Laplagne, la note contenue dans le *Moniteur* de 1846 (14 juillet). M. Dumon, successeur de M. Lacave-Laplagne, promettait, le 12 juillet 1847, la présentation du projet aux chambres pour la session suivante...

Ce projet de 1846 a donné lieu à un article intéressant de M. Rezzonico dans les *Mémoires de l'Institut lombard.* L'auteur préférait à la révision des estimations de trente ans à trente ans le système *lombardo-vénitien*,, d'après lequel on exclut du cens, tous les cinq ans, les biens détruits ou devenus stériles sans la faute du possesseur, et on y ajoute au contraire les biens créés ou devenus productifs par la seule force de la nature, ou soustraits à l'usage public, sans s'occuper aucunement des destructions ou améliorations du fait de l'homme. Il cite le règlement lombard du 30 mai 1846 dans ce sens. On peut consulter ce mémoire, intitulé *Del catasto della Francia e del suo avenire,* dans le tome III, p. 3 et suiv. des *Mémoires de l'Institut lombard,* où il a été lu en décembre 1846 et en février 1847.

que la proportion de l'impôt foncier avec le revenu net varie
relativement aux contingents départementaux entre les
proportions extrêmes de 3.74 et 9.07 [1]. La moyenne résultant du même travail pour la France-entière est de 6.06
pour 100, sur un revenu territorial de 2,645,000,000 fr. [2].

Il n'a pas été donné d'autre suite à cette opération ordonnée, il y a dix ans, et il est permis dans cette situation de
constater qu'une des questions les plus importantes relativement à la législation de l'impôt foncier, à savoir celle de
son caractère fixe ou variable n'est pas tranchée pour la
France et a fait hésiter le législateur de notre pays, comme
elle arrêtait naguère le législateur piémontais [3].

Le 21 mai 1859, cependant, une discussion a été élevée
dans le corps législatif français sur la péréquation de l'impôt foncier. Une opinion favorable au principe de la péréquation a été soutenue par MM. de Parieu et Roques-
Salvaza, députés. M. Lequien, président de la commission
du budget, a parlé dans un sens contraire. La question a
été entièrement réservée par le commissaire du gouvernement, M. Vuitry, président de la section des finances du
conseil d'État.

M. Mac Culloch a cru trouver dans notre loi de 1821 le
principe qu'aucun changement n'aurait lieu ultérieurement dans la distribution de l'impôt entre les départements [4]. Mais cette loi qui, par le dégrèvement qu'elle consacrait, dérogeait déjà à la fixité des contingents départementaux, n'a fait autre chose que restreindre dans l'inté-

---

[1] Note précitée p. 20.

[2] *Ibid.*, p. 36.

[3] V. la discussion sur le projet de loi du *Catasto stabile*, dans la chambre des
députés piémontais, en 1854 et 1855, art. 40 du projet. En Belgique, un projet
de loi récent a pour objet la révision des évaluations cadastrales et la péréquation
générale de l'impôt foncier. (V. *le Nord* du 19 février 59.)

[4] Page 83.

rieur de chaque département la portée des opérations cadastrales alors en voie d'exécution, sans rien interdire pour
l'avenir de ce qui pourrait être fait par une autre voie. En
réalité, tandis qu'on trouve dans certains documents des
considérations tendant à l'immuabilité de l'impôt foncier,
tout au moins pour de longs intervalles [1], on a dérogé à ce
principe non-seulement par le dégrèvement de 1821 qui a
changé les proportions de l'impôt entre les départements,
mais encore par les opérations de péréquation exécutées
dans la majorité des départements, et enfin jusqu'à certain
degré, par les dispositions de la loi du 17 août 1835 qui admet formellement le principe de la mobilité des contingents, eu égard à l'accroissement ou à la diminution du
nombre des maisons et usines.

Ajoutons aussi que les études faites sur les moyens d'entretenir et renouveler le cadastre ont conduit à penser que
la fixité indéfinie des évaluations serait un obstacle presque
insurmontable à l'établissement d'un bon système de conservation cadastrale, en ont même fait adopter, dans la commission chargée d'étudier la matière, en 1837, et dont nous
avons mentionné déjà le projet, le principe de la révision
trentenaire des estimations qui servent de base à la répartition de l'impôt foncier [2].

Quant à ce qui concerne la révision du cadastre dans l'intérieur de chaque commune, elle est réglée par l'article 7
de la loi du 7 août 1850, portant que « dans toute commune cadastrée depuis trente ans au moins, il pourra être
procédé à la révision et au renouvellement du cadastre,
sur la demande du conseil municipal de la commune et sur
l'avis conforme du conseil général du département, à la

---

[1] Macarel et Boulatignier, *De la fortune publique en France*, t. III, p. 8,
10, 11.
[2] Macarel et Boulatignier, t. III, p. 90 à 93.

charge par la commune de pourvoir aux frais des nouvelles opérations. »

Le produit de l'impôt foncier en France était prévu dan le budget de 1859, pour un chiffre principal de 162,440,841 francs, porté à 279,347,660 francs, par l'addition des centimes communaux et départementaux. Dans le budget de 1863, après l'annexion de trois nouveaux départements, le principal est de 167,200,000 francs, et avec les centimes additionnels le total s'élève à 292,436,122 francs.

M. Gouin, dans le rapport sur le budget des recettes [1] de 1851, a établi que le contingent des quatre-vingt-six départements de la France d'alors, représenté par 240,000,000 francs, en 1791 ; n'était plus, en 1825, que de 154,738,526 francs, chiffre qui est depuis resté fixe, sauf l'addition résultant de l'application de la loi de 1835, relative aux constructions nouvelles. Mais, il a démontré aussi que cette réduction de 55,261,474 francs sur le principal de la contribution foncière, depuis 1802, était plus que compensée par l'élévation des centimes additionnels de 37,378,396 francs, montant de 1802, à 120,200,978 en 1850.

Il a aussi fait voir que le dégrèvement des 17 centimes additionnels généraux opéré en 1850, replaçait la propriété foncière pour la quotité de l'impôt dans une situation à bien peu de chose près égale à celle qui lui était faite en 1802, avec cette différence toutefois que l'augmentation résultant des centimes additionnels est la conséquence d'améliorations diverses votées par les départements et les communes.

On rencontre dans l'histoire certaines taxes accessoires par rapport aux impôts fonciers proprement dits, mais qui, par leur spécialité, ont pu avoir pour résultat certains effets analogues à ceux des contributions sur les consommations.

[1] *Moniteur* du 17 juillet 1850.

Les taxes sur le bétail [1], sur les terres ensemencées, qu'on rencontre notamment dans l'histoire financière de la Hollande et d'autres pays [2] ont dû avoir quelques-uns des effets qu'on attribuerait aujourd'hui aux taxes sur l'abattage ou sur la mouture. Sous certain rapport, lorsqu'elles ont coexisté avec des impôts fonciers, elles ont pu constituer aussi des *doubles emplois*, circonstance dont l'on trouve au reste plus d'un exemple dans le système des contributions.

Les bestiaux étaient pris en considération dans la répartition de la taille en certaines provinces de l'ancienne France.

« Le produit réel d'après l'estimation s'est trouvé, disait un auteur provincial, plus qu'absorbé par l'impôt ; voilà ce qui a donné lieu de cotiser la demeure ou la chaumière du laboureur, la vache qui labourait son champ, la brebis dont la toison le couvrait, la chèvre qui allaitait son enfant, jusqu'à une ruche à miel, s'il en était propriétaire, quoique ce fût la propriété la plus fugitive [3].

L'auteur faisait remarquer que c'était là « tirer d'un sac trois ou quatre moutures [4]. »

L'impôt arabe, en Algérie, comprend une somme payée par chaque charrue et une autre somme payée par chaque tête de bétail, et enfin une taxe sur les dattiers.

Une contribution récemment établie en France sous le

[1] Taxe de 2 sols par vache nommée *inferenda* dans un capitulaire de Louis, et établie par Charlemagne. (Reynier, *De l'économie publique et rurale des Celtes*, page 287.)

[2] Pour la Transylvanie notamment. V. Christian, *Des impositions et de leur influence*. Paris, 1814, p. 51. L'ouvrage de cet auteur n'a d'intérêt que par les ch. II à X qui sont une sorte d'analyse des mémoires concernant les impositions et droits de Moreau de Beaumont.

[3] *Exposition de l'état où se trouve le département du Cantal, ci-devant la haute Auvergne, relativement aux impositions à l'époque de l'assemblée des électeurs, au 1er juillet 1790, etc.*, par F. Leigonye. Aurillac, 1790, p. 22.

[4] *Ibid.*, p. 47.

nom de taxe des biens de mainmorte, forme en quelque
sorte un appendice de la contribution foncière, bien que la
cause qui l'a fait établir soit autre que celle qui a déterminé
l'établissement de l'impôt foncier.

D'après la loi du 20 février 1849, cet impôt pèse sur les
biens immeubles passibles de la contribution foncière, appartenant aux départements, communes, hospices, séminai-
res, fabriques, congrégations religieuses, consistoires, établissements de charité, bureaux de bienfaisance, sociétés
anonymes [1] et tous établissements publics légalement autorisés, comme représentation des droits de transmission entre
vifs et par décès. Cette taxe est calculée à raison de 62 centimes et demi par an et pour franc du principal de la contribution foncière.

Les formes prescrites pour l'assiette et le recouvrement de
la contribution foncière sont suivies pour l'établissement et
la perception de la nouvelle taxe.

La taxe est mise à la charge du propriétaire seul pendant
la durée des baux courants au moment de l'établissement
de la loi.

Le conseil d'État a jugé que le sol des chemins de fer,
des canaux et de leurs dépendances, n'était pas assujetti à
l'impôt sur les biens de mainmorte, parce que ces objets
n'appartiennent pas aux compagnies anonymes auxquelles
l'exploitation temporaire de ces chemins a été concédée. On
peut voir la discussion de cette importante question résolue
dans un sens contraire par un auteur de droit administratif
contemporain [2]. Le produit de l'impôt pour 1859 a été évalué
à 3,200,000 fr. et pour 1863 à 3,400,000.

[1] Des sociétés organisées conformément aux art. 1832 et suivants du code
Napoléon, pour l'exploitation des mines, ayant été taxées pour les immeubles
qu'elles possédaient, ont obtenu leur décharge du conseil d'État. (Foucart, *Éléments du droit administratif*, t. II, p. 413.
[2] Serrigny, p. 296 à 299.

La taxe des biens de mainmorte a fait, sous certains rapports, revivre le droit d'*amortissement* jadis perçu sur les immeubles acquis par des êtres moraux, tels que les communautés ou associations religieuses ou laïques. On s'était préoccupé de cette situation très-anciennement. Les seigneurs s'étaient plaints de la diminution de leurs droits de lods et ventes à cause de l'accumulation des propriétés foncières dans les mains des gens de mainmorte. Pour satisfaire à leurs réclamations, on imagina d'assujettir tous les établissements de ce genre à fournir ce qu'on appelait un homme *vivant et mourant* ou *vicaire de mainmorte*, dont le décès donnait lieu au droit de mutation comme si la propriété eût réellement reposé sur sa tête.

La question s'éleva aussi dans l'intérêt du Trésor royal, et on établit le droit d'amortissement qui était la finance payée par le concessionnaire mainmortable pour la permission de posséder des immeubles [1].

« Le clergé s'assembla à Mantes en 1641. Les commissaires du roi représentèrent à l'assemblée qu'il n'était pas permis aux *gens de mainmorte* d'acquérir ni de posséder aucun héritage, ni droits immobiliers sans en obtenir des lettres d'amortissement, et en acquitter les droits ; que faute d'y satisfaire, ces acquisitions étaient réunies de droit au domaine ; que les ecclésiastiques qui possédaient une grande partie des biens du royaume n'avaient ni obtenu ces permissions, ni payé les droits au roi, et que ces droits montaient à des sommes immenses ; que le roi entendait faire rechercher tous ces amortissements ; qu'il les avait

---

[1] Dalloz. V. *Amortissement.* On trouve chez un auteur du XVIIIe siècle, une proposition d'impôt sur les monastères, afin que « *le roi tire une légère partie de ce fond dont les gens de mainmorte profitent au décès du reclus qui dans le monde aurait partagé le poids de ses concitoyens et payé des impôts à son prince.* » (Testament du maréchal de Belleisle, p. 178.)

taxés au tiers du revenu de tous les bénéficiers ; que, de plus, le clergé devait les contributions du ban et de l'arrière-ban ; et qu'enfin le roi pouvait le taxer à de grandes sommes pour la conservation de ses priviléges ; que, cependant, voulant bien, à la considération du cardinal de Richelieu le traiter favorablement, il se contenterait de 6 millions de francs payables en trois années [1]. »

Le droit d'amortissement fut aboli par l'article 1er de la loi du 3 décembre 1790.

Et, toutefois, quelque chose d'analogue devait être rétabli soixante ans après au nom du grand principe de l'égale contribution de toutes les classes de personnes et de propriétés aux charges de l'État, principe que l'assemblée constituante avait fait triompher.

Chacun paie, en effet, au Trésor, des droits plus ou moins élevés, pour les biens que possèdent les simples citoyens, à chaque mutation qui arrive par succession, donation, legs ou vente. Mais les communautés religieuses et autres, qui ne meurent jamais, et qui, une fois propriétaires, sont frap-pées de l'incapacité d'aliéner [2], étaient par la même aussi, affranchies à l'avenir de tous droits de mutation. Or, comme les propriétés de mainmorte allaient s'élevant de valeur continuellement (car elles s'accroissent toujours et ne dimi-nuent jamais), le produit de l'enregistrement devait en souffrir.

Aussi, dès 1828, M. Dupin [3], dans un discours prononcé à la chambre des députés, représenta-t-il la nécessité d'éta-blir que dans un délai réputé le terme moyen des muta-tions, par exemple, tous les quinze ou vingt ans, le droit d'enregistrement serait payé au Trésor public par les gens

[1] *Histoire financière de la France,* par Bresson, t. I, pag. 272.
[2] En vertu de la loi du 2 janvier 1817, article 3.
[3] Séance du 7 juillet.

de mainmorte. Il est facile d'apprécier l'importance, de cette mesure en sachant que les communautés religieuses avaient reçu en immeubles, en 1825, la valeur de 1,537,444 francs; en 1826, celle de 2,316,369 francs; et, en 1827, celle de 8,587,688 francs; soit en trois années, 12,441,501 francs, exempts à l'avenir de tout droit de mutation. La proposition de M. Dupin n'eut pas de suite immédiate. Mais M. Goudchaux, ministre des finances en 1848, proposa, le 24 octobre de cette année, l'établissement d'un droit annuel correspondant à l'impôt de mutation sur les biens de mainmorte. Le projet fut adopté sur le rapport de M. Grévy, par la loi que nous avons citée plus haut. Le gouvernement communiqua des documents qui montraient l'importance des biens que la nouvelle contribution pourrait atteindre et assuraient à l'impôt un produit sérieux. Ces renseignements sont renfermés dans l'état ci-après :

Tableau des biens de mainmorte, en 1846, établi d'après les renseignements alors recueillis par l'administration des contributions directes et communiqué par le gouvernement à la suite de la présentation du projet de loi de 1848.

COMMUNES ou ÉTABLISSEMENTS.	NOMBRE.	CONTENANCE EN HECTARES			REVENU en FRANCS.	VALEUR capitale EN FRANCS.
		TOTAL.	Productifs de revenu.	Affectée à un service public.		
Départements	30	1,756	947	808	36,801	1,246,958
Communes. . . . . , . .	30,650	4,738,128	4,718,656	19,472	45,146,554	1,618,618,900
Bureaux de bienfaisance	2,480	20,281	20,271	10	1,524,567	50,831,936
Hospices, établissements de charité.	2,150	178,528	177,526	759	10,430,564	339,423,991
Fabriques	7,184	17,875	17,450	424	1,064,429	35,446,607
Séminaires.	133	3,894	3,775	118	262,680	8,647,868
Consistoires.	70	1,800	1,769	30	333,911	10,932,985
Congrégations religieuses.	830	6,850	6,848	10	1,535,835	43,024,910
Sociétés anonymes	308	35,880	35,879	1	3,874,116	91,132,487
	43,835	5,004,764	4,983,127	21,636	64,209,456	2,199,308,646

Ces biens comprennent le dixième des terrains imposables de toute la France à cette époque, et représentent seulement le trente et unième du revenu général. (Voir le

Moniteur du 16 décembre 1848, contenant le rapport fait à l'assemblée législative par M. Grévy.)

Un décret du 30 août 1850 a fixé à 40,000 francs le fonds de dégrèvement de la nouvelle branche du revenu établie par la loi du 20 février 1849.

Il est nécessaire de remarquer qu'on a exempté de la contribution établie en 1849 les valeurs mobilières appartenant aux gens de mainmorte, à raison de diverses considérations étrangères au principe même de la loi. En effet, les rentes foncières et les créances dues en vertu de titres enregistrés, donnent lieu à différents droits, autres cependant que les droits exigibles sur les transmissions entre vifs à titre gratuit et les mutations par décès. Toutes ces rentes et créances qui autrefois n'étaient frappées du droit d'amortissement que dans certains cas et sous diverses conditions, n'ont pas paru susceptibles d'être assimilées aux immeubles pour l'application du nouvel impôt [1].

La France n'est pas le seul pays dans lequel on ait été préoccupé de l'effet des biens de mainmorte sur le produit des droits de mutation.

Dans les États pontificaux, la mainmorte, avec ses immenses propriétés, fait seule perdre au Trésor plus de 200,000 *scudi* par an en droits de mutation. Rossi, durant son court ministère, avait obtenu du clergé qu'il dédommageât le Trésor de cette perte par une somme de 4 millions de *scudi*; mais cet engagement n'a pas été rempli, et l'on compte que depuis cette époque, la mainmorte s'accroît annuellement de 3 à 4 millions de *scudi*. Ce chiffre n'a rien d'étonnant, quand on pense aux grands legs que le clergé romain obtient de la piété des mourants, à cette somme

---

[1] La commission dont M. Grévy était le rapporteur, s'expliquant sur ce point, disait : « Que les éléments manqueraient pour déterminer la taxe avec précision, et, qu'en tout cas, la perception en serait pleine de difficultés et d'inconvénients. »

considérable, par exemple, qu'un Bonaccioli[1], il y a peu de temps, aurait légué « à son âme. »

En Hollande, on avait établi dans le siècle dernier, un impôt analogue à notre taxe des biens de mainmorte, mais il paraît que les biens des fondations catholiques en étaient seuls atteints. En Belgique, un droit d'amortissement qui a été cité lors de la présentation de notre loi de 1849 a été fixé sur le pied de 4 pour 100 du revenu annuel des immeubles.

Après avoir suivi l'impôt foncier dans les divers pays où il a été levé, nous rechercherons les lois générales relatives à cet impôt et à sa meilleure organisation chez les différents peuples.

L'impôt foncier est si répandu, qu'il est difficile de poser des règles qui puissent déterminer exclusivement les conditions de son établissement ou de son absence dans un pays donné.

La seule observation que l'histoire permette peut-être de formuler à cet égard, est relative à une sorte d'alternance entre l'existence de l'impôt foncier et celle des impôts généraux sur la propriété ou le revenu. Non point que ces divers impôts ne coexistent dans divers pays de l'Allemagne, en Suède, et en général dans les pays où l'impôt sur le revenu est admis à titre de surcroît par rapport au système général des taxes directes, mais parce qu'en général ils ont cependant une certaine tendance à se remplacer réciproquement, et dès lors à s'exclure.

Ainsi la Grande-Bretagne n'a établi son *income-tax* qu'en autorisant le rachat de la *land-tax*; et dans le tableau de l'organisation financière des cantons de la Suisse, on re-

---

[1] Il debito publico pontificio ; lettera al conte Costa della Torre di G. Napoleone Pepoli, Turin, 1858.—Analysée par le *Journal des Économistes* de janvier 1859, art. de M. Horn.

marque presque exclusivement l'existence des impôts fonciers là où les impôts généraux sur le capital ou le revenu n'existent pas [1], et celle de ces derniers impôts là où aucune contribution spéciale n'est admise sur les fonds de terre [2].

L'impôt foncier ne paraît pas exister en Russie [3], mais on y lève parfois, soit généralement dans les grands besoins, soit localement, une sorte d'impôt sur le revenu [4].

Si après l'étude des lois qui régissent la contribution foncière dans les divers pays où elle est établie, on cherche à résumer les questions que son organisation soulève, on voit que la première question relative à l'établissement de l'impôt foncier consiste dans la détermination du rapport sous lequel doit être apprécié l'objet imposable.

La méthode la plus simple, qui a peut-être été pratiquée dans l'origine, dut consister dans la considération de la contenance du sol, à laquelle on rattacha ultérieurement l'appréciation de son état ou du mode de culture auquel il était consacré. On dut aussi rattacher à ce système d'évaluation approximative la considération de certains faits en rapport avec la contenance du sol, comme le nombre des charrues, même celui des feux d'habitation, enfin le calcul de la quantité de semence employée sur chaque propriété labourable, calcul qui, on le sait, est souvent intimement lié aux bases résultant du mesurage du sol.

On peut citer comme exemples de cette manière de répar-

[1] Partie du canton de Berne, Vaud, Appenzell (Rhodes intérieures).

[2] Zurich, Schwitz, Bâle ville, Schaffhouse, Saint-Gall, Appenzell (Rhodes extérieures), Thurgovie.

[3] Tanski, *Tableau statistique, politique et moral du système militaire de la Russie*, p. 21. Il y a été autrefois levé et a été remplacé en 1721 par la capitation si nous en croyons M. de Gerebtzoff. (*Essai sur l'Histoire de la civilisation en Russie*, t. II, p. 73.)

[4] Tourguenieff, *La Russie et les Russes*, t. II, ch. FINANCES. *Constitutionnel* du 4 mai 1854, sur un impôt à Odessa. V. aussi ce que nous avons dit plus haut de la répartition de la capitation russe entre les habitants des localités.

tir l'impôt foncier, la taxe poméranienne par *charrue* [1], de 1653; celle de la Prusse orientale, instituée sur la même base par Frédéric-Guillaume Ier; l'impôt établi à Magdebourg, en 1692, et qui avait pour base la quantité de la semence, ainsi que l'impôt transylvanien que nous avons cité plus haut; et en Autriche, l'ordonnance de Marie-Thérèse qui prescrivit, là où la mesure du sol ne serait pas encore connue, de considérer l'emploi de trois metzen de semence (184 litres 5) comme dénotant la contenance d'un *joch* (57 ares 59). Dans une époque plus reculée, les vassaux payaient un fouage fixe comme représentation de leur part au domaine.

Dans les duchés de Mecklenbourg, la taxe foncière sur les biens domaniaux et la taxe foncière sur les biens de l'ancienne chevalerie sont réparties d'après la contenance du sol et le nombre des *hufen* [2], en distinguant, pour la première d'entre elles au moins, la nature argileuse, sablonneuse ou moyenne du sol.

La taxe mecklenbourgeoise sur les biens fonds dépendant des villes est répartie d'après la contenance des terres labourables, suivant qu'elles sont soumises ou non à un assolement : pour les prairies, d'après le nombre des voitures de foin récoltées; pour les houblonnières, d'après le nombre de cuves de houblon *(hopfenkuhlen)* [3].

Le système de ce dernier impôt, en réunissant la consi-

---

[1] Sur l'assiette de l'impôt foncier par charrues, par feux et même par unités de produit (*schocke*) V. Lang, *Historische Entwickelung der Teutschen steuerverfassungen*, p. 232 à 248.

[2] La *hufe* du Mecklenbourg a, d'après M. de Reden, p. 1115, t. Ier, la contenance de 704,30 *morgen* prussiens (environ 180 hect.), et comporte en semence 600 boisseaux (*scheffel*) de blé, mesure de Rostock, ou environ 233 hectolitres. (Nous nous sommes servis, pour l'appréciation des mesures étrangères, de l'*Almanach des longitudes* de 1853.) Voyez aussi la *Finanzwissenschaft* de Rau, § 316, note *g*.

[3] Reden, p. 1116 et suiv.

dération de la contenance du sol, dans certains cas, avec
celle du produit brut dans certains autres, conformément,
sous ce rapport, à l'impôt transylvanien dont nous avons
parlé plus haut, associe les modes d'établissement de l'impôt
foncier qui se présentent le plus naturellement aux premiers
législateurs dans les pays où l'estimation plus exacte des
profits de la terre n'est pas encore connue et pratiquée.

Le système des dîmes, qui a joué un si grand rôle dans
l'histoire des peuples anciens et modernes, n'est autre chose
que l'application du principe de la perception sur le revenu
brut, appliqué spécialement à certaines récoltes, quelquefois
dans l'intérêt d'un service particulier, et surtout, en divers
pays, pour la rémunération du ministère ecclésiastique.

Les perceptions fondées sur le produit brut ont cela de
particulier, qu'elles peuvent aisément se concilier avec le
système d'acquittement en nature, qui, appliqué aux taxes
publiques, produit un allégement pour le contribuable, à la
charge d'un inconvénient incomparablement plus grand
pour le gouvernement.

L'établissement des taxes sur le produit brut des terres,
comme sur celui de l'industrie et du commerce, fut la base
du système de la dîme royale proposé par le maréchal de
Vauban au commencement du dernier siècle : système recommandable par l'idée de justice financière qui le caractérise, mais du reste très-défectueux dans les moyens d'application conçus par l'auteur.

La dîme, comme nous l'avons vu, existe encore comme
impôt foncier dans la Dalmatie, où elle est perçue en argent
d'après une estimation annuelle de son produit.

Nous avons constaté plus haut que l'appréciation du revenu
brut, tempérée par la différence des proportions de l'impôt
suivant la nature des cultures, se trouvait aussi dans le système d'impôt foncier introduit par l'empereur Joseph II.

La législation bavaroise nous a présenté un exemple du même principe mitigé par quelques tempéraments.

Après le système fondé sur la contenance des terres et celui qui s'appuie sur le revenu brut, un troisième système fait reposer l'impôt sur la valeur vénale des propriétés relevée d'après le cours d'un nombre d'années déterminé. Ce moyen dispense de l'arpentage des propriétés, mais oblige à recueillir des renseignements variés dans les actes qui constatent les mutations immobilières.

Il a été pratiqué dans le Tyrol, en vertu de l'ordonnance du 16 mai 1780, et en Bavière, en vertu de l'ordonnance provisoire du 13 mai 1808.

Les duchés de Nassau et de Bade l'ont appliqué en le perfectionnant par une classification soignée des terrains et un choix intelligent des éléments employés pour le calcul du prix moyen des aliénations.

Le dernier mode d'assiette de l'impôt foncier est celui qui a pour base l'évaluation du revenu net, soit que, comme dans certains pays, on s'attache au chiffre précis des baux [1], soit que l'on recherche plutôt le revenu qui devrait naturellement résulter de la contenance, de la qualité et des conditions de l'exploitation du sol [2]. Il faut remarquer en effet que le législateur qui institue un impôt sur le revenu foncier est dans une situation très-différente de celle du législateur qui voudrait asseoir une taxe sur un revenu industriel ou commercial. La même usine peut donner, suivant les temps, une diversité de produit très-grande, d'après le

---

[1] Dixième du produit des baux dans le territoire vénitien, complété par une perception de 8 pour 100 à la charge des propriétaires qui régissaient leurs biens fonds. Rau, § 325, note a.

[2] C'est sous ce rapport qu'on ne tient pas compte du revenu exceptionnel dérivant de certaines situations, comme le groupement ou la division des exploitations, et aussi qu'on taxe rigoureusement, sinon même au delà de leur valeur intrinsèque réelle, les terrains consacrés à l'agrément. Rau, § 305.

plus ou moins d'activité imprimée à son travail. Au contraire il y a un revenu *naturel* du sol qui est renfermé dans des limites assez étroites, et dont la moyenne au moins peut être fixée avec beaucoup plus de précision que la moyenne du revenu d'un commerce ou d'une industrie.

Ce système d'assiette de l'impôt foncier est celui de tous pour lequel l'instruction préparatoire la plus complète est nécessaire.

Le moyen des déclarations demandées aux contribuables, auquel on avait souvent recours pour la répartition de la taille dans notre ancienne France, et dont on a tenté aussi l'expérience dans d'autres pays [1], est d'autant plus imparfait, que la sincérité même des déclarants ne pourrait compenser parfois leur ignorance sur un résultat aussi complexe que l'est le chiffre du revenu net d'un bien-fonds.

Aussi, pour l'établissement de l'impôt sur cette base, plus que dans toute autre voie, les États modernes ont-ils été conduits à l'entreprise coûteuse mais avantageuse des opérations cadastrales, procurant la mesure et la description des terrains, et l'évaluation de leur revenu net moyen en rapport avec cette mesure et cette description. « Il n'y a aucune autre taxe, dit M. Rau, en parlant de la taxe des biens fonds, dont l'assiette ait occasionné tant de réflexions et de travaux [2], » et, à cette occasion, l'auteur fait ressortir très-bien le caractère scientifique du cadastre [3].

Déjà, assez anciennement, dans quelques parties de l'ancienne France et de l'Allemagne, des travaux de ce genre avaient été élaborés [4]. Au xviiie siècle, le gouvernement autrichien fit dresser le cadastre du Milanais avec soin.

---

[1] Par exemple dans le Tyrol, Rau, § 321, note *b*; dans la Bohême, d'après Christian, p. 49. L'impôt y était de quotité.

[2] Rau, § 301.

[3] Rau, § 332 et suiv.

[4] Rau, § 316, note *f* et Noizet, *Études sur le cadastre*, Paris, 1857. p. 7 et 8.

Au xixe siècle, la France, le Danemark, l'Autriche, la Prusse
rhénane, le Wurtemberg, le grand-duché de Hesse, le
Hanovre, la Saxe, la Toscane, etc., ont accompli les mêmes
travaux, qui sont devenus dans nos idées actuelles presque
inséparables de l'idée d'un impôt foncier rationnel et régulier.

Malgré l'unité du but général, de grandes diversités séparent les formes du cadastre dans les divers pays de l'Europe,
et surtout quant au mode de sa conservation et de son entretien en rapport avec les mutations qui interviennent
successivement pour modifier la forme, la consistance et
l'attribution des parcelles. Dans un petit nombre d'États
allemands, Hesse-Darmstadt, Bade, Nassau, et dans les cantons de Vaud et de Genève, on a pensé que le bornage et la
délimitation contradictoire des parcelles étaient la seule base
solide du cadastre, et on a organisé sur ce principe des dispositions législatives curieuses [1]. Quelques législateurs ont été
jusqu'au système de l'*intabulation* qui, suivant la définition
de M. Rezzonico, fait du cadastre le *démonstrateur juridique de
la propriété et des droits réels qui la diminuent ou la rendent
précaire.*

L'appréciation comparative des avantages et des inconvénients inhérents aux quatre principaux systèmes relatifs
à l'assiette de l'impôt foncier, tels que nous les avons ana-
lysés, ne saurait constituer pour l'esprit un problème très-
embarrassant.

La répartition de l'impôt d'après la seule étendue du sol
est éminemment défectueuse. Rien n'est en effet plus varié
que le produit d'une même étendue de terrain, suivant sa
composition minéralogique, son climat, son exposition et sa
culture.

---

[1] Noizet, *Études sur le cadastre*, Paris, 1857, p. 97 à 127.

Le produit brut est une base non moins trompeuse. Ce
produit n'est souvent, pour une grande partie, que la restitution d'une avance considérable de travaux ou de capitaux.
Le même produit brut acquis à deux contribuables ne représente pas pour eux la même ressource contributive.
Cette injustice des prélèvements assis sous forme de dîmes
a été signalée par tous les économistes, et il est des cultures
pour lesquelles le prélèvement sur le produit brut a toujours
paru une décourageante injustice [1]. Aussi la législation des
dîmes a-t-elle été, même en Angleterre, l'objet de graves
modifications qui en ont jusqu'à un certain point dénaturé
le principe [2]. On ne saurait, sous le rapport économique,
défendre ce tribut, que Rivarol, sous un autre aspect un peu
suranné, appelait *le plus antique et le plus vénérable qui existât
parmi les hommes... le lien qui attachait les espérances de la
terre aux bontés du ciel, l'intérêt du pontife à la propriété du
laboureur* [3]. La répartition de la taxe foncière sur la base de
l'étendue du sol ou du produit brut est donc pleine d'inconvénients qu'on ne saurait méconnaître.

La valeur vénale des immeubles peut servir de mesure
plus juste pour la répartition de l'impôt foncier que les deux
systèmes précédents; mais une foule de circonstances temporaires ou locales peuvent élever le prix de vente d'un
immeuble, sans aucun accroissement du revenu qui est cependant la base la meilleure pour l'appréciation des ressources du contribuable et de sa participation à l'intérêt
général auquel les dépenses publiques sont consacrées. On
accorde généralement que l'impôt doit être payé sur le
revenu sans entamer le capital; mais alors n'est-il pas

[1] Mac Culloch, p. 183 et suiv.
[2] V. les détails que donne le même auteur sur l'acte de commutation, 6 et 7.
Guill. IV, c. LXXI, p. 184 et suiv.
[3] *Rivarol, sa vie et ses œuvres*, par M. Curnier, p. 133.

naturel de proportionner l'impôt au revenu lui-même, surtout lorsqu'il s'agit d'un impôt annuel et permanent?

C'est donc le revenu net qui fournit la meilleure base pour la répartition des taxes foncières.

Il est bien entendu que, parlant du revenu net des immeubles, il s'agit de tout ce qui reste sur le revenu brut, déduction faite des frais de culture, semence, entretien, récolte et vente des denrées.

L'intérêt des dettes hypothécaires ne pourrait être compté que dans un système d'impôt plus général, embrassant toute la situation personnelle du contribuable. Les dettes hypothécaires, quoique grevant les immeubles, ont, en effet, avant tout un engagement personnel comme substance et fondement.

L'impôt sur les maisons a cela de particulier qu'il représente, dans certains pays, une sorte de doublement de la part d'impôt foncier à la charge des propriétés bâties, doublement demandé non au propriétaire, mais à l'habitant ou au locataire, et que dans d'autres États il constitue seulement un remplacement de l'impôt foncier, affectant relativement à la propriété bâtie des formes, un nom, et des procédés d'assiette particuliers.

Il a été établi sous la première forme en Angleterre, comme chez nous, qui lui donnons le nom de *contribution mobilière*. Il est, sous cette forme, exigé des habitants quel que soit le titre auquel ils sont installés dans le bâtiment [1]. Du reste, l'impôt établi en ces termes sur la *jouissance* du logement, réfléchit aussi en partie sur les propriétaires, à moins qu'il ne s'agisse des logements concédés dans des édifices publics, comme c'est quelquefois le cas pour notre contribution mobilière.

[1] Rau, 346 note *a*. Mac Culloch, p. 66 et 67.

La taxe sur les maisons affecte, ainsi que nous l'avons
vu, dans divers pays, la seconde forme et compose une
branche de l'impôt foncier exigé du propriétaire, branche
spécialisée à raison de la nature de l'objet imposable. Les
revenus des bâtiments ne sont point en effet susceptibles
d'une estimation aussi positive, aussi matérielle que ceux
des terrains livrés à l'agriculture ; de plus, il y a dans la
périssabilité des bâtiments, un élément d'amortissement
qui en complique beaucoup l'évaluation. Enfin le produit
d'une maison n'est pas un fruit naturel, mais un revenu
pécuniaire qui exige quelquefois des modes d'évaluation
exceptionnels, lorsqu'il s'agit surtout de bâtiments consacrés à l'agriculture et à l'industrie [1]. Ce sont ces circonstances qui paraissent avoir donné lieu à l'origine de la
taxe sur les maisons comme taxe spéciale, dans plusieurs
États de l'Europe, où son existence est d'ailleurs un fait
moderne.

En France, dans la Prusse rhénane, le Milanais et la Saxe,
l'impôt sur les propriétés bâties et l'impôt sur les immeubles
non bâtis sont au contraire réciproquement liés dans l'unité
de l'impôt foncier ; mais cette différence ne paraît entraîner
aucune différence notable dans les résultats de la charge
pour les propriétaires de maisons ; c'est plutôt une question
de forme qu'une question de fond [2].

La variété que nous avons remarquée dans le choix des
bases données à l'impôt foncier se retrouve à peu près, au
reste, dans les systèmes divers qui ont présidé à l'établissement des impôts sur les propriétés bâties.

Ici ces impôts reposent sur des bases tout à fait superfi-
cielles ou arbitraires, comme le nombre des pièces qu'une

---

[1] Rau, § 344 et 347 à 357.
[2] Rau, § 342, notes *a* et *c*.

maison renferme [1] ou l'étendue du sol imposable qu'elle recouvre [2].

Ailleurs, c'est le prix vénal [3] ou le revenu réel perçu par le propriétaire [4], ou enfin la valeur locative, dernière base qui nous paraît la plus logique et la meilleure pour la répartition de l'impôt. C'est celle-ci qui a été adoptée dans la France, la Prusse rhénane, la Saxe, etc. [5]. On a pu faire entrer quelquefois en ligne de compte une considération spéciale aux propriétés bâties, celle des frais de construction [6].

L'évaluation du revenu net d'un bâtiment suppose la déduction des réparations, des frais d'assurance contre l'incendie, et du prélèvement nécessaire pour reconstituer le capital après le temps ordinairement éloigné qui marque le terme de la durée possible de la reconstruction.

Lorsque l'impôt est assis sur le prix vénal, ces déductions ne sont pas nécessaires, car elles sont comprises dans les éléments mêmes de ce prix. Mais d'un autre côté, on a fait observer que le prix vénal des bâtiments est encore plus difficile à déterminer que celui des terres, et en général plus influencé par la considération de diverses convenances personnelles.

Il n'y a donc pas de motifs suffisants pour organiser, sous ce rapport, l'impôt sur les maisons d'une manière différente de celle qui est adoptée pour l'imposition des autres immeubles.

Après la détermination de l'objet positif sur lequel l'impôt foncier doit être assis, et le choix du mode d'évaluation

---

[1] *Hausklassensteuer* autrichienne. (Rau, § 350, note *a*.)

[2] *Hausteuer* bavaroise. (Rau, § 350, note *b*; Reden, Ier vol., p. 54.)

[3] Loi du grand-duché de Bade. (Rau, 351, note *a*.)

[4] *Hauszinsteuer* d'Autriche et taxe sur les maisons dans le Milanais. (Rau, § 349, note *b*.)

[5] Rau, § 349, note *b*.

[6] V. le § 353 de Rau.

considéré comme le plus propre à préciser cet objet même, une question importante est celle de savoir s'il vaut mieux établir l'impôt foncier par voie de quotité ou par voie de répartition.

On sait ce que signifient ces expressions, qui correspondent à une distinction répandue dans la législation fiscale [1].

Si l'autorité compétente a déterminé par avance la somme à recouvrer par voie d'imposition foncière, et que la cote à la charge d'une parcelle déterminée doive être fixée comme une partie proportionnelle de ce tout, si en même temps les parties de l'impôt qui n'ont pu être recouvrées comme indûment imposées sont réimposées sur la masse des contribuables, assujettis sous ce rapport à une indivision, sinon à une véritable solidarité, l'impôt est de répartition.

Si, au contraire, au lieu de fixer un total, le législateur n'a déterminé qu'un coëfficient abstrait, un prorata relatif au revenu, la cote de chaque parcelle est déterminée en elle-même d'une manière absolue et nullement comme la partie d'un tout; l'impôt est alors l'expression d'une obligation divisée entre tous les contribuables : il est assis par quotité. C'est cette dernière forme, plus appropriée, suivant quelques écrivains, aux États de moindre étendue, qui paraît dominer en Allemagne [2]. Dans plusieurs États de ce pays, le cadastre a fixé le capital imposable (*steuer-capital*). La loi budgétaire fixe la quotité imposable ou le pied de

---

[1] On la trouve dans la langue financière en Hollande comme en France, car on y distingue les *omslag* et les *hoevelheid belastingen*. V. à cet égard Engels, p. 232. En Italie, M. Rezzonico a comparé le système *di quantita o di contingente* au système *di quota o di ripartimento*. *Mémoires de l'Institut lombard*, IIIe volume, p. 5.

[2] Nous devons faire remarquer cependant qu'en Würtemberg l'impôt est assis par répartition. (Rau, § 360, note α.) En Prusse, les renseignements que nous avons tirés de la comparaison de divers budgets nous font supposer l'existence d'un système mixte comme en France, où l'assiette par quotité se fait un certain jour relativement aux propriétés bâties.

l'impôt (*steuer-fuss*). Cette quotité a été, par exemple, dans le pays de Bade, successivement de 1856 à 1858, de 19 ou de 21 kreutzers par 100 florins de capital. Dans quelques autres États, le système de quotité est encore plus caractérisé, en ce sens qu'il y a un *steuer-simplum* ou unité élémentaire de taxe dont la loi règle la perception suivant un coëfficient déterminé.

Ces deux modes d'assiette de l'impôt foncier partant de points opposés, sont moins contraires dans la pratique, en présence d'un cadastre bien exécuté, qu'on ne serait porté à le présumer, d'après le premier aspect de leur différence fondamentale. Supposons en effet qu'un cadastre exact représente au législateur le chiffre d'un milliard comme celui des revenus nets du sol d'un pays, déterminer dans ce pays la levée d'un impôt de 50 millions ou celle d'une contribution de 5 p. 100, sera exactement la même chose pour la masse des contribuables et pour le trésor de l'État. C'est d'après cette uniformité cadastrale qu'on a au moins affecté d'asseoir la contribution foncière dans plusieurs provinces de l'Autriche. Les avantages des deux systèmes y seraient rapprochés et pour ainsi dire confondus.

Là au contraire où il n'existe pas de cadastre vraiment uniforme et symétrique par rapport à l'ensemble du pays, et où il n'existe qu'un cadastre relatif à des circonscriptions étroites de l'État, là surtout où tout cadastre est inconnu, la différence des deux systèmes est sérieuse. Dans ce cas, la répartition peut donner des inégalités collectives très-considérables au détriment de telle ou telle circonscription donnée, et la fixité du résultat à obtenir peut violenter la proportionnalité dans l'application soit à un territoire, soit à une parcelle donnée; c'est ce qu'on prétend exister en France. Mais, d'un autre côté, les revenus de l'État acquiè-

rent une fixité beaucoup plus grande, puisqu'ils ne peuvent
être influencés par les erreurs qui seraient commises au
profit de tels ou tels contribuables, et qu'il existe entre tous
les intéressés une sorte de contrôle mutuel dans l'assiette
par répartition. C'est en ce sens que Turgot repoussait l'établissement de l'impôt foncier par quotité, attendu qu'il le
regardait même comme impossible. «Dans ce système, dit-il [1],
le roi ou le gouvernement est seul contre tous, et chacun est
intéressé à cacher la valeur de son bien... A peine dans le
système de la répartition, où toutes les fraudes sont odieuses
parce qu'elles attaquent tous les contribuables, à peine en
a-t-on quelque scrupule. Il s'en faut bien que les principes
de l'honnêteté et du patriotisme soient enracinés dans les
provinces; ce ne peut être qu'à la longue qu'ils s'établiront
par la voie lente de l'éducation. »

La différence considérable qui existe entre les deux modes
d'assiette que nous comparons sous ce rapport se manifeste
davantage encore en présence de la mobilité possible des
évaluations relatives au revenu des diverses parties du
territoire.

En dehors de cette mobilité des évaluations, la différence
des deux systèmes ne produirait des résultats positifs qu'au
commencement de la perception de l'impôt, et il serait toujours facile, par exemple, à l'aide d'un rehaussement de la
proportion imposée, de combler le déficit que l'assiette par
quotité aurait pu laisser à regretter relativement au total
des ressources attendues.

Au contraire, si les évaluations sont en principe mobiles
comme les faits, si elles sont sujettes à des renouvellements,
si tout au moins les accroissements importants de revenu
sont tenus en compte, le système de quotité se présente avec

---

[1] *OEuvres de Turgot*, dans la Collection des Économistes, t. Ier, p. 407.

des avantages et des inconvénients particuliers, et le trésor
public ressent, malgré la fixité de la quotité, l'effet des mou-
vements réels dans la valeur de la matière à laquelle cette
quotité est appliquée. Par exemple dans le pays de Bade où
le système de quotité est appliqué à l'impôt foncier et à celui
des maisons, le capital des biens fonds et redevances s'était
abaissé (de 1831 à 1850) de 464,988,792 fl. à 441,947,690 ;
mais celui des maisons s'étant accru de 151,390,175 à
180,462,350, dans le même temps, il en est résulté dans
ces vingt années une augmentation définitive de 6 millions
26,670 fl. [1].

L'idéal à poursuivre sous ces rapports différents serait le
perfectionnement du cadastre à un degré suffisant pour
réunir les avantages du système de quotité avec ceux du
système de répartition, le choix de l'un ou de l'autre n'étant
plus pour ainsi dire qu'une question de style [2].

En dehors d'un cadastre aussi régulier, le système de
répartition a une valeur de tradition et de fixité pour les populations ; il rejette une partie de la responsabilité au moins
apparente, relative à l'assiette de l'impôt, sur les représentants des contribuables ; il motive sinon une solidarité parfaite, du moins certaine communauté de dette. Mais ces
avantages, compensés par un aspect plus arbitraire et par
des résultats moins productifs, ont peut-être moins d'intérêt dans notre société qu'au milieu des misères et des
exactions du moyen âge.

---

[1] *Amtliche beitræge zur statistik der staats-finanzen des G. H. Baden.*
Karlsruhe, 1851.

[2] La facilité de passer du système de quotité au système de répartition et réciproquement, peut se démontrer en fait par ce qui s'est passé en Würtemberg. Un
total de 2 millions de florins devant être fourni par les impôts directs, la part de la
grund-und-gefællsteuer a été fixée aux 17/24 de ce contingent. On a calculé, d'après
le cadastre, que cela revenait à 8 fl. 22 kr. par 100 florins, tandis que la quotité
d'impôt supportée par les maisons était de 11 kr. par 100 florins. (*Würtembergs
staats-haushalt*, von C. Herdegen, p. 323 et 325.)

M. Humann allait même plus loin dans un passage auquel nous renvoyons [1], et suivant lui, comme suivant Royer Collard, *l'abonnement et la répartition* étaient *d'une autre époque*.

Au fond cependant ces idées de M. Humann, appliquées à certains impôts directs, ont trouvé des résistances, provenant sans doute de la haine des changements et de la crainte d'un accroissement naturel de l'impôt, sujet qu'on répugne souvent à analyser et que plusieurs acceptent comme une nécessité hors d'examen plutôt que comme une institution juste dans son principe et perfectionnée dans la mesure du possible quant à son application.

En matière de propriétés bâties, le système rigoureux des contingents fixes n'a pu toutefois se soutenir en France; un élément de quotité est venu se mêler au système de répartition et faire profiter au moins l'État des augmentations constantes de la propriété bâtie en raison de l'accroissement de la population et de son progrès dans le bien-être [2].

La question de la mobilité ou de la permanence des évaluations cadastrales est donc à côté de celle de l'assiette de l'impôt par quotité ou par répartition. Le revenu du sol s'améliore en général dans les nations civilisées : en tout cas, la richesse se déplace dans ses relations. Des terrains gagnent plus que d'autres et profitent d'améliorations diverses.

En présence de ce changement, le système de quotité suppose la mobilité des taxes dues par chaque parcelle : sinon il n'y aurait plus d'assiette par *quotité identique*.

---

[1] V. Macarel et Boulatignier, t. 2, p. 535.

[2] En Prusse, les budgets nous montrent aussi des accroissements analogues à ceux que nous trouvons dans la série de nos lois de finances sous ce rapport. Le contingent de la *grundsteuer* prussienne, qui était de 10,090,878 th. en 1856, a été de 10,222,347 th. en 1857, et de 10,222,686 pour 1858.

La mobilité de l'impôt est donc dans la logique du système de quotité : elle est liée essentiellement au principe de ce système. Mais si elle n'est pas également rattachée au système de répartition, elle peut cependant se rallier à ce mode d'assiette, et tout en maintenant la fixité du contingent général du pays ou même des grands contingents provinciaux, on peut à la rigueur concevoir que dans la répartition de ce contingent total ou de ces contingents particuliers on tiendra compte des changements accomplis dans la relation des valeurs entre elles [1], ou bien qu'on restera attaché aux évaluations primitives sans regarder aux modifications dans le rapport des revenus.

La question de permanence ou de mobilité des évaluations qui servent de base à l'assiette de l'impôt foncier est donc une question fondamentale qui se lie à tous les systèmes en cette matière.

Nous ne la confondons pas avec la question de fixité ou de variabilité de l'impôt [2], qui est un peu différente. Car les évaluations restant les mêmes dans leurs rapports respectifs, on peut accroître l'impôt pour de grands besoins en augmentant la quotité perçue sur tous les contribuables, là où le système d'assiette par quotité est en vigueur, ou en accroissant le contingent total si c'est le système de répartition qui est suivi.

Sur la question de la permanence ou de la mobilité des évaluations relatives qui servent de base à l'assiette de l'impôt foncier les législateurs sont aussi divisés que les penseurs.

Si la *grundsteuer* bavaroise repose sur une règle d'immu-

[1] C'est ce qui paraît avoir eu lieu dans la *land-tax* britannique, où le contingent total restant fixé depuis longtemps, on a cependant pratiqué la mobilité des répartitions (*redistributions*).

[2] M. Hoffmann (p. 109) a parlé de la fixité de l'impôt, en entendant par là la fixité des quotités exigées, *sauf la variation des revenus cadastraux*.

tabilité modifiée par un petit nombre d'exceptions [1], l'impôt foncier en Hollande et en Prusse [2] a été au contraire constitué sur la prévision de révisions périodiques dans les estimations qui lui servent de base ; il paraît en avoir été de même autrefois dans le Tyrol et le duché de Modène [3].

Dans les siècles de l'antiquité reculée [4] on a cité au contraire quelques législateurs qui défendaient d'augmenter les taxes sur un terrain quelconque sous le prétexte qu'il avait reçu des améliorations.

M. Hippolyte Passy [5], M. Mac Culloch [6], se sont prononcés de nos jours pour un impôt foncier invariable. M. Rezzonico, qui ne se prononce pas lui-même, cite dans le même sens Sismondi, *Nouveaux principes*, l. I, ch. III, Carli, Struensée et Sartorius.

Le système contraire a pour lui l'opinion de Pitt dans son discours à la chambre des communes du 2 avril 1798 [7], et c'est dans ce sens que se sont prononcés de nos jours M. Rossi [8] et M. Rau [9], qui invoquent sur le même point diverses autorités antérieures.

Pour la permanence de l'impôt foncier on invoque la justice et l'utilité, qui conseillent de laisser au profit des propriétaires toutes les améliorations qu'ils peuvent introduire

---

[1] Rau, § 315 a, note e.

[2] *Ibid.*, et aussi l'écrit néerlandais intitulé : *Over de Belastingen*, p. 131.

[3] Christian, p. 47 et 606.

[4] Pour la Perse, voyez l'*Économie publique et rurale des Celtes*, par Reynier, p. 196 et 264.

[5] *Dictionnaire d'économie politique*, au mot IMPÔT, t. I, p. 902.

[6] *On taxation*, p. 66. Cependant l'auteur admet aussi une modération de l'impôt dans les cas de dégradation arrivée par force majeure. *Ibid.* (1re édition). V. aussi p. 490.

[7] V. Rau, *Finanzwissenschaft*, § 315, note a.

[8] Rossi, *Cours d'économie politique*, t. IV, p. 292.

[9] *Finanzwissenschaft*, § 315, note a. M. Rezzonico cite encore dans ce sens Smith, Say (*Traité d'économie politique*, l. III, ch. VIII) et Jacob (*Sciences des finances*, § 1174). V. *Mémoires de l'Institut lombard*, t. III.

dans la constitution et la tenue de leur sol ; on fait remarquer que les mutations fréquentes qu'éprouvent les propriétés effacent le préjudice qu'aurait pu causer une inégalité d'évaluation, même introduite dès l'origine dans l'assiette de l'impôt ; on voit dans l'impôt territorial une rente assise sur le sol, et l'on irait presque jusqu'à dire dans ce sens avec les physiocrates que l'impôt n'est point payé par les propriétaires fonciers, mais par la terre elle-même en l'acquit de toute la nation [1].

M. H. Passy a indiqué son opinion dans ce sens avec une grande force.

« C'est, dit-il, la fixité qu'il faut à l'impôt foncier plus qu'à tout autre ; jamais il n'est bon d'en modifier ni le chiffre général, ni surtout la répartition. Ce n'est pas que dans sa marche le temps ne finisse toujours par déranger les rapports primitivement établis entre les revenus tirés de chaque fraction du sol et la partie qui en revient à l'État. Rien n'est mobile comme le produit des domaines et des terres ; des routes qui s'ouvrent, des foyers de population qui se forment ou grandissent, des découvertes scientifiques dont l'application améliore des terrains de qualité particulière, mille causes diverses déterminent sur certains points du territoire des progrès qui ne sauraient s'accomplir également sur d'autres ; et à côté ou dans le voisinage de propriétés qui croissent en fécondité, il en est qui demeurent stationnaires. Eh bien, rien dans ces faits inévitables n'autorise à changer la répartition des taxes et à reporter sur les fractions du sol devenues plus productives une partie des charges qui pèsent sur celles dont la fertilité n'a pas augmenté. »

---

[1] Ce sont les expressions de Mercier de la Rivière dans son ouvrage sur l'*Ordre naturel des sociétés politiques*, collection des *Économistes* (Physiocrates, p. 508).

Dans le sens contraire, on répond que les variations de
produit qui se manifestent dans la condition des terres ne
sont pas toujours la suite d'améliorations imputables à l'activité et aux travaux des propriétaires. On fait observer que
les travaux de viabilité, la prospérité dérivant de relations
nouvelles et de débouchés inattendus améliorent le produit
de certaines terres sans aucun mérite de la part des propriétaires, de même que des inondations, des désastres naturels
ou d'autres circonstances de force majeure avilissent le produit de sols placés dans des conditions différentes sans que
leurs maîtres puissent s'en attribuer à aucun degré la responsabilité. « On fit en Toscane, dit J.-B. Say, en 1496, un
cadastre dans lequel on évalua peu les plaines et les vallons,
où les inondations fréquentes et les ravages des torrents ne
permettaient aucune culture profitable; les coteaux qui
étaient seuls cultivés y furent évalués fort haut : des allu-
vions ont eu lieu, les inondations, les torrents ont été con-
tenus et les plaines fertilisées; leurs produits peu chargés
d'impôts ont pu être donnés à meilleur marché que ceux des
coteaux; ceux-ci, ne pouvant soutenir la concurrence parce
que l'impôt y est resté le même, sont devenus presque incultes et déserts[1]. » Ce n'est pas la justice qui, dans des cas
semblables, peut réclamer la permanence de l'impôt foncier. Elle serait au contraire intéressée manifestement à des
modifications qui mettraient la charge en rapport avec les
conditions nouvelles des propriétés.

Quant à l'espèce de contrat que l'on considère comme
tacitement établi entre l'État et les propriétaires du sol investis des parcelles qui leur appartiennent par des actes
fondés sur le calcul de l'impôt foncier considéré comme diminution normale de la rente du sol, on fait remarquer

---

[1] V. sur cet exemple Forbonnais (*Principes et observations*, t. II, p. 247), et
J.-B. Say, *Traité d'économie politique*, t. II, p. 364.

d'abord que cette hypothèse ne peut avoir de force que contre les projets de révision qui auraient pour but de réparer les inégalités de la répartition originaire, mais ne saurait empêcher les réclamations de la propriété atteinte ultérieurement par des causes de dépréciation.

D'un autre côté, bien que la fréquence des mutations dans certains pays ait déplacé presque complétement l'incidence des inégalités primitives de la répartition de l'impôt foncier, on ne saurait méconnaître que dans les contrées surtout où la conservation des biens dans les familles est l'habitude des populations, les inégalités primitives au détriment de certaines parcelles et surtout de certaines circonscriptions, grèvent encore souvent les représentants directs des propriétaires primitifs, lorsqu'il s'agit d'un impôt peu ancien.

Ajoutons que les inégalités de l'impôt foncier devenant plus sensibles toutes les fois que le principal de l'impôt est accru par des centimes additionnels, il nous paraît, sous ce rapport encore, impossible de considérer comme un droit acquis, légitime et inviolable, la répartition vicieuse établie dans l'origine au profit de telle ou telle parcelle, dans telle ou telle circonscription.

D'ailleurs la supposition que l'acquéreur d'une propriété foncière a toujours déduit du revenu espéré lors de son acquisition la contribution due à l'État, n'est pas absolument conforme à la réalité des choses ; et il est souvent plus vrai de dire que cette déduction devrait être faite que d'affirmer qu'elle l'est toujours en réalité, et lors même qu'elle l'est, c'est avec tous les droits qui se rattachent à cette situation, et qui permettent notamment à l'acquéreur d'espérer ou de craindre une application plus rigoureuse du principe de la proportionnalité taxative, surtout dans les pays où des mesures favorables à la péréquation de l'impôt ont été de temps en temps adoptées.

Ce qui tend à faire repousser peut-être d'une manière décisive la prétendue indifférence du mode de répartition de
l'impôt foncier, c'est qu'une pareille théorie protége les immunités absolues de certaines terres encore existantes dans
divers pays. On peut en effet dire de l'immunité comme de
la répartition vicieuse, qu'elle a pu servir de base à certains
contrats ; et un économiste prussien ne craignait pas, il y
a quelques années, de défendre, par cette considération,
l'immunité dont jouissent en Prusse les *Rittergüter* ou biens
équestres [1].

A ce même point de vue absolu, le système qui proscrit
toute révision des bases de l'impôt foncier, en considérant cet
impôt comme une rente dont la propriété est définitivement
et héréditairement chargée, et dont le détenteur actuel ne
pourrait jamais se plaindre attendu qu'il ne la supporterait
pas personnellement, ce système, disons-nous, a aussi pour
conséquence logique de considérer l'établissement *à nouveau*
d'un impôt de ce genre comme une confiscation.

Cette conséquence a été notamment tirée dans un article
publié il y a quelques années en Prusse contre le projet de
supprimer les exemptions d'impôt foncier qui existent dans
les provinces orientales de ce royaume [2]. *Die Einführung
einer Grundsteuer entziehung eines Vermœgentheiles ist : L'introduction d'un impôt foncier est une expropriation partielle,*
telle est la maxime énoncée par l'auteur très-logicien de
cette dissertation. L'écrivain ajoute qu'une première injustice dans la répartition primordiale n'en autorise pas une
seconde dans la répartition ultérieure.

---

[1] Hoffmann, *Die Lehre von den Steuern*, p. 115.
[2] V. le supplément au n° 17 de la *Nouvelle Gazette prussienne* de 1856 :
« *Ueber dic aufhebung der Grundstener-exemptionem.* » D'après *le Moniteur* du
1er mars 1859, le gouvernement prussien aurait adopté sur cette ques.ion une
pensée moyenne que nous avons expliquée plus haut.

Tout ce raisonnement repose sur la théorie de la *réalité*
absolue de l'impôt foncier, réalité qui n'empêche pas plus
en droit la réclamation personnelle de ceux qui supportent
un impôt excessif que la réalité d'une servitude n'empêche
le propriétaire d'en demander la suppression s'il existe des
motifs de droit à cet effet, ou la modification par équivalence dans le cas où elle est exercée d'une manière onéreuse
(art. 701 du C. Napoléon).

Si l'on peut soutenir avec avantage en principe la nécessité
de revenir à telle ou telle époque sur la répartition de l'impôt
foncier, de manière à conserver un rapport d'égalité proportionnelle approximative entre les taxes et les revenus, on
peut aussi faire remarquer que cette précaution est la seule
garantie possible de l'élasticité de l'impôt ; sa proportionnalité
est la condition qui permet le mieux d'élever la taxe dans
les cas de grands besoins publics, sans qu'elle devienne sur
aucun point du territoire intolérable et oppressive.

La question que nous discutons dépend, au reste, à certain degré, des idées générales accréditées à l'égard de
l'impôt direct.

Si l'on recherche dans cet impôt la généralité, si l'on cherche à atteindre tous les revenus plus ou moins également,
les accroissements du revenu foncier ne méritent aucune
immunité absolue.

Si, au contraire, on redoute l'idée générale de taxer les
revenus, si on prend les impôts comme des faits dont on atténue le plus possible la dureté en les assimilant presque
aux fléaux de la nature ; comme dès lors l'impôt spécial
sur le revenu foncier n'a pas de raison d'être logique [1],
son immutabilité est ce qu'il y a de plus propre à faire
oublier son hypothétique injustice. Cette immutabilité

[1] Mac Culloch, p. 45.

n'est même que la timide prémisse de sa rachetabilité, et on est conduit, comme M. Hoffmann, à revendiquer pour tous les peuples l'application future de la législation britannique sur la *land-tax* [1], et à regarder tout impôt foncier comme une rente rachetable. Mais, sous ce rapport, on aperçoit aussi une autre conséquence fort bien indiquée par M. Rau [2], à savoir que si les mutations successives des immeubles ont confondu l'impôt avec les éléments du prix, il est facile, en cas de besoin, d'imposer une nouvelle taxe sans faire entrer la première en ligne de compte. C'est la logique de l'arbitraire une première fois absous.

Remarquons, au reste, qu'entre la théorie de l'immutabilité absolue de répartition pour l'impôt foncier et la théorie de la recherche constante de la proportionnalité, il est un système intermédiaire ou une modération de la seconde opinion qui a dû se présenter assez souvent aux législateurs trop peu hardis ou trop peu maîtres d'un esprit public inquiet et susceptible pour rechercher le revenu dans ses variations continuelles, et trop justes cependant pour vouloir consacrer à jamais des inégalités criantes.

Ce système adouci est celui qui consiste à établir la révision périodique des bases de l'impôt foncier à des intervalles assez éloignés pour ménager la situation des impôts engagés dans la propriété, et ne pas décourager toutes les améliorations. Pitt le professait au Parlement d'Angleterre, en 1798 [3], et il a été recommandé aussi par divers au-

---

[1] *Die Lehre von den Steuern*, p. 118 à 120.

[2] § 314.

[3] V. l'analyse de son opinion dans Rau, § 315, note *a*. M. Mac Culloch lui-même, quoique très-partisan de toute sorte de fixité dans l'impôt foncier, demandait il y a quelques années l'application d'un système analogue dans son curieux article sur les impôts fonciers levés par les Anglais dans l'Inde, et se contentait

teurs [1]. Nous avons vu ce système formulé dans la loi prussienne, quelquefois aussi pratiqué en Hollande, projeté
enfin en 1837 et 1846 par l'administration française [2].

Un autre ménagement politique, facile à justifier, est celui
qu'a suivi le législateur de notre pays lorsqu'il n'a cherché
à faire disparaître ou à atténuer les inégalités signalées entre
les contingents départementaux qu'en accordant des dégrèvements aux départements surchargés, sans accroissement,
au moins direct, de taxe sur les départements plus favori-
sés [3]. Nous savons cependant aussi que dans l'intérieur de
plusieurs départements français il a été opéré de véritables
péréquations compensant l'allégement de certaines localités
par l'aggravation rejetée sur certaines autres. Ailleurs on a
repoussé des tentatives en ce sens, et, sous ce rapport, la
division que nous avons signalée entre les doctrines s'étend
entre les sphères les plus rapprochées de notre administration locale.

Nous avons exposé ailleurs les principes relatifs à l'incidence de l'impôt foncier. Il est à la charge des propriétaires,
à moins d'être assez lourd pour forcer à l'abandon de cer-

d'un *assessement invariable for a period of at least forty or fifty years*. (Taxation, p. 490.)

[1] « Une pareille modification, dit M. Sayer, peut assurer aux agriculteurs autant d'avantages, à certains égards, qu'un canon fixe, et elle est compatible avec
cette égalité qui les intéresse, non-seulement relativement entre eux, mais encore
aux autres classes qui contribuent à l'impôt. » (Ouvrage de M. Sayer sur l'*income-
tax*, p. 155.) V. aussi le passage de Smith, cité par le même auteur, p. 129, et Du-
puynode, t. 2, p. 167 et suivantes. Arthur Young, dans son *Arithmétique politique*, n'est pas éloigné de ce système. Parlant des économistes anglais qui avaient
demandé la révision de l'assiette de la *land-tax* : « J'adopterais volontiers cette
opinion, dit-il, si nous pouvions avoir une certitude absolue que cette nouvelle taxe
subsisterait sans altération au moins un siècle. » Traduction de Fréville, p. 22.

[2] V. Macarel et Boulatignier, t. III, p. 93, et la note au *Moniteur* du 14 juillet 1846.

[3] M. d'Hauterive s'est montré partisan de l'impôtfoncier fixe sauf dégrèvements
possibles, dans ses *Notions élémentaires d'économie politique*. Introduction p. 23
et 45. V. dans le même sens le rapport au roi de M. de Chabrol.

taines terres, ce qui ne se présente, nous le croyons aujour-
d'hui, pour aucune législation moderne chez les peuples
civilisés.

Il résulte de là que son établissement, là ou il n'exiterait
pas, pourrait réduire relativement le prix des terres, à moins
que d'autres impôts directs n'en compensassent l'effet, en
grevant proportionnellement les autres emplois du capital [1].

Il est un cas particulier dans lequel l'organisation de
l'impôt foncier semble conduire, mais plutôt en apparence
qu'en réalité, à en modifier le principe. L'impôt repose en
général sur l'application de la règle que le contribuable doit
s'associer aux charges publiques en raison de ses ressources.
Mais si le contribuable, appliquant une terre fertile à une
jouissance de luxe, détruit le revenu que le législateur a dû
taxer, le contribuable profitera-t-il, pour sa décharge, du
changement d'usage du sol qui lui appartient?

Non, et il devra, au contraire, rester au moins aussi sévèrement soumis à l'impôt; il n'a pas perçu le revenu, mais il
pouvait le percevoir. Dès que l'impôt a été assis sur l'évaluation du revenu moyen afférent à la terre, il ne peut
dépendre du possesseur d'en secouer le poids en établissant
des bosquets de plaisance plus qu'en négligeant de couper
ses blés et ses foins. Si même le législateur va jusqu'à taxer
ces terrains d'agrément avec une sévérité particulière, il le
pourra justement, en admettant toutefois, suivant une remarque ingénieuse, qu'ici une taxe sur la dépense de luxe vien-
dra, en quelque sorte, se joindre à l'impôt foncier proprement dit [2].

L'impôt foncier, qui est peut-être le plus répandu de tous
et qui donne depuis un huitième jusqu'à deux cinquièmes du

[1] Rau, § 312.
[2] Rau, § 305.

produit des taxes dans certains États [1], a obtenu dans les
doctrines une fortune presque aussi bonne que dans les
législations financières.

Les inconvénients qui lui ont été reprochés portent en
général moins contre son principe que contre telle ou telle
circonstance de son application; et il a été honoré par
quelques théoriciens d'un culte exclusif qui tendait à le faire
considérer de leur part comme l'impôt unique avoué par
les saines doctrines de l'économie politique.

Les avantages de l'impôt foncier comparés à la plupart
des autres frappent tous les yeux; cet impôt atteint la source
de richesse généralement la plus considérable, et il comporte dans son application une proportionnalité plus exacte
que la plupart des autres impôts directs. Son objet se manifeste sous des conditions matérielles qui le rendent habituellement facile à constater et à saisir. Il peut se passer
des moyens qui excitent quelques répugnances variables
suivant le génie des divers peuples, tels que les déclarations
des contribuables, etc.

J'avoue n'avoir pu me rendre bien compte des motifs de
l'opinion d'un publiciste d'ailleurs profond qui a déclaré la
rente foncière un des objets les moins susceptibles de taxation, comme dépendant plus de l'activité et de l'intelligence
humaine que de la fertilité propre du sol [2]. Sans doute cette
rente est variable, et l'écrivain dont il s'agit s'est surtout
occupé d'un pays pauvre dont le travail de l'homme doit
combattre énergiquement la stérilité naturelle; mais après
tout la rente foncière n'est-elle pas encore moins variable

---

[1] Rau, § 301, note *c*. La proportion, d'après le savant auteur, est de 41 pour
cent en Autriche, 26 à Bade, 19 en Prusse et 17 au Hanovre.

[2] Hoffman, *Die Lehre von den Steuern*, p. 49 et 106. Cet auteur a un grand goût
pour la taxation des *aptitudes personnelles*. Cela eût dû le conduire, comme
M. Pastor, à l'impôt de capitation graduée comme impôt unique.

I.   18

et n'est-elle pas plus facile à connaître que les revenus industriels?

Quelques écrivains [1] ont attaqué l'impôt foncier comme injuste en ce sens qu'il fait peser sur les revenus immobiliers une charge qui devrait être également répartie sur tous les revenus. Mais on nous permettra de ne pas regarder un pareil reproche comme attaquant directement le principe de l'impôt foncier, tel qu'il est établi dans la plupart des sociétés modernes, où il est associé à un nombre variable d'autres contributions atteignant le revenu industriel ou les autres branches du revenu mobilier. Le reproche dont il s'agit ne porte pas contre l'impôt foncier tel qu'il est perçu habituellement dans les nations européennes, mais contre l'impôt foncier unique rêvé par les physiocrates du dernier siècle.

Mac Culloch a également combattu l'impôt foncier sous un aspect spécial à l'égard duquel une observation analogue à la précédente frappe naturellement l'esprit. Il constate que le revenu foncier provient tout à la fois de la fertilité naturelle du sol et de l'application du capital aux constructions, améliorations, travaux d'irrigation, de dessèchement, de clôture et de viabilité, qui sont inséparables de l'exploitation agricole.

Or, s'il admet sans inconvénient l'impôt modéré qui atteint la rente naturelle du sol et qui n'a d'autre effet que la diminution du revenu du propriétaire, il combat les conséquences de l'impôt qui réduit les profits du capital attaché à l'agriculture et rehausse par cela même le prix des consommations.

---

[1] V. Mac Culloch et les autres écrivains cités par Rau, § 302, note *b*. M. Hendriks rapporte des objections formulées en ce sens contre la *land-tax* britannique à diverses époques, par Walpole et Sinclair. Il cite un plan curieux d'*income-tax*, opposé à celui de la *land-tax*, par lord Halifax, en 1693. V. p. 36 et 44 de son mémoire sur la *land-tax*, tiré à part.

Cette objection est plus abstraite que fondée dans la réalité. La circonstance que la plupart des autres emplois du capital sont atteints par d'autres impôts diminue l'effet redouté par l'économiste anglais; mais le système qui considère l'impôt foncier comme n'étant susceptible que de modifications périodiques éloignées contribue encore plus puissamment à écarter la principale valeur de l'objection dont il s'agit. Les bénéfices du capital placé dans les améliorations financières restent en effet garantis au propriétaire pour un temps suffisant à le récompenser [1]. Un économiste contemporain semble, au reste, avoir tout à la fois répondu à M. Mac Culloch et avoir aussi défendu avec talent la doctrine de l'impôt foncier croissant lentement avec le revenu national.

« L'impôt foncier croissant, dit-il, dans les conditions que, nous venons d'indiquer, peut donner lieu à deux objections de principe : 1° On peut dire qu'en imposant davantage les localités où la population et l'industrie sont en progrès, on les punit en quelque sorte de leur activité et qu'on les décourage. A cela il est facile de répondre que l'impôt n'est pas un châtiment, mais une contribution dans laquelle la part de chacun doit être d'autant plus grande qu'il est plus riche, quelque légitime que soit d'ailleurs sa richesse. On sait en outre que le revenu des propriétaires fonciers s'élève d'autant plus, indépendamment de tout travail ou effort de leur part, que la population et l'industrie augmentent davantage. L'accroissement de l'impôt ne découragerait la production qu'autant qu'il serait excessif, et il serait toujours atténué par le principe de l'exemption accordée aux améliorations foncières. »

« 2° On peut élever une objection plus grave contre la

---

[1] V. en ce sens Rau, § 302, note b.

confusion, au bout d'un certain temps, des capitaux employés en améliorations foncières avec le fonds primitif.
Toutefois il ne nous semble pas que cette confusion, au
bout d'une période de trente ou quarante ans, ou plus, pût
en aucun cas décourager l'industrie agricole, ou tromper
de légitimes espérances. On sait qu'au delà d'un certain
temps les placements à terme et à fonds perdu ne produisent
pas un intérêt sensiblement plus élevé que les placements à
perpétuité, parce que les éventualités très-éloignées de
l'heure présente n'exercent sur l'imagination des hommes
qu'une influence médiocre ou nulle [1]. »

Ajoutons que lorsque les législateurs ont voulu encourager certains faits, tels que les constructions et plantations,
ils l'ont fait par des immunités purement temporaires.

Il faut donc peu s'arrêter aux objections que nous venons
de rapporter ; elles peuvent contribuer à faire ressortir l'importance d'atteindre aussi également que possible tous les
revenus, et de ne pas assujettir l'impôt foncier à des révisions trop fréquentes, mais elles n'attaquent vraiment pas
l'impôt foncier lui-même ; elles ne détruisent pas les avantages que nous avons signalés en lui et que la confiance publique lui reconnaît.

Ces avantages étaient sans doute pour beaucoup dans la
tendance des physiocrates à considérer l'impôt foncier
comme le seul impôt rationnel et légitime. Ils n'admet-
taient de production véritable que dans l'agriculture, les
mines et la pêche, qui fournissent des matières premières.
L'industrie proprement dite ne leur paraissait avoir d'autre résultat que la conservation des produits naturels du
sol. Ils ne comprenaient pas que la transformation par le

---

[1] *Traité théorique et pratique d'économie politique*, par Courcelle Seneuil,
t. II, p. 241.

moyen de laquelle cette conservation s'opère, est une création véritable d'utilité et de valeur.

A leurs yeux, c'étaient toujours en définitive les produits
du sol qui salariaient l'industrie [1] ; mais ils ne voyaient pas :
d'abord que les produits du sol des nations étrangères con-
couraient souvent au prétendu salaire comme les produits
du sol national ; et ensuite qu'en admettant même que
l'échange d'une certaine quantité de produits du sol national
fût la seule récompense de l'industrie manufacturière, ce
n'était pas un motif pour exempter la richesse ainsi acquise
de toute taxe dans les nouvelles mains qui la possédaient.
Ils professaient une théorie exagérée contre ce qu'ils appelaient le double emploi en matière de contributions.

Que la valeur de cent hectolitres de blé récolté par un
agriculteur serve à payer le loyer de son habitation, et que
des mains du propriétaire de la maison habitée par le producteur, cette somme passe aux mains des avocats et des médecins, ou autres travailleurs dont ce propriétaire achète les
services ; il n'y a rien d'injuste à ce que la valeur définitive
des cent hectolitres de blé, dans ce mouvement, donne lieu
à plusieurs taxes distinctes sur le propriétaire du champ, sur
celui de la maison et sur celui des travailleurs salariés qui
s'en divisent le profit.

Il n'y a dans ce cas qu'une seule et même richesse produite matériellement ; mais elle sert à faire plusieurs riches
sur son passage ; elle crée en quelque sorte sur sa route plusieurs situations d'aisance personnelle qui comportent la
participation aux charges de l'État.

Quand on approfondit la théorie physiocratique, on voit
qu'elle avait moins pour résultat l'établissement d'un impôt
unique sur les biens-fonds que le remplacement de tout im-

[1] Mercier de la Rivière. L'*Ordre naturel des sociétés politiques*, dans la collection des *Économistes* (Physiocrates, p. 479).

pôt sur les personnes, par une copropriété du sol qui recevait
de Dupont de Nemours le nom de *constitution domaniale de
l'impôt*, véritable rêve de théoricien, aussi fortement repoussé
par les enseignements de la science économique[1] que par
la raison des législateurs et l'instinct de l'opinion publique.

On a souvent ajouté à l'éloge de l'impôt foncier en général, cette considération qu'il présente la matière imposable
la plus stable, celle qui est surtout la ressource des époques
de grands besoins publics. Cette considération ne nous
paraît pas dépourvue de fondement, et il est certain que la
fortune immobilière ne peut être l'objet de cette espèce de
congélation ou de restriction qui, à certains moments, pèse
sur la richesse mobilière. Cependant on pourrait faire remarquer aussi que cette observation ne doit pas être poussée trop
loin, et d'après un économiste allemand, en effet, les temps
de guerre sont aussi des époques de profits pour certaines
industries et pour certains emplois du capital mobilier, surtout dans la voie féconde des emprunts publics. « La guerre,
a dit Nebenius[2], est le temps de moisson des capitalistes. »

En résumé, la convenance d'un impôt sur les revenus
fonciers ne saurait faire l'objet d'un doute. Le problème
unique, resté devant les yeux de quiconque analyse le
système des contributions publiques, réside dans la détermination de sa meilleure organisation et surtout dans la
recherche de la loi de compensation et d'équilibre par
laquelle on doit l'enchaîner aux autres impôts directs qui
l'accompagnent dans certains pays avec une constitution
et des règles distinctes, et qui chez d'autres peuples se
confondent et s'associent intimement avec lui sous les noms
communs d'impôts généraux sur la propriété ou le revenu.

[1] V. J.-B. Say, *Traité d'économie politique*, ch. II. Rossi, *Cours d'économie
politique*, t. IV, p. 265 et suiv.
[2] V. son ouvrage allemand sur le *Crédit public*.

CHAPITRE II.

Si l'impôt foncier, par la facilité et les conséquences fé-
condes de son établissement, a frappé les regards des premiers gouvernements, il n'en est pas de même des taxes sur
la fortune mobilière. Cette fortune a deux éléments principaux, d'abord certaines professions industrielles, commerciales, libérales, qui enrichissent ceux qui s'y livrent, ensuite les revenus des capitaux mobiliers accumulés par
l'épargne du revenu foncier ou du travail lucratif et qui
sont à leur tour l'origine de profits divers. Le développement tardif dans l'ordre de la civilisation de plusieurs des
revenus qui proviennent de ces sources, le peu de fixité et
d'évidence extérieure qui les caractérise souvent, la faveur
attachée à la rémunération du travail et le respect de l'industrie naissante, si digne d'encouragement pour ses pre-
miers-pas, ont détourné longtemps l'attention des législateurs financiers de ces branches de la richesse.

Si l'on ajoute à ces considérations le fait que les commerçants et industriels ont été souvent atteints par des capitations graduées ou des taxes générales sur les fortunes, on

comprendra d'autant mieux comment les impôts spéciaux sur la fortune mobilière ne sont pratiqués que dans une époque secondaire de la civilisation et n'appartiennent ni à tous les temps, ni à tous les lieux.

Aujourd'hui, même, plusieurs branches de la richesse mobilière ne sont pas imposées d'une manière systémati- que et générale chez un grand nombre de peuples très- avancés en civilisation ; et si l'industrie, qui combine ses efforts avec l'exploitation d'un capital non atteint d'une autre manière, est taxée d'une façon à peu près générale, on doit constater que les salaires et honoraires, qui consis- tent dans la simple rémunération du travail, et divers autres revenus mobiliers sont imposés seulement d'une manière partielle et inégale.

Dans cet ordre d'idées, l'attention du législateur finan- cier paraît avoir été attirée d'abord par ces entreprises commerciales et industrielles qui réunissent les fruits du travail personnel avec l'intérêt élevé des capitaux qui y sont employés ; puis on en est venu aussi à considérer iso- lément soit le profit de certaines professions, exercées sans véritable capital, soit aussi, en sens inverse, l'intérêt de capitaux mobiliers, non exploités commercialement ou industriellement. Nous eussions pu à la rigueur étudier isolément ces trois sortes de taxes, mais nous verrons leur action trop confondue et trop intimement liée dans les lé- gislations européennes, pour n'être pas excusable, nous l'espérons au moins, de les avoir rapportées à un titre commun, tout en les distinguant souvent dans nos ré- flexions, ou dans l'exposé des faits qui se rapportent à cha- cune d'elles.

C'est vers la fin de l'empire romain, que nous voyons pour la première fois les profits des métiers et du commerce grevés d'un impôt qui portait le nom de *lustralis collatio*,

parce qu'il était perçu pour chaque lustre, c'est-à-dire tous
les cinq ou même par anticipation tous les quatre ans, circonstance qui paraît en avoir rendu le poids très-lourd pour
les contribuables [1].

« L'honorable commerçant d'Alexandrie, dit Gibbon [2],
qui importait les pierres précieuses et les épices de l'Inde pour
l'usage du monde occidental, l'usurier qui tirait de l'intérêt
de ses fonds un profit ignominieux et caché, le manufactu-
rier.ingénieux, l'artisan diligent et même le détaillant le
plus obscur d'un village écarté, étaient obligés d'associer
les officiers du fisc à leurs bénéfices, et les souverains de
l'empire romain, qui toléraient la profession des prostituées,
consentaient à partager leur infâme salaire. »

« Le cordonnier même, dit Libanius, n'échappe pas à
l'arrêt fatal, et j'en ai vu souvent lever leur tranchet vers le
ciel en jurant que c'était tout leur avoir, mais cela ne pouvait les soustraire aux vexations des exacteurs [3]. »

Un auteur de nos jours a étudié récemment le *chrysargire*
d'une manière plus approfondie. Voici ce qu'il dit de cet
impôt comparé par lui à nos *patentes* :

« Il portait, en principe, sur toute personne exerçant une
profession mercantile. Notre législation actuelle va plus loin
dans son texte ; elle assujettit à l'impôt des patentes toute
profession, sans exiger qu'elle soit mercantile. »

« On donnait à l'expression de *mercatores* ou de *nego-*

---

[1] V l'*Histoire des classes ouvrières en France*, liv. Ier, ch. VII, et la thèse
latine de M. Levasseur sur les revenus publics chez les Romains. Paris, 1854,
p. 18. La *lustralis collatio*, appelée aussi *chrysargire*, parce qu'elle se payait en
or et en argent, est à la fois considérée dans des textes originaux comme s'acquit-
tant *quadriennalement* et *quinquennalement*. Ainsi Evagrius, Zozime, Cedrenus
s'appellent τετραετηριχη et Libanius la nomme πεντετηρεδας. Il y a au sujet de
la perception tous les quatre ou cinq ans une dissertation dans le code Théodosien,
édition de Venise, t. V, p. 4. Elle est d'Antoine Pagius.

[2] *Histoire de la chute de l'empire romain*, ch. XVII.

[3] *Oratio contra Florentium*, p. 427.

tiatores une grande étendue, et l'on y comprenait les personnes de toutes conditions, lorsqu'elles faisaient un négoce quelconque, tels que les employés attachés à la maison du prince, les décurions, les ecclésiastiques et les clercs, comme aussi celles qui exerçaient les professions mercantiles les plus humbles, tels que les porteurs, le savetier qui n'avait d'autre bien que son tranchet, les prostituées et ceux qui les exploitent. »

« Suétone prétend que ce fut Caligula qui, le premier, y assujettit ces deux dernières professions. Les empereurs subséquents les y maintinrent. Seulement Alexandre Sévère ne voulut pas que le produit de la taxe imposée sur les prostituées et les *lenones* entrât dans le trésor public; il en affecta le produit aux constructions ou réparations des théâtres, des cirques et des amphithéâtres. Evagre dit que les mendiants, et ceux qui fréquentaient les lieux de débauche (*scortatores*), étaient soumis à cet impôt. Voilà ce qu'était devenu dans l'application le principe qui établissait une taxe sur les professions commerciales. »

« Il y avait en droit romain, comme il y a chez nous, des conditions ou professions exemptées; c'étaient :

1° Les laboureurs et les colons, s'ils se bornaient à vendre les produits de leurs récoltes;

2° Les peintres, se bornant à vendre les produits de leur art;

3° Ceux qui gagnaient péniblement leur vie par des travaux manuels, tels que les potiers et les ouvriers;

4° Ceux qui faisaient métier d'ensevelir et d'enterrer les morts;

5° Les clercs, qui exerçaient un négoce uniquement pour se procurer l'existence;

6° Les vétérans, pourvu que leur commerce ne dépassât point une somme déterminée;

7° Ceux qui étaient attachés à la corporation des mariniers (chargés de l'approvisionnement de Rome); pourvu qu'ils ne servissent pas de prête-noms à d'autres négociants;

8° Enfin les cités, considérées *ut universitates* en étaient exemptes, quoique les curiales qui faisaient le commerce, y fussent assujettis en leur nom propre et individuel. »

«Les exemptions ne devaient pas être étendues : car les faveurs accordées à quelques-uns tournent au détriment de la masse du public, maxime excellente, rarement observée sous les gouvernements despotiques. »

« Pour l'assiette de l'impôt, il y avait une matrice, *matricula*, sur laquelle on inscrivait les contribuables. La répartition n'en était pas faite par les décurions, comme cela se pratiquait pour les impôts directs ordinaires; mais par les commerçants eux-mêmes ou leurs délégués, d'après la règle générale admise en matière de contributions : — qu'il est juste qu'elles soient réparties par ceux qui doivent les payer. — A cet effet, les commerçants de chaque cité choisissaient des syndics chargés d'asseoir et de percevoir l'impôt d'après les bases fixées, et sans que le contingent communal éprouvât de diminution. On voit par là que cet impôt était de répartition et non de quotité, quoique chez nous on ait prétendu que ce caractère ne pouvait être commodément attribué à l'impôt des patentes. »

« Il existait un tarif pour la taxe afférente à chaque profession. Jacques Godefroy conjecture, d'après un passage corrompu d'une constitution de 369, que le taux était du 50ᵉ ou 2 pour 100. On ne voit pas si c'était le capital engagé dans la profession ou les bénéfices provenant du commerce, qui servaient de principal pour en déduire l'impôt.»

« Je conjecture que ce devaient être les bénéfices présumés, car beaucoup de professions imposables ne supposaient point de capitaux imposés. Du reste, je ne doute pas que le tarif n'ait varié, comme cela se voit en tout temps pour la taxe des impôts, surtout sous les gouvernements arbitraires. L'extrême impopularité de cet impôt le fit abolir par Anastase en 501, comme *vectigal miserabile prorsus, Deoque invisum, et Barbaris ipsis indignum.* Voilà pourquoi il ne figure plus dans le code Justinien que sous la rubrique du titre 1er, livre XII [1]. »

L'histoire de Florence au moyen âge nous montre les revenus industriels atteints seulement par le *catasto* et par les impôts progressifs dont le *catasto* fut la base [2]. »

A Milan l'impôt industriel remonte au xvie siècle [3].

La république de Venise avait à la fois des retenues sur les traitements et pensions et des taxes sur l'industrie. Les retenues sur les traitements s'étaient élevés jusqu'à 20, 30 et même 40 pour 100 [4]. Elles étaient au xviiie siècle de 20 pour 100. Les arts et métiers étaient soumis à deux sortes de droits : la taxe et le taillon. La taxe était la contribution qui remplaçait le service personnel dans la milice de mer. Le taillon était destiné aux dépenses militaires. Le gouvernement vénitien déterminait la somme qui serait perçue pour l'une et l'autre de ces contributions. Il en faisait la répartition entre les diverses corporations, et ensuite les chefs de chaque corporation taxaient les individus, percevaient l'impôt et en versaient le montant à la caisse publique [5]

Nous trouvons d'un autre côté au xvie et au xviie siècle le capital industriel compris dans les objets atteints

---

[1] Serrigny. Extrait de la *Revue critique de Législation et de Jurisprudence,* décembre 1861, t. XIX, VIe livraison, pag. 513.

[2] V. notre *Histoire des impôts généraux sur la propriété et le revenu,* ch. II.

[3] Carli, *Del censimento milanese,* p. 14, 17, 69.

[4] V. le manuscrit composé par M. Canestrini et déposé à la bibliothèque du corps législatif, que j'ai mentionné dans mon *Histoire des impôts généraux sur la propriété et le revenu,* p. 25.

[5] Daru, *Histoire de Venise,* 1re édition, t. VI.

par les impôts généraux sur la propriété levés dans diverses parties des Pays-Bas et de l'Allemagne [1], de même qu'en France la taille personnelle et aussi dans certaines provinces la taille réelle, enfin la contribution des vingtièmes et la capitation atteignaient les revenus de même origine d'une façon plus ou moins directe.

On vit pareillement dans les États prussiens les villes grevées de la taxe de service (*servissteuer*), par compensation de la charge d'entretien des troupes en quartier, lever cette contribution à l'aide d'une répartition simultanée sur les propriétés foncières (*grundservis*) et les salaires, traitements et revenus industriels (*nährungsservis*, *gehaltservis*). Les ouvriers contribuaient sous cette dernière forme d'après le nombre de leurs compagnons, de leurs métiers, et les marchands d'après l'étendue de leurs affaires. Bamberg eut même en 1653 une taxe spéciale portant le nom moderne de taxe sur l'industrie (*handwerks und gewerbsteuer*) [2].

Des impôts analogues ont existé dans divers autres États, en Suède par exemple, ou les *gernings ören* datent du XVIe siècle [3] ; en Suisse et en Italie [4].

---

[1] M. Rau cite dans ce sens la législation de la *Vermœgensteuer* de Cobourg, article 4 ; — les taxes hessoises de 1658 et 1700, qui paraissent avoir été assises sur le capital réel ou présumé ; l'instruction magdebourgeoise de 1689 établissant un impôt de quatre silbergros par thaler sur les profits. *Finanzwissenschaft*, § 358, note *a* — Pour les Pays-Bas on peut consulter la législation relative au deux centième denier, analysée dans le chap. III de notre *Histoire des impôts généraux sur la propriété et le revenu*. Il y avait également dans certaines provinces des impôts spéciaux sur les profits industriels, comme l'*ambagt of neeringgeld* à Groningue taxe graduée de 1 à 5 florins et qu'un auteur hollandais a comparée aux patentes modernes. (*Over de Belastingen*, p. 174).

[2] Rau, § 358, note *c*.

[3] Rapport de M. Rathsman sur les impôts, p. 39. — M. Engels, dans son *Histoire des impôts* en langue néerlandaise, cite un document officiel hollandais qui attribue à la Suède l'invention de l'impôt des patentes (*Geschiedenis der Belastingen*, p. 192).

[4] Christian, *Des impositions et de leur influence sur l'industrie*, p. 64 et suivantes.

Des contributions ou retenues sur le traitement des fonctionnaires paraissent avoir été pratiquées à des époques anciennes, à Berne, en Silésie et en Hollande [1].

Un article de M. d'E. de Lauture (*Moniteur* du 26
août 1860), établit que certaines taxes qu'il appelle *patentes*,
sont établies en Chine, et prélevées sur les magasins, les
marchés, les không ou corporations. Ni ces boutiquiers, ni
ceux qui exercent des arts libéraux ne payent de patente.

Voici le produit de l'impôt sur les patentes par provinces,
d'après ce voyageur [2].

	Patentes.		Patentes.
Pei-tchi-li.	42,093	Tchen-kyang.	38,437
Kan-sou	60,780	Fo-kyen	27,880
Sse-tchuen	11,242	Chan-si	31,844
Kney-tcheou.	13,742	Kho-nan	32,300
Khou-pei.	22,554	Chan-toung	22,711
Khou-nan.	14,815	Kyang-si.	34,123
Khwang	26,780	Kyang-sou.	46,711
Kwang-toung	59,530	Ngan-kwey	25,492

Cependant les taxes actuelles sur l'industrie et le commerce, dans l'étendue et la gradation savante avec lesquelles elles sont levées dans plusieurs États de l'Europe,
appartiennent par leur origine au xixe siècle, et la
contribution française sur les patentes paraît avoir donné
l'impulsion à plusieurs d'entre elles, bien qu'elle ne leur
ait pas servi véritablement et au même degré de modèle [3].

C'est à la même époque d'ailleurs que, sous l'influence
des besoins généraux de l'État, le travail lucratif a été soumis aussi dans la Grande-Bretagne à un impôt intermittent
qui, à diverses époques, est venu l'atteindre à des degrés

---

[1] *Ibid.*, et Rovére van Breugel; Over de Belastingen, etc., *passim*. L'impôt est
appelé ordinairement *ambtgeld* ou *officiegeld*.

[2] Ce produit est exprimé en taëls ou liang, valant environ 8 fr.

[3] Rau, § 358 et notes annexes.

d'intensité divers, conjointement avec l'ensemble des fortunes. Nous voulons parler de la catégorie ou cédule D de l'*income-tax*, qui atteint les revenus du commerce et de l'industrie au prorata de leur montant constaté et sans aucune des règles artificielles suivies généralement pour la taxation du travail lucratif dans les États du continent européen.

Cependant, si l'on recherche l'histoire de la science et de l'intelligence théorique de la taxation plutôt que celle des applications législatives, la priorité de l'indication du rôle important réservé dans les temps modernes aux contributions sur l'industrie peut être jusqu'à un certain point revendiquée par les écrivains germaniques.

La France et l'Angleterre ont créé dans le dernier siècle la science théorique de l'économie politique : mais c'est, je crois, l'Allemagne qui peut revendiquer à la même époque la paternité de la science financière proprement dite, science à laquelle l'ont prédisposée sans doute ses études anciennes de droit public, et les exemples d'épargne de quelques-uns de ses princes, tels que le père du grand Frédéric, préparateur modeste du règne de son fils et promoteur dans ses universités de l'enseignement financier, si répandu depuis au delà du Rhin sous des noms divers. Von Justi, dans son *Économie d'État (staats wirthschaft)* ou traité systématique de toutes les sciences économiques et camérales [1], est, avec Sonnenfels, l'un de ceux qui ont ouvert sous ce rapport la voie spéciale de travaux dans laquelle tant d'Allemands distingués ont marché depuis.

Dans la deuxième partie de son ouvrage [2], qui est consa-

---

[1] On sait qu'on a appelé longtemps en Allemagne du nom de *camérales* les professions et les connaissances financières. — *Camera* signifiait dans beaucoup d'administrations allemandes la *chambre du trésor*, la voûte sous laquelle les épargnes du prince étaient renfermées.

[2] Je cite la 2e édition de ce livre, publiée à Leipzig en 1758, 2 vol. in-8°. Sur la biographie curieuse de l'auteur on peut consulter la *Biographie universelle de*

crée à l'étude de l'administration rationnelle de la fortune de l'État, Justi traite en trois livres, suivant une division très-logique, des revenus publics, des dépenses publiques et de l'administration financière.

Dans le premier de ces livres la science de l'impôt est déjà entrevue avec beaucoup de sagacité. Après avoir traité des taxes sur les immeubles et des taxes sur les personnes, Justi étudie les contributions sur l'industrie [1], qu'il considère comme susceptibles d'être levées sous deux formes principales, soit comme accise ou taxe sur les produits matériels de l'industrie, soit aussi d'après l'importance de l'industrie, par des taxes directes, auxquelles il donne le nom consacré depuis, par la tradition législative allemande, de *gewerbsteuern*.

« Comme, dit-il, ces impôts dans la forme sous laquelle nous les comprenons, *n'ont pas encore été introduits dans le monde*, nous devons faire toucher le fondement et le mode de leur établissement et montrer en même temps que ces taxes sont d'accord avec les principes posés précédemment, et (ajoutait-il avec quelque logique, puisqu'il considérait les accises comme une taxe destinée à atteindre seulement l'industrie) présentent des avantages beaucoup plus grands que l'accise [2]. »

L'auteur établissait ensuite que le profit des professions industrielles ne devait être recherché que dans sa probabilité, et posait diverses autres règles, qui, malgré leur élaboration soignée, ne paraissent pas avoir fécondé l'inven-

Michaud. On y voit que Justi était minéralogiste en même temps que financier. Le rôle de l'État dans l'industrie des mines en Allemagne y a amené souvent ces rapprochements.

[1] Pages 352 à 399, t. II.

[2] Page 374. En pensant à la prévision scientifique de *Justi* justifiée d'une manière si éclatante, on ne peut que sourire des idées de quelques praticiens qui réprouvent l'intervention de la science dans l'ordre financier, et ne voient dans la perception des taxes qu'un empirisme grossier et invariablement traditionnel.

tion des financiers allemands, jusqu'à ce que l'exemple de contrées voisines soit venu susciter dans la législation de ce pays l'institution fiscale que Justi avait définie et aperçue avec une perspicacité prévoyante, au moins dans son principe fondamental.

Quittons en effet le cabinet du penseur germanique et nous verrons son inspiration se reproduire bientôt presque sans conscience d'elle-même, parmi les représentants d'un grand peuple lancé à la recherche d'innovations diverses dans la sphère de ses institutions et occupé à briser, par une révolution que l'esprit de sage progrès eût prévenue, le long empire d'une routine despotique.

L'assemblée constituante de 1789, refondant le système des impôts français, fit supporter en effet au commerce et à l'industrie, récemment affranchis par elle, leur part des charges publiques, et elle les atteignit par une taxe spéciale, après les avoir soumis à la contribution générale dite *mobilière*. Cependant soit que le législateur n'eût pas de doctrines très-justes sur l'incidence des taxes, soit qu'il craignît de faire un double emploi en taxant des revenus déjà atteints par le décret du 3 janvier — 18 février 1791 sur la contribution mobilière, dont l'article 2 désignait nommément les *revenus industriels*, on considéra l'impôt spécial, alors proposé, comme une simple *avance* faite par les marchands au nom des consommateurs, et on le constitua d'ailleurs sous forme de *prix* d'une *patente* pour l'exercice de la profession.

Les marchands taxés étaient, suivant l'expression du rapporteur, M. Dallarde, de simples percepteurs de l'impôt [1]. Sous l'influence au moins apparente de ces théories inexactes, l'Assemblée Constituante, par la loi des 2-17 mars 1791, établit sur les industriels une taxe proportionnélle au loyer

---

[1] *Moniteur* de 1791, p. 194.

des bâtiments occupés par eux, ou plutôt en raison progressive de ces loyers; car l'imposition était de 2 sous,
2 sous 1/2 et 3 sous par livre du loyer de l'habitation, suivant le chiffre de ce loyer.

Supprimé le 21 mars 1793 par la Convention, l'impôt des
patentes fut rétabli le 4 thermidor an III, non point sur la
base d'un droit proportionnel au loyer, mais sur celle d'une
série de droits fixes, assis d'après la nature de la profession
exercée et la population du lieu dans lequel l'industrie était
exercée. C'est sur ce double élément qu'était fondée la gradation des droits pour les patentes *spéciales* du législateur
de l'an III, qui reconnaissait en outre des patentes *générales*
pour ceux qui voulaient exercer sans limite toute espèce de
négoces. Les patentes spéciales variaient de 1,500 à 25 fr.
Les patentes générales étaient de 4,000 francs. L'assem-
blage de ces deux éléments du droit fixe de l'an III et du
droit proportionnel de 1791 devint la base de la nouvelle
constitution des patentes à partir de la législation du 6 fructidor an IV, perfectionnée successivement par les lois du
9 frimaire et du 9 pluviose an V, du 7 brumaire an IV et du
1er brumaire an VII.

Cette dernière loi fut votée sous l'influence de doctrines
plus justes que celles qui avaient été exposées devant l'assemblée constituante. On pensa que le capital industriel pouvait être taxé autrement que par forme d'avance faite au nom
des consommateurs.

On lit en effet dans le procès-verbal des séances du conseil des anciens du 1er brumaire an VII, les lignes suivantes
que nous tirons du rapport de la commission formée pour
examiner une résolution relative aux patentes :

« La contribution des patentes n'est pas un impôt sur l'industrie; dans un gouvernement libre, l'industrie ne peut pas être imposée ; mais elle frappe les capitaux
mobiliers employés au commerce, capitaux qui, étant protégés par la société, ne

doivent pas moins] que les capitaux fonciers contribuer à en porter les charges.

» Cependant il était impossible de connaître et d'imposer dans une proportion directe ces capitaux, toujours enveloppés de l'obscurité la plus profonde, et néanmoins il fallait les atteindre sans tomber dans l'arbitraire. La résolution, pour arriver à ce double but, fixe d'abord avec une grande modération la contribution des patentes; elle la réduit à 20 millions, tandis que la contribution foncière s'élève, avec ses accessoires, à 250 millions, et que même, dans les circonstances, les capitaux du commerce forment plus d'un douzième des capitaux fonciers.

» La résolution établit ensuite plusieurs règles qui tendent aussi à exclure l'arbitraire. Elle taxe les contribuables en raison des *bénéfices* qu'ils peuvent obtenir de leur profession... Elle s'attache au loyer, indice probable des bénéfices. Elle affranchit de la taxe proportionnelle les professions peu lucratives. »

Une meilleure théorie précédait ainsi de meilleures conceptions pratiques.

La loi du 1er brumaire an VII a posé sur la matière des règles qui ont été en vigueur, presque sans altération, pendant un demi siècle.

L'impôt réglé par cette loi ne dût pas atteindre seulement le commerce, l'industrie, les métiers, etc., désignés dans le tarif annexé à la loi : les professions émises dans les prévisions du législateur dûrent être classées par assimilation à celles qui avaient été comprises dans le tarif.

Aux termes de la loi de l'an VII étaient exemptés de la nouvelle constitution les fonctionnaires [1]; les cultivateurs, pour la vente des récoltes et fruits provenant des terrains qui leur appartiennent ou sont exploités par eux, et pour le bétail qu'ils y élèvent; les commis et ouvriers travaillant pour autrui, dans les maisons, boutiques et ateliers de ceux qui les emploient; les peintres, sculpteurs et graveurs; les pêcheurs; les officiers de santé attachés aux armées, aux hôpitaux ou au service des pauvres; les sages-femmes; les maîtres de la poste aux chevaux, et quelques autres personnes protégées par la médiocrité de leurs professions,

---

[1] Vers la même époque, une loi de l'an VII ordonna qu'il serait opéré une retenue d'un vingtième sur les traitements des fonctionnaires. Cette loi fut rapportée avant l'expiration d'une année. (Macarel et Boulatignier, tome III, page 248.)

comme les savetiers, blanchisseuses, etc. L'exception jugée nécessaire pour les fonctionnaires, les officiers de santé, etc., indiquait assez que le point de départ du législateur était la pensée de taxer en général les professions lucratives.

Les droits fixes furent réglés par un tarif, sans égard à la population, pour certaines professions. Mais l'ensemble des industries fut réparti en sept classes, fondées sur la nature des professions et subdivisées suivant sept degrés, eu égard à la population des lieux habités par les contribuables. Les droits fixes s'échelonnaient de 3 à 300 francs. Le droit proportionnel consista dans le dixième du loyer de l'habitation du patentable, ainsi que des locaux affectés à l'exercice de sa profession.

La contribution, rattachée à la délivrance d'une formule de *patente* constatant le droit d'exercice de la profession, continua à tirer de cette circonstance son nom distinctif parmi les autres contributions directes, nom qui désignait le prétexte de la taxe plus que son objet; elle dût, sans doute à cause de la même formalité de la patente, être acquittée entre les mains du directeur de l'enregistrement.

Le produit de l'impôt, assis par voie de quotité, s'accrut rapidement avec les progrès du commerce et de l'industrie. En l'an VII on voulait retirer 20 millions de l'impôt. Dans la prévision du budget de 1820, le produit était de 19 millions seulement. Il s'éleva à 27 millions en 1829, et il atteignit en 1844 le chiffre de 46 millions.

Malgré ce résultat, la loi de l'an VII, modifiée même par quelques dispositions des lois du 25 mars 1817 et du 15 mai 1818, parut exiger une refonte longtemps avant la dernière date que nous venons de citer.

Une commission instituée en 1829 au ministère des finances pour l'examen des réformes à introduire dans la législation des patentes, présenta un projet qui modifiait considérablement la loi du 1ᵉʳ brumaire an VII [1].

Dans le but d'atteindre d'une manière plus juste et plus équitable les commerçants, cette commission proposa d'établir trois droits dans l'impôt des patentes : un droit fixe, un droit variable et un droit proportionnel.

Droit fixe. — Le droit fixe était réglé d'après l'importance de la profession, la spécification du lieu et le chiffre de la population au milieu de laquelle elle était exercée, ou sans avoir égard à la population, pour celles des professions que ne rend pas plus lucratives la présence d'un plus ou moins grand nombre d'habitants.

Le patentable qui avait plusieurs établissements dans des communes différentes était assujetti à un droit fixe dans chacune d'elles. Celui qui, pour l'exercice d'une seule ou de diverses professions avait plusieurs établissements dans une même commune était d'abord imposé à un droit fixe entier pour celle des professions qui donnait lieu au plus fort droit, et ensuite à des demi-droits pour les autres professions. Mais s'il exerçait diverses professions dans un même local, alors il ne devait qu'un seul droit fixe, celui qui était attaché à la profession qui donnait lieu au plus élevé.

L'article 11 du projet plaçait dans un degré immédiatement supérieur à celui dans lequel les rangeait leur population effective, les villes qui jouissaient d'avantages que le petit nombre de leurs habitants ne devait pas leur faire espérer, parce qu'elles étaient le siége d'une cour impériale

---

[1] M. le directeur général des contributions directes a bien voulu, avec l'autorisation de M. le ministre des finances, me communiquer les résultats, tout à fait oubliés, des travaux de la commission nommée en 1829, résultats consistant en un projet de loi et un exposé des motifs rédigés par M. Humbert, directeur des contributions directes du département de la Loire en 1831.

ou d'un chef-lieu de préfecture. La loi du 4 thermidor an III
consacrait ce principe à l'égard des villes maritimes.

Droit variable. — Le droit variable, considéré comme
complément du droit fixe, devait servir à établir des différences convenables entre ceux qui exerçaient la même profession. Il était assis sur le nombre de métiers, broches,
fours, meules, cuves, alambics, pressoirs, voitures, chevaux, coches, etc., etc., etc. Cette disposition n'était, en
réalité, que l'extension à tous les commerces du principe
contenu dans les lois du 25 mars 1817 et du 15 mai 1818,
qui prescrivaient d'imposer les filateurs et les fabricants de
tissus d'après le nombre des broches et des métiers. Quant
aux états qui ne consistent que dans le travail de la main,
le nombre des ouvriers servait de base pour le droit variable.

Ce droit reposant sur des éléments que les agents des contributions pouvaient apprécier seulement par des investigations faites dans l'intérieur des établissements, boutiques ou magasins, la commission crut préférable d'exiger
des commerçants une déclaration au secrétariat de l'administration de chaque commune, sur le nombre des ouvriers
et des commis ou, selon la profession, sur le nombre des
métiers, fours, cuves et autres appareils considérés dans la
loi comme des indices des affaires commerciales des patentables. On devait encore indiquer sur les registres de la
mairie la valeur locative des bâtiments servant au commerce.

Ce système n'était pas précisément nouveau. Les lois
de 1791 et de l'an IV contenaient une disposition analogue,
ainsi que la loi du 25 mars 1817, qui exigeait des déclarations semblables des fabricants à métiers et des filateurs
de laine et de coton.

« L'impôt ainsi affranchi, disait le rapporteur de la com-

mission, de l'arbitraire dont il est entouré, fera cesser ces
nombreuses réclamations qui sont une charge de plus pour
les contribuables, parce qu'il sera plus régulièrement assis,
étant la conséquence des déclarations des parties intéressées à les faire avec exactitude. »

Toutefois la commission, ne pouvant s'empêcher d'avoir
quelques doutes sur la bonne volonté des contribuables à se
taxer pour ainsi dire eux-mêmes, proposa dans l'article 67
des doubles droits contre la fausse déclaration dans le but
de frustrer le trésor.

Les patentables, dont le droit variable se réglait en raison
du nombre des commis, garçons ou ouvriers, étaient obligés de tenir un registre sur lequel devaient être inscrits les
noms, prénoms et demeures de ces ouvriers, ainsi que
l'époque de leur entrée dans l'atelier et l'époque de leur
sortie. Mais prévoyant le cas fréquent où un fabricant n'oc-
cuperait pas toute l'année un nombre égal d'ouvriers, le
projet de loi décidait que le droit variable serait exigible
d'après le nombre moyen des ouvriers que le patentable
aurait employés l'année précédente. — Enfin les nouveaux
patentables qui n'auraient pas encore exercé d'état sujet à
patente, devaient être taxés pour le nombre d'ouvriers
qu'ils occupaient ou comptaient occuper à l'époque de leur
déclaration.

L'article 16 du projet déclarait que lorsqu'un patentable
aurait plusieurs établissements industriels dans différentes
communes ou dans diverses localités de la même commune, le droit variable serait dû autant de fois qu'il y avait
d'établissements.

Maximum. — La majorité de la commission avait maintenu le maximum établi par les lois antérieures pour les
droits fixe et variable, excepté toutefois en ce qui concerne
les sociétés anonymes, qui en étaient exceptées, parce que,

dit le rapport, les sociétaires n'étant pas connus ne peuvent
être imposés à un demi-droit comme le sont 'ceux des sociétés ordinaires. Les membres de la commission qui ne
partageaient pas l'avis de la majorité sur le maintien du
maximum s'exprimaient ainsi : « Que le revenu, base de
toute contribution, vienne du sol, ou qu'il soit le produit de
l'industrie ou du commerce, que l'impôt soit de répartition ou de quotité, la loi qui en règle l'assiette n'est juste
qu'autant que la somme qu'elle demande à chaque contribuable est avec son revenu dans le même rapport que la
contribution entière avec le revenu total que l'on veut atteindre. Une disposition qui limite l'impôt lorsque le revenu est illimité est certainement contraire à la justice. »

Droit proportionnel. — Enfin le droit proportionnel devait
être, selon le genre et l'importance de la profession, le
dixième, le vingtième, le trentième ou le quarantième du
loyer.

La commission rédigea des tableaux dans lesquels plus
de trois mille professions furent inscrites par ordre alphabétique avec leur définition. Elle partagea l'échelle de population qui sert de base au droit fixe en dix degrés, dont
les trois derniers subdivisant l'une des classes de la loi précédente étaient gradués suivant les termes suivants :

Population de.	1,000 et au-dessous.
Id.	1,001 à 3,000
Id.	3,001 à 5,000

La loi de l'an VII n'avait admis que sept degrés, dont le
dernier indiquait une population de cinq mille âmes et au-
dessous, et la loi de 1844 a porté la division de l'échelle à
huit degrés, fixant comme minimum de population deux
mille âmes et au-dessous.

Exceptions. — Le projet maintenait les exceptions énu-

mérées dans la loi du 1er brumaire an VII, sauf quelques
modifications empruntées pour la plupart à la jurisprudence. Afin d'éviter des doutes sur l'interprétation des articles, on avait cru nécessaire d'entrer dans un système
d'énumération beaucoup trop développé.

Formules. — Le prix de la formule [1] des patentes, fixé
invariablement au taux de 1 fr. 25 c., avait paru à la commission devoir être modifié. En effet le riche banquier,
comme le plus humble commerçant, était assujetti aux
mêmes frais de formule, et souvent il arrivait que le prix du
papier timbré dépassait le prix de la patente. L'accessoire
l'emportait sur le principal. Pour remédier à un tel état de
choses, la commission proposait d'établir un timbre dont le
prix serait progressif en raison des droits en principal et fixé
dans les proportions suivantes :

Timbre de 35 cent. pour toutes les patentes dont le droit
en principal serait au-dessous de 10 fr.

De 70 cent. pour celles de 10 à 30 fr.; de 1 fr. 25 cent.
pour celles de 30 à 50 fr.; de 1 fr. 50 centimes pour celles
de 50 à 100 fr.; enfin de 2 fr. pour toutes celles dont le sus-
dit droit serait au-dessus de 100 fr.

Cette innovation est restée pendant trente ans à l'état
de proposition théorique, mais la loi de 1858 a remédié à
l'inconvénient qui l'avait inspirée, en affranchissant les formules de patentes du droit de timbre et en remplaçant ce
droit par 4 centimes additionnels.

D'après la loi de brumaire an VII la patente devait être
prise dans les trois premiers mois de l'année, pour l'année
entière, sans jamais pouvoir être bornée à une partie de
l'année. La commission de 1829, frappée de la sévérité de

---

[1] La loi du 4 thermidor an III disait dans son article 3, *in fine :* « Les patentes
contiendront le signalement de ceux auxquels elles seront délivrées, à peine de
nullité. »

cette disposition, voulait que le patentable qui cesserait son
commerce dans le cours de l'année ne dût le droit qu'au
prorata de la durée de son exercice par rapport à la totalité
de l'année calculée par douzièmes. Ce système était conforme au principe, qu'il ne doit y avoir contribution que
là où il y a revenu [1].

Pour l'intelligence du système élaboré par la commis-
mission de 1829, je joins à cette analyse, un peu développée à cause du peu de notoriété qu'ont acquise les travaux
de cette commission [2], les premières lignes du tableau annexé au projet de loi par elle rédigé, et qui donneront un
court spécimen du système par elle adopté.

---

[1] Ce principe a été adopté en 1844 pour le cas de fermeture des magasins par
suite de décès ou de faillite déclarée.

[2] Je ne saurais taire cette particularité assez singulière que j'ai connu les travaux de la commission de 1829 par l'étude du livre allemand de M. Rau sur la
Science des finances, qui en parle dans une des notes de son 374e paragraphe. Les
premières recherches que M. Vandal voulut bien ordonner sur ma demande, il y a
quelques années, furent inutiles et l'existence même de cette commission était ou-
bliée. Ce fut sur mon insistance que les procès-verbaux furent retrouvés à la suite
de l'indication provenant de l'érudition patiente du savant allemand, que l'Académie des sciences morales et politiques a nommé depuis son correspondant, et auquel j'ai emprunté beaucoup de renseignements et d'idées utiles outre les citations
fréquentes que son bel ouvrage m'a fournies.

NUMÉROS D'ORDRE.	DÉNOMINATIONS des PROFESSIONS.	DÉFINITIONS, SYNONYMIES et DIVISIONS GRADUÉES DES PROFESSIONS.	DROIT FIXE Dans les villes dénommées pour les trois premiers degrés, et suivant la population des villes et communes pour les sept derniers.										DROIT VARIABLE additionnel au droit fixe DES PROFESSIONS DÉSIGNÉES.	DROIT proportionnel sur les loyers. RAPPORT d'après lequel il doit être calculé.
			Paris.	Bordeaux, Lyon, Marseille, Rouen.	Le Havre, Lille, Nantes.	35,001 âmes et au-dessus.	20,001 âmes à 35,000.	10,001 âmes à 20,000.	5,001 âmes à 10,000.	3,001 âmes à 5,000.	1,001 âmes à 3,000.	1,000 âmes et au-dessous.		
1	Abattoir public (fermier des droits d')....	Celui qui, moyennant une redevance annuelle qu'il paye à une commune ou à un concessionnaire, perçoit à son profit les droits dus à raison des bestiaux abattus........	50	40	36	30	25	20	16	12	10	8	Plus 5 fr. par chaque 1,000 fr. du montant du bail.	10e
2	Abattoir public (concessionnaire d')....	Celui qui, ayant fait construire un abattoir à ses frais, est autorisé à percevoir à son profit, pendant un temps déterminé, les droits d'abattage............	50	40	35	30	25	20	16	12	10	8	Plus 50 c. par chaque 1,000 fr. de l'estimation des travaux. Lorsque le concessionnaire aura affermé les droits d'abattage, il ne payera le droit variable que sur le pied de 25 c. par 1,000 fr.	10e
3	Abattoir public....	S'il est exploité pour le compte de la commune à laquelle il appartient, *exempt*............	»	»	»	»	»	»	»	»	»	»		»
4	Abatteur de bois....	S'il entreprend à forfait l'abatage des coupes................	5	5	5	5	5	5	5	5	5	5		20e
		S'il travaille à la journée, *exempt*.	»	»	»	»	»	»	»	»	»	»		«
5	Ables ou ablettes (écailles d')....	*Voyez* Essence d'Orient (fabricant d')	»	»	»	»	»	»	»	»	»	»		»
6	Accordeur de pianos, harpes et autres instruments.....		20	16	14	12	10	8	6	5	4	3		30e
7	Accouchement (maison d')...........	Établissement où l'on reçoit et où l'on traite les personnes enceintes jusqu'après leurs couches.....	80	60	50	45	40	35	30	25	20	16		10e
8	Accoucheur......	Docteur en médecine ou en chirurgie, ou officier de santé qui se livre spécialement ou principalement aux accouchements : S'il est reçu docteur et exerce depuis plus de trois ans.........	100	80	70	60	50	40	35	30	25	20		10e
		S'il n'exerce que depuis trois ans....	70	50	45	40	35	30	25	20	16	14		10e
		S'il n'a que le diplôme d'officier de santé et exerce depuis plus de trois ans...........	60	45	40	35	30	25	20	16	14	12		10e
		S'il n'exerce que depuis trois ans..	40	30	25	20	16	14	12	10	8	6		10e

Le travail de la commission de 1829 renfermait plus d'une idée juste. Mais il eut divers malheurs.

Préparé sous l'initiative d'un gouvernement bientôt après renversé, il parut en même temps contraire aux idées libérales qui venaient de triompher, et peut-être aussi était-il en opposition avec la grande influence des représentants du commerce et de l'industrie sous le gouvernement de 1830.

Il obtint à peine, plus tard, une mention dans un discours de M. Humann, qui disait, avec quelque inexactitude, que la commission de 1829 avait cru devoir *abandonner le classement des professions en cessant de considérer la patente comme une licence annuelle graduée suivant la nature et l'importance du commerce ou de la profession.*

« Un tel système, (ajoutait dans le même discours M. Humann [1], avec quelque incorrection de langage [2] au sujet de la distinction des taxes directes et indirectes) ne tendait à rien moins qu'à faire de la contribution des patentes *un impôt indirect* dont la perception eût entraîné des recherches inquisitoriales, d'autant plus vexatoires qu'elles auraient porté à la fois sur les personnes et sur les choses. Malgré les avantages qui devaient en résulter pour le trésor, disait enfin M. Humann, au nom du gouvernement, la nouvelle administration n'a pas hésité à le repousser. »

Recherchons les tentatives de perfectionnement moins hardies et cependant très-dignes d'intérêt opérées à la suite de la révolution de 1830.

Le gouvernement nouveau présenta, le 15 novembre 1830, à la chambre des députés, un projet de loi sur les contribu-

---

[1] V. le discours prononcé à la séance de la chambre des députés du 3 fév. 1844, par M. Humann : *Moniteur* de 1834, 1ᵉʳ semestre, p. 228.

[2] Cette idée que toute recherche est un *exercice* et que tout *exercice* indique un impôt indirect est l'une des déductions vicieuses que l'on retrouve souvent dans nos discussions sur l'impôt.

tions directes, adopté, sauf quelques amendements, et converti en loi le 26 mars suivant, projet dont l'art. 31, reproduit littéralement dans l'art. 26 de la loi du 26 mars 1831, était destiné à consacrer avec quelques perfectionnements les bases de la loi de l'an VII. « La contribution des patentes, suivant cet article, est maintenue pour 1831, et les deux droits dont elle se compose seront réglés et perçus, savoir : les droits fixes, d'après les tarifs annexés aux lois actuellement en vigueur; les droits proportionnels, d'après la valeur locative des maisons d'habitation, usines, ateliers, boutiques et magasins, et dans le rapport déterminé par lesdites lois. »

« La valeur locative de tous les bâtiments réunis sera établie au moyen de baux authentiques, si ces bâtiments sont loués et affermés, et dans le cas contraire, par comparaison avec ceux dont le loyer aura été régulièrement constaté ou sera notoirement connu. »

Cependant ce n'était qu'un prélude à des efforts plus importants pour améliorer la législation de l'an VII sans altérer ses principaux points de départ. En 1834, une proposition législative fut faite par le ministre des finances.

Le projet présenté par M. Humann se bornait à refondre . les lois antérieures en y apportant certaines modifications de détail, telles que l'établissement de degrés plus nombreux de population, et de huit classes au lieu de sept dans le tarif des professions, la soumission à l'impôt des notaires et avoués, etc.

Proposé le 3 février 1834 à la chambre des députés, le projet ministériel fut l'objet d'un rapport soumis à la chambre par M. Caumartin le 11 avril suivant. Les questions nombreuses soulevées par la législation nouvelle étaient résumées dans ce travail. Il exprimait, comme conclusion, l'opinion qu'il y aurait eu imprudence à s'engager dans une œuvre importante et difficile au terme d'une législlature et en présence des travaux d'une session déjà fort avancée [1].

A l'ouverture de la session suivante, le projet du gouvernement fut reproduit avec quelques modifications. La commission de la chambre des députés présenta son rapport par l'organe de M. Rivière de Larque, le 6 avril 1835. Mais cette fois encore le projet ne fut pas mis en discussion ; il resta même assez longtemps comme oublié.

Enfin le 4 février 1843, M. Lacave-Laplagne présenta un projet nouveau au nom du gouvernement. Au nombre des dispositions sur lesquelles le ministre des finances appelait l'attention de la chambre des députés, était celle qui, au lieu de la proportion du dixième du loyer, adoptée, sauf quelques exceptions, comme base du droit proportionnel, *rendait progressif le droit proportionnel* et le faisait varier du dixième au quarantième, suivant les circonstances et les professions [2].

A la suite d'un rapport de M. Vitet dans la chambre des députés, et de M. d'Audiffret à la chambre des pairs, ce projet est devenu la loi du 25 avril 1844, qui est depuis lors la base des dispositions en vigueur sur cette matière.

Aux termes de cette loi, tout individu qui exerce en France un commerce, une industrie, une profession non compris dans les exceptions déterminées par la loi, est assujetti à la contribution des patentes.

Cette contribution se compose, comme par le passé, d'un droit fixe et d'un droit proportionnel. Le droit fixe mérite ce nom plutôt par opposition au droit proportionnel que par sa véritable nature ; car il est en réalité *variable*, ainsi que l'a fait observer un législateur étranger, M. Giulio, dans son

---

[1] *Moniteur* de 1834, p. 868.
[2] *Moniteur* de 1843, p. 227.

rapport au sénat piémontais sur la législation des patentes en 1852 [1].

Le droit fixe est établi :

D'après huit classes subdivisées par un tarif général, suivant huit degrés de population [2], pour certaines industries et professions énumérées dans le premier tableau annexé à la loi sous la lettre A ;

Eu égard à la population, mais d'après une échelle particulière de tarif, relative à chaque spécialité de travail, pour les industries et professions portées dans un second tableau B ;

Sans égard à la population, pour diverses industries et professions comprises dans un troisième tableau C. Dans cette partie du tarif, la considération de la population est fréquemment remplacée par celle du nombre des ouvriers, colliers de voitures, métiers, chaudières ou hauts fourneaux occupés par les contribuables, ou du nombre des kilomètres exploités par les entreprises de transport. On y voit même figurer, pour les banques départementales, la considération du capital de l'entreprise. Le *maximum* qui arrête la proportionnalité au-dessus d'un certain chiffre est le seul élément qui explique le maintien du nom de droit *fixe*, conservé dans ce tableau pour un droit essentiellement variable, mais plus limité dans son essor que le droit nommé *proportionnel*.

Les commerces, industries et professions non dénommés dans les tableaux annexés à la loi du 25 avril 1844 doivent être taxés par analogie, en vertu d'arrêtés spéciaux

[1] Page 14 du rapport de M. Giulio.

[2] Une catégorie spéciale pour les communes de 2,000 âmes et au-dessous a été ajoutée à celles de la loi du 1er brumaire an VII, et l'échelle des droits fixes limitée entre 2 fr. et 300 fr.

La loi du 6 fructidor an IV avait anciennement admis huit subdivisions suivant cinq degrés de population, et limitées aussi entre 2 fr. et 300 fr.

des préfets. Mais, tous les cinq ans, des tableaux additionnels, contenant la nomenclature des commerces, industries et professions, classés par voie d'assimilation, depuis trois années au moins, doivent être soumis à la sanction législative.

Les patentables exerçant, dans la banlieue d'une commune de 5,000 habitants et au-dessus, des professions imposées eu égard à la population, ne payent le droit fixe que d'après le tarif applicable à la population non agglomérée.

Il y a certains droits fixes en quelque sorte personnels, par exemple, pour la Banque de France, taxée à 10,000 fr. par la loi de 1844, et dont la patente a été doublée en 1858, à la suite du doublement du capital de la Banque elle-même.

Le droit proportionnel, précédemment fixé au dixième, a été réduit par la loi de 1844 au vingtième de la valeur locative pour toutes les professions imposables, sauf diverses exceptions énumérées dans la loi et qui élèvent, diminuent ou suppriment ce droit dans certains cas déterminés. La substitution de la proportion du vingtième à celle du dixième n'a pas été aussi considérable en pratique qu'en théorie, parce que les évaluations ont été faites avec plus de soin.

Le droit proportionnel est établi d'après la loi de 1844, comme d'après celle du 1er brumaire an VII, sur la valeur locative tant de la maison d'habitation que des magasins, boutiques, usines, ateliers, hangars, remises, chantiers et autres locaux servant à l'exercice des professions imposables.

L'exemption du droit proportionnel, consacrée par la législation antérieure pour les patentables des deux dernières classes, a été restreinte en 1844 aux localités représentant les quatre derniers degrés de population pour ces deux classes [1].

La catégorie des professions dispensées de la patente est plus étendue dans la loi de 1844 que dans celle de l'an VII.

On y voit figurer notamment, outre la plupart des exceptions de cette dernière loi, les notaires, les avoués, les avocats au conseil, les greffiers, les commissaires-priseurs, les huissiers, les avocats, les docteurs en médecine ou en chirurgie, les vétérinaires, les architectes, les professeurs et instituteurs, les éditeurs de feuilles périodiques, les artistes dramatiques, les laboureurs et cultivateurs pour la vente et la manipulation des récoltes et fruits provenant des terrains qui leur appartiennent ou qu'ils exploitent, et pour le bétail qu'ils y élèvent, entretiennent ou engraissent, les concessionnaires de mines, pour le seul fait de l'extraction et de la vente des matières par eux extraites, les propriétaires ou fermiers des marais salants, les associés en commandite, les caisses d'épargne et de prévoyance administrées gratuitement, les assurances mutuelles régulièrement autorisées, les capitaines de navires de commerce ne naviguant pas pour leur compte, les cantiniers attachés à l'armée, les écrivains publics, les commis et toutes les personnes travaillant à gages, à façon et à la journée dans les maisons, ateliers et boutiques des personnes de leur profession, ainsi que les ouvriers travaillant chez eux ou chez les particuliers, sans compagnons, apprentis, enseigne ni boutique.

La contribution des patentes est payable par douzièmes, et le recouvrement en est poursuivi comme celui des contributions directes. Néanmoins les patentables dont la profession n'est pas exercée à demeure fixe sont tenus d'ac-

---

[1] Voyez du reste pour les atténuations du droit proportionnel en certains cas, le tableau D annexé à la loi de 1844.

quitter le montant total de leur cote au moment où la
patente leur est délivrée. Les rôles sont arrêtés par le
préfet, après une instruction à laquelle les agents des
contributions directes, les maires et les sous-préfets prennent part.

Le patentable qui exerce plusieurs commerces, industries ou professions, même dans diverses communes, ne
peut être soumis qu'à un droit fixe, qui doit être, en
pareil cas, le plus élevé de ceux qu'il aurait à payer s'il
était assujetti à autant de droits fixes qu'il exerce de professions.

Non-seulement l'exercice d'une profession assujettie, par
les individus non munis de patente, donne lieu à diverses mesures de rigueur, mais encore nul ne peut former
de demande, ester en justice ou faire aucun acte extra-
judiciaire relatif à son commerce, sans qu'il soit fait mention, en tête des actes, de sa patente, qui constitue, pour
ainsi dire, la base de son état industriel ou commercial [1].

Dans le but d'intéresser les administrations municipales
à la perception de l'impôt des patentes, toujours établi en
France par voie de quotité, huit centimes par franc du produit brut en sont attribués aux communes.

Bien que l'impôt des patentes pèse exclusivement sur la
position des patentés, on a rendu les propriétaires et principaux locataires responsables du dernier douzième échu et
du douzième courant des taxes dues par les patentés :

1° Si un mois avant le terme fixé par le bail ou les conventions particulières pour le déménagement de leurs loca-

---

[1] Voici le modèle d'une formule de patente : « Le directeur des contributions
directes, soussigné, certifie que le sieur... est imposé dans le rôle des patentes de
la commune de..., pour l'année..., en qualité de...» — « Vu par nous, maire de la
commune, la présente formule au moyen de laquelle le patentable y dénommé
pourra exercer sa profession sans aucun empêchement, en se conformant aux règlements de police. »

taires, ils n'ont pas donné avis de ce déménagement au percepteur ;

2° Lorsque, dans le cas de déménagement furtif, ils ont négligé de donner avis de ce déménagement au percepteur dans les trois jours [1].

Telles sont les principales dispositions de la législation des patentes de 1844. Quant au principe de la loi et à son objet précis, les législateurs semblent avoir hésité à l'approfondir. Il a été question cependant à plusieurs reprises dans la discussion de rechercher la *mesure des bénéfices* obtenus par les patentés. On trouve cette idée dans diverses paroles du garde des sceaux, de MM. Deslongrais, Levavasseur et Demesmay. Mais il a été aussi question de l'*importance* des *affaires* et du *capital employé*.

La loi de 1844 a été légèrement modifiée depuis par quelques dispositions des lois du 18 mai 1850, du 10 juin 1853 et du 4 juin 1858, auxquelles nous renvoyons le lecteur. La première de ces lois a notamment assujetti à un droit proportionnel du quinzième les architectes, avocats. avoués, chirurgiens-dentistes, commissaires-priseurs, docteurs en chirurgie et en médecine, greffiers, huissiers, mandataires agréés par les tribunaux de commerce, notaires, officiers de santé, référendaires au sceau, vétérinaires, chefs d'institution et maîtres de pension. « La taxe des patentes a pour but, disait M. Hippolyte Passy [1], en présentant ce projet, d'assurer à l'État un prélèvement sur les bénéfices attachés à l'emploi des facultés productives; » et le ministre réprouvait sous ce rapport le privilége d'immunité attaché à certaines professions.

Si l'on résume le mouvement législatif français relativement aux patentes, on voit que les principes générateurs de la

[1] Art. 25 de la loi du 25 avril 1844.
[2] *Moniteur*, du 10 octobre 1849.

graduation des patentes sont, d'après la loi des 2-17 mars 1791, la valeur du loyer seulement ; d'après la loi du 1er brumaire an VII, la considération de la nature de la profession, et presque constamment aussi celle [1] de la population du lieu où elle s'exerce, ajoutées à celle de la valeur du loyer ; cette triple base a été maintenue dans la loi du 25 avril 1844, avec la substitùtion, pour certaines professions [2], de la considération des signes extérieurs variables, tels que le nombre et la dimension des instruments de travail, l'étendue matérielle des opérations ou des exploitations, le capital, le nombre des ouvriers, etc., à la considération de la population.

Dans l'espace intermédiaire entre le second et le troisième échelon de cette législation, dans les quarante-quatre années écoulées entre la loi de l'an VII et celle de 1844, les lois des 25 mars 1817 et 15 mai 1818 avaient déjà restreint ou affaibli l'application de l'élément graduateur de la population, en y substituant, pour les filateurs, la considération du nombre des broches, et pour les fabricants à métiers, celle du nombre de ces instruments de travail. C'est là, en quelque sorte, un quatrième élément qui s'ajoute aux trois précédents dans le système éclectique de la législation actuelle.

Le projet de loi de 1834 posait aussi pour certaines professions et certains établissements industriels le principe de divers classements indépendants de l'appréciation de la population [3]. Mais au lieu de la considération compliquée des instruments de travail, des ouvriers, etc., développée dans la loi de 1844, c'était par la décision de commissaires

---

[1] D'après cette loi, quelques professions étaient imposées sans égard à la population, et d'après la même loi aussi, la considération du loyer était retranchée dans certaines professions.

[2] Tableau C. Loi du 25 avril 1844.

[3] Première partie du tableau A : tableau B et tableau D.

nommés par les maires pour les villes, et par les sous-préfets pour les cantons ruraux [1], que le classement devait être
opéré.

La taxe des patentes est une taxe de quotité. Malgré la
faveur dont jouit en France le système de répartition, on a
toujours pensé que l'extrême mobilité des éléments de la
contribution des patentes ne permettait pas de la soumettre
à ce système et de la diviser en contingents stables pour les
diverses localités.

Les impôts directs comportent en France certains centimes additionnels généraux, destinés à couvrir les *non-valeurs* ou pertes éprouvées sur le recouvrement de ces contributions. Ce fonds de non-valeurs comprend pour tous
les impôts directs la charge des *remises* et *modérations*, par
lesquelles on restitue aux contribuables qui ont éprouvé
des pertes dans la matière imposable, tout ou partie de
leurs contributions. Il supporte de plus, pour l'impôt des
patentes, le montant des décharges et réductions, puisque
l'impôt étant de quotité, ces décharges et réductions ne
peuvent être réimposées sur une circonscription, comme
pour l'impôt foncier, par exemple; de plus, le fonds de non-
valeurs des patentes comprend les frais d'expédition des
formules de patentes, et c'est pour ces divers motifs que les
centimes de non-valeurs pour les patentes sont au nombre
de 5, tandis qu'ils sont de 3 centimes pour la contribution
des portes et fenêtres, et ne dépassent pas 1 centime pour
l'impôt foncier et personnel mobilier [2].

L'impôt des patentes, voté avec une certaine répugnance
à l'origine, à cause de la résistance des idées physiocrati-
ques, constitué depuis avec une certaine réserve de théorie
qui provient de l'embarras spécial que paraissent avoir

[1] Art. 8.
[2] Serrigny, p. 418-420.

éprouvé les législateurs français devant le problème de la
taxation des revenus mobiliers, rend cependant aux finances
du pays des services très-considérables et utilement progressifs. Son produit, en 1844, était de 47,670,596 francs
en tout. La loi de 1844 ayant plus réduit les droits proportionnels qu'elle n'avait accru les droits fixes, le chiffre tomba
à 46,513,119 fr. en 1845. Différence, 1,157,476 fr. Le produit en 1855 a été de 60,966,796 fr. d'après les rôles. Si
l'on s'occupe du principal de l'impôt seulement, on voit
qu'il s'est élevé de 39,942,518 fr. en 1853, à 49,388,310 fr.
en 1858, c'est-à-dire en moyenne de 1,500,000 à 1,800,000
par an [1]. Quant au nombre des patentés, il s'était élevé, de
1835 à 1844, de 1,208,217 à 1,511,004. Tombé en 1845 à
1,352,930, il a repris son accroissement, surtout depuis
1850, et a été en 1855 de 1,664,329 [2].

L'évaluation du produit de l'impôt au budget de 1863 est
de 49,864,000 fr. pour le principal, et 5,853,600 fr. pour
les centimes additionnels généraux sans affectation spéciale :
total 55,717,600 fr., sans compter 26,605,967 francs, du
fonds pour dépenses spéciales.

On peut critiquer la justesse de la dénomination des droits
fixes [3], et on a même vu se produire dans la discussion du
budget de l'exercice 1859, comme dans le sein de la commis-
de 1859, l'idée de les rendre complétement proportionnels
par la suppression des *maxima*.

[1] Détails donnés par M. Vuitry, commissaire du gouvernement, dans la séance
du Corps législatif du 25 mai 1859.
[2] V. les *Comptes de recettes de* 1844, 1845 et 1855.
[3] On a quelquefois dit que les droits fixes étaient destinés à marquer la proportion entre les industries (de la même localité), et les droits proportionnels, la proportionnalité entre les industriels de chaque industrie. Il faut remarquer que les
droits fixes du tableau C marquent aussi au-dessous du minimum la proportionnalité entre les industriels des mêmes localités. On a pensé avec raison que le
chiffre de la population n'avait pas, pour diverses industries, la même importance
que pour le commerce.

La taxe des patentes étant, aux yeux du législateur français, une sorte de capitation graduée sur l'importance présumée des affaires commerciales et des bénéfices, présente diverses anomalies sous le rapport de la proportionnalité de la taxe relativement aux revenus.

Ainsi l'élément de la capitation commerciale a fait taxer dans l'origine tous les associés en nom collectif, qui sont tous commerçants[1] et il a fait épargner les associés commanditaires, ainsi que les sociétaires ou actionnaires des compagnies anonymes. Cette dissonance a été atténuée par l'article 19 de la loi du budget de 1861 d'après lequel l'associé principal dans les sociétés en nom collectif continuant à être assujetti à la totalité du droit fixe afférent à la profession, le même droit est divisé en autant de parts égales qu'il y a d'associés en nom collectif et une de ces parts est imposée à chaque associé secondaire.

L'assiette des droits fixes n'est pas subordonnée à des règles d'une base facile à scruter et à contrôler.

La répartition des industries dans les diverses classes de la loi des patentes a lieu nécessairement d'après des données marquées de quelque arbitraire ; ainsi en 1858 les marchands de dentelles étant répartis dans les première, deuxième et quatrième classes du tableau A, on a placé les fabricants de dentelles dans la troisième, pour prendre une sorte de moyenne satisfaisante pour le fisc, mais sans proportion distincte avec les degrés d'importance de la fabrication, dont on n'a trouvé aucun signe suffisamment caractéristique pour l'adopter comme règle. La loi des patentes est pleine de petites imperfections de ce genre, si on la considère au point de vue de la proportionnalité. L'esprit du législateur en cette matière a été, comme l'a dit M. Vitet, rapporteur de

---

[1] L'associé principal paye le droit entier, et les autres associés le demi-droit seulement. (Art. 16 de la loi du 25 avril 1844.)

la loi de 1844, de préférer l'arbitraire de la loi à celui des hommes. On a fait toutefois, en 1858, des progrès dans la voie de la proportionnalité, en élevant certains *maxima* comme en adoptant des signes nouveaux, tels que la proportionnalité rigoureuse des patentes de fermiers d'octrois et de bacs avec la quotité du montant de leur bail, etc., etc., au lieu de la proportionnalité approximative qui existait antérieurement.

La loi de 1844 avait joint à la taxe des patentes un droit de timbre de 1 fr. 25 c. sur les formules de patentes ; ce droit, pour les petits patentables, élevait de plus de 50 pour 100 le principal de leur contribution. Le gouvernement a proposé, suivant une pensée de juste proportionnalité, dans la loi du budget de 1859, de remplacer les 1,800,000 fr. du produit de ce droit de timbre par une addition de 4 centimes au principal de l'impôt. Une idée analogue avait été repoussée en 1844 par le rejet d'un amendement de M. Delespaul[1]. Le projet du gouvernement, adopté par le corps législatif, a pris place sous l'art. 12 de la loi de finances de l'exercice 1859[2].

On peut se faire une idée de la manière dont l'impôt des patentes atteint les industries les plus lucratives, d'après le tableau suivant :

[1] *Moniteur* de 1844, p. 592.
[2] Loi du 4 juin 1858.

*Tableau des contribuables payant, en 1857, 2,500 francs de patente et au-
dessus, en principal et en centimes additionnels.*

DÉSIGNATION DES PROFESSIONS.	Nombre des patentés.	DÉSIGNATION DES PROFESSIONS.	Nombre des patentés.
Acier fondu (fabrique d').	1	REPORT.	174
Agent de change.	1	Inhumations et pompes funèbres (en-	
Armateur	1	treprise d').	1
Assurances non mutuelles.	4	Laminerie (entrepreneur de)	1
Banques ou banquiers.	22	Limonadiers	3
Bateaux à vapeur (entreprises de). . .	3	Lits militaires (entreprise générale des)	1
Bougies, cierges, etc. (fabrique de). . .	1	Loueurs de voitures suspendues	3
Cardes (manufacture de)	1	Machines (constructeurs de)	11
Chemins de fer (concessionnaires de) .	31	Magasins de plusieurs espèces de mar-	
Cristaux (marchand de) en gros	1	chandises.	25
Eaux thermales (exploitation d')	1	Magasinier	1
Eau (entrepreneurs de distribution		Métiers (fabriques à)	9
d')	2	Moulin (exploitant de)	1
Fer en barre (marchand de) en gros. .	1	Négociants	5
Filatures de coton	22	Omnibus (entreprises d').	2
Filatures de lin.	18	Papeteries à la mécanique.	2
Fonderie de cuivre et bronze (entre-		Peignerie ou carderie de laine	1
preneur de).	1	Produits chimiques (manufact. de). . .	9
Fonderie en fer	1	Restaurateur et traiteur.	1
Forges et hauts fourneaux (maîtres		Savon (fabrique de)	1
de).	44	Sucres de betteraves (fabriques et raf-	
Fromages de Roquefort (fabrique de) .	1	fineries de).	12
Gaz pour l'éclairage (fabriques de). . .	6	Teinturier pour les fabricants.	1
Glaces (manufacture de).	1	Tissage à la mécanique	1
Hôtel garni (maîtres d').	2	Tissus (marchands de) en gros.	3
Imprimeurs d'étoffes	8	Verrerie (exploitant une)	2
À REPORTER.	174	TOTAL. . . .	270

Le travail ayant été fait par département, il arrive que
certains patentés, imposés dans plusieurs départements
pour des sommes inférieures à 2,500 francs, ne se trouvent
pas comptés dans le tableau, quoiqu'ils payent en totalité
plus de 2,500 francs. Il eût été impossible, ou au moins extrêmement difficile, de réunir les cotisations éparses payées
par le même individu dans plusieurs départements.

Il arrive, par contre, que le même patenté payant
2,500 francs dans plusieurs départements se trouve compris plusieurs fois dans le tableau; c'est ainsi qu'on y voit
figurer 31 concessionnaires de chemins de fer, bien que le
nombre des compagnies pour l'exploitation de ces chemins
ne s'élève pas à ce chiffre.

Sauf ces anomalies, on voit que les 270 hauts patentés se
répartissent entre 45 industries ou commerces différents. Les

industries ou commerces qui en fournissent le plus grand
nombre sont, en tenant compte de l'observation que nous
venons de faire pour les chemins de fer et qui nous les fait
écarter de notre résumé :

Les forges. 44
Les magasins de plusieurs espèces de marchandises. 25
Les banques et banquiers. 22
Les filatures et coton. 22
Les filature de laine ou de lin. 18
Les fabriques de sucre. 12
Les grands ateliers de construction de machines. 11
Les fabriques à métiers. 9
Les fabriques de produits chimiques 9
Les impressions d'étoffes. 8
Les fabriques de gaz. 6

Une industrie particulière dont les revenus sont en partie
mobiliers [1] n'est point taxée d'après la méthode approximative et compliquée qui fait la base du système des patentes,
mais d'après la base de l'impôt sur le revenu. Cette industrie est celle des mines, dont les produits sont évalués d'après
les résultats de l'année précédente. Le trésor a retiré de cette
source, en 1855, 1,127,537 fr. de redevances fixes et proportionnelles [2], perçues sur environ 850 concessions faites à
des sociétés ou à des particuliers.

La matière est régie par les articles 33 à 39 de la loi de 1810
sur les mines.

La redevance fixe est annuelle; elle est de 10 fr. par kilo-
mètre carré.

La redevance proportionnelle est aussi une contribution annuelle à laquelle les mines sont assujetties sur leurs
produits.

La redevance proportionnelle ne peut s'élever au-dessus

---

[1] Les mines sont immeubles, mais les actions ou intérêts, dans une entreprise
pour l'exploitation des mines sont réputés meubles. (Loi du 21 avril 1810, art. 8).
[2] Comptes des recettes de 1855, 1,200,000 fr. sont prévus au budget de 1863.

de 5 0/0 du produit net. Il peut être fait un abaissement pour ceux des propriétaires de mines qui le demandent.

La fixation de cette redevance proportionnelle a fait entrevoir au législateur de 1810 quelques-unes des difficultés soulevées dans d'autres pays par l'établissement des taxes générales sur le revenu.

Voici comment s'exprimait à cet égard le rapporteur de la commission du corps législatif :

« Les perquisitions et les recherches dans les registres des exploitants ne peuvent avoir lieu; et s'ils sont quelquefois dans le cas de les produire au conseil de préfecture, pour établir leurs réclamations, cela sera volontaire de leur part et n'aura lieu que rarement; cette présentation de registres offre dans cette circonstance peu d'inconvénients, tandis qu'il y en aurait eu de très-graves pour le commerce s'il avait fallu les laisser parcourir par tous les agents des contributions publiques.

« Votre commission ne s'est pas dissimulé la difficulté qu'il y aura pour les réclamants de faire constater le produit net de l'exploitation ; mais elle a considéré qu'il valait mieux encore admettre cette mesure que de n'en établir aucune. Il ne faut pas perdre de vue que c'est dans un conseil déjà instruit par la notoriété des pertes ou des bénéfices des exploitations que les réclamations seront discutées et jugées. Un corps permanent, formé d'éléments paternels, se procurera par des voies indirectes, mais sûres, les connaissances nécessaires pour asseoir des jugements équitables. »

Deux tableaux ci-après, que je dois à une obligeante communication de M. Vandal, directeur général des contributions directes, font bien connaître plusieurs détails relatifs à la répartition de la redevance des mines, assise annuellement par un comité départemental d'évaluation composé du

préfet, de deux membres du conseil général, du directeur
des contributions directes, de l'ingénieur des mines et de
deux des principaux propriétaires de mines du département.

On a fait remarquer que notre redevance proportionnelle
impôt français porte sur le *produit net* des mines et non
sur le bénéfice net [1]. Le produit net n'emporte pas la déduction des dépenses qui doivent être amorties; c'est une
différence assez peu considérable, au point de vue de la
théorie financière, mais qu'il est cependant intéressant de
relever.   •

Le tableau suivant montre que si l'exploitation des mines est exemptée de la patente, par une mesure contre laquelle M. Serrigny s'élève vivement [2], elle n'en contribue
pas moins pour des chiffres assez élevés aux charges publiques.

[1] *Journal des Économistes* de janvier 1860.
[2] *Questions et Traités,* etc., p. 377.

TABLEAU *des mines dont le revenu net est le plus élevé et qui payent les plus fortes redevances fixe et proportionnelle d'après les rôles de* 1855.

DÉPARTEMENTS	NOMS ET DÉSIGNATION DES MINES.	NOMS DES CONCESSIONNAIRES.	REDEVANCES		TOTAL.
			fixe.	proportionnelle.	
Allier	Mine de houille de Commentry.	Boigues, Rambourg et Cᵉ.	207 50	20,703 85	20,911 35
Ardèche.	Mine de fer de la Voulte.	Comp. des fonderies et forges de la Loire et de l'Ardèche	263 40	12,047 16	12,310 56
Id.	— de Veyras	Id. de l'Orme	30 60	14,204 24	14,234 84
Gard.	Mine de houille de la Grand'Combe	La compagnie des chemin de fer du Gard	360 10	16,378 25	16,648 35
Id.	— de la Fenadou	Id.	41 50	11,668 95	11,710 45
Id.	— de Rubiac et Meyrannes. . . .	Doveau, Lassagne, Silhol.	280 50	15,617 75	15,898 25
Loire	— de Sardon	Maniquet et Cᵉ (société anonyme des houill. de Rive-de-Gier),	7 90	18,076 88	18,084 78
Id	— Firminy et Roche la Mollère.	Compagnie des mines de Firminy	585 60	34,188 44	34,774 04
Id	— de Montrambert.	Compagnie anonyme des houillères de Montrambert et de la Béraudière	46 60	27,393 16	27,439 76
Id	— de la Béraudière.	Id.	68 »	23,698 47	23,766 47
Id	— de Treuil.	Société anonyme des houillères de Saint-Étienne.	19 90	21,608 19	21,628 09
Id	— de Bérard	Id.	6 50	16,347 77	16,354 27
Id	— de Terre-Noire.	Id.	57 20	16,407 49	16,464 69
Id	— de Quartier-Gaillard	Société anonyme des houillères de la Loire.	57 20	16,337 21	16,394 41
Id	— de la Cappe	Meyrand et Cᵉ (société anonyme des houill. de Rive-de-Gier). .	8 20	22,072 36	22,080 56
Id	— de la Croix.	Compagnie des mines de la Loire (société anonyme des houillères de Rive-de-Gier).	22 10	20,422 80	20,444 90
Id	— de Dourdel et Montsalon . .	Compagnie anonyme des houillères de la Loire.	28 »	11,009 58	11,037 58
Id	— de Beaubrun.	Administration du séquestre judiciaire de Saint-Étienne. . . .	28 90	36,166 57	36,195 47
Id	— de Montreux.	Compagnie des mines de Montreux.	7 10	12,730 04	12,737 14
Nord	— de Vieux-Condé	Compagnie d'Anzin	399 09	13,380 50	13,780 19
Id	— d'Avrin	Id.	1,105 08	53,118 80	54,223 88
Id	— de Raismes.	Id.	481 97	14,323 25	14,805 22
Id	— de Denain	Id.	134 37	11,754 70	11,889 07
Id	— de Douchy	La compagnie de Douchy	341 92	36,945 80	37,287 72
Id	— de Vicoigne	Anselin et Cᵉ.	132 »	18,000 »	18,132 »
Saône-et-Loire .	— de Blanzy	Jules Chagot, Perret, Morin et Cᵉ.	425 30	33,469 20	33,894 50
Tarn	— de Carmaux.	De Solages (de Solages père et fils et Cᵉ).	880 »	27,561 87	28,441 87
			6,007 13	575,573 28	581,580 41

NOTA. Plusieurs des compagnies ci-dessus désignées (celles de la Loire par exemple) sont concessionnaires d'autres mines pour lesquelles elles payent des redevances dont le chiffre est moins élevé que celui des redevances portées dans le présent tableau.

A côté de l'impôt normal, notre législation admet en cette matière l'impôt par abonnement dont le tableau suivant présente la statistique pour une année correspondante à celle du tableau précédent.

Redevance proportionnelle des mines abonnées.

DÉPARTEMENTS.	DÉSIGNATION DES MINES ABONNÉES.	DATE des ordonnances ou arrêtés autorisant les abonnements.	DURÉE des ABONNEMENTS.	MONTANT des abonnements par année.
Aisne.	Mine de lignite d'Urcel	1er janvier 1853.	Jusqu'au 10 mai 1857.	60 »
	Mine de lignite de Chaillevet. .	Idem.	Idem.	60 »
Finistère. . . .	Mine de plomb et d'argent de Pallaouen	23 octobre 1851.	5 ans, à partir de 1851.	500 »
Isère	Mine d'anthracite de la Grande Draye	5 janvier 1852.	5 ans, à partir de 1851.	1,528 85
	Mine d'anthracite de Peychagnard	27 septemb. 1851.	5 ans, à partir de 1851.	263 23
Moselle. . . .	Mine de fer de Romain.	22 novemb. 1851.	5 ans, à partir de 1851.	34 19
Nord.	Mine de fer de Trélon	20 novemb. 1854.	5 ans, à partir de 1854.	160 »
Bas-Rhin. . . .	Mine de Pétrole de Bechelbronn	2 septemb. 1853.	5 ans, à partir de 1853.	270 »
				2,876 37

Un décret du 30 juin 1860 a favorisé le système de l'abonnement en lui assurant une durée de 5 ans et en réglant sa fixation d'après le produit net moyen des deux années antérieures. Une circulaire du ministre des travaux publics, en date du 6 décembre 1860, trace aux préfets diverses règles sur l'établissement du produit net des mines. (Voir *Moniteur* du 16 décembre.)

Le droit attribué aux hospices sur le produit des spectacles peut, jusqu'à un certain point, être considéré comme une sorte de taxe sur l'industrie des acteurs, ou comme un impôt sur la dépense des spectateurs.

Les capitaux placés et productifs d'intérêts ne sont du reste, en France, l'objet d'aucune imposition directe spéciale, et l'on sait que la forme indirecte a été préférée à la forme directe lorsqu'on a établi en 1857 l'impôt dit de *transmission* sur certaines valeurs mobilières.

Un impôt direct sur ces valeurs a été cependant bientôt après remis en question.

Deux membres du Corps législatif, MM. Granier de Cassagnac et Roques Salvaza ont demandé, lors de la discussion du budget de 1863, la création d'un impôt direct de 5 pour 100 sur tous arrérages, dividendes, intérêts annuels ou revenus provenant de rentes sur l'État, obligations ou autres titres au porteur ou nominatifs, créés ou à créer, par toutes sociétés, compagnies ou entreprises quelconques, financières, industrielles, commerciales ou civiles. Voici en quels termes le rapport de M. Segris a résumé les raisons données par les auteurs de l'amendement et celles qui leur ont été opposées par la commission du budget.

« Notre amendement, ont dit MM. Granier de Cassagnac et Roques Salvaza, dont l'opinion a été analysée avec détail, nous est inspiré par un principe politique et par un principe financier.

» Le principe politique de nos institutions, c'est l'égalité.

» Il faut que les capitaux subissent la loi commune.

» Le principe financier, c'est que toutes les fois que les besoins de l'État exigent la création de nouvelles ressources, il faut les demander de préférence à des valeurs qui jusque-là n'ont pas été atteintes, plutôt que d'aggraver d'anciens impôts.

» Les auteurs de l'amendement ont protesté, du reste,
» énergiquement contre toute idée d'un impôt sur le revenu
» tel qu'il se pratique en Angleterre.

» Il viole la liberté du foyer domestique et pénètre de vive force dans l'intimité de la famille.

» Il est inquisitorial.

» Il a de plus cet autre vice, même en Angleterre, de faire

double emploi en s'imposant à des valeurs qui déjà ont payé l'impôt.

» En France il serait inique et inadmissible.

» Le principe du nouvel impôt qu'ils proposent est, suivant eux, bien différent. Pas d'inquisition, pas de double emploi. Les seuls revenus mobiliers qu'ils veulent atteindre, ce sont les revenus qui s'affichent et se publient spontanément et sans violence.

» En un mot, pour qu'un revenu puisse être frappé, il faut que la publicité entre dans sa constitution ; ce qui exclut les revenus du commerce, les revenus professionnels, les revenus territoriaux ou hypothécaires qui ne s'affichent pas.

» Mais les rentes sur l'État, les actions dans les Compagnies industrielles, soit anonymes soit en commandite, qui initient le public à leurs affaires, voilà l'ensemble de la matière imposable.

» Quant à la question de quotité et de résultat :

» Des documents officiels démontreraient, suivant les auteurs de l'amendement, que les revenus nets de la propriété non bâtie paient 15,67 pour 100, et les revenus de la propriété bâtie 20,08 pour 100. A ce taux, la masse des revenus mobiliers imposables, qu'ils évaluent à 800 millions, donnerait au Trésor 130 millions. Mais, n'y ayant aucune nécessité d'imposer au delà des besoins, les auteurs de l'amendement proposent de ne fixer le taux de l'impôt sur ceux des revenus mobiliers qu'ils veulent atteindre qu'à 5 pour 100, ce qui produirait au Trésor un revenu suffisant de 40 millions. »

» Tel est le système dans tout son ensemble. »

« Il est remarquable, a répondu le rapporteur de la commission du budget, qu'il commence par violer le principe même d'égalité qu'il invoque.

» Il divise les revenus mobiliers en deux catégories : les revenus qui s'affichent et les revenus qui ne se publient pas.

» De ces derniers il forme toute une classe de privilégiés, en protestant contre le privilége.

» Le revenu de la société anonyme ou en commandite par actions supportera l'impôt, et la société en nom collectif ne le payera pas.

» L'homme assez puissant pour agir par ses propres forces échappera aux atteintes de cette création nouvelle, réservée exclusivement aux petits capitaux qui s'associent et se livrent à la commandite ou à la société anonyme.

» Un tel système s'attaque directement à l'esprit d'association, qu'il tend à détruire.

» Il méconnaît, dans ses manifestations les plus éclatantes, la nature spéciale du capital mobilier, le mode suivant lequel il paie ses prestations à l'État, en le confondant avec la propriété immobilière, bâtie ou non bâtie, dans une assimilation impossible. Il porte enfin dans ses flancs cet impôt sur le revenu, cet *income tax* contre lequel il proteste; car, comme on l'a dit avec raison, les grandes théories s'introduisent toujours par le petit bout pour faire ensuite leur chemin, même contre le gré de leurs auteurs.

» Appliqué aux rentes sur l'État, il atteint profondément le crédit.

» Si, depuis la création du grand livre, tous les gouvernements se sont étudiés à faire de la rente une valeur privilégiée, c'est qu'elle est le régulateur des autres valeurs, qui s'élèvent et s'abaissent avec elle.

» Un tel système retire indirectement à l'État, d'une main, bien plus qu'il ne lui donne de l'autre.

» Quant à la quotité du résultat, elle varierait suivant cette barrière mobile qui sépare le revenu qui ne se publie

pas du revenu qui s'affiche, pour ne produire que des mé-
comptes.

» En un mot, l'admission de l'amendement serait la négation du système auquel nous avons adhéré au début de
ce rapport. »

Dans la discussion publique, l'amendement soutenu par
ses auteurs a été combattu du côté du gouvernement par
M. Magne aidé d'une citation faite par M. Vuitry d'une disposition de la loi de vendémiaire an VI, exemptant les rentes
de toutes retenues. M. Ollivier s'est associé aux raisons des
orateurs du gouvernement dans la séance du 21 juin 1862.

L'impôt sur les métiers et professions (*industrial oder gewerbsteuer* [1]) a remplacé en Autriche le droit de timbre auquel étaient auparavant assujetties toutes les marchandises de
production indigène, et qui fut trouvé trop gênant pour
l'industrie nationale. Cet impôt a été successivement introduit d'après des principes uniformes, en 1813 dans l'archi-
duché d'Autriche, la Bohême, la Moravie, la Silésie, la Gal-
licie, la Styrie, la Carinthie, en 1815 dans l'Illyrie, en 1817
dans le Tyrol, et en 1826 dans les districts de la haute Autriche, récupérés par les traités de 1815 [2]. Différent dans
son principe de l'impôt des patentes, qui suppose la liberté
de la profession, puisqu'il en est comme le prix, l'impôt autrichien, qui ne dispense d'aucune restriction les profes-

---

[1] Voir sur ce point Tégoborski, *Des finances et du crédit public de l'Autriche*,
Paris, 1843, t. I, p. 195 et suivantes. — Rau, *Finanswissenschaft*, § 372, note *a*.
Patente du 31 décembre 1812. Décret du 11 septembre 1822. — Rau, Reden et
les documents officiels modernes appellent cet impôt *erwerbsteuer*, ainsi que
M. Ritter von Hauer, dans ses *Beitræge zur geschichte der œsterreichischen
finanzen*, p. 57.

[2] L'impôt des patentes établi par les Français a été levé en Dalmatie jusqu'à la
décision impériale du 9 décembre 1851. Sur la frontière militaire hongroise il y a
aussi une taxe sur le commerce, l'industrie et les moulins (Reden, t. II, p. 135).
Dans le territoire de Cracovie, le gouvernement autrichien lève aussi une *personal
gewerb classensteuer*, Reden, t. II, p. 138.

sions qui y sont soumises, est aussi distinct de notre impôt
des patentes par les règles de son assiette et de son organisation. Des quatre principes de gradation organisés dans la
législation française des patentes et qui résultent de la nature de la profession, de la considération de la population,
du nombre des instruments de travail et du loyer payé par
les contribuables, la législation autrichienne a admis seulement les trois premiers principes. Plusieurs des catégories admises par le législateur autrichien comportent des
taux d'impôt différents, suivant la ville où les professions
sont exercées. Vienne et sa banlieue forment le premier degré, Léopold, Prague, Brünn, Graetz, Lintz et Laybach le
second, Innsbruck, Trente et Botzen le troisième; enfin le
chiffre de la population sert à répartir en trois classes les
autres villes de l'empire, à l'exception du Tyrol, qui jouit
de certains allégements particuliers. Telles sont les bases de
la gradation de l'impôt en ce qui concerne l'importance des
lieux dans lesquels le métier ou la profession sont exercés.

Le principe de proportionnalité, qui résulte de la considération du loyer payé par le patentable dans la législation française est remplacé en Autriche par une graduation
variée introduite dans le tarif de chaque classe et qui est
étrangère à l'organisation de notre contribution des patentes.

Le législateur autrichien a d'abord établi à cet effet plusieurs classes fondées sur la spécialité du métier ou de la
profession soumis à l'impôt. La première pour les entrepreneurs de fabriques et manufactures, la seconde pour les
banquiers et négociants en gros, la troisième pour les
commerçants en détail, la quatrième pour les arts et métiers, la cinquième pour les agents d'affaires, avocats,
notaires et courtiers de change [1], la sixième pour les

---

[1] M. Rau, qui fait observer que la taxe autrichienne frappe certains salaires,

maîtres d'armes, de langues, de danses et les directeurs des maisons d'éducation, la septième pour les entrepreneurs de transports de personnes et d'effets [1]. Le tarif de chacune de ces classes se subdivise en outre en plusieurs degrés, portés, par exemple, dans la classe des arts et métiers jusqu'au nombre de douze, et sous chacun desquels le contribuable est rangé d'après l'appréciation individuelle de l'importance de ses affaires et de ses bénéfices. A cet effet l'importance de toutes les industries imposables est mesurée suivant des signes appropriés à chaque classe. En ce qui concerne les entrepreneurs des fabriques et des manufactures, ainsi que les arts et métiers, c'est la valeur et la facilité du débit de leurs productions manufacturières que l'on cherche à apprécier à l'aide du nombre des métiers que le contribuable met en activité, ainsi que des ouvriers qu'il emploie. Pour ce qui concerne les négociants, groupés dans la deuxième et la troisième classe, on cherche le capital qu'ils emploient dans leur commerce, la valeur et la facilité du débit de la marchandise qui en fait l'objet.

Enfin, à l'égard des contribuables rangés sous les trois dernières classes et dont la profession consiste à mettre leurs services à la disposition du public, il s'agit de rechercher le prix attaché à ces services, ainsi que les talents et les connaissances qu'ils exigent.

Pour arriver à la connaissance de la vérité sous ce rapport, celui qui embrasse un métier ou une profession doit présenter à l'autorité du lieu une déclaration détaillée sur tout ce qui concerne son entreprise industrielle ou commer-

constate qu'elle n'atteignait pas ceux des médecins, des artistes et des fonctionnaires, mais ces salaires sont taxés depuis 1849, par la voie de l'impôt sur le revenu, § 395, note *a*.

[1] Ces sept classes se ramènent à quatre catégories fondamentales, sous les titres de : *Landesfabriken;* 2° *Grosshandluugen;* 3° *Künste und gewerbe;* 4° *Dienstgewerbe.*

ciale. Le commerçant doit préciser le capital de la mise de fonds ; le fabricant et l'artisan doivent indiquer le nombre des métiers qu'ils veulent mettre en activité et celui des ouvriers qu'ils veulent employer ; le magistrat vérifie au besoin les déclarations avant de proposer à l'autorité supérieure de la province, qui décide en dernier ressort, la classe dans laquelle le contribuable doit être inscrit ; les déclarations inexactes entraînent de fortes amendes équivalant au double et au triple de l'impôt.

Aucun des contribuables ne peut exercer son métier ou sa profession, s'il n'est muni d'un certificat de l'autorité financière constatant qu'il s'est mis en règle quant à la fixation de sa contribution.

A Vienne et dans plusieurs grandes villes, lorsqu'on exerce plusieurs professions ou métiers simultanément, on est obligé de payer l'impôt pour chacun d'eux ; mais dans les autres localités on ne paie qu'à raison des professions qui sont le plus imposées.

Sont exceptés de la gewerbsteuer d'après sa législation spéciale [1] :

Les agronomes et cultivateurs pour la vente des fruits provenant des terrains qu'ils exploitent ;

Les hommes de lettres et ceux qui cultivent les arts libéraux (*freien künste*) ;

Les médecins, chirurgiens, accoucheurs, médecins-vétérinaires et sages femmes ;

Les fonctionnaires publics et tous ceux qui sont au service de l'État ou employés dans les établissements publics qui en dépendent ;

Les collecteurs de loteries, les débitants de tabac et de

---

[1] V. ce que nous avons dit plus haut des modifications établies en 1849 dans la législation autrichienne générale par l'introduction de l'impôt sur le revenu.

papier timbré, les fabricants de poudre et salpêtre, considérés cómme agents du fisc ;

Ceux qui se vouent à l'instruction dans les localités dont
la population ne dépasse pas 4,000 habitants ;

Les ouvriers et compagnons qui travaillent pour le compte
des autres soit à gages, soit à la journée ; les domestiques et
tous ceux qui se trouvent au service des particuliers ;

Les fermiers des péages et autres revenus du fisc ou des
impositions prélevées pour le compte des villes ;

Les ouvriers employés dans l'exploitation des mines.

Les particuliers qui louent par occasion les chevaux dont
ils se servent dans leur exploitation rurale ou pour une autre
branche d'industrie, ne sont pas assujettis au droit que
payent les entrepreneurs de transport et les voituriers de
profession ;

Les habitants des ports francs de Trieste, de Venise et de
Fiume sont affranchis de l'impôt moyennant une redevance
annuelle payée sur les fonds de leurs caisses municipales.

Les commerçants turcs jouissent aussi de certaines fran-
chises stipulées dans les traités de leur nation. D'après
M. de Tégoborski la gewerbsteuer rapportait dans onze provinces de l'Autriche 2,257,000 fl., ce qui donnait pour une
population de 20,850,000 âmes 6 kreutzers 1/3 par tête [1].
En 1847, le produit net a été de 2,741,348 fl. et en 1851 de
2,766,500 fl. [2]. Dans le budget de 1856, l'erwerbsteuer a été
évaluée à près de 4,000,000 de florins dont 1,306,700 florins
pour l'Autriche au-dessous de l'Enns.

Dans les provinces italiennes il existe une taxe particulière, sous le titre de *tassa sulle arti e commercio*, dont la ré-

---

[1] Cela fait environ 26 centimes. M. Giulio, qui a donné dans son rapport au
sénat piémontais, en 1852, une analyse des diverses législations sur les patentes,
porte à 29 centimes par tête le produit de la taxe autrichienne en 1840.

[2] Tome II, p. 137, Reden, *Allgemeine statistik.*

partition se règle également sur le genre de métier, sur l'étendue qu'on lui donne et sur la localité dans laquelle on l'exerce. M. de Reden la considère comme procurant des résultats plus proportionnels que l'erwerbsteuer des provinces allemandes. M. Giulio constate qu'elle est organisée d'après des idées intermédiaires entre la législation du reste de l'empire autrichien et la législation française. Elle est confondue dans le produit total des prévisions de 1856 que nous venons de rappeler, et dans lesquelles la Lombardie était portée pour 196,300 florins, et la Vénétie pour 166,700.

Les contribuables sont répartis en sept classes ou catégories dont chacune a trois degrés d'imposition, et les localités sont partagées, d'après leur population, en cinq classes. Les rôles sont dressés par les congrégations municipales. L'autorité de la province prononce en dernier ressort sur les recours des contribuables.

En Prusse, les métiers et professions sont sujets à une taxe établie par la loi du 30 mai 1820 [1]. Ils sont répartis en classes ou catégories de la manière suivante :

A. Les commerçants investis des droits de marchands ;

Cette catégorie comprend les banquiers, marchands ou négociants en gros, les entrepreneurs de fabriques ou manufacturiers, les armateurs et les agents de change ;

B. Les commerçants sans droits de marchands ;

Cette catégorie embrasse tous les détaillants, petits merciers et boutiquiers ;

C. Les artisans qui exercent leur métier avec plus d'un aide ou compagnon et d'un garçon apprenti, ou qui tiennent boutique ou magasin ;

D. Les aubergistes, traiteurs, cabaretiers, tabagistes, confiseurs ;

---

[1] Voir Tégoborski, *loco citato*, et Rau, §§ 360, note *a*, 367, note *c*, et 369, note *d*.

E. Les boulangers ;

F. Les bouchers et charcutiers ;

G. Les brasseurs et distillateurs ;

H. Les meuniers ;

I. Les bateliers et entrepreneurs de transport par eau qui n'appartiennent pas à la classe des armateurs ;

K. Les rouliers, voituriers et loueurs de chevaux ;

L. Les colporteurs, marchands forains et tous ceux qui appartiennent aux professions ambulantes.

La quotité de l'impôt que chaque profession doit acquitter est réglée comme en Autriche et en France, d'après la population dés villes ou communes dans lesquelles l'industrie imposable est exercée.

La Prusse est partagée à cet effet en quatre divisions.

La première embrasse les onze villes les plus considérables de la monarchie, à savoir : Berlin, Breslau, Kœnigsberg, Cologne, Dantzick, Magdebourg, Elberfeld, Barmen, Aix-la-Chapelle, Stettin et Posen.

La seconde se compose de cent vingt et une villes les plus peuplées après les onze de la première division.

La troisième division embrasse toutes les autres villes ayant au moins 1,500 âmes de population.

Dans la quatrième sont rangées toutes les autres localités.

Le gouvernement fixe pour chaque profession et pour chacune des quatre divisions un terme moyen de tant par tête, que les redevables ont à payer à titre de contribution sur les métiers et professions. La multiplication de ce chiffre par le nombre des contribuables d'une circonscription forme le contingent que ceux-ci doivent acquitter.

Ce contingent est réparti entre les redevables, en proportion de leurs moyens et de l'étendue de leur industrie, par les autorités communales, avec la coopération des contribuables eux-mêmes et d'après une échelle dont la gradation est marquée d'avance. En fixant le terme moyen de l'imposition, le gouvernement détermine le minimum de la cote et la gradation à observer tant entre le minimum et le terme moyen qu'au-dessus de ce dernier.

Ainsi, dans les villes de la première division, la gradation est de 6, 8, 12, 18 et 24 thalers ou écus par an ; passé ce dernier chiffre on va toujours en augmentant de 12 écus. Dans les villes de la seconde division, elle est de 2, 4, 6, 8 et 12 ; puis en augmentant toujours de 12 écus. Dans les localités de la troisième et de la quatrième division, la gradation se fait selon les différents métiers et professions, d'après une échelle plus modérée.

Le terme moyen et le minimum varient suivant les divisions de la population et les catégories de contribuables. Par exemple, pour les commerçants avec droits de marchands, qui sont assujettis aux droits les plus élevés, le terme moyen est de 30 écus par an dans les villes de la première division, et le minimum y est de 12 écus.

Dans les villes de la deuxième division, le terme moyen est de 18 écus et le minimum de 8 ; dans celles de la troisième et de la quatrième division, le terme moyen est de 12 et le minimum est de 6.

Pour les commerçants sans droits de marchands, les termes moyens descendent successivement à 8, 6, 4 et 2 écus dans les quatre divisions. Le minimum de 2 écus, dans les trois premières, n'est plus que d'un écu dans la quatrième division.

Ce système, adopté pour les cinq catégories des commerçants avec droits de marchands, des commerçants sans droits de marchands, des aubergistes, des bouchers et des artisans, est un peu modifié pour les boulangers des villes des deux premières divisions, en ce sens que le terme moyen y est fixé d'après la population, en comptant dans la première division 8 deniers par tête, et dans la seconde, 6.

Les autres professions ne sont assujetties ni à cette fixation préalable du terme moyen, ni par conséquent à la répartition, qui en est la suite nécessaire : elles comportent toutefois un minimum au-dessus duquel la taxe varie suivant certaines circonstances déterminées par le législateur. Ainsi les brasseurs sont taxés selon la quantité de drèche qu'ils emploient dans leur fabrication ; les meuniers d'après la quantité de tournants ; les bateliers d'après la capacité de leurs barques ; les rouliers, voituriers et loueurs de chevaux d'après la quantité de chevaux qu'ils emploient.

L'impôt sur l'industrie est payé chaque mois par douzième, et pour les professions ambulantes il est acquitté d'avance pour toute l'année.

Sont exemptés du payement de l'impôt :

Les habitants des campagnes qui vendent du pain les jours de marché moyennant étalage en plein air, c'est-à-dire sans tenir boutique ;

Les artisans qui ne travaillent que sur commande et moyennant salaire, sans tenir magasin ni boutique, et qui n'ont qu'un seul aide ou compagnon et un seul garçon apprenti ;

Les tisserands et tricoteurs qui n'exercent cette profession que comme un accessoire de leurs autres occupations, et qui n'ont pas plus de deux métiers ;

Les propriétaires de moulins qui ne s'en servent que pour leur usage particulier, ou bien pour l'irrigation ou le dessèchement du sol ;

Les charretiers et voituriers qui n'ont qu'un seul cheval ;

Les bateliers naviguant sur les rivières et les conducteurs des alléges, lorsque leurs barques n'excèdent pas la capacité de trois *last*[1] ;

Ceux qui s'occupent de l'exploitation des mines, lors-

___
[1] 1 last = 60 scheffels de 55 litres = 400 livres de Prusse de 467 grammes.

qu'elle n'est pas accompagnée d'une fabrication d'objets de commerce ;

Les commerçants étrangers qui fréquentent les foires et marchés ou qui achètent en gros des produits de fabrication indigène, et les commis-voyageurs qui recueillent des commandes pour les productions du pays.

M. Giulio a fait remarquer que la gewerbsteuer prussienne est à la fois taxe de quotité relativement aux communes, et taxe de répartition par rapport aux contribuables. Il donne le chiffre des taxes moyennes en francs, et l'on voit ressortir pour la catégorie des banquiers, agents de change, manufacturiers et commerçants en gros, qui est la plus imposée, les chiffres suivants :

Première classe, deuxième classe, troisième classe, quatrième classe de communes : 111 francs 30 — 66,78 — 44,52 — 44,52.

Pour la catégorie des marchands en détail et pour celle des artisans :

Première classe, deuxième classe, troisième classe, quatrième classe : 29,68 — 22,26 — 14,84 — 7,42, etc., etc.

D'après M. Tégoborski, l'impôt sur l'industrie a produit en Prusse, d'après le budget de 1841, 3,114,000 florins, ce qui donnait près de 13 kreutzers par tête pour une population de 14,700,000 âmes. C'est à peu près le double du produit de la taxe autrichienne, et M. Giulio évalue de son côté le chiffre du produit à 55 centimes par tête, ce qui correspond à la proportion admise par M. Tégoborski [1]. Le budget prussien de 1855 estime le produit de la *gewerbsteuer* à 2,897,000 thalers, chiffre qui suppose un accroissement notable depuis l'époque des calculs de M. Tégoborski [2].

---

[1] Le kreutzer du florin autrichien vaut en effet 4 centimes environ.

[2] La *Revue comtemporaine* du 31 mars 1862, mentionne une révision récente de la loi prussienne sur la *gewerbsteuer* sans en faire connaître les détails.

Les fonctionnaires prussiens ne supportent que la classensteuer, qui est un impôt saisissant l'ensemble du revenu des
citoyens [1]. Ce mot de *classensteuer* est une expression indéfinie qui comprend en Allemagne, comme l'a remarqué
M. Rau, des taxes très-différentes.

La plupart des États germaniques ont aussi des taxes
sur l'industrie.

Dans le grand-duché de Bade, l'impôt sur l'industrie repose
sur un système particulier. La taxe y est divisée en deux
parties, assises, l'une sur le produit du travail de l'entrepreneur avec des additions proportionnées au nombre des auxiliaires qu'il emploie, l'autre sur le produit du capital employé
dans l'industrie.

Voici, à cet égard, les dispositions fondamentales de la
nouvelle loi sur cette matière votée, en 1854, dans le grand-
duché de Bade.

L'impôt sur l'industrie repose : 1° sur le produit du travail
(ou, pour employer l'expression même de la loi, sur le *mérite
personnel, verdienst*) du contribuable, et 2° sur le produit du
capital employé dans l'industrie.

Tout revenu industriel non compris dans le produit du
capital employé dans l'industrie est considéré comme résultant du mérite personnel.

Le mérite personnel de l'industriel est estimé en capital
suivant une classification dont le premier degré est représenté par le chiffre de 500 florins, et le douzième par celui
de 8,000 florins.

Un tarif fondé sur la spécialité des professions indique soit
la classe, soit la série des classes dans laquelle chaque profession doit trouver place tantôt en tenant compte du lieu
où elle est exercée, tantôt sans en tenir compte. Sous le pre-

---

[1] Rau, § 395, note *a*.

mier rapport on distingue : 1° les villages ; 2° les bourgs de marchés (*marktflecken*) et les petites villes au-dessous de 4,000 âmes ; 3° les villes de 4,000 à 10,000 âmes ; 4° les villes au-dessus de 10,000 âmes.

Lorsque le tarif permet de placer ceux qui exercent une profession dans plusieurs classes, chaque industriel doit être rangé dans la classe qui correspond à l'extension et au profit plus ou moins grand de ses affaires comparées avec celles des personnes exerçant la même profession.

S'il s'agit d'une industrie taxée en tenant compte de la population du lieu, la comparaison ne s'établit qu'entre les industriels de ce même lieu ; sinon entre ceux du lieu comme de la contrée environnante.

Les veuves, les femmes séparées de leurs maris, les femmes célibataires, qui exercent une profession, sont affranchies de toute taxe relative au mérite personnel si leur industrie appartient à la première classe, et ne sont imposées que pour les trois quarts si leur industrie se range sous ce rapport dans une classe plus élevée.

La taxe du mérite personnel reçoit un accroissement proportionnel au nombre des auxiliaires (*gehülfe*) employés par le contribuable.

On ne prend pas toutefois en considération les ouvriers employés à l'agriculture, ceux qui sont au-dessous de leur dix-septième année, les personnes du sexe qui n'accomplissent que des travaux domestiques, les femmes mariées qui prennent part aux affaires de leur mari, les ouvriers travaillant à la tâche pour une fabrique, mais en dehors des locaux qui en dépendent, ni le premier ou l'unique ouvrier d'une veuve qui continue l'industrie de son mari décédé.

Les auxiliaires non compris dans ces exceptions se divisent en deux classes, sous le rapport de l'accroissement de taxe auquel ils donnent lieu à la charge du maître qui les emploie. Les auxiliaires mâles en nombre inférieur à dix, à l'exception des manœuvres employés dans la navigation, le flottage, la pharmacie, etc., des emballeurs, des valets et des ouvriers qui accomplissent un travail manuel sans apprentissage spécial préalable, sont rangés dans la première classe, entraînant une taxe supplémentaire d'un cinquième du capital représentant le mérite personnel du maître.

Les personnes du sexe employées comme auxiliaires, les ouvriers auxiliaires au-dessus du nombre de dix, et enfin ceux qui sont exceptés de la première classe, sont rangés dans la seconde et donnent lieu à une augmentation de 10 florins par tête dans le capital imposable afférent au mérite personnel du contribuable.

La taxe relative au mérite personnel comporte quelques dispenses ou atténuations, qui ne peuvent toutefois s'étendre au supplément dû pour le nombre des auxiliaires.

Sont dispensés les industriels des six premières classes qui ont dépassé l'âge de soixante-cinq ans, qui ont été admis à pension ou indemnité pour campagnes ou blessures, comme sous-officiers et soldats, ou qui ont au moins servi en cette qualité pendant quinze années, comprenant une campagne.

Enfin tous ceux qui sont secourus sur des fonds publics ou appelés à l'être à cause de leur indigence notoire.

Des atténuations d'un, deux, trois ou quatre cinquièmes peuvent être accordées aux industriels dont le travail est interrompu par des maladies chroniques dûment constatées, par un manque de travail notoire ou par le service militaire, dans lequel ils sont retenus comme sous-officiers ou soldats.

La deuxième partie de la taxe se rappporte au capital employé dans l'industrie (*betriebscapital*). On comprend sous ce nom :

1° Les moteurs hydrauliques ;

2° Toutes les machines et outils qui ne sont pas compris dans le capital atteint par l'impôt foncier ;

3° Les provisions de marchandises et de matières premières ;

4° Les droits et priviléges industriels résultant, par exemple, des monopoles ou de la limitation du nombre des concurrents ;

5° Les fonds consacrés à l'exercice de la profession par les contribuables qui, comme les banquiers, par exemple, n'ont point de capital en marchandises ou matières premières.

Les capitaux employés dans l'agriculture et les mines sont exempts d'impôt. [1] Il en est de même des capitaux industriels qui ne dépassent pas le total de 400 florins ; au-dessus de 400 florins, les capitaux consacrés à l'industrie sont évalués suivant certaines classifications qui permettent d'épargner une partie des valeurs imposables.

Ainsi, la première classe comprend les capitaux de 400 à 600 florins, qui sont comptés pour 300 florins ; la deuxième classe comprend les capitaux de 600 à 800 florins, qui sont comptés pour 500 florins ; la troisième, les capitaux de 800 à 1,000 florins, comptés pour 700 ; la quatrième, les capitaux de 1,000 à 1,500 florins, comptés pour 1,000 florins, etc., etc. [2].

[1] Cette disposition, rapprochée de celle qui ne prend point en considération le nombre des auxiliaires employés dans l'agriculture, semble une faveur pour cette branche de travail. Néanmoins le tarif de la classification des industries sous le rapport du mérite personnel comprend les agriculteurs comme devant être rangés dans la première, la troisième ou la cinquième classe, suivant que les immeubles qu'ils cultivent comme propriétaires ou fermiers valent moins de 10,000 florins, ou de 10,000 à 20,000 florins, ou plus de 20,000 florins. Les possesseurs de mines sont aussi compris dans le tarif badois comme devant être rangés entre la quatrième et la huitième classe.

[2] M. Rau pense, dans l'ordre théorique, que la *gewerbsteuer*, comprenant la taxe sur le capital industriel, entraîne par cela même la considération des dettes du contribuable, à la différence de la taxe sur les terres ou les maisons, § 401,

Il y a dans chaque localité un cadastre industriel qui est revisé tous les ans, soit d'après les déclarations des contribuables, soit d'office par le péréquateur des taxes et le conseil d'estimation de la localité.

Tout industriel doit déclarer annuellement le nombre et la classe des auxiliaires qu'il emploie, la valeur originaire ou les accroissements de son capital industriel, suivant qu'il commence ou qu'il continue seulement l'exercice de sa profession.

Le conseil d'estimation, à la diligence du péréquateur des taxes, vérifie si toute nouvelle industrie est taxée conformément à la loi, si chaque industriel est classé relativement à son mérite personnel, comme il convient à la profession qu'il exerce et à l'importance de son industrie soit en elle-même, soit relativement à d'autres points de comparaison; si le supplément de taxe à raison des auxiliaires est convenablement assis; si les capitaux industriels sont justement imposés; enfin si les dispenses ou atténuations de taxes sont établies d'après les règles légales.

Il appartient au conseil d'estimation, lorsqu'il suspecte les déclarations d'un contribuable, de réclamer de plus amples explications et même d'entendre, s'il y a lieu, des experts.

Si l'estimation du capital est confiée à des experts, l'examen des relations industrielles du contribuable ne doit pas être poussé au delà de ce qui est nécessaire pour la découverte des valeurs employées dans l'industrie.

La manière de procéder du conseil d'estimation dans l'assiette de l'impôt et la décision des appels contre ses jugements sont réglées par la loi relative au cadastre des impôts directs.

note *a*. — Nous ne voyons pas cependant que cette conséquence, rigoureusement assez contestable, ait été réalisée dans la législation du grand-duché de Bade.

Quiconque néglige, lors du début ou de l'extension d'une industrie, de faire les déclarations exigées par la loi encourt, outre le payement de l'impôt en retard, une amende égale au double de la taxe due pour une année entière.

Quiconque fait une déclaration inférieure à la vérité sous le rapport du nombre des auxiliaires qu'il emploie ou de l'état moyen de son capital industriel encourt, outre le payement de la partie d'impôt qu'il a voulu éviter, une amende quadruple de cette part d'impôt pour une année entière. Les amendes peuvent être réduites lorsqu'elles n'auront été encourues que par suite d'erreurs excusables.

Les bases de la législation badoise que nous venons d'analyser paraissent avoir existé sous une loi précédente à la date de 1815.

En 1847, le chiffre des capitaux s'élevait à 32,818,600 florins et celui de la valeur attribuée au travail personnel à 132,855,125 florins. Il y avait une addition pour les ouvriers auxiliaires de 10,238,025 florins et le total s'élevait ainsi à 175,911,750 florins [1].

Certains salariés sont assujettis à la gewerbsteuer. D'autres et notamment les fonctionnaires, avocats, médecins, instituteurs et artistes sont soumis à la classensteuer, impôt qui atteint des revenus mobiliers provenant d'une source non industrielle et auxquels le mot de *gewerbsteuer* ne pourrait correspondre ; les revenus atteints par la classensteuer sont capitalisés d'après des coefficients progressifs, suivant l'élévation même de leur chiffre [2].

La loi würtembergeoise sur les patentes est du 15 juillet 1821 [3].

---

[1] Rau, § 373.

[2] Rau, § 395, note *a* et § 396, note *b*.

[3] Les détails suivants sont extraits de l'ouvrage de M. Herdegen, ancien ministre des finances du Würtemberg, sous ce titre : *Würtembergs Staatshaushalt*, Stuttgart, 1848, pages 326 et suivantes.

I.   22

D'après ses dispositions, la gewerbsteuer repose : 1° sur le profit du capital appartenant au contribuable, 2° sur la valeur de son travail (Arbeits Verdienst), soit que cette valeur résulte de son travail personnel, de celui de ses ouvriers ou de l'emploi de ses machines.

On comprend dans le capital industriel la valeur des marchandises et des denrées, ainsi que le capital en argent nécessaire au roulement de l'industrie. Les dettes de l'industriel ne sont pas plus déduites que celles du propriétaire foncier. Il y a, du reste, entre les deux taxes cette différence, que le travail de l'industriel est regardé comme un élément intégral de sa fortune, tandis que ce même travail n'est pas compris dans la supputation du revenu net du propriétaire foncier. Les industries taxées sont divisées en quatre classes. La première contient les métiers et le petit commerce ; la seconde les manufactures et le commerce ; la troisième les moulins et autres usines ; la quatrième les industries alimentaires (Wirthschafts Gewerb). La loi a exempté de la gewerbsteuer les artistes véritables, les agriculteurs, domestiques, salariés, couturières et laveuses à gages, ainsi que le commerce des produits faits par le propriétaire du fond ou même par le fermier.

Le cadastre de la gewerbsteuer würtembergeoise ne se résume pas dans une somme de capital, mais dans une somme de cotes, ce qui paraît se rattacher au fait que toutes les industries taxées n'ont pas un produit capitalisé, mais que quelques-unes sont soumises à des droits fixes [1]. Le total de ces cotes, fixées d'après les tables dressées dans les instructions relatives à l'exécution de la loi, a donné d'emblée pour l'année 1823 un chiffre de 289,571 florins.

La population, le progrès de l'industrie, l'augmentation

---

[1] Malchus, t. I, p. 264.

du nombre des contribuables par suite de la suppression de certaines contributions indirectes, qui avaient motivé des exemptions pour les professions que ces accises atteignaient, ont porté le total du cadastre de la gewerbsteuer pour 1841 à 381,269 florins et enfin pour 1848 à 400,929 florins. La législation würtembergeoise demandant à l'ensemble de certains impôts directs réunis, et à chacun d'eux, des contingents fixes, et le contingent de l'industrie étant, d'après cette base, des 3/24 [1] sur un total de 2,000,000 de florins, c'est-à-dire de 250,000 florins, il en résulte que l'État perçoit seulement 62 florins 21 kreutzers p. 100 de sa créance normale.

Suivant un écrivain allemand, « c'est pour le commerce, les fabriques et manufactures seulement que la rente du capital et le produit du travail sont séparément appréciés et taxés en Würtemberg. Toutes les autres professions industrielles sont taxées suivant des droits fixes et à cette fin réparties en trois catégories.

» Pour les artisans et petits commerçants, dont le capital n'atteint pas 200 florins, il y a trois classes, dont la première est fondée sur la limitation de l'industrie et l'absence de compagnons ; la seconde suppose l'une de ces conditions seulement ; la troisième admet des compagnons, et pour chaque catégorie il y a quatre sous-divisions.

» Pour les moulins et autres usines, quatre classes réglées d'après l'étendue de l'industrie et la durée de l'activité.

» Pour les industries alimentaires, on a formé six catégories diverses en rapport avec les lieux d'habitation (Wohnorte).

» Enfin pour les fabriques de boissons on se règle sur l'importance de la fabrication. »

---

[1] L'impôt foncier supporte 17/24, et l'impôt sur les maisons 4/24.

« Quant à la taxation du revenu du capital et de l'industrie pour le commerce, les fabriques et les manufactures, il y a quatorze classes pour le revenu du capital avec un maximum et un minimum pour chaque classe. Dans la première sont les capitaux de 200 à 500 florins, avec un droit de 1 florin; dans la quatorzième, qui comprend les capitaux de 80,001 à 100,000 florins, la taxe est de 225 florins, avec un accroissement pour chaque somme de 200,000 florins en sus. — Pour le revenu du travail il y a un droit particulier en principal et une addition par chaque compagnon, ceux-ci rangés souvent par classes [1]. »

Il y a, dans le Würtemberg, outre la gewerbsteuer, un impôt sur les traitements (*Besoldungsteuer*), réglé par une loi du 20 juillet 1821, et remanié souvent depuis. Actuellement, l'impôt est progressif depuis 1 1/3 jusqu'à 7 2/10 pour 100 [2].

L'impôt frappe non-seulement les employés de l'État, mais encore les avocats, médecins, commis-marchands, artistes, littérateurs, propriétaires et éditeurs de journaux. Cet impôt est en dehors de la gewerbsteuer, et se rattache à la taxe sur les capitaux mobiliers désignée sous le nom de *Kapital Besoldung Pensionsteuer* [3]. Il paraît différer de la classensteuer du grand-duché de Bade, en ce sens que celle-ci ne comprend ni les capitaux mobiliers, ni les traitements des fonctionnaires autres que ceux des communes et fondations [4].

La *classensteuer* de la Hesse-Électorale, qui y existe à côté d'une gewerbsteuer, paraît avoir les mêmes bases que la

---

[1] *Handbuch der Finantzwissenschaft und Finantz-verwaltung*, von C. A, Freiherrn von Malchus, kœnigl. würtembergischem finantz-præsidentem, 1er vol., page 264.

[2] Rau, § 396, note *a*.

[3] Rau, § 395, note *a*. — Reden., p. 201 et suivantes.

[4] Reden, t. I, p. 330.

Kapital Besoldung Pensionsteuer würtembergeoise, en y faisant de plus entrer cependant, il semble, la taxation des redevances foncières et du profit des fermages [1].

Une loi du 1er juillet 1856 a réorganisé la gewerbsteuer
bavaroise. L'impôt est divisé en droit normal (*Normalanlaye*)
et droit proportionnel (*Betriebsanlage*).

- Ce point de départ a quelque ressemblance avec celui de
la loi des patentes françaises. Le droit normal est invariable
et atteint la spécialité de l'industrie sans égard à sa plus ou
moins grande extension. Le droit que nous croyons pouvoir nommer proportionnel est variable et se mesure sur
l'extension donnée à l'industrie [2].

Ce n'est pas le loyer qui sert, comme en France, de base
principale au droit proportionnel. Les éléments du droit
proportionnel sont : 1° le nombre des compagnons et ouvriers ; 2° le nombre et la nature des moyens, dispositions
(Einrichtungen) et instruments, etc., employés pour l'industrie ; 3° pour les brasseries et distillations d'eaux-de-vie,
la quantité des produits fabriqués. Quant aux industries dont
l'extension ne peut être appréciée d'après des signes extérieurs, la loi fixe des limites de maximum et de minimum
entre lesquelles le droit proportionnel est déterminé par la
décision d'un comité chargé de contrôler les déclarations
auxquelles l'impôt donne lieu [3].

Les cotes normales et les cotes proportionnelles sont fixées
par un tarif, et l'industriel ne peut payer que l'addition ou
la multiplication de certaines cotes de ce tarif. Par exemple,
pour les grandes entreprises de chemins de fer, la cote normale, qui est la vingt-septième du tarif, est de 500 florins.
La cote proportionnelle pourra varier entre 1 florin et

[1] Rau, § 388.
[2] Article 3 de la loi.
[3] Article 4.

2,500 florins, c'est-à-dire entre la première et la trente-troisième classe du tarif. Pour la plupart des industries taxées, le chiffre de la population a donné lieu à quatre subdivisions du tarif, et, par exemple, pour les charcutiers, rangés sous la septième classe, le droit normal est de 2 florins 40 kreutzers pour les lieux de moins de 1,000 âmes de population ; de 4 florins dans les localités peuplées de 1,000 à 4,000 âmes ; de 6 florins dans les localités qui comptent de 4,000 à 20,000 âmes, et de 8 florins dans les localités qui ont plus de 20,000 âmes de population. Cette considération de la population réagit aussi sur le droit proportionnel, qui est, dans cette espèce, du demi-droit normal pour le premier ouvrier, et du droit normal pour chaque ouvrier en sus. L'échelle applicable à ces dernières localités régit les professions qui sont, par exception, taxées sans égard à la population. Le nombre des ouvriers et compagnons, le nombre et l'importance des moyens et instruments (*vor und einrichtungen*) pris pour éléments du droit proportionnel, sont, ainsi que d'autres circonstances essentielles à l'assiette de l'impôt, l'objet d'une déclaration du contribuable [1].

Un comité électif, composé d'industriels et gens de métiers assermentés, vérifie les déclarations, décide les questions de fait et résout les difficultés techniques qui peuvent s'élever.

L'agriculture et la sylviculture, la chasse, la pêche et l'exploitation des mines ne sont point par elles-mêmes sujettes à la gewerbsteuer [2].

L'assiette de l'impôt est faite d'une manière normale pour trois ans, sauf certains cas exceptionnels qui obligent à

[1] Articles 8 et 26.
[2] Article 22.

tenir compte de faits nouveaux avant l'expiration de ce temps [1].

Toute assemblée de métier est autorisée à répartir entre les membres de la profession le contingent résultant pour eux tous de l'assiette de la taxe faite pour trois ans. Dans ce cas, il n'est tenu aucun compte des modifications en plus ou en moins que des faits nouveaux auraient pu occasionner avant l'expiration des trois ans. En ce cas aussi la communauté est responsable de l'obligation de tous ses membres [2].

La loi ne s'applique que sous certaines réserves à la basse Franconie et à Aschaffenbourg [3].

En résumé, la loi que nous venons d'analyser diffère principalement de la législation française, en ce qu'elle n'admet pas le loyer comme signe général du bénéfice industriel et commercial, et donne au contraire part, pour la distinction des cotes de quelques professions, à une certaine appréciation faite par un comité. Elle paraît attacher aussi plus d'importance que la législation française au nombre des ouvriers ou compagnons et à la quantité des produits. Elle ne repousse pas, du reste, absolument toute considération qui ressemble à celle du loyer. La prestation proportionnelle du tailleur, par exemple, se compose de l'addition au droit normal résultant du nombre des compagnons employés, et en outre d'une certaine cote à déterminer par le comité, si le tailleur joint à son industrie un magasin de draps ou une boutique ouverte.

Le tarif, joint à la loi bavaroise, que nous venons de résumer dans ses caractères généraux, se compose de 672 qualifications d'industries sujettes à la gewerbsteuer.

[1] Article 57.
[2] Article 65.
[3] Article 68 et final.

Nous ne pouvons donc en donner qu'une idée fort incomplète, en ajoutant que non-seulement le sujet des taxes
sur l'industrie est celui qu'il est le plus difficile d'exposer
avec clarté, mais encore celui dans lequel l'arbitraire législatif et la convention jouent le plus grand rôle. Il est remarquable, que, sous cet aspect, il y a peu de principes nettement posés; la variété est extrême. Les législateurs semblent
avoir obéi à des appréciations tout à fait individuelles pour
ainsi dire dans chaque pays, et il ne serait pas sans difficulté d'établir entre leurs œuvres quelque chose qui res-
semblât à cette classification par groupes et par familles,
que les savants ont cru pouvoir constater dans la nature
organisée.

Si tel a été le mouvement naturel des faits, là même,
comme en Allemagne, où l'identité de la langue rend l'imitation des procédés suivis chez les peuples voisins si facile
et presque si naturelle, peut-être est-il permis de supposer
que la législation des taxes sur le commerce et l'industrie
est celle pour laquelle le champ de la discussion sera le plus
longtemps et le plus souvent ouvert, et dans laquelle chaque nation sera le plus fréquemment tentée de s'écarter de
ses propres précédents comme des exemples des autres?

La gewerbstcuer hanovrienne, telle qu'elle est organisée
par la loi du 21 octobre 1834, n'est qu'un supplément de la
taxe personnelle pour les commerçants et industriels.

D'après le nombre des ouvriers, des métiers et autres instruments de travail, d'après l'étendue des affaires, quelquefois exceptionnellement d'après la considération de la population, on a établi un tarif en douze classes, qui régit
déjà la contribution personnelle, et qui sert aussi à marquer
le taux de la contribution sur l'industrie [1].

---

[1] Ce tarif n'a pas moins de 100 pages in-4°.

Par exemple, les maîtres maçons sont répartis pour la contribution personnelle dans la septième classe, payant, pour les hommes mariés, 10 thalers 12 gros, s'ils ont 24 ouvriers ou plus; dans la huitième classe, payant 7 thalers 18 gros, s'ils ont de 12 à 23 ouvriers ; dans la neuvième classe, payant 4 thalers 12 gros, s'ils ont de 4 à 11 ouvriers; dans la dixième classe, payant 3 thalers 2 gros, s'ils ont de 1 à 3 ouvriers ; dans la onzième classe, payant 2 thalers 8 gros s'ils n'ont pas de compagnon.

Le supplément résultant de la gewerbsteuer consiste pour eux dans une addition de 12 à 24 thalers pour la septième classe, de 3 1/2 à 10 pour la huitième, de 2 1/2 pour la neuvième, de 1 pour la dixième, de 12 gros pour les onzième et douxième classes.

Le taux d'impôt dans chaque classe est toujours le même. Mais les professions sont différemment distribuées entre les classes diverses. Tandis que le maître maçon ne peut dépasser la septième classe en haut et la onzième en bas, les filateurs de laine sont répartis de la troisième à la dixième classe, d'après l'importance de leur industrie ; et il s'ensuit pour la gewerbsteuer des échelons de taxe correspondants.

Toutefois, certaines professions sont taxées hors classe, et la loi se borne à indiquer ordinairement, pour fixer leur contribution à la gewerbsteuer, un maximum et un minimum.

Le maximum applicable à certaines professions, telles que les banquiers, les commerçants d'eau-de-vie, les orfévres, certains marchands et voyageurs du commerce en gros, est de 150 thalers, tandis que le taux de l'impôt personnel pour la première classe est de 56 thalers.

La clarté du tarif et le caractère subordonné de la gewerbsteuer, par rapport à la taxe personnelle, ont permis une rédaction brève (en 16 articles seulement) de la loi hanovrienne sur la gewerbsteuer, qui figure comme chapitre III dans la loi sur les taxes directes personnelles.

Un article spécial exempte de la gewerbsteuer diverses professions, notamment celle des fermiers ruraux, lorsque le prix de leur bail est inférieur à 80 thalers.

Le produit de la gewerbsteuer hanovrienne, dont la législation a été complétée le 29 mai 1844, relativement aux commerçants et industriels·du dehors, s'est élevé de 113 à 116,000 thalers dans la période de 1822 à 1825, et jusqu'à environ 140,000 thalers en 1850. Cette somme a été fournie par environ 82,000 contribuables [1].

L'industrie est taxée en Saxe par une loi de 1845, modifiée en 1850, et qui règle la *Personal und gewerbsteuer*. Cette loi atteint les salaires les plus modiques, tels que ceux des bonnes d'enfants, des nourrices, des fileuses [2]. Dans le duché de Hesse-Darmstadt la matière est réglée par la loi de 1827 [3]; dans celui de Nassau, par une loi de 1841.

Le duché de Brunswick, le Mecklembourg où l'erwerbsteuer n'atteint qu'un petit nombre d'industries (les boulangers, bouchers, brasseurs en étant exempts), les duchés de Saxe-Meiningen, de Saxe-Altembourg, d'Anhalt-Bernbourg, ont aussi des taxes sur le commerce et l'industrie [4].

Il y a dans les Pays-Bas une taxe sur l'industrie établie d'abord sur la double base du droit fixe et du droit proportionnel et ensuite sur celle du droit fixe seulement. Des lois

---

[1] Voir l'*Allgemeine Vergleichende statistik* du baron de Reden, t. I, pag. 745.

[2] Rau, § 392, note *a*. Il y a aussi en Saxe un impôt distinct sur les traitements (Besoldungsteuer). La taxe s'élève progressivement de 8/15 à 3 1/2 pour 100. (Rau, § 395, notes *a* et *b*. — Reden, t. I, p. 1273.) Il y a aussi une Besoldungsteuer en Hanovre. (Reden. p. 747.)

[3] Rau, § 372, notes *a*, *b* et *c*; § 373, note *d*. — Reden, t. I*er*, p. 43. Il y a diververses classes suivant les localités, et, en outre, sept classes de professions sujettes à un tarif depuis 1 florin 1/2 jusqu'à 40 florins.

[4] Reden, t. I, pages 965, 1093, 1426, 1430.

de 1819, 1823, 1832, 1843 et 1852 ont réglé cette matière [1].

Cette législation paraît se rapprocher à la fois de celle des patentes françaises et des institutions germaniques sur la *gewerbsteuer*. A l'impôt se rattache, comme en France, l'autorisation annuelle d'exercer l'industrie ; mais l'organisation de la taxe se rattache davantage aux principes de la législation allemande. D'après un résumé de cette législation dans ses bases fixées par la législation de 1823 [2], l'impôt repose sur deux tarifs, dont l'un à dix-sept degrés, est indépendant de la population où l'industrie s'exerce : le degré supérieur dans ce tarif est de 189 florins ou 404 fr. 46 c., et le degré inférieur de 0,80 ou 1 fr. 71 ; l'autre tarif est au contraire subdivisé en six échelles distinctes suivant l'importance des localités et comporte quatorze classes de contribuables. La première classe est taxée à 179 florins 50 ou 426 fr. 93 c. dans les plus grandes villes, et à 50 florins ou 107 fr. dans les plus petites communes ; la quatorzième classe est taxée depuis 1 fl. 60 jusqu'à 50 c. de florin.

Les professions atteintes sont rangées en seize tableaux, dont l'impôt est déterminé par relation avec telle ou telle classe des tarifs ou même repose quelquefois sur d'autres bases, telles, par exemple, que l'importance des dividendes qui sert de fondement à l'impôt sur les sociétés anonymes ; les capitaux de rentes possédés sont aussi la mesure du droit payé par les comptoirs d'administration des rentes sur le livre de la dette publique.

Les ecclésiastiques, fonctionnaires, avocats, les médecins attachés à des services publics et jouissant de traitements fixes, les peintres, graveurs et sculpteurs, considérés seule-

---

[1] Rau, § 372, notes *a* et *b*; § 374, note *a*. Engels, p. 365.

[2] *Volledig zamenstel der wettelyke verordningen of het regt van patent, door* J.-P. Ciriaci. La Haye, 1843 et Giulio, p. 20.

ment comme artistes ne vendant que les produits de leur
travail et ne donnant pas de leçons rétribuées, les agriculteurs, les pilotes, les pêcheurs et beaucoup de petits industriels et commerçants sont exempts de l'impôt des patentes [1].

« On n'a, dit M. Giulio [2], dans ses observations sur la législation belge identique dans ses bases avec la législation
néerlandaise, évité dans cette législation d'avoir recours au
droit proportionnel établi d'après les loyers, qu'en laissant,
dans un grand nombre de cas auxquels renvoient les tableaux
4, 5 et 6, une très-grande latitude d'arbitraire aux commissions locales. » Les répartiteurs locaux peuvent, relativement
à certaines professions qui doivent être taxées d'après l'étendue des affaires de l'année précédente, pour chaque contribuable, se mouvoir entre la sixième et la quatorzième classe
et choisir entre le maximum de 26 florins et le minimum d'un
florin. « On retombe ainsi, dit M. Giulio, dans toutes les in-
certitudes, dans tous les périls, tous les inconvénients reconnus dans le système autrichien. »

Deux tableaux de la loi des patentes des Pays-Bas méritent l'attention.

Le tableau n° 9 taxe à 2 pour 100 des dividendes les revenus des sociétés anonymes.

Le tableau n° 10 de la loi des patentes des Pays-Bas, du
21 mai 1819, impose les directeurs des bureaux d'administration pour les inscriptions au grand livre de la dette nationale, à raison de 5 florins par 1,000,000 de florins, valeur
nominale du capital de la dette active inscrit sous leur nom.

Les directeurs des bureaux d'administration de fonds
étrangers, les directeurs ou administrateurs de sociétés
ayant pour objet la possession de créances à la charge de
puissances étrangères pour lesquelles il est délivré des ac-

[1] Ciriaci, p. 2 à 4.
[2] P. 25.

tions aux intéressés, les directeurs ou commissaires de négociations d'emprunts quelconques,... sous la seule réserve
toutefois des emprunts négociés directement pour le compte
des puissances étrangères, sont cotisés à raison d'un vingtième pour cent du montant cumulé des rentes ou dividendes payés pendant l'année qui précède immédiatement
celle de la cotisation.

La loi du 6 avril 1825 a réduit le droit fixé par le tableau
9 sur le montant des dividendes des sociétés anonymes à
1 1/3 pour 100, et les droits du tableau 10 à 3 florins
50 cents et à 1/30.

La législation belge sur les patentes se compose, outre
les lois fondamentales de 1819 et 1823, qui sont communes
à la Belgique et aux Pays-Bas, d'une loi du 18 juin 1842
sur la patente des marchands ambulants; d'une loi du 19
novembre 1842 sur le droit de patente des bateliers; enfin
d'une loi du 22 janvier 1849, qui, entre autres dispositions,
modifie le droit de patente des sociétés anonymes, tel qu'il
était précédemment établi, et le réduit à 1 2/3 pour 100 des
bénéfices annuels [1].

Les patentes ont été comprises dans les évaluations de
recettes de l'exercice 1861 en Belgique pour une somme
principale de 3,600,000 francs. M. Giulio dit qu'en 1840 les
patentes donnèrent au trésor belge un produit d'environ
75 centimes par tête [2].

La redevance sur les mines est, à ce qu'il paraît, en Belgique de 2 1/2 pour 100 du produit [3]. Elle est évaluée dans

---

[1] « On entend par *bénéfices,* suivant l'article 3 de cette loi, les intérêts des capitaux engagés, les dividendes, et généralement toutes les sommes réparties à
quelque titre que ce soit, y compris celles affectées à l'accroissement du capital
social et les fonds de réserve. »
Les *dividendes,* base du droit dans la loi de 1819, ne comprenaient pas les
remboursements ou accroissements de capitaux.

[2] Rapport déjà cité p. 26.

[3] Discours de M. Dalloz au corps législatif dans la séance du 25 mai 1859.

le budget de 1861 à un produit en principal de 480,000 fr., non compris 15 centimes additionnels pour non valeurs et frais de perception.

L'Espagne qui marche quelque peu en arrière par rap-·port à beaucoup d'autres pays de l'Europe en matière fis-cale, n'a senti que fort tard la nécessité d'imposer les reve-nus mobiliers, du reste, probablement moins considérables chez elle qu'ailleurs.

Une loi de 1845, établissant une imposition sur les loyers, conçue à l'instar des principes de notre contribution mobi-lière, mais avec un tarif progressif de 2 à 10 pour 100 a été bientôt après abrogée. L'*impuesto de inquilinatos* ·avait été évalué, du reste, seulement à un produit de 6 millions de réaux par an [1].

Le principe d'une contribution des patentes fut admis par les cortès de 1821. Un essai sur des bases très-défec-tucuses fut tenté en 1824. En 1845, la réorganisation de l'impôt sur des bases analogues à celles de la législation française fut opérée et il y eut à la fois un droit fixe et un droit proportionnel sur les loyers.

Cette législation, qui était en rapport avec l'établissement de la contribution directe sur les loyers, a été remplacée en 1850 par un système nouveau dans lequel la considé-ration du loyer est supprimée. « Il y a donc seulement, dit M. Conte [2], un tarif sans autre règle que celle de la popula-tion pour mesurer l'importance de la richesse imposable et la classification des industries énumérées dans chaque classe par le gouvernement, sans tenir aucun compte des variations d'importances considérables, surtout en Espagne, entre les industries d'une localité à l'autre.

« Mais là n'est pas tout le défaut de la loi : l'arbitraire de

---

[1] Conte, *Examen de la Hacienda publica de Espana*, t. II, pag. 157 et 158.
[2] *Ibd.*, p. 97.

la classification des industries par le gouvernement n'est pas la seule absurdité du système en vigueur; son défaut capital consiste dans l'arbitraire encore plus grand, qui se trouve dans la répartition individuelle, attribuée à des classificateurs qui, d'après l'art. 24 du décret royal (de juillet 1850), peuvent élever jusqu'au quintuple ou abaisser jusqu'au cinquième la cote établie. Il est, en outre, injuste, sous tous les rapports, de rendre chaque corps d'habitants responsable collectivement du contingent assigné. Cette contribution, telle qu'elle est établie, peut être qualifiée d'impôt progressif en sens inverse.

» Le défaut le plus notable de la réforme de 1850, ajoute plus loin notre auteur, est d'avoir cherché à établir un système mixte entre le droit de patente français et l'impôt sur le revenu tel qu'il existe en Angleterre [1]. »

D'après M. Block [2], les avocats, architectes et médecins sont sujets à la taxe sur la base imparfaite que nous venons de décrire, ou, du moins, de faire entrevoir; le *subside industriel et commercial* figure seulement dans les recettes de l'Espagne pour 55,000,000 de réaux ou plus le sixième du produit de l'impôt sur les immeubles et les troupeaux, porté pour 300,000,000 de réaux de produit dans le budget de la même année (1854) par l'administration espagnole.

M. Conte trouve cette proportion considérable et exagérée pour les revenus industriels relativement à celle qui existe entre les produits des impôts analogues en France [3].

Outre le subside industriel et commercial, l'Espagne perçoit un impôt de 5 p. 100 sur les produits bruts des mines

[1] Conte, p. 99.

[2] *L'Espagne en* 1850, pages 70-72.

[3] V. le tome II de son livre, p. 256, et, en outre, le *Cuadro general de los ingresos publicos,* dans le même volume.

et une retenue progressive sur les traitements des fonctionnaires au-dessus de 3,000 réaux. Telles sont au moins les
données qui résultent de l'ouvrage publié en 1854 par
M. Conte [1]. En 1857, les contribuables sujets au subside
industriel et commercial étaient en Espagne au nombre de
459,068, d'après le fragment sur la statistique de l'Espagne
en 1860, lu par M. Hendriks, à la Société de statistique de
Londres.

En Portugal, la *decima industrial*, portée au budget de
1854-1855 pour 193,138,835 réis, et l'*imposto de maneio de
fabricas*, qui figure pour 4,162,434 réis, représentent les
contributions sur le revenu industriel et manufacturier.

Une taxe sur l'industrie paraît avoir été projetée dans les
États romains, mais n'y avoir pas été appliquée [2].

Les patentes ont été établies en Piémont par une loi du
7 juillet 1851, loi peu méditée et qui paraît avoir été votée
avec empressement pour satisfaire aux vœux de la propriété
foncière qui se plaignait de supporter d'une manière trop
exclusive les charges de l'État [3]. Le principe de cette loi
qui semble avoir reposé sur une tentative de recherche
directe du revenu industriel et commercial, a été soumis
bientôt à révision. Une loi du 7 juillet 1853 a établi sur de
nouvelles bases l'impôt des patentes dans le royaume de
Piémont.

Cette loi a été sous plusieurs rapports calquée sur la loi
française. La taxe, sauf pour les établissements industriels,
consiste, comme en France, en un droit fixe et en un droit
proportionnel. Les patentables sont également compris dans
trois tableaux principaux : 1° Tarif général des professions
imposées eu égard à la population ; 2° tableau des profes-

---

[1] *Ibid.*, pages 107 et 145.
[2] Rau, § 360, note *a*.
[3] V. le Rapport de M. Giulio, p. 1.

sions imposées eu égard à la population, d'après un tarif exceptionnel ; 3° tableau des professions imposées sans égard à la population.

Les patentables du premier tableau, qui, en France, sont rangés dans huit classes, dont chacune correspond à huit degrés de population, se trouvent divisés dans le tarif piémontais en sept classes, dont chacune correspond à sept degrés de population. Il en résulte que nous avons dans ce tableau soixante-quatre catégories de patentables, tandis que le Piémont n'en a que quarante-neuf.

Les patentables des septième et huitième classes sont exempts, en France, du droit proportionnel lorsqu'ils habitent des villes ou communes de 20,000 âmes et au-dessous. L'exemption du droit proportionnel est plus étendue en Piémont ; elle s'applique :

Aux patentables de la troisième classe, habitant des communes de moins de 2,000 âmes ;

Aux patentables de la quatrième classe, habitant des communes de moins de 5,000 âmes ;

Aux patentables de la cinquième classe, habitant des communes de moins de 20,000 âmes ;

Aux patentables de la sixième classe, habitant des communes de moins de 30,000 âmes ;

A tous les patentables de la septième classe, autres que ceux de Turin et de Gênes.

Le droit proportionnel est du vingtième de la valeur locative de la maison d'habitation et des bâtiments affectés au commerce.

Les patentables imposés, eu égard à la population, d'après un tarif exceptionnel, sont moins nombreux qu'en France. Ils se composent des banquiers, des agents de change, négociants, courtiers de commerce, commissionnaires en marchandises, commissionnaires de transports et de quelques

I.　　　　　　　　　　　　　　　　　　23

autres professions analogues. Ceux qui habitent la même
ville ne sont pas, comme chez nous, également imposés ; ils
sont généralement divisés en quatre classes (grado), suivant
l'importance de leurs affaires, par une commission nommée
par le président du tribunal de première instance. Ainsi, un
banquier à Gênes ou à Turin peut être taxé, selon le *grado*
qui lui a été assigné par la commission, à un droit fixe de
1,200 fr. 800 fr., 600 fr. ou 400 fr., sans préjudice du droit
proportionnel, qui est, non comme en France, du quinzième,
mais du vingtième de la valeur locative.

Le tableau des professions imposées sans égard à la population comprend, comme le tableau C annexé à la loi française, les établissements industriels. Mais il y a une différence
radicale dans la manière d'asseoir les droits sur ces établissements. En France, nous avons un droit fixe calculé d'après
les divers éléments de production de l'établissement et limité
par un maximum, plus un droit proportionnel du quinzième
ou du vingtième sur la maison d'habitation, et du vingt-
cinquième, du trentième, du quarantième ou du cinquan-
tième sur les locaux affectés à l'industrie. En Piémont, on
impose seulement un droit fixe établi d'après les mêmes
bases que le nôtre, mais avec des taux plus élevés. *Il n'existe
pour ces professions ni maximum, ni droit proportionnel !*

Ceux qui exercent des professions libérales ne sont soumis, comme en France, qu'à un droit proportionnel. Ce
droit est du vingtième ou du dixième de la valeur locative,
selon que la profession est exercée depuis trois ans ou depuis cinq ans. On exempte de cette taxe ceux qui n'ont pas
trois années d'exercice.

Il y a exception à la règle ci-dessus pour les notaires,
pour les liquidateurs et estimateurs jurés et pour les
causidici ou avocats ; ils payent, indépendamment du
droit proportionnel au vingtième, un droit fixe en rai-

son de la population. Ce droit varie entre 7 fr. et 200 fr.

Telles sont les principales différences qui existent entre la législation piémontaise et la législation française.

Deux points seulement méritent de fixer l'attention : 1° le classement par une commission de certains patentables habitant la même commune, en raison de l'importance de leurs affaires ; — 2° l'absence d'un maximum et d'un droit proportionnel pour les établissements industriels.

Ces points diffèrent profondément de notre législation française, et le premier rapproche un peu la législation piémontaise des autres législations européennes, qui en général ont laissé une part quelconque à l'appréciation de la situation individuelle des commerçants placés dans les mêmes conditions extérieures. Il est à remarquer cependant qu'avant 1844, en France, des commissions établissaient le droit fixe de certaines professions industrielles ; et l'on y a renoncé. Quant au second point, le législateur piémontais semble avoir voulu remplacer un élément de proportionnalité par l'extension d'un autre. L'impôt des patentes a été porté pour 3,000,000 l. au budget sarde de 1858.

L'impôt des patentes a produit dans les États de Parme d'après le rapport de M. Pépoli, en 1860, la somme de 168,682 livres. Il frappe quiconque exerce un commerce, une industrie, un art ou un métier. Le droit fixe est établi pour chacune des sept classes d'après un tarif à trois degrés suivant la population des lieux pour chaque classe. Le droit proportionnel se compose du dixième des loyers de la maison d'habitation et des lieux occupés pour l'exercice de l'industrie sans certaines exceptions. Le système a beaucoup de rapport avec celui des patentes françaises.

« Dans les provinces modenaises, ajoute M. Pépoli, on ne peut véritablement dire qu'il existe une taxe sur les patentes, mais seulement une taxe sur les capitaux employés au com-

merce : les banquiers, commerçants et fabricants de tous
genres sont tenus de la payer à raison de demi pour cent sur
les capitaux fixes ou circulants qu'ils ont confié au trafic. En
sont exempts ceux qui exercent le petit commerce avec leur
seule industrie et sans un capital qui atteigne 500 livres. Le
produit de l'impôt est de 45,000 livres. Il est perçu par les
receveurs communaux en deux termes semestriels égaux et
versé au Trésor qui abandonne aux communes, à titre de
récompense la première partie du produit. La base sur laquelle repose cet impôt est à première vue plus équitable,
mais la formation des rôles et la vérification des déclarations
ayant été, par motif d'économie, laissée aux communes, il
ne faut pas s'étonner si la taxe ne donne pas en pratique de
bons résultats. Le produit de 45,000 livres limiterait à
9 millions le capital fixe et circulant de l'industrie mode-
naise ; c'est une preuve très-évidente de bases fausses et
un triste exemple pour ceux qui regardent comme facile
d'asseoir sur des déclarations une taxe sur les revenus. »

Le royaume de Naples ne paraît avoir aucune taxe directe
sur les capitaux ou revenus mobiliers [1].

En Suisse, plusieurs cantons ont des taxes sur l'ensemble
du capital ou du revenu, taxes qui atteignent les richesses
commerciales et industrielles et n'y sont point accompagnées d'impôts spéciaux comme nos patentes.

Cependant on a vu surgir récemment un véritable impôt
de ce genre, établi dans un intérêt municipal.

La ville de Genève possède quelques immeubles et de plus
elle perçoit un octroi; mais elle éprouvait cependant une

---

[1] D'après un état dont je dois la communication à l'obligeance de M. Brenier,
ancien ministre plénipotentiaire près la cour des Deux-Siciles, les contributions
directes pour 1856 se composaient de la contribution foncière évaluée à un produit
de 7,424,020 ducats, d'impositions extraordinaires estimées 220,119, et du *vente-
simo communale* (164,069). V. à cet égard les données insérées au chapitre précédent.

insuffisance de ressources qui l'avait fait autoriser dès 1838 à s'imposer une taxe communale nouvelle. Pendant vingt années, le conseil municipal de cette ville avait reculé devant les difficultés de l'exécution. Mais au commencement de 1859, une taxe des patentes a été proposée dans l'intérêt des finances de la cité.

Voici le texte de l'arrêté du conseil municipal du 11 janvier 1859, sur l'impôt des patentes, qui a dû être soumis à l'approbation du conseil d'État et du grand conseil, et que nous trouvons dans une feuille genevoise :

1. La taxe communale, prévue par la loi du 8 juin 1838, titre XV, sera étendue à toutes les personnes, sociétés ou compagnies ayant le siége d'une occupation lucrative, une résidence ou une propriété dans la commune de Genève.

2. A cet effet, les différentes professions et industries seront divisées en dix catégories et chaque catégorie en trois classes, selon le tableau qui suit :

1re *Catégorie.* — Banques, banquiers, établissements de crédit, compagnies industrielles, sociétés anonymes, agents de change et maîtres d'hôtel. — 1re classe, 400 fr.; 2e classe, 250 fr.; 3e classe, 100 fr.

2e *Catégorie.* — Notaires, marchands et fabricants d'horlogerie, entrepreneurs de bâtiments, commissionnaires de roulage et de marchandises, marchands en gros, restaurateurs, chefs d'ateliers et fabricants qui occupent plus de 40 ouvriers. — 1re classe, 250 fr.; 2e classe, 175 fr.; 3e classe, 75 fr.

3e *Catégorie.* — Hommes de loi, médecins, chirurgiens, architectes, ingénieurs, maîtres de pensions d'enseignement, agents d'affaires, pharmaciens, libraires, antiquaires, marchands d'objets d'art et de fantaisie, marchands de vêtements confectionnés, marchands de comestibles, maîtres de café, brasseurs, chefs d'ateliers et fabricants qui occupent

de 30 à 40 ouvriers. — 1re classe, 150 fr. ; 2e classe, 100 fr.;
3e classe, 50 fr.

4e *Catégorie*. — Marchands tailleurs, marchands drapiers,
confiseurs, facteurs de pianos, droguistes, dentistes, marchands de soieries, marchands de charbons, maîtres d'esta-
minets, maîtres de bains publics, marchands de bijouterie,
marchands de bois, chefs d'usines, chefs d'ateliers ou fabricants qui occupent de 20 à 30 ouvriers. — 1re classe, 100 fr.;
2e classe, 75 fr.; 3e classe, 36 fr.

5e *Catégorie*. — Tanneurs, marchands de toilerie et de
nouveautés, épiciers, fabricants de bijouterie, fabricants
d'orfévrerie, courtiers et représentants de commerce, méca-
niciens, photographes, tapissiers, aubergistes, maîtres de
pensions alimentaires, marchands de chevaux, marchands
de peaux préparées, chefs d'ateliers, et fabricants qui occupent de 16 à 20 ouvriers. — 1re classe, 75 fr. ; 2e classe,
50 fr. ; 3e classe, 24 fr,

6e *Catégorie*. — Monteurs de boîtes, bouchers, marchands
de bestiaux, charcutiers, pâtissiers, marchands de farine,
parfumeurs, liquoristes, marchands de cristaux et porcelaine,
marchands de fournitures d'horlogerie, colporteurs, quin-
cailliers, imprimeurs, journalistes, marchands de papiers,
vétérinaires, lampistes, chaudronniers, voituriers, chefs
d'ateliers et fabricants qui occupent de 10 à 15 ouvriers. —
1re classe, 50 fr.; 2e classe, 36 fr.; 3e classe, 18 fr.

7e *Catégorie*. — Menuisiers, charpentiers, charrons, gypiers,
balanciers, couteliers, brossiers, chapeliers, merciers,
poêliers, selliers, marchands de tabacs, marchands de chaus-
sures, serruriers, armuriers, ferblantiers en bâtiments, fon-
tainiers, distillateurs, fabricants de chandelles, litho-
graphes, huissiers judiciaires, maîtres de dessin, maîtres de
musique, maîtres de danse, maîtres d'escrime, établisseurs
d'horlogerie, étalagistes, chefs d'ateliers et fabricants qui

occupent de 5 à 10 ouvriers. — 1ʳᵉ classe, 36 fr. ; 2ᵉ classe, 24 fr. ; 3ᵉ classe, 12 fr.

8ᵉ *Catégorie*. — Cordonniers, tailleurs, teinturiers, apprêteurs, bandagistes, maréchaux, peintres et sculpteurs artisans, drouineurs, fondeurs, ferblantiers, couvreurs, fabricants de fleurs artificielles, bouquinistes (cabinets littéraires), cordiers, vitriers, marchands de parapluies, professeurs et maîtres particuliers, fabricants d'eaux minérales, pensions d'ouvriers. — 1ʳᵉ classe, 24 fr. ; 2ᵉ classe, 18 fr. ; 3ᵉ classe, 9 francs.

9ᵉ *Catégorie*. — Boulangers, coiffeurs, tourneurs, tonneliers, boisseliers, vanniers, laitiers, relieurs, chaussetiers, blanchisseurs, tailleuses, faiseuses de corsets, marchandes de broderies, modistes, fabricants et loueurs de bateaux, logeurs, chefs d'ateliers et fabricants occupant moins de cinq ouvriers, petits marchands en détail et industriels travaillant pour leur compte, teneurs de livres, arpenteurs, toiseurs, charretiers, fripiers, déménageurs, matelassiers, ramoneurs. — 1ʳᵉ classe, 18 fr. ; 2ᵉ classe, 9 fr. ; 3ᵉ classe, 3 francs.

10ᵉ *Catégorie*. — Fonctionnaires fédéraux et cantonaux résidant dans la ville, fonctionnaires municipaux, commis, ouvriers, employés et autres personnes jouissant d'un salaire de 2,000 à 5,000 fr. et au-dessus, artistes, peintres et sculpteurs. — 1ʳᵉ classe, 24 fr. ; 2ᵉ classe, 12 fr. ; 3ᵉ classe, 4 fr.

3. 1° Les professions et industries non prévues dans le présent tableau seront portées dans la classe dont elles paraîtront le plus rapprochées.

2° Deux ouvrières ou apprentis seront comptés pour un ouvrier.

3° Les sociétés anonymes ou en commandite, dont le capital social ou la commandite est de 300,000 fr. et au-dessus, payeront une surtaxe qui pourrait atteindre le maximum de la première catégorie.

4° Les sociétés anonymes, dont le capital ne dépasse pas 100,000 fr., seront classées dans la catégorie dans laquelle rentre l'industrie à laquelle elles se livrent.

5° La taxe est personnelle.

Pour toutes les personnes faisant partie d'une société en nom collectif, la somme des taxes payées par chaque associé ne pourra jamais dépasser le chiffre de sa classe de plus de la moitié en sus.

4. Seront encore soumis à la taxe municipale les capitalistes, rentiers et propriétaires jouissant d'un revenu annuel de 2,000 fr. à 50,000 fr. et au-dessus.

1re *Catégorie.* — Revenu de 25,000 fr. à 50,000 fr. et au-dessus. — 1re classe, 300 fr. ; 2e classe, 200 fr. ; 3e classe, 120 fr.

2e *Catégorie.* — Revenu de 5,000 fr. à 25,000 fr. — 1re classe, 100 fr. ; 2e classe, 70 fr. ; 3e classe, 40 fr.

3e *Catégorie.* — Revenu de 2,000 fr. à 5,000 fr. — 1re classe, 30 fr. ; 2e classe, 18 fr. ; 3e classe, 8 fr.

Les propriétaires ne résidant pas dans la ville de Genève ne seront taxés que d'après les revenus des immeubles qu'ils possèdent dans la commune.

5. Lorsqu'une même personne appartient à deux ou plusieurs catégories différentes, elle sera classée dans la catégorie où la taxe la plus élevée peut être appliquée.

6. Le produit de cette taxe appartiendra à la commune de Genève ; elle sera perçue à partir du 1er janvier 1859.

Nous ignorons la suite donnée à ce projet dont les dispositions paraissent avoir été calculées pour atteindre tous les revenus mobiliers.

Il est inutile que nous rappelions comment l'imposition des revenus industriels comme de tous les autres revenus

mobiliers fait partie du mécanisme de l'*income tax*, établi
en Angleterre à la fin du siècle dernier.

On retrouve dans l'histoire de l'Inde, depuis les temps les
plus reculés jusqu'à une date récente, l'existence d'un
impôt spécial sur les revenus mobiliers du commerce et de
l'industrie.

« Le *moturpha*, dit M. Hendriks [1], est d'une très-
ancienne origine, et il remonte au temps des relations historiques de l'Inde les plus anciennes. C'était une sorte de
taxe sur la propriété et le revenu appliqué aux fonds et aux
profits du commerce, ainsi qu'à la fortune mobilière. Il était
levé sur les marchands, manufacturiers, tisserands, boutiquiers, etc., et sur leurs profits commerciaux, leurs maisons, leur travail, leurs outils.

« Cet article n'a jamais figuré comme chef particulier de
revenu que dans les comptes de la présidence de Madras, et
son rendement moyen a varié depuis 19,000 livres par an,
vers 1836-37, jusqu'à 112,000 livres dans les quatre années
1852 à 1856. »

Cette taxe a été récemment abolie par le gouvernement
anglais dans la présidence de Madras [2]. Il paraît que l'institution ou le rétablissement d'un impôt de ce genre a préoccupé l'administration de l'Inde anglaise en 1859, et il a
été question d'y établir une sorte d'*income tax* appliquée
spécialement aux revenus professionnels, en y comprenant
les traitements des fonctionnaires publics qui avaient été
exemptés dans le projet originaire du gouvernement. L'impôt devrait être de 3 pour 100 sur les revenus supérieurs
à 66 roupies [3].

---

[1] *On the statistics of Indian revenue and taxation*, by Frederick Hendricks.
(Read before the statistical Society, 18th may 1858.)

[2] *Ibid.*

[3] V. *Journal des Débats* du 1er octobre; *Patrie* des 10 et 13 octobre 1859; *Indépendance belge* du 10 octobre; *Times* du 24 octobre. *Moniteur* du 14 mars 1860.

Les chambres de Buénos-Ayres ont supprimé, en 1859, l'impôt des patentes établi dans ce pays sur diverses industries. Elles ont laissé subsister sous le nom de patentes certains droits sur les voitures, établissements de billard, et autres jeux, combats de coqs, et sur les colporteurs et débitants de boissons. On peut trouver dans le *Moniteur* du 19 décembre 1859, le texte complet de cette loi américaine si récente.

M. Golenski, dans sa thèse de 1827, a mentionné une taxe des patentes (patentowe), établie en Pologne en 1809 et abrogée en 1814.

La Russie prélève, sous le nom de *guildes* et de certificats ou patentes, des impôts sur le commerce et sur l'industrie.

Le produit a été évalué par M. de Tégoborski à 4 millions de roubles [1]. Mais le budget russe de 1862, inséré dans *le Nord* du 12 février 1862, compte pour un revenu de 5,200,000 roubles les patentes de commerçants.

L'assiette de l'impôt repose sur une organisation tout à fait spéciale des professions taxées.

Il existe dans l'empire russe trois guildes ou classes de commerçants. La première jouit d'une manière exclusive du droit de faire, tant à l'extérieur qu'à l'intérieur, des opérations dont le chiffre est illimité. L'impôt annuel, pour un membre de la première guilde, est à Riga de 660 roubles (le rouble égale 4 fr.) 45 copeks ; mais dans les autres gouvernements cet impôt est beaucoup moins élevé. Les membres de la deuxième guilde ne peuvent dépasser, dans leurs exportations à l'étranger, la somme de 25,000 roubles (100,000 fr.) par an ; leur cotisation annuelle est de 461 roubles. Enfin, ceux de la troisième n'ont le droit de faire aucune opération de commerce au dehors, et sont dès lors

---

[1] V. *Revue des Deux-Mondes* de 1850, p. 800, et *Gazette d'Augsbourg* de 1855, numéro 250. Schubert donne à cet impôt le nom de *Kapitalsteuer*.

complétement à la merci des négociants des deux premières guildes. Ne pouvant participer aux bénéfices du commerce extérieur, les marchands de la troisième ne sont, à proprement parler, que des intermédiaires entre le producteur et l'exportateur. Ils prélèvent ainsi un premier bénéfice que le négociant doit faire ensuite payer par l'acheteur étranger. Leur cotisation varie suivant la résidence et l'importance individuelle.

En 1851, le nombre des négociants de la première guilde (non compris ceux de Finlande et de Pologne) était de 6,303 ; la seconde en comprenait 4,491 ; la troisième comptait 170,704 marchands.

La première guilde renfermait 26 nobles, la deuxième 44, et la troisième 233. Dans la première guilde, il y avait 330 bourgeois d'honneur (espèce de patriciat) ; on en comptait 414 dans la deuxième, et 361 dans la troisième. Les juifs, bourgeois d'honneur, figuraient au nombre de 27 dans la première guilde, de 39 dans la deuxième, et de 4 dans la troisième. Il y avait enfin 4 mahométans (également bourgeois d'honneur) faisant partie de la première guilde, 3 de la deuxième et 2 de la troisième [1].

La Russie lève en outre sur les extractions d'or de la Sibérie des droits dont la législation a beaucoup varié depuis quelque temps. D'après la loi du 4 avril 1854, l'État perçoit 5, 10, 15 et 20 pour 100 [2]. Storch a donné, dans son *Tableau historique et statistique de l'empire de Russie*, beaucoup de détails sur ces redevances.

Nous avons aussi mentionné, dans notre *Histoire des impôts généraux sur la propriété et le revenu*, une rede-

---

[1] *Moniteur universel* du 2 juin 1859. Il paraît que des déclarations sont demandées aux contribuables quant à l'importance de leurs affaires. Ils sont intéressés par certains priviléges de classe à faire des déclarations élevées.

[2] V. Rau, § 182, note *b*, 4ᵉ édition. La perception varie suivant le poids de l'or extrait des lavages. Au-dessous de 2 pouds pour cent, le droit est de 5 pour 100.

vance spéciale sur les mines qui est levée en Autriche.

En parcourant les diverses législations européennes qui
se rapportent à l'imposition des produits du travail lucratif,
nous avons remarqué en divers pays des taxes assises sur les
traitements des fonctionnaires, taxes qui constituent notamment l'un des éléments de la contribution que les Allemands nomment *Besoldungsteuer*.

Les impositions ou retenues sur les traitements sont mentionnées dans divers pays que nous avons déjà rappelés plus
haut [1]. Elles sont d'ailleurs comprises dans les capitations
graduées ou classifiées et dans les impôts généraux sur le
revenu faisant partie du système financier de quelques
États européens. De pareils impôts peuvent paraître, sous
quelques aspects, fictifs, puisqu'une augmentation de traitement pour les fonctionnaires pourrait devenir la conséquence d'une taxation considérable. Toutefois, ils ont aussi
l'utilité de compléter la symétrie extérieure de l'impôt, et
c'est sans doute pour ce motif, et afin de solidariser la position des fonctionnaires, souvent si favorables à l'extension
des dépenses publiques, avec celle des autres membres de la
société, qu'ils ont été introduits dans divers systèmes de
taxation.

Les retenues sur les traitements affectés à la composition
d'un fonds de retraite pour les fonctionnaires sont en vérité
de véritables impôts, puisque ces retenues sont obligatoires
et affectées à une dépense d'utilité publique. Toutefois,
dans les pays où le produit de ces retenues n'est pas réuni,
comme il l'est en France depuis la loi de 1853, aux autres
revenus du trésor, le caractère d'impôt semble un peu
obscurci et masqué par l'interposition d'une sorte de caisse
d'épargne forcée.

---

[1] La France, l'Allemagne, la Suisse et l'Angleterre, (par la land tax primitive).
Sur un impôt analogue en Danemark, V. l'*Epitome of history de John Payne*, p. 61.

Un ancien ministre des finances du royaume de Westphalie, M. de Malchus, dont nous avons déjà eu à citer l'ouvrage, a ramené à deux types la législation des taxes sur l'industrie. Il a distingué sous ce rapport :

1° La méthode qui a trait surtout à la faculté d'exercer l'industrie, c'est le système des *patentes ;*

2° Celle qui recherche surtout le revenu présumé de l'industrie, c'est la *gewerbsteuer.*

L'auteur rapproche le système autrichien du système français, malgré le nom de *gewerbsteuer* porté par l'impôt perçu en Autriche. Il fait une observation analogue pour la législation hanovrienne sur la *gewerbsteuer.*

Il rapporte au second type de l'imposition sur l'industrie, la législation de Bade, qui recherche à la fois le capital et le profit, celle de Würtemberg, qui, d'après cet écrivain, se conforme à cette double base pour le commerce, les fabriques et les manufactures seulement, avec des droits fixes pour les autres professions [1] ; enfin, celle du grand duché de Hesse, qui, pour certaines industries, ne considère pas le capital, mais seulement le profit industriel.

Il considère la législation prussienne de 1820 comme constituant un type à part des deux précédents [2], en ce qu'elle constitue partout un impôt fondé sur des *mittelsœtze,* ou taux moyens, dont l'établissement est suivi d'une repartition entre les intéressés.

Ces réflexions indiquent combien est délicat le problème de la classification des taxes sur l'industrie. Il est peut-être juste de dire que la législation sur cette matière est essen-

---

[1] *Handbuch der Finanzwissenschaft und Finanzverwaltung,* t. I, p. 249 à 268.

[2] Cette loi ne paraît tenir, nous l'avons vu, presque aucun compte de l'élément de la population qui est admis dans les autres législations sur la taxation de l'industrie.

tiellement empirique, et qu'elle fait instinctivement des emprunts au principe de l'impôt sur les personnes et de l'impôt sur le revenu, sans avoir jamais exclu absolument ni accepté absolument l'un ni l'autre.

Il existe en certains pays des droits qui, sans être identiques aux droits de patente, s'en rapprochent cependant par certaines analogies. Nous voulons parler des *licences*.

La plupart des branches de commerce ou d'industrie qui, au point de vue fiscal, sont placées sous l'action du service spécial des contributions indirectes, donnent lieu en France à la perception du droit de licence comme du droit de patente. Celui-ci fait partie des contributions directes; celui-là est classé parmi les contributions indirectes [1].

Avant la révolution de 1789, le droit de licence portait la désignation d'*annuel*. La perception en était faite par l'administration des aides.

Le droit de licence est très-léger. Il n'excède pas 50 fr. pour les marchands de boissons en gros, les brasseurs, les fabricants de cartes, de sucre indigène. Il est inférieur pour les autres professions. L'objet principal de la licence est de bien déterminer les établissements sur lesquels les employés de la régie ont à exercer leur surveillance et de faciliter ainsi l'action de ces préposés.

Les licences des voitures publiques et celles des fabricants de sucre et de glucoses sont *annuelles*. Toutes les autres licences sont *trimestrielles*. A Paris, les débitants et marchands en gros de boissons, ainsi que les liquoristes, ne doivent pas la licence : la taxe unique perçue aux entrées sur les boissons comprend le droit de licence. Cette circonstance met parfaitement en relief le caractère du droit de licence, tout à fait accessoire des droits de consommation.

---

[1] *Dictionnaire de l'Administration française,* par M. M. Block. V. Licence.

Les *licences* du budget britannique ont beaucoup plus d'importance que celles du budget français. C'est à elles surtout que s'applique l'observation de M. Molroguier, qui a considéré dans son *Histoire critique de l'impôt des boissons* (p. 68) les licences comme ayant pour résultat de limiter le nombre des établissements *exercés*. Mac Culloch les compare à nos patentes. Elles n'ont pas, cependant, la généralité de ce dernier impôt, et ne pèsent que sur un certain nombre de professions dont la plupart sont en rapport avec les recherches des contributions indirectes, comme celles de brasseurs, marchands de café, tabac, etc. Elles atteignent souvent un chiffre assez élevé en se graduant sur l'étendue de la fabrication, ou même sur l'importance du local occupé. D'après la première de ces bases, la licence des brasseurs de forte bière peut s'élever, s'ils fabriquent plus de 40,000 *barrels*, jusqu'a 78 l. 13 shillings ; tandis qu'elle descend jusqu'a 10 shillings pour les brasseurs qui n'excèdent pas 20 *barrels*, dans leur fabrication. Les débitants de spiritueux qui occupent un local estimé au-dessous de 10 l. par an, paient une licence de 2 l. 4 s. 1 d.; si la valeur s'élève au-dessus de 50 l. st., la licence s'élève à 11 l. 6 d. [1]. D'autres professions, comme celle des *auctioneers*, ou vendeurs aux enchères, paient un droit fixe, qui est pour les *auctioneers* de 10 l. st. Le produit des *excise licences* a été en 1850 de 1,130,175 l. [2]. » Il a été quelquefois proposé, dit Mac Culloch [3], d'établir sur les manufacturiers et les marchands en boutique des licences proportionnées, comme en France, à la valeur des bâtiments ou usines dans lesquels ils exercent leur industrie. Mais cette valeur n'est point un indice de celle des produits manufacturés, ni des affaires réalisées.

[1] V. le tarif donné par Mac Culloch, p. 242.
[2] *Ib.*, p. 494.
[3] *Ib.*, p. 254.

Les fabricants qui opèrent sur des produits encombrants et peu précieux ont souvent besoin de constructions et d'usines considérables, quoique le capital employé dans leurs affaires et le montant de leurs profits puissent être beaucoup moindres que ceux des fabricants qui opèrent dans des bâtiments moins considérables. De même, une boutique placée dans un quartier de la ville à la mode peut être louée 500 l. par an, tandis qu'une autre semblable placée dans une situation inférieure peut coûter seulement 100 l., et cependant il peut arriver que le profit réalisé par celui qui occupe la boutique la moins chère excède celui qui est opéré par la location de la plus chère. Il est, par conséquent, peu sérieux de proposer l'assiette des droits de licence sur des bases aussi inapplicables. On ne doit faire porter ces droits que sur les négoces dont l'étendue peut être connue, et dans cette limite, de pareilles taxes sont aussi acceptables que la plupart des autres. »

Malchus évaluait déjà, de son temps, à environ un million sterling le produit des licences qui figurait au budget britannique, en partie dans l'excise, en partie dans le produit du timbre, et en partie dans les assessed taxes [1].

La licence diffère, suivant lui, de la patente en ce sens [2], que son taux se proportionne à l'étendue de l'industrie, et non à la population du lieu où elle s'excerce, et que dans beaucoup de cas la licence n'est accordée que sous la condition d'un revenu déterminé, avec lequel le montant du prix s'élève. Par exemple, dit-il [3], pour les commerçants de boissons en gros ou en détail on exige la justification d'une rente annuelle de 10 l. st., et si la rente est supérieure, le prix de la licence s'élève en même temps. Malgré l'exactitude habi-

---

[1] *Handbuch*, etc., t. I, p. 243, ouvrage publié en 1830.
[2] *Ib.*, p. 251.
[3] *Ib.*, p. 256 d'après Raumer.

tuelle de l'érudition des financiers allemands, même pour les
faits étrangers à leur pays, je pense qu'il y a ici une confusion entre la *rente prétendue* de 10 l. st. et la valeur locative prise exceptionnellement pour mesure de graduation de
la licence pour certaines industries. Tel est, du moins, l'état
du fait à une époque plus récente que celle à laquelle se
rapporte M. Malchus, comme cela résulte des renseignements que nous venons d'emprunter à Mac Culloch.

Les licences en Hollande paraissent avoir eu encore un
autre sens. Le produit des licences était rapproché, dans les
dispositions financières de ce pays, de celui des douanes
(*convoyen en licenten*, disait-on), et il est probable que c'était
un rachat individuel ou un abonnement pour les droits de
douane [1]. C'est sous cet aspect que le savant Lang envisage
les *licences* des financiers hollandais [2]. Nous avons eu quelque chose d'analogue dans les *licences* délivrées sous le
premier empire pendant le blocus continental.

Nous avons vu les lois sur l'imposition de l'industrie
dans divers pays conduites à la recherche, soit générale soit
partielle, du capital engagé dans le commerce ou l'industrie.
Mais le capital mobilier existe sous d'autres formes que sous
la forme d'entreprises commerciales ou industrielles. Lorsque les législateurs qui poursuivaient le plan d'imposer les
diverses branches de la richesse à l'aide de taxes spéciales
et directes, ont ajouté l'impôt sur l'industrie et le travail à
la contribution foncière, les capitaux mobiliers placés en dehors de l'industrie sont les seuls qui restent investis d'immunités. Quelques États modernes ont essayé de combler
cette lacune, et de triompher des obstacles qui semblent dérober les créances et les valeurs mobilières à une révélation
extérieure et publique de leur existence. Ces efforts peuvent

[1] V. Engels, p. 87.
[2] *Die historische Entwickelung*, etc.

I.   24

être rapportés au même mouvement d'idées qui a fait établir de nos jours l'impôt général sur la propriété ou le revenu dans les institutions financières de divers peuples,
puisque, le problème de l'impôt sur les valeurs mobilières
résolu, il ne subsisterait en quelque sorte plus d'objection
sérieuse contre les impôts généraux que nous venons de
rappeler.

· Aussi, les tentatives qui ont été faites pour imposer les
capitaux mobiliers à titre spécial appartiennent- elles surtout
à des contrées allemandes où les impôts généraux sur la
propriété ou le revenu paraissent facilement acceptés.

Sinclair mentionne quelques taxes levées sur l'intérêt des
capitaux en Écosse, d'abord sous le règne de Jacques VI,
ensuite sous Charles Ier, et enfin en 1690 ; les formalités
rigoureuses qu'elles entraînaient et la difficulté de leur
asssiette y firent bientôt renoncer.

L'imposition des capitaux mobiliers est ancienne en Allemagne. M. Rau l'a signalée comme comprise dans l'ancien
Schoss allemand, et dans certaines lois de Hesse-Darmstadt,
de Cobourg et de Bavière [1].

L'ordonnance communale de 1758 autorisait les communes de Würtemberg à taxer les capitaux en même temps
que le vin, les bestiaux et les métiers. Ce droit se continua
non-seulement pour les communes de ce petit État, mais
encore pour l'État lui-même à la fin du dernier siècle et au
commencement du siècle actuel [2].

Le premier acte de la Diète de 1819 fut de consacrer ce
droit dans le Würtemberg, et une loi du 29 juin 1821 établit
sur les capitaux actifs une taxe de 20 kreutzers par 100 florins de capital, sans égard au taux de l'intérêt ni aux dettes
du contribuable. Les établissements publics, les caisses d'é-

[1] Rau, § 377, note *a*.
[2] Herdegen, etc., p. 330.

pargne, les veuves, les orphelins et les infirmes qui ne possèdent pas plus de 3,000 florins de capital, sont exemptés de
l'impôt. La peine de la fausse déclaration s'élève à 15 fois le
montant de l'impôt dû au Trésor.

En 1830 l'impôt fut abaissé à 10 kreutzers, de 1833 à 1836
à 12 kreutzers, de 1836 à 1849 à 6 kreutzers. Enfin la loi du
29 juillet 1849 a porté la contribution à 15 kreutzers par 100
florins de capital, c'est-à-dire à 1/4 pour cent.

En supposant les capitaux productifs d'un intérêt de 5 pour
cent, l'impôt a été ainsi successivement de 6 2/3, 3, 1/3,
4, 2 et 5 pour cent du montant de cet intérêt.

L'augmentation du produit net de l'impôt depuis 1836 a
été frappante : ce produit s'est élevé de 140,430 florins,
supposant un capital imposable de 140,430,000 florins en
1836-37, à 239,187 florins en 1846-47, ce qui supposait à
cette dernière époque un capital imposable de 239,187,000
florins.

En 1848-49, le produit porté à 586,935 florins s'établit
sur une valeur de 234,774,000 florins.

L'impôt sur les capitaux se rattache en Würtemberg à la
taxe perçue sur les pensions et traitements qui, par leur
fixité, ont paru sans doute au législateur avoir plus d'analogie avec les créances qu'avec les produits du travail atteints
par la *gewerbsteuer* [1].

Une autre application de l'impôt sur les capitaux, appelé
ordinairement en Allemagne *Kapital oder Zins rentensteuer*,
a eu lieu en Bavière pendant l'année 1848. En même temps
qu'il établissait un impôt général sur les revenus superposés
à tout le système des contributions, le législateur bavarois
semble avoir voulu introduire une égalité plus parfaite
qu'auparavant dans les impositions spéciales qui compo-

[1] Rau, § 377 et suiv. Reden, t. I, p. 203 et suiv.

sent en quelque sorte l'assiette fondamentale du système des contributions publiques dans ce pays comme ailleurs.

L'impôt établi en Bavière par la loi du 4 juin 1848, non sur les capitaux, comme la taxe würtembergeoise, mais sur les revenus, a été modifié par une loi promulguée le 11 juillet 1850.

Aux termes de cette loi, toute propriété mobilière produisant un revenu payé par l'État ou les particuliers, est soumise à la *Kapital rentensteuer* sans distinction fondée sur ce qu'elle est située en Bavière ou ailleurs, sauf toutefois le cas où elle serait déjà taxée à l'étranger.

Les intérêts de dettes à la charge du contribuable doivent être déduits des intérêts soumis à l'impôt.

La convention d'après laquelle le débiteur serait chargé de la taxe est frappée de nullité.

Les créances de l'État, des établissements de religion, de bienfaisance et d'instruction publique sont exemptes de la taxe.

Le *simplum* de l'impôt est de 1 kreutzer par florin de rente, ou de 1/60 du revenu.

Les contribuables, dont le revenu net n'atteint pas 200 florins pour la totalité de leur fortune, sont exempts de la taxe sur les capitaux, si leur revenu provenant de cette source n'atteint pas 20 florins, et ils ne payent qu'un demi-kreutzer par florin si leur revenu imposable à la taxe des capitaux est supérieur à 20 florins et inférieur à 100.

Chaque loi de finances détermine le nombre des *simpla* qui doivent être perçus.

La déclaration des revenus sujets à l'impôt paraît remise entièrement à la loyauté des contribuables par l'art. 4 de la loi de 1850, différent en cela du texte de la loi de 1848 qui avait institué un comité de vérification des déclarations des contribuables, et qui différait aussi de la loi qui l'a suivie par l'établissement du *minimum* imposable sur d'autres bases [1].

Nous ignorons quels ont été les résultats fiscaux de la loi de 1850. D'après les renseignements fournis par M. de Reden, les produits bruts de l'année 1848-49, à raison de 2 kreutzers par florin, avaient donné 498,434 florins pour 14,953,020 florins de revenu imposable et 378,825,500 florins de capital, ce qui suppose l'intérêt à environ 4 pour 100. Les frais de perception n'avaient pas dépassé 14,402 florins, ou 2,89 pour 100 du produit brut.

Des taxes générales sur les capitaux et revenus avaient été levées dans le grand-duché de Bade de 1808 à 1813 ; une *kapitalsteuer* y a été rétablie sur le pied de 1 par 1000 de capital en 1848 [2].

La législation au sujet de cet impôt a été remaniée en 1850, et voici les produits qu'elle a donnés au gouvernement de Carlsruhe en diverses années :

PRODUIT DE LA KAPITALSTEUER DE BADE, AU TAUX DE 1 POUR 1,000
OU 6 KR. PAR 100 FLORINS.

1850.	192,027 fl. 37 k. [3].
1853.	193,494 — 37 —
1854.	192,516 — 33 —
1855.	193,964 — 32 —
1856.	260,873 — 42 —

Pour 1856, le *Steuerfuss* a été porté de 6 à 8 kreutzers par

[1] D'après l'article 3 de cette loi, les capitaux au-dessous de 500 florins, en tant qu'ils constituaient la seule ressource d'un particulier et les capitaux au-dessous de 1,000 florins, en tant qu'ils constituaient la fortune entière d'une famille, étaient exempts de la taxe.

[2] Reden, t. I, p. 330 et suiv.

[3] Nous voyons dans les *Amtliche Beitræge*, recueil statistique intéressant publié par l'administration du grand-duché de Bade, que la masse du capital imposable portée à 192,027,370 florins en 1850, répartie entre 39,532 contribuables, avait été pour 1848 de 228,518,300 florins portant sur 114,716 contribuables. Cette différence paraît résulter de ce que la législation de 1848 taxait les capitaux étrangers. Nous apprenons par le même recueil qu'en 1850 les dix villes les plus popu-

100 florins, ce qui explique l'accroissement considérable dans les produits.

Pour 1857, on a rétabli le taux de 6 kreutzers, mais nous ignorons le résultat de l'impôt pendant cette année.

Quoique les peuples du midi de l'Europe paraissent avoir moins de motifs pour taxer la richesse mobilière que les peuples du nord, ou moins de disposition morale à le faire, on retrouve dans les budgets portugais une dîme des intérêts (*decima dos juros*), qui était inscrite en 1854-1855 pour 131,744,586 reis, représentant 931,430 fr., à raison de 7 fr. 07 la cruzade de 1,000 reis.

En France, le principe de l'imposition sur les *cabaux* et meubles *lucratifs*, et sur les *deniers mis aux intérêts à rente ou à pension* était admis dans plusieurs provinces, et rattaché au principe de l'imposition sur l'industrie par Despeisses, dans son intéressant *Traité des Tailles et autres Impositions* [1].

La Convention avait aussi voulu imposer la dette publique par un impôt parallèle à celui auquel était assujetti la propriété foncière. Toute la dette publique, inscrite sur le grand-livre, portait l'art. 3 de la loi du 24 août 1793, rendue au rapport de Cambon, sera assujettie au principal de la contribution foncière, qui sera réglée chaque année par le corps législatif. Et aux termes de l'article 112 de la même loi, le paiement de cette contribution devait être fait par retenue sur les feuilles du paiement annuel de la dette publique. C'était bien mal choisir dans l'ensemble des capitaux mobiliers, que de s'adresser de préférence à la fortune des créanciers de l'État.

leuses du grand-duché ne comprenant que le onzième de la population totale de l'État, renfermaient un sixième du nombre des contribuables et plus d'un tiers du capital imposé. (*Amtliche Beitræge*, etc., p. 120.)

[1] V. article 9 du dit Traité, p. 110, édition de 1656.

Aussi la loi du 24 août 1793 paraît-elle n'avoir eu presque aucun effet.

Le premier décret que nous ayons trouvé relatif à l'exécution de cette disposition, fut celui du 9 mars 1795, qui fixa, pour la 3ᵉ année républicaine, le montant de cette contribution foncière, opérée par retenue, au 10ᵉ du produit annuel sur les inscriptions consolidées, et sur les intérêts ou rentes foncières et perpétuelles, et au 20ᵉ du produit annuel sur les inscriptions et rentes viagères. Nous n'avons rencontré ni au *Moniteur*, ni dans le *Bulletin des lois*, d'indication qui montre que la loi de 1793 ait reçu plus tard une suite d'exécution.

L'ouvrage de M. Philippon, sur les impôts du canton de Vaud, mentionne une taxe extraordinaire de 3 pour 1000 sur les créances, qui aurait été levée en 1813 et en 1848, dans ce petit pays, et qui aurait produit dans cette dernière année 460,809 fr.

Une taxe plus spéciale affectant les créances hypothécaires existe dans le budget de Modène, même depuis la formation du royaume d'Italie, ainsi qu'il résulte du rapport de M. Pépoli, à la date de 1860, sur le budget de l'*Émilia*. La taxe a produit, en 1839, 257,000 livres. Sa véritable nature ne nous est pas bien connue. Elle existe depuis 1849.

Les *classenteuern*, levées pendant notre siècle en Autriche et dans la Hesse-Électorale, ont atteint, entre autres objets, les capitaux mobiliers, et M. Rau rappelle aussi que la contribution de ces mêmes valeurs est l'un des éléments essentiels, non-seulement des impôts généraux levés en Angleterre, en Amérique, en Suisse, et dans le grand-duché de Saxe-Weimar, mais encore de certains impôts spéciaux tels que les *einkommensteuern* spéciales de divers États allemands, et aussi de la *gewerbsteuer* saxonne [1].

[1] La taxation directe de la fortune mobilière qui se divise dans le grand-duché

La loi bavaroise, qui impose les revenus de capitaux mobiliers, autorise la déduction des dettes du contribuable. Cette déduction, facile à comprendre dans le système des impôts généraux, qui recherchent le revenu ou le capital net de chaque contribuable, ne nous paraît pas justifiée par une théorie complète et conséquente, si on l'applique à un impôt spécial comme l'impôt sur les capitaux mobiliers. De plus elle doit être d'une application beaucoup plus rare que ne le serait une autorisation analogue relative à l'impôt foncier, les possesseurs ordinaires de créances mobilières restant rarement assujettis à des dettes importantes de même nature, tandis que les propriétaires terriers sont souvent grevés de charges dont l'existence remonte même parfois à l'acquisition de l'objet pour lequel ils sont assujettis à l'impôt foncier.

L'adoption d'un minimum imposable, consacrée dans les impôts bavarois et würtembergeois, et conseillée en principe par M. Rau [1], est un autre trait qui spécifie l'impôt sur les capitaux mobiliers, et qui le sépare de la contribution foncière. Cette différence est fondée sur ce que la propriété foncière, bien que très-divisée en certains pays, ne constitue cependant, que dans des cas relativement rares, le lot de l'extrême pauvreté, tandis que les valeurs

---

de Bade et dans le Würtemberg en trois impôts distincts sous les noms de *geverbsteuer*, *besoldungsteuer* et *kapitalsteuer*, et dans le Hanovre et la Bavière en trois impôts presque identiques, l'expression de *kapitalsteuer* étant remplacée par celle d'*einkommensteuer* en Hanovre, et celle de *besoldungsteuer* aussi par celle d'*einkommensteuer* en Bavière, est divisée dans l'État de Hesse-Cassel en deux impôts nommés *gewerbsteuer* et *classensteuer;* dans l'État de Hesse-Darmstadt en deux impôts nommés *gewerbsteuer*, et *einkommensteuer*, et enfin dans la Saxe royale dans deux impôts appelés *personal und gewerbsteuer*, et rapprochés en une sorte d'unité dans les documents législatifs. V. Rau, § 377, note 6, et notre *Histoire des impôts généraux sur la propriété et le revenu*, chap. VI *passim*.

[1] § 390. Un minimum de ce genre est à remarquer dans les lois autrichiennes et hessoises sur la *Classensteuer*.

mobilières s'abaissent pour ainsi dire jusqu'au néant.

Si nous résumons la série historique des lois d'impôt actuelles sur le revenu mobilier dans les divers pays de l'Europe, nous voyons se développer l'ordre des dates suivantes, en commençant d'abord par la taxation des revenus industriels :

En 1791, la loi française sur les patentes ouvre en quelque sorte la marche.

En 1798, l'income-tax pour la cédule D fait dans la Grande-Bretagne, par application d'un système général, ce que la loi des patentes a entrepris spécialement en France.

En 1812, la loi autrichienne suit l'exemple de la France.

En 1815, au moment même où la législation française disparaît de plusieurs pays dans lesquels la conquête l'avait implantée [1], le grand-duché de Bade et la Bavière remplacent la contribution des patentes par une taxe analogue.

En 1819, ce sont les Pays-Bas.

En 1820, la Prusse.

En 1821, le Würtemberg.

En 1827, le grand-duché de Hesse.

En 1834, le Hanovre se donne des lois pour l'imposition de la fortune mobilière dans ses sources professionnelles.

Nous omettons d'autres États moins importants ou plus retardés dans cette marche.

L'imposition directe du revenu provenant des capitaux mobiliers n'acquiert pas la même généralité, à moins qu'on ne la retrouve en France dans la contribution sur les loyers, et elle reste le lot en quelque sorte spécial de la Grande-Bretagne et de certains États germaniques.

Mais, par une troisième ligne de progression, si l'on peut

---

[1] Notre législation des patentes paraît avoir été maintenue dans la principauté de Birkenfeld, reste de l'ancien département de la Sarre, avec notre contribution personnelle et mobilière et notre taxe des portes et fenêtres. (Reden, t. I, p. 1042.)

s'exprimer ainsi, l'impôt général sur les capitaux ou revenus, assis sur un taux léger, vient après 1848 s'ajouter, dans quelques grands États allemands, aux taxes spéciales préexistantes sur la fortune mobilière.

Quant aux produits de ces diverses organisations financières, nous avons vu que l'impôt sur les patentes donnait par tête un résultat plus considérable en France qu'en Prusse, en Belgique et en Autriche. En Angleterre, tout dépend du taux de l'income-tax. Lorsqu'il a été perçu sur le taux de 3 pour 100 et a été d'un produit total de 5 à 6 millions de livres sterling, la part de l'industrie et de la fortune mobilière dans ce total ne paraît pas avoir été relativement à la population du Royaume-Uni plus considérable que le poids de l'impôt des patentes relativement à la population de la France. Lorsque, dans les temps de guerre, l'income-tax, a été élévé à 9 ou 10 pour 100 du revenu constaté, le produit par tête a été beaucoup plus fort qu'en France.

L'imposition de la taxe sur le revenu industriel peut encore être relativement appréciée, en en comparant le produit avec le budget des recettes, et surtout avec le produit général des taxes directes dans un pays.

Dans le pays de Bade, le produit de la *gewerbsteuer* était en 1857 le cinquième du montant des impôts directs. En France, pour les patentes, la proportion a été dans la même année du sixième, en ne tenant compte que des impositions affectées aux dépenses générales [1]. En Prusse, pour la *gewerbsteuer*, c'était en 1855, non compris une part des revenus industriels dans la *classensteuer* et l'*einkommensteuer*, le neuvième environ [2]. En Autriche, dans la même année, la *gewerbsteuer* n'était estimée qu'à environ 4,000,000 fl. sur 86 millions à peu près du produit total des taxes direc-

---

[1] *Compte définitif des recettes*, p. 40.
[2] P. 20 du *Staalshaushalts-Etat für* 1855.

tes [1], mais il fallait ajouter à ces 4,000,000 une partie du produit de la *personal erwerbsteuer* hongroise et de l'*einkommensteuer* générale, partie dont nous ne pouvons faire exactement la ventilation, et qui pourrait bien s'élever à environ 7 millions de florins, d'où un total de 11 millions sur 86, ou environ 1/8 du produit des impôts directs à la charge du revenu industriel et commercial.

Après avoir étudié dans toute l'Europe le tableau des diverses taxes sur le commerce et sur l'industrie, ainsi que sur les autres revenus mobiliers, nous nous sentons entraînés à quelques considérations sur les faits qui se sont déroulés devant nous.

Le système des taxes directes spéciales sur les diverses branches des revenus diffère surtout de celui d'une taxe générale sur le revenu de chaque citoyen, en ce sens que dans la recherche des branches particulières du revenu, le législateur peut recourir à l'examen de signes extérieurs et matériels. Ces moyens diminuent tout à la fois l'importance des appels qui doivent être faits (pour l'assiette de l'income-tax général) à la libre déclaration des citoyens, et aussi l'intervention de l'arbitraire administratif qui peut être nécessaire pour corriger et rectifier les résultats émanés de la personnalité des contribuables.

Si tel n'était pas l'avantage de la recherche directe du revenu foncier, industriel, etc., on ne pourrait concevoir l'utilité de s'éloigner de l'idée d'un impôt général sur le revenu, et de sacrifier l'équité large du but sans aucun profit du côté de la précision et de l'avantage pratique des moyens.

Aussi, bien que dans certaines législations l'impôt sur l'industrie suppose certains appels faits aux déclarations des contribuables, son caractère général suppose-t-il une assiette

[1] V. le *Summarium des Direkte steuern* dans le budget autrichien de 1855.

réglée par des circonstances susceptibles d'une vérification pour ainsi dire matérielle.

La définition des industries et possessions atteintes par cet impôt spécial, et le choix des signes d'après lesquels l'importance de l'industrie peut être appréciée et taxée, tel est le double problème fondamental qui se présente par conséquent au législateur occupé de cette intéressante mais difficile matière.

Si l'on entend par industrie l'exploitation d'un capital par le travail de l'homme, on trouve les législateurs de divers pays généralement d'accord pour faire de l'industrie sous cette forme, à laquelle le commerce se rattache implicitement, l'objet principal, et pour ainsi dire, caractéristique de l'impôt dont nous nous occupons.

Mais à côté de l'industrie comprise sous cette définition, il est des travaux lucratifs qui peuvent être quelquefois confondus sous ce nom [1] et qui en diffèrent profondément, en ce sens qu'ils s'exercent sans véritable exploitation de capital.

Les conseils de l'avocat et du médecin, les soins de l'architecte, le travail salarié du domestique et de l'ouvrier, sont d'une tout autre nature, sous ce rapport, que les travaux du fabricant, du marchand et de l'industriel ordinaire.

Doivent-ils être exempts de l'application d'une contribution sur l'industrie ? Les législateurs ne l'ont point en général pensé, bien qu'ils aient obéi sous ce rapport à des inspira-

---

[1] M. Rau admet une double définition du mot *Gewerb* dans la langue allemande. Sous le sens le plus large, ce mot signifie pour lui toute occupation qui a pour objet l'acquisition de la richesse à la différence de celles dans lesquelles l'honoraire n'est qu'un accessoire. Sous le sens plus étroit, ce mot suppose l'emploi d'un capital et exclut les simples salaires. Voy. le § 358 de la *Finanzwissenschaft*. Il décompose, du reste, l'industrie en : 1° travail sur le sol; 2° fabrique; 3° commerce; 4° location de services; 5° professions mixtes (mélange de 2°, 3° et 4° classes) comme celle d'aubergiste, 6° industries fondées sur la spéculation relative aux risques (assurances, etc., etc.).

tions variables et différentes, suivant les temps et les lieux, ainsi qu'il est facile de le voir par l'analyse que nous avons donnée de diverses législations sur cette matière.

En général, on peut dire qu'ils n'ont atteint que dans une mesure partielle et restreinte le travail lucratif. Les législateurs germaniques qui ont voulu atteindre distinctement par la *gewerbsteuer* le profit du travail et celui des capitaux, semblent avoir été conduits, par ce système, à exonérer facilement le travail produit sans capital. Ainsi on ne voit figurer dans le tarif badois ni les architectes, ni les avocats, ni les médecins, ni les artistes sculpteurs et peintres. Ce n'a été toutefois que pour reporter sous une autre contribution les revenus provenant de cette origine.

Tout en reconnaissant que beaucoup de professions lucratives doivent être exemptes de l'impôt dont il s'agit, lorsque la modicité de leurs bénéfices les recommande à la bienveillance du législateur, il nous semble que la circonstance relative à l'emploi ou au non emploi d'un capital matériel ne pourrait être regardée comme une cause d'assujettissement ou de dispense relativement à l'impôt. Ce n'est pas seulement, en effet, l'intérêt d'un capital que le législateur a le droit d'atteindre par l'impôt, soit qu'il soit employé d'une manière ou de l'autre dans les affaires humaines. Le travail qui obtient ce profit, comme celui qui recueille une rémunération distincte sous forme de salaire et d'honoraire, ne sont-ils pas des ressources susceptibles de concourir aux sacrifices nécessités par les besoins publics ? La circonstance que ces ressources sont viagères et subordonnées à la santé de celui qui les possède est-elle autre chose qu'un motif de traiter ces revenus avec des délicatesses et des ménagements particuliers [1] ?

---

[1] M. Rau regarde les taxes par l'industrie et les salaires comme comportant la déduction des dépenses pour l'entretien des contribuables (p. 365, 391).

La contribution sur l'industrie doit-elle atteindre les agriculteurs ? C'est là une question très-diversement résolue par les législateurs.

La législation française les en exempte de la manière la plus formelle. Plusieurs législations allemandes les atteignent [1].

Nul doute que l'agriculture ne soit, dans un certain sens, une industrie.

C'est la coexistence de l'impôt foncier avec l'impôt sur l'industrie qui fait seule objection à l'extension de l'impôt industriel aux agriculteurs.

L'impôt foncier parmi nous repose par exemple sur le produit moyen de la terre cultivée. Le capital de l'industrie agricole est atteint. Le travail qui s'applique à l'exploitation de ce capital pourrait l'être sans choquer aucun principe. Sous ce rapport, les législateurs allemands qui, comme nous l'avons vu plus haut, se sont bornés à exempter la profession agricole de la part de contribution afférente au capital industriel ont été rigoureusement logiques. Mais toutes les législations exemptant de la taxe *spéciale* sur l'industrie certains profits du travail, la question est de savoir si le travail agricole ne doit pas profiter de ces faveurs.

Sous ce rapport, il suffit de songer à la subdivision extrême de la propriété et à la position de ceux qui retrouvent simplement dans l'exploitation de la parcelle qu'ils possèdent le profit d'un mince salaire, pour comprendre la convenance de l'exemption accordée à l'agriculture par notre législation des patentes, qui devait s'appliquer non à des régions exploitées par de riches fermiers seulement, mais à la France entière avec ses petites fermes, ses métairies, etc. Toutefois, on ne saurait en elle-même considérer comme

---

[1] M. Rau cite sous ce rapport les lois du duché de Nassau, du duché de Hesse, de Bade, etc.

injuste une taxe qui atteindrait les exploitants de fermes très-considérables [1].

On s'est demandé [2] si le bétail ne pouvait être justement l'objet d'une taxe qui serait une sorte d'impôt sur le capital de l'industrie agricole.

Mais un pareil impôt ne saurait se concilier aisément avec une contribution foncière bien assise, à cause de la confusion qui existe entre les produits du sol et ceux du bétail, qui y est attaché. Peut-être cet impôt a-t-il dû parfois son existence à l'absence ou à l'imperfection de l'impôt sur la terre.

S'il s'agit des bestiaux employés aux travaux du labourage et de l'agriculture, il est évident que leur produit se confond intimement avec celui de la terre elle même, comme celui des outils ou instruments de travail.

Il en est de même des bestiaux élevés dans les propriétés herbagères et qui en sont, pour ainsi dire, les produits.

Quant à ceux qui y sont engraissés ou entretenus, ils sont encore un moyen d'exploitation du sol et de mise en valeur de ses produits. Les frapper d'un impôt, lorsque le sol est déjà grevé d'une contribution, serait presque aussi injuste que d'établir une taxe spéciale sur les diverses avances que le propriétaire peut faire à sa terre en constructions, plantations et semences.

Peu importe que l'intérêt de ce capital soit ou non déduit du produit brut pour l'assiette de l'impôt foncier, comme il convient de le faire, suivant l'observation de M. Rau [3]. Cette

---

[1] Rau, § 363, note *c*.

[2] Le bétail a été imposé en Saxe-Weimar à la fin du dernier siècle (Reden, t. I, p. 1379); il était taxé à Brunswick en 1850 (Reden, t. I, p. 965), et aussi dans le Mecklembourg (*Ibid*, t. I, p. 1117). L'impôt des bestiaux ou *Zekkat*, constitue avec la dîme des récoltes (achour), la charge des tribus dans nos territoires militaires algériens.

[3] § 363, note *a*. On peut consulter dans ce sens l'art. 324 du *Recueil méthodique du cadastre* et l'art. 13 de l'instruction du 31 mai 1831 pour l'exécution de 'art. 2 de la loi du 7 août 1850.

circonstance ne change pas le caractère d'instrument de production déterminé par la nature du sol, caractère qui appartient naturellement au bétail employé dans l'agriculture.

Ce n'est que dans le système d'un impôt général sur les capitaux, abstraction faite des revenus, qu'une taxe spéciale sur le bétail peut être logiquement justifiée. Aussi l'impôt sur le bétail a-t-il été souvent associé soit aux taxes générales sur le capital, soit aux impôts déterminés d'après le capital industriel, calculé dans le sens le plus large [1].

Revenons aux taxes sur l'industrie, objet principal de ces recherches... Le choix des signes d'après lesquels l'impôt sur le commerce ou l'industrie peut être équitablement gradué est le problème le plus délicat et aussi le plus important de la législation sur cette matière. Dans l'origine, l'idée de la graduation a quelquefois manqué ici comme dans l'appréciation des taxes sur les terres de qualité différente. On ne peut considérer que comme des types absolument rudimentaires et imparfaits les droits fixes exigés pour l'entrée dans l'industrie, notamment ceux dont l'existence a été mentionnée à Hambourg et à Fribourg [2]. Il est difficile également de rattacher aux taxes sur le revenu industriel certaines perceptions sur les produits fabriqués ou exportés [3] qui appartiennent à une autre catégorie de taxes, quelles

[1] V. Rau, § 363, note *b* et *c*. D'après une déclaration du roi du 12 avril 1762, on comprenait dans les bases d'assiette de la taille les bestiaux attachés à l'agriculture. Nous nous sommes expliqués déjà à cet égard en traitant de l'impôt foncier.

Le bétail et les abeilles sont imposés en Grèce, d'après M. Casimir Leconte, p. 200 Suivant M. de Reden, la taxe sur le bétail a été rattachée quelquefois aux impôts perçus pour l'entretien des routes, notamment en Bavière et en Würtemberg.

[2] Christian, p. 64 et 65.

[3] *Id.*, p. 64 à 66. On y trouve des taxes de ce genre mentionnées comme ayant existé à Zurich, à Bâle et à Saint-Gall.

qu'aient pu être les intentions des législateurs en les instituant.

Nous ne pouvons regarder comme dignes d'être proposés comme exemples les signes que les Génois auraient, dit-on, pris en considération pour asseoir certaines taxes d'après les dépenses du ménage des commerçants et le luxe de leurs vêtements [1].

Le premier des signes que nous devons signaler comme ayant pris place dans la théorie compliquée et empirique à certain degré, mais rationnelle aussi dans une large mesure, des impôts modernes sur le commerce et l'industrie, est la spécialité même de la profession qu'il s'agit d'imposer, spécialité à laquelle s'attache, par la nature même des choses ou par l'usage, un caractère particulier d'importance ou de modicité dans les profits. Ce seul principe a suffi pour motiver la création des huit classes établies dans la classification des droits de patente suivant la législation française. Il n'est pas besoin de faire comprendre pourquoi le législateur n'a pas hésité à taxer à priori le marchand de cachemires de l'Inde (1re classe) plus fortement que le remouleur ou le porteur d'eau relégués dans la 8e classe.

Un autre ordre de signes, d'une importance majeure pour la graduation des taxes sur le commerce et l'industrie, se rapporte à l'importance du capital fixe employé dans l'industrie, importance qui a paru suffisante pour servir quelquefois de thermomètre unique au législateur en cette matière [2]. Ainsi l'importance des bâtiments et locaux affectés à l'industrie constitue l'un des éléments généraux d'après lesquels la contribution des patentes est assise en France.

---

[1] *Id.*, p. 69.

[2] Tel paraît avoir été le principe de la taxe sur certains métiers (*Strumpf-und-Zeug wirkstühle*), qui était levée au dernier siècle dans l'État de Saxe-Weimar. (Reden, t. I, p. 1378.)

Tel est encore le nombre des kilomètres concédés à une
compagnie de chemin de fer [1] ou celui des métiers, des
broches, des presses, des cuves, des chaudières, des hauts
fourneaux et des machines diverses qui sont comptés dans
la plupart des législations pour graduer les taxes industrielles ; telle est encore la considération du nombre des
tonneaux relative à la capacité des bâtiments employés dans
la navigation [2] ou celle du capital même sur lequel repose
l'entreprise, comme dans la fixation du droit de patente
imposé aux banques départementales par la législation française de 1844 [3].

La considération du capital circulant dans l'entreprise
commerciale ou industrielle peut encore servir à en mesurer l'importance et à graduer la taxe qui s'y rapporte.
Dans les Pays-Bas on a classé les débitants en dix-sept classes, d'après la valeur de leur débit annuel mesuré entre les
deux termes extrêmes de 1,000 et de 125,000 florins [4].
Sous certaines législations, on a recherché la quantité des
matières premières employées [5] ; mais on a surtout pris en
considération, à cet égard, une circonstance dont nous
avons déjà remarqué l'importance dans certaines législations, c'est-à-dire le nombre des auxiliaires et ouvriers employés par l'entrepreneur d'industrie. On trouve ce moyen
de graduation employé en France, à Bade, dans les Pays-
Bas, la Saxe et le grand-duché de Hesse.

Il est un dernier ordre de circonstances qui joue un rôle
sérieux dans l'échelonnement des taxes sur l'industrie.

---

[1] Loi de 1844. Tableau c, 3ᵉ partie.

[2] Tableau c (1ʳᵉ partie) de la loi de 1844. Loi des Pays-Bas citée par Rau, § 367
note f.

[3] Tableau e, 1ʳᵉ partie.

[4] Ciriaci, p. 54.

[5] Par exemple, pour les brasseries et distilleries en Prusse et dans les Pays-Bas.
V. Rau, § 368, note b.

Nous voulons parler de tous les signes qui se rapportent à l'extension dans l'espace et le temps des opérations d'une entreprise. La population de la localité qui est le siége de l'industrie tire son importance de l'extension présumée du débit et de la vente des produits par le contribuable, et l'on sait tout le poids de cette circonstance pour les législateurs français, autrichiens, prussiens, badois [1].

L'analogie conduit à apprécier quelquefois le plus ou moins de continuité dans l'exercice d'une industrie. Le législateur français a réservé des atténuations de droit pour les fabriques forcées de chômer pendant une partie de l'année équivalente au moins à quatre mois. En établissant les droits sur les spectacles, il a distingué les théâtres où l'on joue tous les jours de ceux où la troupe ne joue pas tous les jours.

Dans certains cas, le bien-être dont jouit le contribuable peut aussi être un renseignement utile à l'assiette de l'impôt; c'est en ce sens que le législateur français établit le droit proportionnel sur l'habitation du contribuable comme sur les locaux consacrés à l'industrie [2].

En dehors enfin des divers signes que nous venons de classer, il est des législateurs qui ont admis à certain degré la recherche approximative, mais directe, des bénéfices du contribuable, non pour appliquer la taxe sur l'industrie au marc le franc du revenu industriel et commercial, comme dans un système d'*income-tax*, mais en autorisant l'administration à répartir les contribuables en diverses classes, sans motif de l'existence de tel ou tel signe, tiré de telle ou telle circonstance légalement définie.

Nous avons remarqué cette faculté dans les législations

---

[1] Dans le duché de Nassau, on distingue seulement entre les villes et le plat pays. Rau, § 369, note *c*.

[2] *Id.*, § 370.

de la Prusse, de l'Autriche et du pays de Bade. Elle existe
aussi relativement à plusieurs catégories de patentables dans
la législation des Pays-Bas, les tableaux annexés à cette
législation n'indiquant souvent le classement réservé à telle
industrie qu'avec une latitude d'application assez étendue.
En France, au contraire, la législation des patentes se re-
fuse à toute mesure de ce genre, et il est même à remarquer que si elle admet le cumul de trois éléments de gradation, comme 1° la spécialité industrielle; 2° le loyer;
3° la population ou le nombre des ouvriers, machines et
métiers, elle ne pousse pas plus loin la combinaison des
moyens de variation de la taxe. Dans le grand-duché de
Bade, au contraire, comme dans les Bays-Bas [1], on voit le
nombre des ouvriers se combiner distinctement avec les trois
autres moyens de graduation.

Ce qui caractérise donc la législation française, comparée
aux législations étrangères, c'est la recherche de la fixité, la
crainte de l'arbitraire, et, par suite, la grande importance attachée à la considération du loyer. En Allemagne, on se préoc-
cupe davantage de la proportionnalité directement relative
au revenu, et on ne craint pas de poursuivre ce résultat en
s'exposant accidentellement à l'écueil de l'arbitraire. Il y a
dans ce domaine particulier de la législation sur les taxes
d'industrie comme un rayon de cet esprit différent qui fait
ici proscrire, et là, au contraire, accueillir l'application des
impôts généraux sur la propriété ou le revenu.

Il n'est pas étonnant que diverses critiques aient été
adressées à des bases aussi controversables que celles de la
législation sur la taxation des revenus industriels et commerciaux.

L'appréciation des loyers dans l'assiette de l'impôt des pa-

---

[1] *Id.*, § 367, note *d*, et § 368, note *d*.

tentes a été l'objet de critiques ingénieuses. Nous avons
déjà cité plus haut celles de Mac Culloch : « La valeur locative, a-t-on dit encore [1], représente mal l'aisance des contribuables, puisque cette valeur varie de commune à commune pour des causes indépendantes de la richesse des
habitants, et aussi de famille à famille, d'après le nombre
et l'âge de leurs membres. On observe encore que la contribution mobilière repose déjà sur cet unique élément, et
qu'en le prenant pour base de l'impôt commercial, on ne
fait que doubler la charge. On remarque enfin qu'en considérant même le loyer des habitations comme une mesure
exacte de la fortune, on ne pourrait en faire la règle d'un
impôt qui doit être proportionné aux profits retirés d'un
commerce, d'une industrie ou d'une profession, puisque
souvent la même personne tirant son revenu en partie de
biens-fonds, en partie de capitaux employés dans le commerce et l'industrie, la valeur locative de son habitation se
rapporte à la somme totale de ses revenus et au seul profit de ces capitaux ; par conséquent, lui imposer, à titre
de taxe commerciale, une quote-part de valeur locative
après lui en avoir levé une autre portion à titre de contribution mobilière, et après avoir taxé directement son revenu foncier à titre d'impôt territorial, est en réalité imposer trois fois le même fonds sous trois noms différents. »

M. Rau a apprécié dans les termes suivants notre législation des patentes [2] : « L'avantage de cet impôt, dit-il, est
d'être levé en évitant tout arbitraire, d'après une règle fixe
et sans difficulté. Mais si on soutient, pour son éloge,
qu'il encourage l'extension des affaires, par cela seul que
son poids s'allége en raison directe de cette extension, c'est

[1] Giulio. Relazione della commissione permanente di finanze sul projetto di
legge per il riordinamento dell' imposta sull' industria e commercio, etc. (P. 18.)
[2] § 374.

là un avantage fort douteux, car les patentables qui ne peuvent agrandir la sphère de leur entreprise s'en trouvent trop
gravement atteints. La contribution des patentes contient
un encouragement qui n'est ni juste, ni économiquement
utile pour les grandes entreprises, et il y a là le principe
d'une inégalité beaucoup plus grande que celle qui peut
se trouver dans les erreurs que l'on rencontre inévitablement en taxant les industriels d'après leurs revenus présumés. »

L'opinion de M. Rau, ailleurs plus développée, est en effet
favorable à la prise en considération de la position personnelle des contribuables soumis à la taxe sur l'industrie, à
la condition toutefois que cette appréciation soit renfermée
dans des limites tracées d'après la classification fondée sur
les signes extérieurs déterminés par la loi [1].

Le reproche adressé par le savant économiste allemand
à la législation française des patentes mérite naturellement
de grandes réflexions, et il est possible de soutenir que,
malgré la complication déjà grande de notre législation
il eût été possible de porter encore plus loin les subdivisions, par exemple, en faisant entrer la considération
du nombre des ouvriers comme un élément additionnel
dans toutes les parties de la classification actuelle, et
dans une autre voie aussi, en élevant beaucoup les maxima
qui introduisent dans plusieurs cas une dérogation très-
considérable au principe salutaire de la proportionnalité.
Mais aller, comme les Allemands, jusqu'à établir des sous-
classes fondées sur l'appréciation des bénéfices divers qui
pourraient être constatés par des jurys de contribuables ou
par des agents de l'administration financière, c'est à nos
yeux rapprocher singulièrement cette législation spéciale

---

[1] § 371 et § 372.

de la branche, précisément la plus difficile, des taxes générales sur le capital ou le revenu.

Depuis que M. Rau a écrit les lignes que nous venons de citer, la législation française a subi du reste quelques changements de détail que nous avons indiqués et qui ne sont pas dénués d'importance sous le rapport de l'application croissante du principe de proportionnalité.

Nous reconnaissons, d'ailleurs, qu'en cette matière, où il s'agit d'éviter plus ou moins complétement l'intervention d'une sorte d'arbitraire, le degré de susceptibilité morale appartenant aux mœurs d'un pays, et la nature des rapports qui s'y sont établis entre les administrateurs et les administrés, doivent jouer un grand rôle. Ici, comme sur plusieurs autres points de nos recherches, il faut observer que la nature des taxes, étant en rapport avec les mœurs et la politique des divers pays où elles peuvent être établies, ne saurait être approuvée ou condamnée partout en vertu de règles absolument uniformes. Ce qui caractérise ici la taxation française sur le terrain du travail lucratif comme sur celui du revenu foncier, c'est le désir d'éviter les recherches fréquentes, le goût du repos dans les estimations primitives. C'est la même tendance, peut-être, qui a fait aussi, dans un domaine différent, établir sur le pied de la répartition d'autres taxes, ailleurs assises sur le pied de la quotité. Enfin, c'est une assez grande part faite aux susceptibilités des situations individuelles.

Malgré cette tendance du législateur, les questions spéciales si diverses que soulève l'application de la loi sur les patentes, portent le nombre des pourvois contentieux au conseil d'Etat, dans cette branche de contributions, fort au delà du total des affaires relatives à toutes les autres contributions directes. Le tableau suivant, que je dois à l'obligeance de M. Aucoc, maître des requêtes au conseil d'État, en fait foi.

Ce tableau renferme des résultats curieux qui mettent en présence le contentieux des diverses contributions qui sont sujettes à la juridiction administrative quant aux difficultés dont elles sont l'occasion. On sait que les contributions indirectes et les taxes d'enregistrement sont, sous ce même rapport, soumises à la juridiction des tribunaux ordinaires.

STATISTIQUE DES AFFAIRES DES CONTRIBUTIONS DIRECTES JUGÉES DE 1852 A 1858

PAR LA SECTION DU CONTENTIEUX ET PAR LE CONSEIL D'ÉTAT STATUANT AU CONTENTIEUX.

(Pourvois formés, soit par l'administration, soit par les particuliers.)

ANNÉES.	CONTRIBUTION FONCIÈRE.				PORTES ET FENÊTRES.				CONTRIBUTION PERSONNELLE ET MOBILIÈRE.				PATENTES.				REDEVANCES DUES PAR LES PROPRIÉTAIRES DE MINES.			
	Nombre des pourvois	Admission totale.	Admission partielle.	Rejets.	Nombre des pourvois	Admission totale.	Admission partielle.	Rejets.	Nombre des pourvois.	Admission totale.	Admission partielle.	Rejets.	Nombre des pourvois.	Admission totale.	Admission partielle.	Rejets.	Nombre des pourvois.	Admission totale.	Admission partielle.	Rejets.
1852............	44	16	2	26	27	13	3	11	68	25	8	35	322	120	33	169	1	1	»	»
1853............	57	19	9	29	32	11	3	18	53	16	5	34	421	213	40	168	6	6	3	3
1854............	37	12	7	18	22	10	5	7	64	18	5	41	507	254	11	242	3	3	»	3
1855............	49	15	2	32	33	16	1	16	64	24	4	36	286	103	15	168	1	1	»	1
1856............	44	9	4	31	30	10	1	19	52	22	8	22	257	106	23	128	4	4	»	4
1857............	54	15	4	35	30	10	»	20	71	25	4	42	275	98	25	152	7	7	1	6
1858............	49	6	4	39	31	7	1	23	95	27	4	64	284	108	11	165	1	1	1	»
Total des pourv..	334				205				467				2352				23			
Moy. par année..	48				29				67				336				3			

Quant à la division introduite chez certains peuples entre
les deux éléments de la richesse commerciale et industrielle,
qui se composent de l'industrie personnelle et du capital
employé dans l'entreprise, ses avantages, qui se résument
dans une plus grande précision dans l'analyse de la richesse
imposable, nous paraissent accessoires et compensés par
d'aussi graves inconvénients. L'industrie est une, et la distinction des deux éléments en question peut fausser aisément l'appréciation de son importance totale, d'autant plus
que le chiffre du capital est moins à considérer que le revenu qui en est tiré. Or, ce revenu varie suivant les industries et aussi suivant le renouvellement plus ou moins fréquent du capital, circonstance non moins grave que l'importance du capital lui-même. Quel rapport y a-t-il, par
exemple, entre le capital d'un marchand de métaux, qui
peut être renouvelé lentement, et celui d'un marchand de
comestibles, qui subit nécessairement un renouvellement
incessant?

Il y a lieu de remarquer aussi que si le capital immobilier
est fixe, le capital industriel est variable suivant les diverses
époques d'une même année, et sous ce rapport l'analogie
entre ces diverses sortes de capitaux ne saurait être qu'incomplète [1].

A nos yeux, il n'est pas d'impôt d'une organisation plus
délicate que celui des patentes, il n'en est pas qui divise
davantage les législateurs financiers, et il n'en est pas,
d'un autre côté, qui doive attirer au même degré leur attention, surtout chez ceux des peuples modernes qui ne connaissent pas les impôts généraux sur la propriété et le revenu.

L'impôt des patentes est, en effet, destiné, plus que

[1] Reden, p. 330, t. I, cite une brochure allemande qui a développé cette idée.

tout autre, dans le système financier de ces peuples, à maintenir l'équilibre de la taxation entre la fortune mobilière et la fortune immobilière, et à représenter plus ou moins complétement, pour l'une de ces branches de la richesse publique en voie rapide d'accroissement, ce que l'impôt foncier est pour l'autre, croissante aussi, mais dans une proportion plus mesurée et plus restreinte.

Aussi avons-nous vu, dans ces dernières années, en Hollande, en Belgique, en Piémont et en Prusse, le système des patentes aboutir, relativement aux sociétés anonymes, à une sorte d'impôt sur le capital ou le revenu mobilier.

Nous avons exposé les bases de ces taxes sur les sociétés anonymes dans les deux premiers de ces pays [1]. En Piémont, le décret du 12 septembre 1853 a approuvé un tarif qui consacre aussi la perception d'un droit de 2 1/2 pour 100 sur le revenu des sociétés anonymes pendant l'année précédente, et de 2 pour 1000 sur le capital, si la société n'a pas encore une année de durée [2].

M. de Cavour voulut bien m'envoyer le 19 mai 1858 un tableau du produit progressif de la taxe sur les sociétés anonymes pendant les trois années précédentes. Le produit s'était élevé de 162,677 liv. en 1855 à 238,138 en 1856, et à 325,952 en 1857. La Banque nationale avait payé en 1857 46,400, et la compagnie du chemin de fer de Novarre 29,942 livres.

En Prusse, la loi du 18 novembre 1857 décide dans ses articles 1er, 2e et 3e, que toutes les sociétés par actions consacrées en tout ou en partie à une entreprise commerciale ou industrielle, à l'exception des sociétés de chemins de fer

---

[1] Lois de 1819 et de 1823, concernant la Belgique et la Hollande, modifiées en Belgique par la loi du 22 janvier 1849, et dans les Pays-Bas par celle du 6 avril 1825.

[2] *Raccolta delle leggi, regolamenti, etc., in materia di contribuzioni dirette,* t. III, p. 358.

seront soumises, à dater du 1ᵉʳ janvier 1858, à la taxe sur
la base du 50ᵉ des intérêts et dividendes distribués pendant
l'année précédente. Le droit est au minimum de 36 thalers.
Les sociétés étrangères qui exercent dans la Prusse, en
même temps qu'au dehors, une industrie sujette à la taxe,
sont soumises à l'impôt dans la mesure de l'importance de
leurs affaires au dedans du pays. L'impôt est de 36 thalers
pour la première année de l'exercice de l'industrie [1]. Les
sociétés de chemins de fer supportent aussi une taxe destinée à constituer un fonds de rachat des actions au profit de
l'État, qui paraît avoir été détourné de cette destination [2].

L'impôt sur les capitaux mobiliers, isolés de tout emploi
commercial ou industriel a été souvent critiqué comme ne
pouvant atteindre son véritable but et comme devant about-
tir à l'élévation du taux de l'intérêt et à l'aggravation du
sort des débiteurs plutôt que des créanciers.

Nous croyons cette objection fort exagérée. Pour diminuer l'offre des capitaux de manière à élever le taux de leur
loyer, il faudrait admettre que l'impôt, supposé cependant
modéré, et que nous n'avons pas vu dépasser, ni en Würtemberg ni en Bavière, 6 pour 100 du revenu [3], ce qui n'équivaut
pas à plus de 3 pour 1000 du capital, serait cependant
suffisant pour porter un grand nombre de capitalistes, soit
à dénaturer leur fortune par des achats d'immeubles, soit
à les transporter au dehors du pays par des placements faits
à l'étranger.

---

[1] Cette loi est la seule qui ait été votée par le Landtag prussien sur un ensemble de mesures d'impôt présentées à sa délibération en 1857. La promulgation de
cette loi n'a eu lieu que plusieurs mois après son vote.

[2] V. la correspondance de Berlin en date du 22 mars 1859 dans *l'Indépendance
belge*, du 24 mars.

[3] D'après M. Rau, l'impôt sur les créances compris dans la *gewerbsteuer* de
Saxe s'élève de 2/3 à environ 2 pour 100. Mais la taxe se serait élevée progressivement de 2 à 50 pour 100 dans la *classensteuer* autrichienne. Voy. § 388, note *e*,
et § 389, note *a*.

L'expérience démontre qu'un abaissement aussi minime, dans le taux de l'intérêt, que celui résultant du prélèvement d'un impôt dans les limites rappelées plus haut, n'a point ordinairement de pareils résultats.

Les inconvénients des placements à l'étranger, les embarras et les frais qu'ils entraînent dans certains cas, ne sont pas couverts par une prime aussi peu considérable, et d'ailleurs, il est possible de soumettre, dans certains cas, les capitaux placés à l'étranger à un impôt ayant quelques rapports avec celui qui porte sur les capitaux placés dans le pays.

Quant à la direction donnée aux capitaux mobiliers vers l'acquisition des biens-fonds, si elle était la conséquence d'un impôt modéré levé sur ces capitaux, ce serait la preuve que les valeurs vénales des immeubles ont été injustement comprimées par l'immunité des placements des capitalistes. Mais il est difficile de croire qu'une sérieuse révolution dans les relations des valeurs pût se produire par le seul fait d'un impôt modéré et qu'elle ne trouvât pas en elle-même son frein par la hausse rapide que subirait la valeur des immeubles, si beaucoup de capitaux étaient appliqués à leur acquisition.

La réflexion et l'effet de l'impôt sur les débiteurs ne sont donc pas des objections péremptoires à nos yeux contre l'établissement d'un impôt sur les valeurs mobilières.

Nous ne nous arrêterions pas davantage à la crainte de voir les intérêts de l'État gravement affectés par une taxe qui atteindrait les revenus tirés des fonds publics, en même temps que les intérêts d'autres créances ou capitaux, abstraction faite de toute particularité relative à telle ou telle législation nationale, et aussi des nécessités locales ou temporaires du crédit dans certains pays.

La Grande-Bretagne, si versée dans la science et la pra-

tique du crédit, ne s'est pas arrêtée à une objection semblable dans l'assiette de son *income-tax*. L'indispensable garantie dûe aux créanciers de l'État, abstraction faite de
toute loi particulière, c'est l'égalité de traitement par rapport aux situations et aux titres analogues aux leurs. Nous
sommes certes loin d'approuver les législations qui ont fait
porter des impôts spéciaux sur les rentes dûes par le trésor
public, comme cela paraît avoir eu lieu à Venise au xvᵉ siècle, au rapport de M. Daru [1], et en Hollande au xviᵉ, comme
l'énonce M. Engels [2]. Mais lorsque l'égalité dont nous parlons est maintenue, la justice générale est respectée comme
l'intérêt même des créanciers de l'État, qui sont atteints, il
est vrai, par l'impôt, mais qui l'auraient été également dans
tout autre placement qu'ils auraient pu choisir.

L'objection la plus sérieuse que rencontre l'établissement
des impôts sur les capitaux et revenus mobiliers est celle-la
même qui est opposée à l'institution des impôts généraux
sur la propriété et le revenu : c'est la difficulté de découvrir
les créances et valeurs mobilières imposables, en évitant les
inconvénients d'une trop grande confiance dans les déclarations individuelles, comme ceux d'une investigation trop
inquisitoriale dirigée dans les affaires privées des citoyens.

M. Rau, quoique partisan de l'impôt sur les capitaux mobiliers, reconnaît franchement cette difficulté. Il ne croit
pas même pouvoir l'éviter en limitant l'impôt aux créances
susceptibles d'une constatation rigoureuse, telles que celles
sur l'État ou les titres hypothécaires. « Il serait défectueux,
dit-il, de n'imposer que les créances d'une constatation facile, parce qu'indépendamment de l'inégalité devant la loi,
qui en serait la suite, il en résulterait un encouragement
pour les capitalistes à diriger leurs fonds vers des place-

[1] T. II, 2ᵉ édition, p. 155.
[2] P. 155.

ments affranchis de taxe, et pour les débiteurs hypothécaires l'obligation de subir un intérêt un peu plus élevé. » (§ 386.)

Deux moyens ont été proposés pour éluder les difficultés relatives à la révélation des créances sur les particuliers. On s'est demandé si l'on ne pourrait atteindre le capitaliste par l'impôt d'une manière indirecte en autorisant le débiteur à lui retenir une partie déterminée de l'intérêt correspondant à la taxe, tandis que lui-même serait soumis à l'imposition entière, comme s'il était exempt de dettes. Ce procédé peut être pratiqué en Angleterre dans le système de l'*income-tax* qui atteint tous les revenus et qui admet la déduction des dettes. Mais dans un pays où le propriétaire foncier supporte un impôt spécial, sans déduction pour les dettes dont il peut être grevé, la retenue pratiquée par le débiteur à l'égard du créancier serait sans avantage aucun pour le trésor, et n'aurait d'autre résultat qu'un profit pour le débiteur.

On a conçu l'idée d'obliger les créanciers à faire enregistrer leurs créances en attachant au défaut de cette formalité la sanction du refus de l'action judiciaire. Mais cette mesure, difficile à pratiquer pour les prêts à court terme, entraînerait de grandes répugnances par la nécessité de donner à tous les engagements une certaine publicité.

La déclaration personnelle des citoyens, entourée de toutes les garanties que la prudence pourrait procurer, est en définitive l'unique moyen qui ait été jusqu'à présent pratiqué largement, et qui paraisse pouvoir l'être relativement aux impôts sur les capitaux mobiliers, en exceptant ceux de ces capitaux qui, comme les titres sur les compagnies industrielles et les rentes nominatives sur l'État, ont une existence extérieure rebelle à la dissimulation et pour lesquels le contrôle de la déclaration est inscrit d'avance dans des registres impossibles à cacher.

Il est curieux de voir comment, dans les pays où la déclaration individuelle est frappée à tort ou à raison de discrédit et de défiance, de vains efforts sont faits pour atteindre la fortune mobilière directement et d'une autre manière que par les contributions sur les jouissances et les consommations.

Un impôt sur les créances hypothécaires est proposé à l'assemblée constituante de 1848, en France. Il est rejeté par cette assemblée.

Lors du vote du second décime de guerre en 1855, la commission du corps législatif chargée d'examiner le projet de loi, et dont M. du Miral était le rapporteur, s'est efforcée comme MM. Roques Salvaza et Granier de Cassagnac, l'ont fait depuis en 1862, de formuler des dispositions propres à faire tomber directement sur certaines valeurs mobilières les recherches du fisc.

On s'est trouvé toujours placé en cette matière entre une sorte d'inconséquence difficile à justifier, et l'adoption du mécanisme des déclarations et contrôles qu'on proclame repoussés définitivement par les mœurs. Souvent même on hésite devant des mesures qui ont reçu l'approbation de législateurs sérieux, et c'est ainsi qu'on a laissé subsister dans notre législation sur les patentes la disposition de l'article 17 de la loi du 25 avril 1844, qui impose les sociétés anonymes à un seul droit fixe, sans préjudice du droit proportionnel, et qu'on a préféré assez récemment satisfaire par un impôt indirect de mutation à la nécessité reconnue par le Gouvernement et le corps législatif d'atteindre plus sérieusement que par le passé les valeurs mobilières appartenant surtout en fait à ces sociétés.

La disposition de la loi française de 1844 que nous venons de citer, en ce qu'elle a de favorable aux sociétés anonymes par rapport aux autres sociétés commerciales, a été combattue cependant par des raisons qui méritent d'autant plus d'attention, qu'elles émanent d'un législateur contraire en principe à l'impôt sur le revenu.

« Dans ce système, disait M. Giulio, à propos de la discussion de la loi sarde sur les patentes [1], la taxe est déterminée par voie de présomption, bien que pour les sociétés anonymes la publicité des comptes rendus annuels dispense de recourir à de simples conjectures. De plus, dans ce même système, les sociétés anonymes, déjà dispensées de l'obligation de prendre autant de patentes et de payer autant de droits ou demi-droits fixes qu'il existe d'associés, sont encore exonérées de tout droit proportionnel sur les logements, étant manifeste que le droit proportionnel dont il est parlé dans l'article cité ne peut se rapporter qu'aux locaux nécessaires pour l'exercice de l'entreprise sociale : toutes exceptions qui semblent avoir été introduites dans la loi pour favoriser, suivant nous, au delà des bornes du juste, l'établissement des sociétés anonymes. »

En arrêtant ici ces réflexions et sans avoir la prétention de trancher toutes les graves questions qui se rattachent à l'entreprise de taxer la fortune mobilière, nous hasarderons quelques dernières observations sur l'état actuel des législations européennes sur cette matière.

Tout législateur qui veut taxer les professions lucratives, d'après des signes extérieurs, n'est-il pas réduit à un système de tâtonnements et d'approximations au milieu duquel la conscience de l'imperfection des moyens à employer commande souvent, comme en France, un certain vague relatif à l'objet à atteindre?

Hors du principe de l'impôt sur le revenu avec sa grandeur et ses défauts, n'y a-t-il pas certaine inégalité et certaine inconséquence fréquente, sinon nécessaire, dans l'or-

[1] Rapport déjà cité, p. 59.

1.   26

ganisation d'un système d'impositions spéciales sur les divers revenus ?

Par rapport à la taxation de l'industrie d'après les facultés *personnelles* de production, on pourrait défendre l'immunité du revenu provenant d'un capital mobilier. On ne le peut guère au regard de l'impôt qui pèse sur le revenu foncier.

Cependant, si on embrasse l'*ensemble* des facultés de production dans l'industrie, est-il possible de ne pas voir dans le capital l'élément productif le plus saillant et quelquefois le plus notoire de la richesse industrielle ?

Et si le capital employé dans l'industrie est saisi par la taxe, la conséquence n'est-elle pas d'atteindre certains capitaux non industriels, mais liés étroitement à un emploi industriel, comme les titres des chemins de fer, par exemple ? N'est-ce pas ce qui a conduit les législateurs allemands à ces rapprochements variés dans la terminologie de leurs taxes mobilières, prétendant arriver à la généralité de la taxation par la diversité des moyens ? N'est-ce pas ce qui a amené, il y a déjà longtemps, divers écrivains ou législateurs, placés en dehors des passions révolutionnaires, à demander l'impôt sur les capitalistes [1] ?

Si cette pente est naturelle, on peut y résister en s'armant de défiances énergiques contre toute investigation de la fortune mobilière, et on peut opposer des fins de non-recevoir péremptoires appuyées tout à la fois sur certaines appréhensions légitimes, mais aussi quelquefois sur la terreur factice ou la défiance de l'inconnu. Toutefois, l'histoire n'apprend pas qu'en général les questions de forme étouffent complétement les questions de fond. Nul, même en approuvant certaines précautions nécessaires, ne peut donc assigner de limites infranchissables aux innovations que peut suggé-

---

[1] V. entre autres les *Lettres sur la prospérité publique*, de M. de Hogendorp, t. II, p. 26 et 31.

rer le développement de la richesse mobilière combiné avec l'action du raisonnement et l'influence lentement variable des mœurs dans un domaine qui, malgré des susceptibilités particulières, reste cependant soumis aux mêmes règles que toutes les parties de la législation civile.

C'est cette conclusion générale que semblent indiquer à l'observateur non-seulement les progrès rapides du produit de nos patentes, mais encore les résultats obtenus en Angleterre pour la taxation de la fortune mobilière. Les difficultés d'atteindre cette richesse particulière n'étaient point méconnues dans ce pays, et l'on trouve dans les annales de ses débats parlementaires, la citation d'un mot trivial, mais énergique, de Walpole qui indique assez combien dans le siècle dernier ces difficultés étaient senties sans être sérieusement expliquées par ce ministre [1]. Cependant, dès la fin du même siècle, l'entreprise de taxer la fortune mobilière, parallèlement avec la fortune immobilière, semble, malgré de sérieuses imperfections de détail, être arrivée dans la Grande-Bretagne à des résultats féconds dans l'ensemble, et l'*income-tax* non seulement tend à prendre un domicile de plus en plus durable au foyer du citoyen britannique, mais encore il le suit au delà des mers, dans les vastes colonies que son énergie a en quelque sorte reconquises récemment sur une sanglante et opiniâtre révolte [2].

[1] Voy. le passage cité par Sinclair dans son *Analyse des sources du revenu public*, p. 79. Walpole compare assez familièrement les propriétaires fonciers aux *moutons*, et la *trading part of the nation*, c'est-à-dire les commerçants, à un autre animal plus sordide, plus rebelle et plus bruyant dans ses plaintes. *Who wil not suffer a bristle to be pluckt from his back without making the whole parish to echo with his complaints.*

[2] Voy. la page 361 ci-dessus.

FIN DU TOME PREMIER.

TABLE DES MATIÈRES

FIN DE LA TABLE DU TOME PREMIER.

ERRATA

Page 80, ligne 3, au lieu de : *plus ils ajoutent*, lisez : *plus ils agissent*.

Page 91, note 1, au lieu de : *l'ouvrage du publiciste*, lisez : *l'ouvrage de ce publiciste*.

Page 135, ligne 9, au lieu de : *un nebensteuer*, lisez : *une nebensteuer*.

Page 167, dans le titre du chapitre, au lieu de : *ou le revenu*, lisez : *et le revenu*.

Page 195, ligne 28, au lieu : *d'en établir un*, lisez : *d'en établir une*.

Page 196, dernière ligne, au lieu de : 1860, lisez : 1862.

Page 203, ligne 23, au lieu de : *reis*, lisez : *milreis*.

Page 208, ligne 24, au lieu de : *on fit*, lisez : *en fit*.

Page 230, note 1, ligne 5, au lieu de : *partie afférente aux propriétés*, lisez : *partie afférente aux autres propriétés*.

Page 332, ligne 2, au lieu de : *la classensteuer qui est un impôt saisissant l'ensemble du revenu des citoyens*, lisez: *la classensteuer et l'einkommensteuer qui sont des impôts saisissant l'ensemble du revenu des citoyens*.

Saint-Denis. — Typographie de A. Moulin.

BULLETIN DE LA LIBRAIRIE
GUILLAUMIN ET CIE

Suite au Catalogue général.

N° 4. — MAI 1862.

AVIS. — *A partir du 15 juillet prochain, l'agrandissement de nos Magasins nous permettra d'avoir toujours un assortiment de Reliures de tous nos principaux Ouvrages.*

OUVRAGES RÉCEMMENT PARUS

PRÉCIS DE LA SCIENCE ÉCONOMIQUE
ET DE SES
PRINCIPALES APPLICATIONS
Par M. A.-E. CHERBULIEZ

Docteur en Droit et en Philosophie, Correspondant de l'Institut de France, Professeur d'Économie politique à l'École polytechnique fédérale de la Suisse.

2 volumes in-8°. — Prix : 15 francs.

« J'expose dans cet ouvrage la science économique telle que je la conçois et telle qu'elle m'apparaît après vingt-cinq années d'études incessantes et d'un enseignement public rarement interrompu. Toutefois je n'en présente qu'un tableau raccourci; car, pour traiter complétement toutes les questions que soulève ou auxquelles s'applique cette science, dix volumes ne suffiraient pas, et j'estime qu'elle est parvenue à ce point de développement où les ouvrages qui embrassent l'ensemble d'une science ne peuvent plus être que des précis, des manuels ou des traités élémentaires, sous quelque titre qu'il plaise à leurs auteurs de les publier.

« Ces ouvrages n'en deviennent que plus nécessaires pour constater l'étendue et pour fixer les limites du domaine de la science, pour montrer l'enchaînement des vérités qu'elle enseigne, pour introduire enfin, dans son exposition, la méthode, l'ordre, l'uniformité de terminologie et la sévérité de langage désirables.

« A ces divers égards j'ai adopté un esprit, des points de vue et des principes essentiellement différents de ceux qui ont généralement prévalu parmi les économistes, et je reconnais que si ces innovations relatives à la forme du développement scientifique, ou les modifications que je propose sur quelques points de théorie, n'étaient que des erreurs, mon livre, venant après tant d'autres du même genre, serait inutile et ne contribuerait en rien aux progrès de la science économique. Son succès en décidera, non pas son succès immédiat auprès du public, mais son succès définitif et durable auprès des juges compétents; et c'est en vue de provoquer, non d'influencer cette décision, à laquelle je me soumets d'avance en toute humilité, que je me permets de recommander mon œuvre aux lecteurs intelligents et studieux, comme le fruit d'un travail consciencieux et comme le résumé de convictions formées et mûries par de longues et patientes études. »

« Le nom et le savoir de l'auteur, dit M. Ambr. Clément (*Journal des Économistes*, n° de mai 1862), sont pour nos lecteurs un témoignage suffisant qu'il s'agit ici d'une œuvre consciencieuse et instructive, digne d'être sérieusement étudiée, et sa publication à la suite d'un long exercice de l'enseignement, comporte des garanties d'expérience qui sont assurément un titre de plus à l'attention des hommes studieux. »

Nous renvoyons au Bulletin n° 3, page 18, pour la *Table des matières.*

LEÇONS D'ÉCONOMIE POLITIQUE

FAITES A MONTPELLIER

Par M. Frédéric PASSY

RECUEILLIES PAR MM. ÉMILE BERTIN ET PAUL GLAIZE (1860-1861).

Deuxième édition. — 2 volumes in-8º. — Prix : 10 francs.

(Le prix avait été précédemment fixé, par erreur, à 12 fr.)

M. Michel Chevalier a jugé ainsi, dans son Rapport à l'Académie des sciences morales et politiques, les *Leçons* de M. Frédéric Passy : « Ce livre a un mérite qui frappe bientôt le lecteur : il a un cachet; ce n'est point une reproduction pure et simple des idées des autres. L'auteur y a mis sa personnalité. M. Frédéric Passy est profondément imbu des idées spiritualistes; il est un homme religieux; on s'en aperçoit dès les premières pages. Les principes de la morale sont des points fixes auxquels il revient sans cesse. C'est d'ailleurs un éloge à faire de la plupart des écrits d'économie politique qui se publient en France depuis un certain nombre d'années que les auteurs de ces écrits s'appliquent à signaler le lien qui rattache l'économie politique à la morale. Je ne connais personne qui, plus que M. Frédéric Passy, se place avec empressement et bonheur à ce point de vue. »

Quant à l'origine de ces leçons, M. Michel Chevalier ajoute : « L'économie politique n'a presque aucune place dans l'enseignement de la France. C'est à peine si, à Paris, il y en a deux chaires publiques. L'ensemble de ce grand pays en a moins que le petit royaume de Portugal. La province n'en compte pas une seule. Quelques personnes cependant ont senti le besoin de voir s'organiser cet enseignement sur des proportions moins mesquines. Elles ont entrepris de susciter quelques chaires dans les départements. Le désir s'en est révélé dans un certain nombre de villes déjà : à Pau, à Montpellier, à Reims, à Bordeaux. M. F. Passy s'est offert pour ces cours libres. C'est ainsi que successivement, malgré la délicatesse de sa santé, il a tenté des conférences d'économie politique à Paris, puis a fait à Montpellier des leçons, et enfin c'est à Bordeaux qu'il se fait entendre.

« Partout son enseignement a excité une vive satisfaction. Cette année le succès qu'il obtient à Bordeaux surpasse les espérances des amis de l'économie politique et les admirateurs de son talent. »

CONFÉRENCES D'ÉCONOMIE POLITIQUE

FAITES A BORDEAUX

Sous le patronage de la Société Philomatique

Par M. Fréd. PASSY

(1861-1862)

(DISCOURS D'OUVERTURE.) — BROCH. IN-8º. PRIX : 75 CENTIMES.

CE QU'ON VOIT ET CE QU'ON NE VOIT PAS

OU

L'ÉCONOMIE POLITIQUE EN UNE LEÇON

Par F. BASTIAT

Troisième édition. — 1 petit volume grand in-16. — Prix : 50 centimes.

Ce petit pamphlet de Bastiat, épuisé depuis longtemps, a été réimprimé afin que nous puissions fournir dans ce format la collection complète des *Pamphlets et Sophismes.*

Voici, pour les personnes qui n'auraient pas notre catalogue général sous les yeux, la liste complète de cette petite collection des écrits de Bastiat :

Sophismes économiques, in-16...... 2 fr. »
Propriété et loi. — Justice et frater-
nité, in-16.................... » 40
Protectionisme et communisme,
in-16......................... » 35
Capital et rente, in-16............. » 35
Paix et liberté, in-16.............. » 60
Incompatibilités parlementaires, in-16 » 75

L'État. — Maudit argent, in-16..... » 40
Gratuité du crédit, in-16........... 1 f. 50
Baccalauréat et socialisme, in-16... » 60
Spoliation et loi, in-16............ » 40
Propriété et spoliation, in-16....... » 40
La loi, in-16..................... » 50
Ce qu'on voit et ce qu'on ne voit
pas, in-16................... » 50

Les prix réunis de ces petits volumes forment la somme de 8 fr. 75 c.; mais, si on veut avoir la *collection complète*, il suffira d'envoyer un mandat de 6 francs sur la poste; et de plus les personnes qui désireront contribuer à propager les excellentes doctrines de l'illustre économiste, recevront, en prenant six exemplaires, le septième gratis. — Les envois seront faits *franco*.

TRAITÉ DE FINANCES

L'Impôt en général, son assiette, ses effets économiques, politiques et moraux; catégories et espèces diverses d'Impôts; les Emprunts, le Crédit public et les Dettes consolidées; les Dépenses publiques et les Attributions de l'État; les Réformes financières; l'Impôt dans ses rapports avec le progrès et la misère.

NOTES HISTORIQUES ET DOCUMENTS STATISTIQUES

Par M. Joseph GARNIER

Professeur d'Économie politique à l'École impériale des Ponts et Chaussées, Secrétaire perpétuel de la Société d'Économie politique.

DEUXIÈME ÉDITION, CONSIDÉRABLEMENT AUGMENTÉE

1 très-fort et très-joli vol. grand in-18. — *Prix : 3 fr. 50.*

En vingt-deux chapitres habilement distribués et proportionnés, complétés d'ailleurs par de nombreuses (XXXVI) notices supplémentaires, M. Joseph Garnier a su composer le Manuel de finances le plus intéressant, le plus succinct, le plus net et le plus conforme aux principes de la science. Les livres de ce genre sont extrêmement difficiles à faire et il se rencontre bien peu de personnes capables même de les entreprendre. Nul n'était plus propre que M. Garnier à faire réussir le sien. Il a toute la science, tout l'esprit de méthode nécessaires à une pareille tâche, et il apporte un soin infini dans les moindres détails des sujets dont il parle. Ces qualités sont ici mieux à leur place que nulle part ailleurs.

Mais ce n'est pas seulement par la réalité et la didactique de la science que ce *Traité de Finances* est recommandable. Il l'est surtout par l'ensemble de la doctrine et des idées. C'était déjà au même titre que le *Traité d'Économie politique* de M. Joseph Garnier avait obtenu tant d'éloges.

Les indications que l'auteur a placées sur l'intitulé même de son livre, dispensent de reproduire sa table des matières. Voici, du moins, sa préface :

« La première partie de ce volume traite des principes généraux en matière de dépenses et de revenus publics.

» La deuxième contient des renseignements bibliographiques, statistiques et historiques.

» Ce *Traité de Finances* fait suite au *Traité d'Économie politique* du même auteur. C'est un exposé scientifique en dehors de toute préoccupation exclusive de nationalité, de parti politique, de théorie sociale ou de système financier qui lui soit propre.

» Cette deuxième édition est considérablement augmentée. Le nombre des chapitres a été doublé, et les notes complémentaires, qui n'existaient point dans la première édition, sont au nombre de XXXVI.

» En offrant la première édition au public, l'auteur disait : « Il n'y a pas à notre connaissance de livre élémentaire et didactique sur les finances. Nous avons essayé de remplir cette lacune en condensant un assez grand nombre de notions nécessaires à tous ceux qui ne veulent pas rester absolument étrangers aux affaires publiques. On y trouvera traitées et résumées, non-seulement les questions spéciales sur l'impôt et les emprunts, mais encore les questions générales que ces sujets comportent. »

En présentant cette première édition à l'Académie des sciences morales et politiques, M. Hippolyte Passy, ancien ministre des finances, membre de la section d'économie politique, s'exprimait ainsi : « C'est un véritable traité sur la

» matière, et un traité qui, malgré sa concision, est réellement complet : Impôts,
» Emprunts, Crédit, Amortissement, tout y est examiné, jugé, au point de vue que
» la science a marqué. »

Jaloux de mériter encore plus cette flatteuse et trop bienveillante appréciation d'un savant économiste financier, ainsi que l'accueil fait à ce premier essai
par le public, l'auteur a voulu reprendre son œuvre dans tous les détails, et
s'efforcer de composer pour les finances, comme il l'a tenté pour l'Economie
politique générale, d'une part, un exposé analytique propre à faire avancer la
science à l'aide de la méthode de simplification, de coordination et de conden-
sation qu'il a suivie dans ses autres écrits; d'autre part, un traité didactique
propre à faciliter l'étude des questions financières.

Le sujet des finances a en tout temps une importance majeure aux divers
points de vue politique et social, domestique et moral. L'auteur tiendrait à grand
honneur d'avoir participé, dans la mesure de ses forces, à la réalisation de cette
maxime favorite de Colbert : « Il faut rendre la matière des finances si simple
» qu'elle puisse être facilement entendue par toute sorte de personnes. »

THÉORIE DE L'IMPOT

OU

LA DIME SOCIALE

PAR

Mlle Clémence-Aug. ROYER

OUVRAGE COURONNÉ PAR LE CONSEIL D'ÉTAT DU CANTON DE VAUD

2 vol. in-8° — Prix : 10 fr.

Nous avons dit (*Bulletin* n° 3, page 20) en quels termes cet ouvrage remarquable à tant d'égards a été apprécié par le rapporteur du jury du concours de
Lausanne.

Ce n'est pas sans fierté que l'auteur de ce traité original a écrit à la première
page de son œuvre : « J'ai voulu écrire dans ce livre le système fiscal de la liberté : c'est pourquoi je le dédie aux *hommes libres*. Mais cet instrument d'émancipation, de justice et de progrès ne serait entre les mains d'un despote, maître
héréditaire d'un peuple servile, qu'un instrument d'oppression, d'iniquité et de
décadence. »

Les idées les plus sages et les plus généreuses se trouvent réunies dans ce livre;
et il suffit d'en lire la préface pour avoir une haute estime de l'esprit et du
talent de l'auteur.

« En théorie générale, dit Mlle Royer, nous prendrons pour maxime fondamentale de faire primer la question de droit sur la question de fait, la justice sur
l'utilité, l'utilité et la justice sur les considérations plus étroites de la politique,
n'accordant à celle-ci qu'une valeur températive, une sorte de pouvoir d'ajour-
nement, pour réaliser successivement, lentement, prudemment, l'idéal tracé par
la théorie, dans toute l'étendue de ce possible qui dépend des circonstances
locales. »

Voilà déjà un programme qui annonce un ouvrage digne de l'attention publique. L'auteur complète sa pensée en ces termes :

« Faire primer la question de droit sur la question de fait, c'est mettre la spéculation au-dessus de la tradition, c'est donner la préférence à l'école juridique
contre l'école historique. L'histoire cependant, ce sont les archives expérimentales du passé, et, comme telle, elle doit être consultée.

« Dans toutes les institutions humaines, et dans les institutions fiscales en
particulier, comme dans toutes les autres, il s'est trouvé quelque chose d'instinctivement rationnel; quelque chose comme une révélation spontanée de la
nature de l'homme et de la société; une sorte d'ordre nécessaire plus ou moins
altéré, plus ou moins troublé par le jeu libre des passions et des intérêts anta-
gonistes. Poursuivre à travers les temps cette part d'instinct, de spontanéité, de
raison; la distinguer sous toutes les formes si multiples qu'elle a revêtues; en
faire la base de ce qui doit être et le fondement de la théorie : voilà la part de
l'histoire. Développer ces principes dans toutes leurs conséquences et jusqu'à
l'absolu, si possible; indiquer le point où ils semblent d'abord se contredire,

mais où en réalité ils se limitent et se déterminent seulement l'un l'autre : voilà la part de la spéculation, et l'objet d'une philosophie de l'impôt. Enfin, des hauteurs générales de la théorie descendre dans le détail des applications particulières et pratiques, selon le temps, selon les lieux, selon les choses et leurs fatalités : voilà le domaine de la science fiscale appliquée.

« C'est ce programme que nous essaierons de remplir. »

Le lecteur jugera si l'auteur l'a rempli, comme le conseil d'État de Vaud l'a pensé quand il a couronné son œuvre.

Le style de l'auteur est net, clair, correct, élégant et d'une fermeté toute virile.

ANNUAIRE DE L'ÉCONOMIE POLITIQUE

ET DE LA

STATISTIQUE

POUR 1862

Par MM. Maurice BLOCK et GUILLAUMIN

19e année. — 1 fort vol. in-18. — Prix : 5 fr.

Depuis que cette publication existe, ses rédacteurs ont tenu à honneur d'y introduire tous les ans quelque amélioration. Dans les premières années on s'est avant tout préoccupé du cadre, et il a été élargi peu à peu jusqu'à occuper le quadruple de son étendue primitive : il s'agissait alors surtout du choix et du classement des matériaux.

Les légitimes exigences du public, une fois satisfaites sur ce point, il y eut à améliorer le fond même de l'œuvre et d'abord à combler les lacunes qu'on put découvrir : on veilla à ce que dans les deux premières parties (I. France — II. ville de Paris) aucun document officiel ne fut omis, et on fit entrer dans la 3e des États peu étendus, qu'on avait d'abord cru pouvoir négliger. Enfin la 4e partie comprit successivement, après une analyse des faits économiques de l'année écoulée, un Résumé des travaux de l'Académie des Sciences, un Compte-rendu des séances de la Société d'Économie politique, une Revue financière, une Bibliographie économique et des articles d'actualité.

Le lecteur peut voir dans les préfaces des années antérieures l'indication détaillée des améliorations successives introduites dans ce recueil. Cette fois enfin nous sommes parvenus à nous créer des relations dans tous les pays qu'il faut que l'économie politique et la statistique connaissent à fond, et nous sommes désormais décidés à donner des extraits de tous les documents statistiques qu'on nous enverra, dussions-nous être obligés d'étendre encore un cadre déjà assez vaste.

Prix des années antérieures :

Année 1844	(épuisée)	Années 1848 et 1849, chacune	3 fr. 50
— 1845	1 fr. 50	— 1850 à 1854, —	4 fr. »
— 1846 et 1847, chacune	2 fr. 50	— 1855 à 1862, —	5 fr. »

Le prix de la collection des années 1845 à 1862 est de 73 fr. 50. — Il sera fait une remise de 20 0/0, soit 58 fr. 80 net, aux personnes qui prendront cette collection. Envoyer un mandat de cette somme.

DE LA CHERTÉ DES GRAINS

ET DES PRÉJUGÉS POPULAIRES

QUI DÉTERMINENT DES VIOLENCES DANS LES TEMPS DE DISETTE

Par M. VICTOR MODESTE

3e édition, refondue et augmentée. — 1 vol. gr. in-18 jésus. — Prix : 3 fr. 50

Division du livre. — Ce qu'étaient les famines ; ce que sont les disettes. — Conditions anciennes, conditions actuelles de la production agricole et de la distribution des grains. — Que la disette actuelle est à son tour moins grave que les précédentes. — De la violence. Il faut prêcher. — De la violence dans les temps de disette. — Le fermier, le meunier, le boulanger. Effets des hauts prix. — Le commerçant en grains. — Les classes aisées. Le capital et le travail. L'impôt communal. L'épargne individuelle.

Désarmer et détruire les préjugés redoutables encore si répandus en matière de subsistances, tel est le but du livre heureusement accueilli dont nous publions une 3me édition. Par la justesse et souvent la nouveauté des vues, l'intérêt et la communicative chaleur des conseils, par l'accent d'un dévouement visible aux populations malheureuses comme à la cause de l'ordre, de la vérité, de la liberté et du droit, il a dû contribuer déjà, et contribuera certainement encore à l'accomplissement d'une si utile entreprise. Attaché à rassurer comme à convaincre, l'auteur y prouve d'abord l'impossibilité du retour des maux anciens des famines; puis il prend tour à tour à partie la violence, les défiances, les haines, les erreurs de tout rang et de toute portée. Partout, il fait toucher du doigt qu'elles ne sont pas seulement injustes et déraisonnables, mais souverainement dommageables pour ceux qui s'y abandonnent. Ce livre est de ceux qui sont destinés à répandre autour de nous, avec les lumières, l'esprit de paix et de conciliation dont notre époque a tant besoin.

Soigneusement révisée, cette 3me édition a été mise au courant des faits et des chiffres actuels, et des additions importantes y ont donné place aux enseignements de la longue cherté que la France et une partie de l'Europe ont soufferte de 1853 à 1857.

Le Journal des Économistes a rendu compte de la 2me édition du livre de la Cherté des Grains dans son no de juin 1854. (Article de M. G. de Molinari.)

CONSERVATION DES GRAINS
PAR L'ENSILAGE

RECHERCHES ET APPLICATIONS EXPÉRIMENTALES FAITES DEPUIS 1850, POUR DÉMONTRER LA CONSERVATION DES GRAINS PAR L'ENSILAGE, SOUTERRAIN HERMÉTIQUE

avec les documents officiels
Par M. L. DOYÈRE

1 volume grand in-8o. — Prix : 5 francs.

La publication de documents propres à porter dans tous les esprits la conviction qu'il existe un moyen économique et certain pour la conservation des grains, tire des circonstances actuelles un intérêt qu'elle n'aurait eu peut-être au même degré à aucune autre époque. Le livre de M. Doyère ne peut donc manquer d'attirer l'attention publique.

L'ensilage dont il parle n'est pas le moyen de conservation empirique que les anciens connaissent et auquel on a recours en Afrique mais qui n'a pu réussir en France; c'est un système très-étudié, très-sérieusement éprouvé, auquel il a donné le nom d'Ensilage rationnel. En racontant ses propres travaux et les expériences officielles auxquelles ils ont donné lieu, l'auteur accomplit un devoir, car, en pareille matière, il faut répandre par tous les moyens possibles les éléments de vérité et de progrès. Les agriculteurs lui en seront reconnaissants.

LE BLÉ — LE PAIN
APPEL AU BON SENS, A L'OPINION PUBLIQUE
Par P. GOSSET

Brochure in-4o. — Prix : 3 francs.

Inspirée par un sentiment généreux, cette brochure propose d'abord de changer le système de la meunerie et de lui faire une concurrence en construisant des moulins municipaux. Elle demande ensuite qu'il soit établi des manutentions nombreuses dans Paris. Les arguments à l'aide desquels cette double thèse est soutenue ne manquent pas d'intérêt. M. Gosset se prononce contre le système de compensation des taxes et contre la caisse de la Boulangerie.

ÉTUDES SUR L'ÉCONOMIE FORESTIÈRE

Par M. JULES CLAVÉ

1 VOLUME GRAND IN-18. — PRIX : 3 FR. 50

Rien de mieux lié, de plus substantiel et en même temps rien d'écrit d'une manière plus attrayante que cet ouvrage qui traite des questions trop longtemps négligées.

Le meilleur des juges, M. Léonce de Lavergne, en le présentant à l'Académie des Sciences morales et politiques, l'a loué en des termes justifiés par son utilité et son agrément.

« Si nous résumons en quelques mots les conclusions auxquelles ces études nous ont conduit, dit lui-même l'auteur, nous voyons qu'en matière de forêts comme en toute autre, l'État doit se borner à sauvegarder les intérêts généraux de la société que l'initiative individuelle est impuissante à garantir. Si à ce titre il est nécessaire qu'il possède un domaine forestier, il faut qu'il l'exploite en vue des plus grands produits en matière, mais sans jamais s'immiscer dans les industries où ils sont employés, ni dans le commerce auquel ils donnent lieu. A l'égard des forêts communales, il n'a d'autre mission que celle de veiller au nom des générations futures à ce que la production en soit maintenue constante, et à ce que l'existence n'en soit pas compromise par des exploitations abusives. Enfin, en ce qui concerne les forêts particulières, il ne doit intervenir que pour en empêcher le défrichement dans les cas prévus par la loi. Encore cette intervention serait-elle inutile, s'il possédait, ainsi que le voudrait la logique, tous les massifs boisés dont la conservation est d'intérêt public. En dehors de ces attributions, rigoureusement définies, reposant sur des principes indiscutables, l'État doit s'abstenir et laisser les intérêts particuliers se régler entre eux sans entrave. »

L'AGRICULTURE

ET LES

CLASSES AGRICOLES DE LA BRETAGNE

Par M. A. DU CHATELLIER

Correspondant de l'Institut et de la Société centrale d'Agriculture.

1 volume in-8°. — Prix : 4 francs.

Cet ouvrage, qui a fait l'objet de plusieurs communications à l'Académie des Sciences morales et politiques, présente l'histoire du grand travail agricole de la Bretagne depuis la conquête des Romains jusqu'à nous. *Le Moniteur* en rendant compte de cet important ouvrage, en trois articles successifs des mois de mars et d'avril derniers, a fait ressortir l'intérêt plein de nouveauté que présente l'ouvrage de M. du Chatellier sur l'action si diverse et si soutenue des différentes classes de la société française, y compris la noblesse et le clergé, à l'occasion de la mise en valeur du sol et des modes successifs de sa possession.

LES CRISES ET LE CRÉDIT

DIVISION DU TRAVAIL

BANQUE D'ESCOMPTE ET BANQUE DE DÉPOT

PAR J. A. REY

Brochure in-8°. — Prix : 2 francs.

C'est la durée de la crise actuelle qui a inspiré à M. Rey la pensée de publier son opinion sur les moyens d'échapper désormais aux éventualités fâcheuses qui peuvent se produire.

Les procédés politiques lui semblent peu efficaces en général. Il désire trouver un remède durable et fait la critique de notre système actuel de banques privilégiées. C'est à l'Angleterre, à l'Ecosse surtout qu'il cherche à emprunter des préceptes de conduite, car il a surtout en vue les crises monétaires. Le chèque, telle est l'arme puissante avec laquelle il veut surtout que l'on combatte ces crises. Ce qu'il envie le plus aux Anglais, c'est le *clearinghouse*.

Nos établissements de Crédit, autres que la Banque, sont tour à tour l'objet de son étude sévère. Il arrive à conclure que l'ordre économique ne peut se constituer et se développer que par la liberté.

Nous ne pouvons entrer ici dans le détail de cet brochure qui offre des qualités de discussion remarquables. C'est vivement écrit et persuasif.

DES CRISES COMMERCIALES
ET DE LEUR RETOUR PÉRIODIQUE
Par M. Clément JUGLAR
Membre de la Société d'Économie politique et de Statistique de Paris.

1 VOLUME IN-8o. — PRIX : 5 FR.

Voici quel était le sujet proposé par l'Académie des Sciences morales et politiques : *Rechercher les causes et signaler les effets des crises commerciales en Europe et dans l'Amérique du Nord durant le cours du* XIXe *siècle.*

Voici maintenant un extrait du jugement porté sur l'ouvrage dans le *Rapport* fait par M. Wolowski au nom de la section d'Economie politique :

« L'auteur de ce mémoire croit plus à l'influence d'une direction prudente donnée aux Banques qu'à l'utilité d'une nouvelle organisation. Dans son savant et judicieux travail, il a retracé l'histoire complète, faite sur les documents officiels, des perturbations commerciales en Angleterre, en France, aux Etats-Unis, à Hambourg, depuis le commencement du siècle. Les faits accomplis révèlent d'eux-mêmes la nature et l'intensité des crises, leur marche et la manière dont elles se terminent. L'auteur parvient ainsi à en constater et à en spécifier les causes fondamentales qu'il distingue bien des causes occasionnelles. La méthode d'observation sévèrement appliquée, lui fournit le moyen d'arriver au principe véritable et constant du mal, en lui faisant retrouver les mêmes faits dans les mêmes circonstances.

« L'auteur examine avec une attention scrupuleuse les points capitaux suivants :

Le développement de l'escompte et des avances;

La situation de la réserve métallique ;

La circulation des billets ;

Les dépôts ou comptes courants.

« Ce sont surtout les indications fournies par le développement de ses comptes et par l'état de l'encaisse dont il se sert pour déterminer les fondements des crises. D'après les tableaux synoptiques que l'auteur a dressés avec une grande précision, on saisit clairement les signes précurseurs des perturbations commerciales. L'extension de la spéculation amène la hausse des prix et des salaires; le luxe se propage; on règle la dépense non sur l'accroissement des revenus, mais sur l'augmentation du cours nominal des valeurs. Le développement exagéré des escomptes et la diminution des réserves métalliques précèdent les crises, de même que la diminution des escomptes et l'abondance de l'encaisse en marquent la guérison. Les périodes croissantes et décroissantes s'ensuivent avec une grande régularité dans les divers tableaux annexés au Mémoire, et l'auteur, sans en tirer une loi nouvelle, y voit plus qu'une coïncidence. Le retour régulier des crises commerciales lui semble une des conditions du développement de la grande industrie. On peut en atténuer les effets, mais on ne saurait les prévenir complètement. Dans cette partie intéressante de son Mémoire l'auteur fait ressortir, comme une cause naturelle qui agit en quelque sorte périodiquement, l'excès de la production.

« Dans de nombreux tableaux, habilement dressés, qui enrichissent son Mémoire l'auteur a résumé, en ce qui concerne les oscillations des Banques, des faits constamment en harmonie avec le mouvement des douanes, le prix moyen des céréales, la marche de la population et le cours des fonds publics. Observavateur exact, il se tient en garde contre toute conclusion trop absolue. Il est trop prévoyant pour présenter quelque spécifique extraordinaire; il préfère invoquer l'expérience et stimuler l'activité intelligente de ceux auxquels est confiée la direction des institutions du crédit. Il ne propose pas des modifications dangereuses à la constitution des banques, et il ne s'aventure pas à demander au crédit des secours impossibles. C'est beaucoup que de connaître le siège du mal à l'aide d'une observation sagace, et de grouper, au moyen d'une méthode ingénieuse, des documents d'une valeur incontestable. »

L'ÉMIGRATION EUROPÉENNE
SON IMPORTANCE, SES CAUSES, SES EFFETS
Avec un Appendice sur l'Émigration Africaine, Hindoue et Chinoise
Par A. LEGOYT
Directeur de la Statistique générale de la France.

1 VOLUME GRAND IN-8°. — PRIX : 6 FR.

L'auteur a adopté les trois grandes divisions suivantes :
1° Les *faits*; 2° les *causes*; 3° les *conséquences*.

Dans la première, il reproduit, avec une introduction historique pour chaque pays, tous les documents officiels sur l'émigration européenne pendant ces dernières années. Dans la seconde, il étudie, à l'aide de renseignements peu connus et souvent d'un grand intérêt, d'abord les causes générales de l'émigration, puis les causes locales ou spéciales. Dans la troisième et peut-être la plus originale, il détermine l'influence qu'elle a exercée sur la situation économique, sociale, morale, religieuse même des *pays de départ* et des *pays de destination*.

Ces trois grandes divisions comportent des subdivisions nombreuses. Parmi les plus importantes, nous signalerons : 1° d'instructives monographies sur les établissements fondés, de nos jours, par les colons européens, dans les régions transatlantiques, monographies où l'émigrant trouvera de précieuses indications sur celle de ces régions où il pourra le mieux utiliser son travail et conserver le plus sûrement sa santé; 2° une analyse substantielle et raisonnée des législations qui régissent l'émigration dans les diverses parties du monde. Nous mentionnerons également une bibliographie très-étendue, qui n'omet aucune publication de quelque importance sur la matière, faite soit en France, soit à l'étranger.

LA BANQUE DE FRANCE
DANS SES RAPPORTS AVEC LE CRÉDIT ET LA CIRCULATION
Par Gustave MARQFOY
1 volume grand in-8°. — Prix : 5 francs.

Il y a d'excellentes idées et de très-utiles renseignements dans cette étude. Nous pouvons signaler, par exemple, les tableaux placés en appendice, qui contiennent, de 1800 à 1861, 1° les chiffres des opérations de la banque, en escompte, par espèces, billets ou virements ; 2° le détail de l'encaisse et de l'émission pour la même période; 3° la répartition par semestres des bénéfices et dividendes.

Voici du reste la table des matières de cet ouvrage :
I. Des diverses phases de l'échange. — II. Anomalie de la constitution actuelle de la Banque de France. — Ses conséquences. — III. Du taux de l'escompte. — IV. De la solidité intrinsèque de la Banque de France. — V. Des services rendus par la Banque de France. — Obstacles. — VI. Recherche d'une solution. — VII. Du cours légal dans ses rapports avec le crédit. — VIII. Du cours légal dans ses rapports avec la circulation. — IX. Observations diverses. — X. Conclusions.

Ces conclusions, M. Marqfoy les a formulées comme des textes de loi à proposer au gouvernement. Les articles de son projet sont les suivants :
I. Les billets émis par la Banque de France sont désormais adoptés par l'État dans toute l'étendue de l'Empire.
II. Au-dessus d'une somme de (chiffre à fixer) les prêts et avances de la Banque de l'État, quelle qu'en soit la forme, n'ont lieu qu'en vertu d'une loi.
III. L'émission du billet de banque est toujours contenue dans les termes fixés par la loi.

L'auteur présente ces dispositions comme renfermant la solution des difficultés croissantes que les grandes banques privilégiées éprouvent dans leurs rapports avec le crédit et la circulation.

L'AVANCE SUR GAGE

ET LA

VENTE PUBLIQUE AUX ENCHÈRES

Par Maurice DAVID

Brochure in-8º. — Prix : 3 francs.

Un lingot d'or ou un lingot d'argent, les grains et les farines, les sucres, les cotons, les laines, un titre de rente, une action ou une obligation de chemin de fer ont habituellement, dans certains lieux et à un moment donné, une valeur échangeable indiscutablement. Serait-il possible de créer un état de choses tel que le travail et la presque totalité des industries agricoles et manufacturières fussent ordinairement dans les mêmes conditions que ces objets et eussent habituellement, dans un lieu et à un moment donné, une valeur vénale plus ou moins proportionnée à leur mérite qui ne puisse donner lieu à aucune discussion entre l'acheteur et le vendeur? Tel est le problème dont M. David croit donner la solution. Il a la conviction qu'en adoptant les idées qu'il expose, les diverses législations fourniraient un moyen assuré de triompher des crises industrielles et commerciales.

DE LA

LIBERTÉ DES VENTES AUX ENCHÈRES

OU

Débouchés nouveaux à ouvrir dans Paris pour les Marchandises de toutes espèces

PAR M. DU MESNIL MARIGNY

3e édition. — 1 volume grand in-18. — Prix : 3 francs.

La première édition de cet écrit a paru en 1852. Depuis lors les ventes aux enchères ont pris beaucoup d'importance. Ainsi en 1854 on a commencé à vendre les viandes à la criée. En 1855 on a vendu au Tattersall des chevaux et des équipages. Ce n'est pas assez, dit M. Du Mesnil Marigny et il demande le retrait absolu de la loi du 16 juin 1841, qui prohibe la vente aux enchères des marchandises neuves. La franchise complète des ventes à l'encan et la suppression des intermédiaires trop nombreux, c'est selon lui la conséquence inévitable des progrès de la liberté commerciale. La démonstration qu'il en donne est utile à connaître.

LES DOUANES FRANÇAISES

ESSAI HISTORIQUE

Par HENRY BACQUÈS

DEUXIÈME ÉDITION. — 1 VOLUME GRAND IN-18. — PRIX : 2 FR. 50.

La première édition de ce livre a paru en 1852. Ce n'est pas un traité de la matière ni même un aperçu théorique; c'est une étude d'histoire, très-concise, mais très-claire et d'un intérêt assez vif en un moment où les traités de commerce modifient enfin les tarifs anciens. L'auteur qui connaît à fond le sujet dont il parle, puisqu'il est l'un des employés principaux de l'administration centrale, a divisé ainsi la matière de son ouvrage :

CHAPITRE Ier. *Les Douanes sous l'ancienne monarchie*, avec les subdivisions :

1o de la première race au Règne de Henri IV; 2o du Règne de Henri IV à la Révolution. — II. *Organisation de l'administration des Douanes* : 1o 1789-1801; 2o 1801-1815, création de la direction générale; 3o 1815-1830; 4o 1830-1852; 5o 1852-1862. — III. *Observations générales* : Personnel et organisation, Législation douanière, Coup d'œil historique sur nos traités de commerce.

Tous ces chapitres sont pleins de renseignements que l'on chercherait vainement ailleurs et forment une bonne histoire abrégée de l'administration des douanes, surtout pour la partie postérieure à 1789. M. Bacquès a eu l'heureuse idée d'imprimer, en appendice, à la fin de son livre le Rapport à l'Empereur de MM. Baroche et Rouher sur le traité de commerce anglo-français. Ce document, si intéressant par lui-même, sert ainsi de conclusion à l'ouvrage.

LA SITUATION ACTUELLE

DU COMMERCE ET DE L'INDUSTRIE EN FRANCE

Par M. Alph. CÉZARD

1 *volume in-8o.* — *Prix* : 3 *francs.*

GUIDE DU CAPITAINE

SUR LES COTES DE LA GRANDE-BRETAGNE

CONTENANT EN OUTRE UN

RECUEIL SYNOPTIQUE POUR LE COMMERCE ET LA NAVIGATION

Renfermant les Traités de Commerce Anglo-Français et Franco-Belge

AVEC TEXTES ORIGINAUX.

ET UN

Indicateur universel des Monnaies, Poids et Mesures de tous les Pays

Avec Tableaux comparatifs des valeurs françaises et anglaises

PAR E. BLACHE, AGENT VICE-CONSUL DE FRANCE A BELFAST

1 très-beau volume grand in-8o. — Prix : 12 francs.

Le titre seul de cet ouvrage indique le genre de services qu'il est appelé à rendre, et son utilité ne fera que croître à mesure que se développera le mouvement d'affaires que les nouveaux traités internationaux ont créé déjà entre les grands peuples de l'Europe. Il est impossible d'imaginer un recueil de renseignements et de documents plus complet et mieux ordonné. Les indications sont présentées sous toutes les formes et toujours avec une clarté parfaite. L'exécution matérielle de ce volume est d'ailleurs fort remarquable, et rien n'a été ménagé pour que quiconque a besoin de se servir de ce guide y trouve absolument tout ce qu'il y cherche. Des dessins de phares enrichissent le texte; et une très-grande et très-belle carte l'accompagne, carte dont le titre ne parle pas, mais qui offre à l'œil l'ensemble de tous les feux fixes ou flottants de la ceinture du Royaume-Uni avec des signes suffisants pour faire connaître leur nature et la mesure des distances auxquelles ils sont visibles. Cette carte seule a une grande valeur. Les tables des mesures et monnaies sont excellentes et très-détaillées.

(Voir le compte-rendu fait par M. Hautefeuille dans le *Journal des Économistes* du mois de mars 1862).

(Collection des Économistes et Publicistes contemporains.)

COURS

DE

POLITIQUE CONSTITUTIONNELLE

OU

Collection des Ouvrages publiés sur le Gouvernement représentatif

PAR BENJAMIN CONSTANT

AVEC UNE INTRODUCTION, DES NOTES

Et une Table analytique des Matières

Par M. ÉDOUARD LABOULAYE, *Membre de l'Institut*

2 forts volumes in-8°. — PRIX : 15 FR.

(Voir le Bulletin N° 3)

Nous avons donné déjà la table détaillée des matières que contient cette édition. Voici, avec leurs titres seuls, la liste des écrits de Benjamin Constant que M. Laboulaye a recueillis. CHAPITRE 1er. *Principes de Politique.* — II. *Réflexions sur les Constitutions et les Garanties avec une esquisse de Constitution.* — III. *Additions et Notes* (1818). — IV. *De la Responsabilité des Ministres.* — V. *De la Liberté des Brochures, des Pamphlets et des Journaux,* considérés sous le rapport de l'intérêt du gouvernement (1814-1818). — VI. *Observations sur le Discours prononcé par S. E. le ministre de l'intérieur* (1814-1818). — VII. *Questions sur la Législation actuelle de la Presse en France* (1817-1818). Ces divers écrits appartiennent au tome premier ainsi qu'une Introduction de l'auteur. — Le tome second contient : VIII. *Du Discours de M. de Marchangy.* — IX. *Sur le Projet de loi relatif à la Police et à la Presse.* — X. *Sur la Responsabilité imposée aux Imprimeurs.* — XI. *Pamphlets politiques.* — XII. *Des effets de la Terreur* (an V, 1797). — XIII. *Des Réactions politiques* (an V, 1797). — XIV. *De l'Esprit de Conquête et de l'Usurpation.* — XV. *Chapitres ajoutés à la quatrième édition.* — XVI. *De la Doctrine politique qui peut réunir tous les partis en France* (1816). — XVII. *Des Élections prochaines* (1817). — XVIII. *Entretien d'un Électeur avec lui-même* (1817). — XIX. *Des Élections de 1818.* — XX. *Lettre à M. Odilon Barrot sur l'affaire Wilfrid Regnault.* — XXI. *Lettres à M. Charles Durand sur Nîmes en 1815* (1818). — XXII. *Trois Lettres à MM. les habitants de la Sarthe* (1819-1820). — XXIII. *Des motifs qui ont dicté le nouveau Projet de loi sur les Élections* (1820). — XXIV. *De la Liberté des anciens comparée à celle des modernes* (1819).

M. Wolowski a rendu compte de cette publication à l'*Académie des Sciences morales et politiques.* « Un de nos savants confrères, M. Laboulaye, a-t-il dit, vient de faire paraître un *Cours de Politique constitutionnelle* ou *Collection des Ouvrages publiés sur le gouvernement représentatif,* par Benjamin Constant. Cette collection, faite avec un soin attentif, est enrichie d'une remarquable Introduction et de Notes précieuses. Si un choix judicieux a fait retrancher ce qui, dans l'œuvre de Benjamin Constant, présentait surtout un intérêt de circonstance ou se rapportait à des études générales, M. Édouard Laboulaye s'est attaché à conserver fidèlement tout ce qui concerne la théorie et la défense du gouvernement constitutionnel. Il n'a rien épargné pour réunir des documents peu connus, et pour retrouver le texte exact d'un ensemble d'écrits auxquels il a pu, sans être accusé d'emphase, donner le nom de *Manuel de la Liberté.*

« Peu d'hommes de la génération actuelle connaissent autrement que de nom les orateurs dont les idées et les discours ont, durant quinze années, de 1815 à 1830, dominé l'attention de la France et de l'Europe. Un des plus célèbres, qui a joui d'un grand renom populaire, et que, pour nous servir des paroles de M. Guizot, les libéraux appelaient leur publiciste, Benjamin Constant a peut-être le plus souffert du mouvement rapide qui entraîne la société moderne. Talleyrand le recommandait, le 1er brumaire an V (21 octobre 1797), au général Bonaparte comme un homme passionné pour la liberté, d'un esprit et d'un talent en première ligne. » Dans l'enthousiasme de son amitié, Mme de Staël l'avait proclamé « le premier esprit du monde. » L'un de ses adversaires, Chateaubriand, voyait en lui « l'homme qui, après Voltaire, avait eu le plus d'esprit. » Que reste-t-il de ces brillantes appréciations, au jugement de la postérité? Le nom de Benjamin Constant demeure attaché d'une manière inséparable à la doctrine constitutionnelle; il retentit dans les pays les plus lointains comme une sorte de synonyme du régime représentatif. Dès qu'on parle de ce système, il réveille le souvenir de Benjamin Constant. Ce n'est point une médiocre gloire que de rester uni, dans la mémoire des peuples, à une des plus nobles conceptions de l'esprit humain. Mais cette renommée risquait de passer à l'état de simple tradition.

« M. Laboulaye a voulu disputer à un injuste oubli des pages qui, après avoir passionné un temps rapproché du nôtre, peuvent encore fournir de précieux enseignements. L'âme se retrempe dans cette doctrine virile qui fonde la grandeur humaine sur l'énergique sentiment de la responsabilité. »

(Collection des Économistes et Publicistes contemporains.)

LE GOUVERNEMENT REPRÉSENTATIF

Par M. J. STUART MILL

TRADUIT ET PRÉCÉDÉ D'UNE INTRODUCTION PAR M. DUPONT-WHITE

1 vol. in-8º. — Prix : 5 francs.

Le même, format grand in-18 jésus. — Prix : 3 fr. 50 (1).

L'ouvrage de M. Mill, dont il a été question dans le Bulletin nº 3, a été récemment publié dans le format de la collection des Économistes et des Publicistes contemporains. Cet admirable traité, qui a été accueilli partout avec de si grands applaudissements, vient en effet doter la théorie des idées politiques libérales d'une œuvre magistrale et méthodique qui lui manquait. M. Mill a fait pour le gouvernement représentatif ce que Montesquieu avait fait pour l'Esprit des Lois, Adam Smith pour la Richesse des Nations, et M. de Tocqueville pour la Démocratie américaine.

M. Dupont-White qualifie ainsi l'éminent auteur qu'il traduit : « Un esprit presque aussi connu de l'Europe que M. de Humboldt, dont on suit les opérations avec un rare plaisir, parce qu'il est exempt de lieux communs, ce qui est peut-être la garantie des plus saines qualités aussi bien que des plus hautes. Vous ne lui voyez de déclamation nulle part pour tenir lieu de faits observés à nouveau, de nuances saisies, d'opinions indépendantes et réfléchies. Rien ne lui arrache de phrases : ni la liberté, parce qu'il la possède d'une antique possession, comme un patrimoine; ni les maux qui semblent inhérents à l'essor et à l'avenir de la liberté, parce que cette menace est purement logique, et qu'il est d'un esprit comme d'un pays trop sage pour ne pas être conséquent. Tant de calme en un pareil sujet me semble digne d'admiration et d'envie. »

Nous croyons devoir reproduire la liste des chapitres qui composent l'ouvrage de M. Stuart Mill.

CHAPITRE Ier. Jusqu'à quel point les formes du gouvernement sont-elles une affaire de choix. — II. Du critérium d'une bonne forme de gouvernement. — III. L'idéal de la meilleure forme de gouvernement est le gouvernement représentatif. — IV. A quelles conditions de société le gouvernement représentatif est-il inapplicable. — V. Des Fonctions qui appartiennent aux corps représentatifs. — VI. Des infirmités et des dangers auxquels le gouvernement représentatif est sujet. — VII. De la vraie et de la fausse démocratie, de la représentation de tous et de la représentation de la majorité seulement. — VIII. De l'extension du suffrage. — IX. Devrait-il y avoir deux degrés d'élection. — X. De la manière de voter. — XI. De la durée du parlement. — XII. Les membres du Parlement devraient-ils être soumis au mandat impératif. —

(1) L'édition en petit format fait partie de la Bibliothèque des Sciences morales et politiques.

XIII. D'une seconde Chambre. — XIV. De l'exécutif dans le gouvernement représentatif. — XV. Des corps représentatifs locaux. — XVI. De la nationalité dans ses rapports avec le gouvernement représentatif. — XVII. Des gouvernements représentatifs fédéraux. — XVIII. Du gouvernement des dépendances d'un État libre.

Quel que soit celui de ses sujets de haute politique que l'on veuille étudier dans le livre de M. Mill, on est sûr de le voir discuter et conclure au nom de la liberté et pour le plus parfait développement de la raison et de l'individualité humaine.

ÉTUDES SUR LA SCIENCE SOCIALE

PAR

M. COURCELLE-SENEUIL

1 volume in-8o. — Prix : 5 francs.

Sous le titre modeste d'*Études*, cet ouvrage forme un traité complet de *Politique*. Dans une partie théorique l'auteur détermine d'abord les principes de l'activité humaine, les conditions premières de la vie sociale, les bases rationnelles de la morale ; puis il consacre une partie pratique à l'examen des grandes questions que soulève la science politique et traite successivement du gouvernement, de la famille, de la liberté individuelle, du travail, etc. On retrouve dans ce livre les recherches consciencieuses, le talent d'exposition et les sentiments libéraux qui distinguent les précédents ouvrages de M. Courcelle-Seneuil.

Préface. — Introduction. — CHAPITRE Ier. Coup d'œil sur l'Histoire de la Science sociale. — II. Examen de quelques doctrines qui s'opposent à ses progrès. — III. Conditions actuelles de son existence. — IV. Définition et principes de la science sociale. — V. En quoi consiste le progrès. — VI. Caractère ouvert et universel de la Science sociale.

Première Partie. — *Études théoriques. Étude première.* — DE L'ACTIVITÉ RAISONNÉE ET DES FACULTÉS QUI LA DIRIGENT. — CHAPITRE Ier. De la forme générale de l'activité volontaire. — II. De la formation de nos croyances. — III. Des passions et de l'habitude. — IV. De la certitude pratique.

Étude II. — DE NOS DÉSIRS ET DE LEUR DIRECTION. — CHAPITRE Ier. Des trois mobiles de nos actes. — II. De la nature de nos désirs. — III. De la direction du travail. — IV. Tendance commune des diverses sortes de travaux. — V. De la combinaison des divers travaux. — VI. De l'utilité collective et de l'intérêt collectif. — VII. De la puissance de nos désirs et de leur équilibre.

Étude III. — DE LA FORMATION DU POUVOIR COACTIF. — CHAPITRE Ier. Formation et sanctions du pouvoir coactif. — II. Origine et nature de la souveraineté. — III. Des causes et conditions de la supériorité de force. — IV. Des deux pouvoirs et de la direction du progrès. — V. Du jeu des deux pouvoirs. — VI. De la conscience publique et privée. — VII. Identité de l'utile et de l'honnête.

Étude IV. — DES ÉVOLUTIONS HISTORIQUES ET DE LA LOI QUI LES RÉGIT. — CHAPITRE Ier. Coup d'œil sur les transformations des sociétés anciennes. — II. Causes et conditions des révolutions qui changent la forme des gouvernements. — III. Des révolutions dans les attributions du gouvernement. — IV. Besoins qui déterminent la composition et la décomposition des groupes sociaux. — V. Comment les changements s'introduisent d'une société dans l'autre et se propagent. — VI. Direction et continuité du progrès social.

Seconde Partie. — *Études d'application.* — *Étude V.* — DE L'ARRANGEMENT DES SOCIÉTÉS. — CHAPITRE Ier. Quel doit être le but des arrangements sociaux. — II. Qu'est-ce que l'État ? — III. De la séparation des deux pouvoirs spirituel et temporel. — IV. Partage des attributions entre le gouvernement et les particuliers. — V. Principes de l'arrangement politique. — VI. Traits généraux et conditions d'existence d'une constitution démocratique. — VII. Ordre à suivre dans l'introduction des réformes.

Étude VI. — DE LA FAMILLE. — CHAPITRE Ier. Des théories qui excluent la famille. — II. De la polygamie. — III. Des devoirs des époux dans la famille moderne. — IV. Des droits de la femme. — V. Du divorce. — VI. De la politique de famille. — VII. Principes de la politique de famille : 1o Du mariage.

DE L'ORIGINE DES ESPÈCES

OU DES LOIS DU PROGRÈS CHEZ LES ÊTRES ORGANISÉS

PAR CH. DARWIN

Traduit en français, avec l'autorisation de l'auteur, par Mlle Clémence-Aug. ROYER

AVEC UNE PRÉFACE ET DES NOTES DU TRADUCTEUR

1 volume grand in-18 jésus. — *Prix :* **5 francs**

Le problème de l'origine des êtres organisés et de leurs formes spécifiques a de tous temps préoccupé la curiosité humaine et sert de thème aux spéculations plus ou moins hypothétiques des savants et des philosophes. Néanmoins deux solutions seulement se sont partagé les esprits : ou chaque espèce a été spécialement et directement créée par un acte immédat d'une puissance surnaturelle, et toutes les théologies ou cosmogonies révélées ont adopté et défendu vaillamment cette opinion; ou, au contraire, tous les êtres vivants sont sortis les uns des autres par voie de génération régulière en se transformant et se modifiant progressivement de génération en génération, et c'est vers cette théorie purement naturaliste qu'ont penché, sinon toujours les philosophes, du moins les savants, les observateurs, les praticiens de l'expérience. Presque tout le XVIIIe siècle s'est rattaché empiriquement et spéculativement à la seconde de ces solutions, que Lamark a élevée le premier à la hauteur d'une doctrine. La réaction spiritualiste néo-chrétienne et éclectique du siècle courant est au contraire revenue avec plus de force à l'hypothèse plus orthodoxe des créations. La théorie de la transformation graduelle des espèces paraissait tombée en oubli lorsque deux champions, MM. Wallaud et Darwin, surgirent à la fois, prêts à la soutenir par des arguments nouveaux et d'une plus grande force.

« Les considérations ingénieuses que des savants ont fait valoir, dit le docteur Ed. Claparède (*Revue Germanique*, 31 août et 30 novembre 1861), contre la doctrine de la permanence des espèces ont donné lieu en Angleterre et en Amérique à des débats d'une vivacité extrême. Aussi faut-il reconnaître aux arguments de ces savants une importance et une valeur incontestables. C'est une coïncidence bien remarquable, mais sans doute point fortuite, que deux hommes vivant dans deux contrées fort distantes soient arrivées à élaborer simultanément une même théorie de l'origine des espèces. N'en faut-il pas conclure que cette théorie devait voir le jour à notre époque par suite de l'accumulation lente, mais soutenue, de nos connaissances en zoologie, en botanique, en géologie? »

Mais M. Darwin a donné à sa théorie beaucoup plus d'étendue que M. Wallaud, et il la présente appuyée des faits qu'il a recueillis durant toute une longue vie d'observations. Le nom de M. Darwin est depuis longtemps célèbre dans les sciences naturelles; ses travaux sur les récifs de coraux sont aujourd'hui devenus populaires, et les savants l'estiment plus encore pour ses patientes monographies. La théorie qu'il a présentée au monde savant en 1859 n'est donc point une vague élucubration de cabinet, mais le fruit de longues années de persévérentes investigations. Le volume dont nous nous empressons d'offrir la traduction au public français n'est même que le précurseur d'un ouvrage immense dont l'auteur a rassemblé les matériaux. Il en est le résumé synthétique, et même les adversaires déclarés de la théorie de Lamark ont rendu justice à l'œuvre de M. Darwin, et ont en partie cédé à l'évidence des preuves qu'il a si savamment rassemblées. Nous citerons entre autre M. P. Peutit et l'article qu'il a publié dans les *Archives des sciences* (Genève, 1860). On peut dire que, grâce à M. Darwin, cette question de l'origine des espèces que de Humboldt appelait le mystère des mystères est définitivement résolue; et il se trouve que les principaux fondements de la théorie de M. Darwin ne sont qu'une extension de la loi de Malthus au règne organique tout entier; loi fatale de mort et d'extermination que M. Darwin prouve être par excellence une loi de vie et de progrès. Ce n'est en réalité que la doctrine du libre échange et de la concurrence illimitée appliquée à la nature, et qui se montre aussi féconde dans ses résultats parmi les animaux que dans les sociétés humaines.

La théorie de M. Darwin jette un nouveau jour sur les origines si controversées de l'espèce humaine elle-même, et sur les lois probables de son développement historique. Elle renferme en germe toute une nouvelle philosophie de la nature et de l'histoire. C'est pourquoi le livre de M. Darwin intéresse non-seulement les naturalistes, mais encore les hommes qui font des sciences morales et sociales le sujet principal de leur étude. Ce livre est un de ceux que nul ne peut désormais ignorer, et tout homme de lettres, comme tout savant spécial, devra à l'avenir tenir compte des solutions nouvelles qu'il a apportées à des problèmes pendant longtemps jugés insolubles.

OUVRAGES EN DÉPOT

DICTIONNAIRE ENCYCLOPÉDIQUE USUEL

OU

RÉSUMÉ DE TOUS LES DICTIONNAIRES

Historiques, Biographiques, Géographiques, Mythologiques, Scientifiques, Artistiques, Technologiques, etc.

RÉPERTOIRE UNIVERSEL ET ABRÉGÉ DE TOUTES LES CONNAISSANCES HUMAINES

Présentant la définition exacte et précise de 40,000 mots

PUBLIÉ SOUS LA DIRECTION DE

M. Ch. SAINT-LAURENT (Léonce de LAVERGNE)

4ᵉ édition. — 1 très-beau volume grand in-8º jésus de 1488 pages, à 3 colonnes. — Prix : 25 fr.

Relié en demi-veau : 30 francs.

Ce Dictionnaire, bien connu en librairie, jouit depuis vingt ans d'un succès constant. Plusieurs fois imité, il a un des premiers présenté dans un cadre sommaire et complet le résumé de tous les dictionnaires, et il est encore le seul qui réunisse en un volume ce que les publications du même genre ne donnent qu'en deux. C'est bien le *vade mecum* abrégé de la conversation et de la lecture, une sorte de mémoire artificielle qui répond en quelques lignes à toutes les questions. — Tout y est court et substantiel, ainsi qu'il convient à une époque comme la nôtre, où le champ des connaissances est si vaste et le temps si précieux.

L'auteur qui se cachait sous le pseudonyme de Charles de Saint-Laurent est maintenant connu, depuis que le *Dictionnaire des Contemporains* a révélé son secret; c'est M. Léonce de Lavergne, membre de l'Institut, dont les nombreux travaux ont justement attiré l'attention publique. Le *Dictionnaire encyclopédique usuel* comptera au nombre de ses titres les plus originaux et les plus solides. Par suite de conventions avec l'auteur, notre maison est désormais chargée de la vente de cet ouvrage.

La 4e édition a été entièrement refondue et accompagnée d'un fort supplément.

DE LA

PRODUCTION DES MÉTAUX PRÉCIEUX EN CALIFORNIE

Rapport à M. le Ministre des Travaux Publics

PAR M. LAUR, INGÉNIEUR AU CORPS IMPÉRIAL DES MINES

Brochure in-8° de 132 pages. — Prix : 4 fr.

Le rapport de M. Laur se divise en *4 parties* : — *1re partie.* De l'or. — *2e partie.* De l'argent. — *3e partie.* Du mercure. — *4e partie.* Conditions générales de la production de l'or et de l'argent dans l'Amérique septentrionale.

Les renseignements que renferme ce document sur la Production des métaux précieux en Californie sont du plus grand intérêt et tout à fait authentiques. Ils sont aussi plus complets que tout ce qui a été publié jusqu'à présent.

DE LA PROPRIÉTÉ INTELLECTUELLE

ÉTUDES

Par MM. Frédéric Passy, Victor Modeste et P. Paillottet

Avec une Préface par M. JULES SIMON

1 VOLUME GRAND IN-18. — PRIX : 3 FRANCS

Aujourd'hui plus que jamais ces études ont de l'actualité. La commission instituée auprès du ministère d'État pour fonder les bases d'un projet de loi relatif à l'extension des droits de la propriété intellectuelle aura bientôt terminé ses travaux préparatoires, et nous verrons reparaître devant le pouvoir législatif une question déjà si souvent mise à l'ordre du jour. Les publications qui sont de nature à l'éclairer se sont multipliées en ces derniers temps. Celle-ci se recommande par le caractère économique des études qu'elle contient. MM. Passy, Modeste et Paillottet ont traité leur sujet sans se payer de phrases et avec la résolution de faire adopter partout leurs convictions fondées sur les raisons les plus sérieuses.

LA PROPRIÉTÉ INTELLECTUELLE

AU POINT DE VUE DE LA MORALE ET DU PROGRÈS

PAR M. Oscar COMETTANT

3e édition. — 1 volume in-18. — Prix : 3 francs.

M. Oscar Comettant fait en partisan la campagne que dirige l'Association établie pour la défense de la propriété littéraire et artistique. Son ouvrage, parvenu à la troisième édition, a paru pour la première fois en 1847. Il a dû son succès au style agréable qui revêt les vérités dont il est plein et au caractère humouristique des démonstrations que l'auteur jette à chaque instant devant les contradicteurs du principe de la propriété intellectuelle. Il traite la question dans toute son étendue et plutôt même au point de vue de la protection à accorder aux inventions industrielles. M. Comettant ne se dissimule pas, du reste, que son opinion ne saurait être acceptée par tous les économistes.

RECHERCHES
SUR LES
TAILLIS SOUS FUTAIE

Par A. D'ARBOIS DE JUBAINVILLE

Garde générale à Vaucouleur, ancien Élève de l'École impériale Forestière.

Brochure in-8°. — Prix : 2 fr.

L'importation des houilles étrangères doit faire baisser le prix du bois à charbon que produisent les taillis sous futaie. Il faut donc perfectionner l'aménagement de ces taillis et de cette futaie combinés. C'est en géomètre autant qu'en homme du métier que M. d'Arbois de Jubainville a déterminé les lois de ce perfectionnement solidaire.

ASSOCIATION
POUR LA
RÉFORME COMMERCIALE
SESSION DE 1860 ET DE 1861

Brochure in-8°. — Prix : 3 francs.

L'association pour la réforme commerciale a été fondée, à Paris, au mois de janvier 1860, par un comité composé de MM. Arlès Dufour, Jean Dollfus, le comte Hervé de Kergolay, J.-B. Pastré, Natalis Rondot et H. Sieber, agissant au nom de trois cents manufacturiers, agriculteurs, armateurs, commerçants et banquiers. Elle s'est constituée le 4 avril 1860, et a tenu en 1860 et en 1861 six assemblées générales. Ceci est le premier recueil de ses procès-verbaux.

RÉVISION DES CONSTITUTIONS COLONIALES
PAR
M. LEPELLETIER DE SAINT-REMY

Brochure in-8° de 24 pages. — Prix : 75 centimes.

TURGOT
SA VIE ET SA DOCTRINE

Par A. MASTIER, Ancien Élève de l'École normale.

1 VOLUME IN-8°. — PRIX : 6 FRANCS.

L'auteur de cet ouvrage a voulu faire connaître la doctrine de Turgot, trop peu étudiée jusqu'ici. Turgot est avant tout un philosophe. Les principales mesures de son administration dans la généralité de Limoges, les réformes qu'il tenta durant son ministère, qui est comme la préface de la Révolution française, s'expliquent par ses principes philosophiques et économiques. Raconter la vie de Turgot, déterminer l'origine et en quelque sorte la filiation de ses idées, caractériser ses actes, puis exposer dans son ensemble la doctrine métaphysique, morale, politique, historique qui ressort de tous ses écrits et qui a inspiré toute sa conduite, montrer l'originalité et la supériorité de cette doctrine sur les doctrines les plus considérables de cette époque, particulièrement sur celles de Locke, de Montesquieu et de Rousseau, tel est le but de cet intéressant travail.

TABLEAU DES COURS DES PRINCIPALES VALEURS

Du 17 Janvier 1797 (28 Nivôse, an V) à nos jours

RELEVÉS SUR LES DOCUMENTS OFFICIELS ET AUTHENTIQUES

Par Alph. COURTOIS fils

Membre de la Société libre d'Économie politique de Paris et du Congrès international de Statistique.

1 VOLUME IN-4º OBLONG. — PRIX : **5 FRANCS.**

THÉORIE DE L'AUTORITÉ

APPLIQUÉE AUX NATIONS MODERNES

Par C. BERNAL

TRADUIT ET ANNOTÉ PAR EGMONT VACHIN

2 VOLUMES IN-8º — PRIX : 15 FR.

On ne connaît guère en France le nom de Bernal. C'est un philosophe et un publiciste espagnol, d'origine nord-américaine, qui, libre penseur et philosophe éclairé, a cherché à établir la conciliation des deux principes de liberté et d'autorité.

Il procède de la manière la plus naturelle, faisant passer notre esprit, successivement et sans secousse, de l'examen de l'autorité du père de famille à celui du grand principe de la suprématie de l'opinion nationale, le plus transcendant de la science politique; puis il fait appel à nos souvenirs historiques et à notre propre expérience. Il évoque les traditions de l'antiquité et du moyen âge, et démontre que les malheurs publics sont le plus souvent le fruit amer de l'impéritie des hommes d'État, et de la trop facile indulgence des gouvernés à souffrir et même à légitimer les excès de leurs gouvernements. Enfin, dans la seconde partie, il rassemble les matériaux qu'il a recueillis dans la première et termine son œuvre par un projet de constitution politique, qu'il conseille de modifier selon le sentiment le plus général à chaque peuple.

Quand on a lu ce curieux ouvrage, on sait gré à M. Vachin de l'avoir traduit. La philosophie politique ne nous arrive pas souvent d'Espagne.

ACQUISITIONS RÉCENTES

Des Systèmes d'Économie politique, de la valeur comparative de leurs doctrines et de celle qui paraît la plus favorable aux progrès de la richesse. Seconde édition, avec de nombreuses additions relatives aux controverses de MM. Malthus, Buchanan, Ricardo, sur les points les plus importants de l'économie politique, par M. CH. GANILH. 1821, 2 vol. in-8º. Prix.... 4 fr.

Théorie de l'Économie politique fondée sur les faits recueillis en France et en Angleterre, sur l'expérience de tous les peuples célèbres par leurs richesses et sur les lumières de la raison, par M. CH. GA-

NILH. 2e édition entièrement revue, corrigée et augmentée. 1822, 2 vol. in-8º. Prix : 4 fr.

Essai politique sur le Revenu public des peuples de l'antiquité, du moyen âge, des siècles modernes, et spécialement de la France et de l'Angleterre depuis le milieu du xvᵉ siècle jusqu'en 1823, par M. CH. GANILH. Seconde édition, considérablement revue, corrigée et augmentée. 1823, 2 vol. in-8º. Prix........ 4 fr.

Théorie des Richesses sociales, par le comte FRÉDÉRIC SCARBEK, professeur des sciences économiques et administratives à l'Université de Varsovie, suivie

d'une bibliographie de l'Économie politique. 2 vol. in-8°, 1829. Prix........... 4 fr.

Histoire de l'Économie politique en Italie, ou Abrégé critique des Économistes italiens, précédée d'une Introduction par le comte Joseph Pecchio, traduite par M. Léonard Gallois. 1 vol. in-8°, 1830. Prix................ 2 fr. 50

Principes fondamentaux de l'Économie politique, tirés des Leçons écrites et inédites, de M. N.-W. Senior, professeur à l'Université d'Oxford, par le comte Jean Arrivabene. 1 vol. in-8°, 1830. Prix.................... 2 fr.

Recherches sur la population et sur la faculté d'accroissement de l'espèce humaine, contenant une réfutation des doctrines de M. Malthus sur cette matière, par William Godwin, traduit de l'anglais par F.-S. Constancio. 2 vol. in-8°, 1821. Prix.......................... 4 fr.

Économie politique, ouvrage traduit de l'allemand de M. Schmalz, professeur de droit public à l'Université de Berlin, par Henri Jouffroy, revu et annoté sur la traduction par M. Fritot, 2 vol. in-8°, 1826. Prix..... .... 4 fr.

SOUS PRESSE

LES TRAITÉS DE COMMERCE

Texte, Histoire et Pratique de tous les Traités en vigueur

NOTAMMENT DES TRAITÉS CONCLUS AVEC

L'ANGLETERRE, LA BELGIQUE, LE ZOLLVEREIN ET L'ITALIE

AVEC UNE INTRODUCTION

Une Étude économique sur les Traités et Tarifs antérieurs

La Liste méthodique des Mesures et Monnaies des divers peuples

UNE SÉRIE DE TABLEAUX DE COMPTE ET DE COMPARAISON

Des Renseignements sur les Douanes, le Transport, la Commission, les Usages et la Jurisprudence commerciale en France et à l'Étranger

Et une Table alphabétique de tous les articles tarifés récapitulant pour chacun d'eux les chiffres et les renseignements qu'il est nécessaire de connaître

Par Paul BOITEAU

1 fort volume in-8°. — Prix : 7 fr. 50

Nous mettrons en vente ce volume dans le mois qui suivra la conclusion des traités négociés en ce moment entre la France et le Zollverein et entre la France et l'Italie. Le détail du titre explique suffisamment quelle est la nature de cet ouvrage. C'est un livre où la théorie, l'histoire et la pratique des traités de commerce seront réunies de manière à fournir toutes les notions utiles au public qu'intéressent les nouvelles lois internationales de l'échange. Cet ouvrage, réclamé déjà par de nombreuses personnes, n'aurait pas eu tout son intérêt si nous n'avions pas attendu pour le publier la fin des négociations pendantes.

On lira avec un intérêt tout particulier la substantielle introduction que M. Paul Boiteau a écrite pour être placée en tête de ce livre. C'est un morceau d'histoire qui donne un prix littéraire à ce recueil de textes et de chiffres. Et quant aux chiffres eux-mêmes, l'auteur du livre considérable l'*État de la France en 1789* a prouvé qu'il était versé dans les matières d'économie politique et de finances.

LE DROIT MARITIME ET INTERNATIONAL

CONSIDÉRÉ DANS SES ORIGINES ET DANS SES RAPPORTS

Avec les Progrès de la Civilisation

Par M. CAUCHY

2 FORTS VOLUMES IN-8°. — PRIX : 15 FRANCS.

Ouvrage couronné par l'Académie des Sciences morales et politiques

L'Académie avait proposé pour l'année 1857 et remis au concours pour l'année 1860, le sujet suivant :

Rechercher les origines, les variations et les progrès du droit maritime international, et faire connaître les rapports de ce droit avec l'état de civilisation des différents peuples. M. Eugène Cauchy a remporté le prix, et son mémoire est devenu le livre que nous annonçons.

« C'est un ouvrage, a dit le président de l'Académie dans son discours d'ouverture, où la valeur des doctrines et la force de la discussion ne le cèdent pas à l'étendue et à la richesse du savoir. Il serait difficile de donner une idée, même sommaire, de toutes les matières qu'embrasse un pareil travail et de la manière dont chacune d'elles a été traitée. Il suffit de dire que l'auteur n'a évité aucune des questions si complexes, si ardues, si délicates, qu'indiquait votre programme. L'histoire et le droit, le droit naturel et le droit positif, les traités et les faits, les influences diverses de la religion, de la politique, de la diplomatie, de la jurisprudence et de la guerre, il n'a rien oublié, il n'a rien amoindri, et partout il a fait preuve d'une érudition rare, de sentiments élevés, d'un jugement droit et d'un esprit exercé aux considérations philosophiques.

» Quant à la conclusion, elle est tout entière dans une épigraphe empruntée à Ulpien : *Mare natura omnibus patet.* Au delà de la liberté des mers pendant la paix et de la liberté des neutres pendant la guerre, elle nous laisse entrevoir un nouveau progrès qui consisterait à protéger le commerce maritime des nations belligérantes elles-mêmes.

» L'Académie a été heureuse de couronner un si remarquable et si savant ouvrage. »

M. Renouard, dans le rapport écrit au nom de la *Section de législation, droit public et jurisprudence*, a fait l'analyse détaillée du livre de M. Cauchy et l'a loué sur tous les points.

« En somme, dit-il en terminant, pour la forme comme pour le fond, pour l'exécution comme pour la pensée, cet ouvrage a paru à votre section tout a fait digne des suffrages de l'Académie. »

HISTOIRE

DE

L'ÉMIGRATION

EUROPÉENNE, ASIATIQUE ET AFRICAINE

AU XIX⁰ SIÈCLE

SES CAUSES, SES CARACTÈRES ET SES EFFETS

Par M. Jules DUVAL

Ouvrage couronné en 1861 par l'Académie des Sciences morales et politiques

1 VOLUME IN-8°. — PRIX : 7 FR. 50

Pour l'auteur de ce livre la Colonisation est le pivot de toute l'Économie politique, en ce qu'elle procure la solution normale de la plupart des problèmes économiques : exploitation intégrale du globe, production et échange des richesses, division du travail entre les nations, abolition de l'esclavage, éducation des races, équilibre des populations, soulagement du paupérisme, etc.

L'émigration participe à l'importance de la Colonisation dont elle est le prélude et le moyen ordinaire. L'ouvrage deM. Jules Duval est l'enquête la plus complète qui ait été faite sur ce sujet.

Voici en quels termes son travail a été apprécié devant l'Académie des Sciences morales et politiques par M. HIPPOLYTE PASSY : « L'auteur a embrassé le sujet dans toutes ses parties, et l'a traité habilement d'après un plan simple et bien conçu. Il présente d'une manière complète, quoique sommaire, les motifs variés des émigrations qui ont été exécutées tantôt en masse par des peuples entiers, tantôt par des fractions de population ou des individus isolés, et il en signale les nombreux et utiles résultats. L'auteur a donné des preuves d'un grand savoir et d'une grande pénétration, et il convient d'approuver les heureux efforts qu'il a faits pour ne laisser dans le doute aucun des côtés de la question mise au concours.

« Frappée des mérites et de l'étendue de ce travail dans lequel se fait remarquer la diversité savante des recherches et la pénétrante sûreté des appréciations, où la question est traitée d'une manière tout à la fois complète et distinguée, la section propose de le couronner en décernant le prix à son auteur. »

Parlant au nom de l'Académie elle-même, son président, M. FRANCK, s'est exprimé de cette manière : « Le Mémoire auquel vous avez décerné le prix est un ouvrage du plus rare mérite, où la question est traitée dans toutes ses parties avec un remarquable talent. On pourra se faire une idée des proportions que l'auteur a données à sa tache, et de la conscience avec laquelle il l'a remplie, si nous disons que les diverses contrées qu'il a soumises à ce genre d'investigations sont au nombre de quatre-vingt-trois. Les renseignements qu'il réunit sur chacune d'elles, et notamment ceux qui concernent l'émigration anglaise et l'émigration allemande sont de nature à satisfaire les esprits les plus difficiles. Partout l'auteur fait preuve d'une science non moins solide qu'étendue et d'une rare pénétration. »

TRAITÉ DES IMPOTS

Considérés sous le rapport historique, économique et politique

TANT EN FRANCE QU'A L'ÉTRANGER

Par M. Esq. DE PARIEU

Membre de l'Institut, Vice-Président du Conseil d'État.

3 VOL. IN-8°. — PRIX : **22** FR. **50**

Ce traité des impôts est destiné à combler une lacune dans la littérature de l'économie politique et de la science financière de notre pays.

L'économie politique n'a étudié l'impôt chez nous que dans ses principes généraux, sans analyser les *faits* que l'histoire et l'étude des législations contemporaines révèlent.

La science financière de son côté est généralement bornée à quelques manuels ou traités spéciaux, éclairant les faits de la législation française ou certains principes de jurisprudence administrative applicables aux taxes.

L'ouvrage annoncé a pour objet de rapprocher les lumières de la science économique des documents qui peuvent résulter de l'étude pratique des budgets ou des autres recherches positives de la science financière.

Jusqu'ici le domaine de la science financière élevée n'a pas été abordé en France autant qu'en Allemagne, et les fonctionnaires du conseil d'Etat ou du ministère des finances sont les dépositaires presque exclusifs sous ce rapport de connaissances peu abordables au reste du public.

Le traité des impôts fera cesser, en ce qui concerne une partie considérable de la science des finances, cette séparation de l'économie politique et de la science financière, de la pratique et de la publicité.

En outre les études variées et les voyages de l'auteur, ses relations avec divers hommes d'Etat, administrateurs ou publicistes étrangers, lui permettront de rapprocher les données qui résultent de nombreux documents traduits avec soin et présentant sur presque toutes les branches de l'impôt, l'ensemble des faits européens. La sphère d'examen des lecteurs sera ainsi étendue beaucoup au delà de ce qui résulte des aperçus purement nationaux.

Sous ce rapport, l'ouvrage répond aux aspirations évidentes qui tendent à rapprocher les peuples modernes dans l'ensemble de leurs institutions fiscales. Il répond aussi aux préoccupations que le sujet de l'impôt excite dans tout le monde civilisé et dont les débats soulevés dans ces dernières années dans les diverses assemblées représentatives de la France, de l'Angleterre, de l'Amérique, de l'Autriche, de l'Italie sont le vivant témoignage.

L'ouvrage sera, nous le croyons, utile aux hommes politiques, aux administrateurs, aux savants et à tous les citoyens que la matière des taxes intéresse dans leurs idées, leur fortune, leur industrie. Il sera divisé en 7 ou 8 livres et se composera de 3 vol. in-8° au moins et de 4 au plus.

Le 1er volume contenant les 2 premiers livres et une partie considérable du troisième paraîtra très-prochainement.

Nous recevons des abonnements au Recueil ci-après publié en Belgique.

RECUEIL CONSULAIRE
REPRODUCTION OFFICIELLE
DES RAPPORTS ADRESSÉS AU GOUVERNEMENT
PAR LES CONSULS DE BELGIQUE

Le Gouvernement belge a compris que le plus grand service que puissent rendre au pays ses Consuls établis à l'Étranger est d'appeler l'attention du commerce et de l'industrie sur les ressources qu'offrent aux transactions tous les marchés du monde.

Il importait donc de réunir et de coordonner ces précieux renseignements, et, pour y parvenir, le Département des Affaires Étrangères décida l'impression du *Recueil consulaire.*

Voici quel est le caractère réel et la portée des documents que contient ce *Recueil.*

Après s'être livrés à des recherches consciencieuses, les Consuls consignent dans leurs rapports les renseignements les plus complets, minutieusement détaillés, sur les principaux articles d'importation et d'exportation, sur le mouvement de la navigation, la situation de l'industrie, de l'agriculture, des mines, sur les tarifs de douanes et sur la législation commerciale en général ; sur les traités de commerce et autres arrangements internationaux ; sur les avantages que présente à l'émigration le pays où ils résident ; sur la construction des chemins de fer au point de vue de la fourniture du matériel, sur les monnaies, poids et mesures, sur tous les objets enfin qui sont de nature à intéresser le commerce et à amener entre les producteurs ou les négociants, d'une part, et les maisons étrangères, de l'autre, des relations suivies, des liens plus intimes.

Le *Recueil consulaire* se distribue par livraisons, aussi souvent que l'abondance des matières le permet.

L'abonnement commence en janvier et forme un volume d'environ 800 pages par année. Prix 10 fr. ; le prix augmente d'un centime par page supplémentaire.

La *première série* du *Recueil consulaire*, résumant les rapports des Consuls pendant les années 1835 à 1856, forme un volume in-8°. Prix 4 fr.

La *deuxième série*, années 1856 à 1860, forme 10 volumes. Prix 30 fr.

La *troisième série* commence le 1er janvier 1861.

TABLE DES AUTEURS

LIBRAIRIE DE GUILLAUMIN ET CIE

AVIS AUX SOUSCRIPTEURS.

Le **Traité des Impôts** formera 3 volumes, in-8°. Le second paraîtra en janvier prochain et le troisième dans le courant de l'année 1863. — Prix de chaque volume : 6 fr. 50.

Voici le contenu de chaque volume :

1er VOLUME. — Livre I. Considérations générales. — Livre II. Impôts sur les personnes. — Livre III. Impôts sur les richesses. — 2e VOLUME. — Livre III (suite). — Livre IV. Impôts sur les jouissances. — Livre V. Impôts sur les consommations. — 3e VOLUME. — Livre V (suite). — Livre VI. Impôts sur les actes. — Considérations finales.

AUTRES OUVRAGES

SUR LES IMPOTS, LES FINANCES ET LE CRÉDIT, SUR LES BANQUES ET LES MONNAIES

Qui se trouvent à la même Librairie :

Histoire des Impôts généraux sur la propriété et le revenu, par M. Esq. DE PARIEU, membre de l'Institut, vice-président du conseil d'État, 1 vol. in-8°. Prix . . . . 5 fr.

Système financier de la France, par M. le marquis d'AUDIFFRET, membre de l'Institut, sénateur, 5 vol. in-8°. Prix . . . . 37 fr. 50

L'administration financière de la France, par M. le chevalier Ch. de HOCK, directeur de l'administration des contributions directes au ministère des finances d'Autriche, traduit de l'allemand, par M. A.-F. LEGENTIL, 1 fort vol. in-8°. Prix . . . . 8 fr.

Traité de finances. L'impôt en général, son assiette, ses effets économiques, politiques et moraux ; catégories et espèces diverses d'impôts ; les emprunts, les crédits publics et les dettes consolidées ; les dépenses publiques et les attributions de l'État, etc., par M. Joseph GARNIER, professeur d'économie politique à l'École impériale des ponts-et-chaussées, etc. 2e édition, considérablement augmentée, 1 fort vol. grand in-18. Prix. 3 fr. 50

Essai sur le progrès des institutions économiques, par M. L. HAMON, 1 vol. in-8°. Prix. 4 fr. 50

Études du crédit public et des dettes publiques, par DUFRESNE-SAINT-LÉON (Paris, 1824), 1 vol. in-8°. Prix. . . . . 4 fr.

Tableaux sur les questions d'intérêt et de finances, par M. Eug. PÉREIRE. 2e édition, 1 vol. in-4°. Prix . . . . 10 fr.

Traité théorique et pratique des opérations de banque, par M. COURCELLE-SENEUIL. 3e édition, 1 fort vol. in-8° . . . . . 7 fr. 50

Le crédit et les banques, par Ch. COQUELIN. 2e édition, revue et augmentée par M. Courcelle-Seneuil, 1 vol. grand in-18 . . . . 3 fr. 50

Du crédit et de la circulation, par M. le comte A. Cieszkowski, député à Berlin. 2e édition, 1 vol. in-8°. Prix. . . . . 6 fr.

La monnaie de banque ou l'espèce et le portefeuille, par M. Paul COQ, 1 vol. grand in-18. Prix . . . . 3 fr. 50

De la réforme des banques, par M. DARIMON, député. 1 vol. in-8°. 4 fr.

Études monétaires, par M. FRICHOT, 1 vol. in-8°. . . . . 4 fr.

Lettres sur les monnaies, par M. LÉON, ingénieur. 1 vol. in-8°. 5 fr.

SAINT-DENIS. — TYPOGRAPHIE DE A. MOULIN.

www.ingramcontent.com/pod-product-compliance
Lightning Source LLC
Chambersburg PA
CBHW060538220326
41599CB00022B/3538